O Direito do Trabalho em tempos de Coronavírus

Organizador: Mauro Schiavi

LACIER

Ficha Catalográfica

Dados Internacionais de Catalogação na Publicação (CIP)
(Câmara Brasileira do Livro, SP, Brasil)

O direito do trabalho em tempos de coronavírus / organização Mauro Schiavi. -- 1. ed. -- Campinas, SP : Lacier Editora, 2020.

ISBN 978-65-88805-00-8

1. COVID-19 - Pandemia 2. Direito 3. Direito trabalhista I. Schiavi, Mauro.

20-45870 CDU- 34:331

Índices para catálogo sistemático:

1. Direito trabalhista 34:331

Aline Graziele Benitez - Bibliotecária - CRB-1/3129

Diretor: *Lacier José de Rezende*

Diretor assistente: *Eduardo Soares Aureliano*

Revisão: *Ademar Lopes Junior*

Projeto gráfico e capa: *Juliana Ferreira Carnielli*

Diagramação: *Juliana Ferreira Carnielli e Alice Corbett Fogli*

Imagem da capa: *banco de imagens Istock*

LACIER
www.lacier.com.br

SUMÁRIO

DIREITO COLETIVO DO TRABALHO

APRESENTAÇÃO

A pandemia do coronavírus afetou o mundo como um todo, principalmente a vida e a saúde das pessoas, mas também a economia. O Direito do Trabalho, por sofrer os impactos diretos da economia e da mudança de comportamento da sociedade, foi diretamente afetado pela crise provocada pelo vírus.

Ao mesmo tempo que a crise sanitária provoca o fechamento de postos de trabalho, a paralisação de diversos setores econômicos e um incontrolável pessimismo, muitos empresários e trabalhadores estão encontrando forças e alternativas para a manutenção de empregos e renda, que são fundamentais neste período de crise.

O Direito do Trabalho e a própria Justiça do Trabalho se fortaleceram neste momento, como indispensáveis para a manutenção dos empregos e rendas, e mesmo para a proteção da saúde do trabalhador, e das pessoas em geral. Normas Provisórias foram editadas pelo governo, com a finalidade de preservação de empregos, renda, e diminuição do contágio da doença no âmbito trabalhista, destacando-se as Medidas Provisórias 927 e 936/20, tendo esta última sido convertida em Lei.

As pessoas sentiram a importância da Justiça do Trabalho, que continuou em funcionamento, ainda que de forma remota, atendendo aos pleitos de liberação de valores, FGTS, tutelas de urgência individuais e coletivas para proteção da saúde do trabalhador, inclusive com a realização de audiências.

Diante desse cenário, vem a público esta obra coletiva, que marca o retorno ao mercado editorial de Lacier José de Rezende, conhecido livreiro e empresário da região de Campinas há mais de três décadas, especialmente no meio trabalhista.

Para esse mister, foram convidados juristas oriundos da advocacia, magistratura e Ministério Público, que prontamente aceitaram o encargo e escreveram sobre os temas mais relevantes do Direito do Trabalho na atualidade.

A obra está dividida em três partes: Teoria Geral do Direito do Trabalho e Direito Individual, Direito Processual do Trabalho, e Direito Coletivo do Trabalho.

Como organizador da obra, registro meu sincero agradecimento aos colaboradores e ao editor, e posso afiançar que se trata de uma contribuição diferenciada sobre a realidade do direito do trabalho que todos estamos vivenciando.

Boa leitura a todos.

Mauro Schiavi

TEORIA GERAL DO DIREITO DO TRABALHO E DIREITO INDIVIDUAL

1. A CRISE PROVOCADA PELA PANDEMIA DO NOVO CORONAVÍRUS E O FORTALECIMENTO DO DIREITO DO TRABALHO

Maurício Bearzotti de Souza[1]

1. CONSIDERAÇÕES INICIAIS

Inopinado. É a palavra que me ocorre ao refletir sobre o recém-findado primeiro semestre de 2020.

Incêndios na Austrália. Enchentes na região Sudeste. Contaminações em Minas Gerais e no Rio de Janeiro. Uma delicada movimentação de peças nos tabuleiros políticos nacional e internacional. Ainda assimilávamos essas situações quando, subitamente, nos deparamos com uma das maiores crises médicas e sanitárias da história recente: o novo Coronavírus, atualmente identificado como SARS-CoV-2,[2] responsável pela doença COVID-19.[3]

1 Juiz do trabalho no Tribunal Regional do Trabalho da 15ª Região TRT-15). Especialista em Economia do Trabalho. Professor universitário (pós-graduação) e de cursos jurídicos. Diretor de Comunicação Social e Informática da Associação dos Magistrados da Justiça do Trabalho da 15.ª Região (AMATRA XV) e de Cursos de Curta Duração da Escola Associativa dos Magistrados da Justiça do Trabalho da 15ª Região (ESMAT 15), gestão 2019/2021.

2 Sua primeira designação foi 2019-nCoV.

3 Segue descrição constante no site do Ministério da Saúde – MSD: *"A COVID-19 é uma doença causada pelo coronavírus, denominado SARS-CoV-2, que apresenta um espectro clínico variando de infecções assintomáticas a quadros graves. De acordo com a Organização Mundial de Saúde, a maioria (cerca de 80%) dos pacientes com COVID-19 podem ser assintomáticos ou oligossintomáticos (poucos sintomas), e aproximadamente 20% dos casos detectados requer atendimento hospitalar por apresentarem dificuldade respiratória, dos quais aproximadamente 5% podem necessitar de suporte ventilatório".* Disponível em: https://coronavirus.saude.gov.br/sobre-a-doenca#o-que-e-covid, acesso em 6/8/2020.

Os primeiros casos foram identificados em Wuhan, na China. Com a sua confirmação em outros países, pelo menos 19 naquela época, a Organização Mundial de Saúde (OMS) declarou emergência em saúde pública de importância internacional no dia 30/1/2020.

O surto não demorou a chegar e se disseminar no Brasil. Em 3/2/2020 o MSD anunciou estado de Emergência em Saúde Pública de Importância Nacional (ESPIN).[4]

Em 20/3/2020 foi reconhecido o estado de calamidade pública, inicialmente para os fins orçamentário e (*de responsabilidade*) fiscal,[5] mas com posterior extensão a outras áreas.[6] Nesse momento já existia uma lei federal dispondo sobre providências gerais de enfrentamento da pandemia, a de n.º 13.979, de 6/2/2020.

Até o fechamento das pesquisas deste texto, em 6/8/2020, o SARS-CoV-2 havia atingido algo próximo a 18,3 milhões de pessoas, tendo ceifado mais de 696 mil vidas, dados mundiais.[7] Apenas no Brasil, lamentavelmente, ultrapassamos 2,8 milhões de casos e 97,2 mil óbitos.[8]

Não fosse suficientemente triste e difícil lidar com as perdas humanas e as severas consequências da COVID-19, mesmo para quem dela se recupera, os brasileiros têm experimentado forte e deletéria repercussão da pandemia no seio familiar e na economia.

---

4 Portaria MSD n.º 188/2020.
Esse tipo de declaração ocorre *"em situações que demandem o emprego urgente de medidas de prevenção, controle e contenção de riscos, danos e agravos à saúde pública"* (Decreto 7.616/2011, art. 2º, *caput*). Uma delas, a epidemiologia (Decreto 7.616/2011, art. 3º, inciso I). A ESPIN viabiliza ações excepcionais, mais prestas, pelo MSD (ver: Decreto 7.616/2011, arts. 11 ss.).

5 Decreto legislativo 6/2020, art. 1º.

6 Como exemplos, as duas Medidas Provisórias com conteúdo trabalhista, a 927/2020, que acabou perdendo a eficácia por não ter sido convertida em lei no prazo constitucional (Constituição da República – CR, art. 62, § 3.º; ver: Ato Declaratório do Congresso Nacional 92/2020), e a 936/2020, atual Lei 14.020/2020 (em ambas as MPs, o art. 1º).

7 Informação atualizada até 5/8/2020, constante no *site* da Organização Pan-Americana da Saúde (OPAS), ligada à OMS, disponível em: https://www.paho.org/bra/index.php?option=com_content&view=article&id=6101:covid19&Itemid=875#datas-noticificacoes, acesso em 6/8/2020.

8 Informação atualizada até 5/8/2020, constante no *site* do MSD, disponível em: https://susanalitico.saude.gov.br/extensions/covid-19_html/covid-19_html.html, acesso em 6/8/2020.

Entre primeiro de março e 29/6/2020 foram registrados 18.586 casos de violência na categoria *"Denúncias COVID-19"*.[9] De janeiro a abril do mesmo ano houve aumento de 14,12% no número de denúncias feitas ao "Ligue 180" (Central de Atendimento à Mulher em Situação de Violência) em comparação ao mesmo período de 2019. O mês de abril de 2020 se destaca, com crescimento de 37,8% em relação a abril de 2019.[10]

Em 2020, houve um crescimento de 34,2% nos pedidos de falência e 32,8% nos pedidos de recuperação judicial (percentual acumulado nesse exercício, entre janeiro e junho),[11] com predominância nas *pequenas empresas* (93,4% dos pedidos de falência e 94,2% dos pedidos de recuperação judicial).[12] Apenas no mês de março de 2020 o aumento desses pedidos foi de 13,3%. Apesar de alguma oscilação (majoração e diminuição desses pedidos) no ano, constata-se aumento de 19,9% quando se recorta o período de pandemia, de fevereiro a junho de 2020.

No primeiro trimestre de 2020 (estatística oficial mais recente) a *taxa de desocupação* no Brasil foi de 11,9%, o que representa 12,9 milhões de pessoas (aumento de 1,3% em relação ao trimestre anterior).

No período, a *taxa de subutilização* foi de 24,4% e a quantidade de *desalentados* de 4,8 milhões de pessoas.[13]

---

9 Informação constante no *site* da Ouvidoria do Ministério da Mulher, da Família e dos Direitos Humanos (MMFDH), disponível em: https://mdh.metasix.solutions/portal/indicadores, acesso em 4/8/2020.

10 Informação constante no *site* do MMFDH, disponível em: https://www.gov.br/mdh/pt-br/assuntos/noticias/2020-2/maio/denuncias-registradas-pelo-ligue-180-aumentam-nos-quatro-primeiros-meses-de-2020#:~:text=Den%C3%BAncias%20registradas%20pelo%20Ligue%20180%20aumentam%20nos%20quatro%20primeiros%20meses%20de%202020,-Compartilhe%3A&text=De%20acordo%20com%20dados%20da,em%20rela%C3%A7%C3%A3o%20ao%20ano%20passado, acesso em 4/8/2020.

11 Informação constante no *site* da Boa Vista Serviço Central de Proteção ao Crédito (SCPC), disponível em: https://www.boavistaservicos.com.br/noticias/pedidos-de-falencia-sobem-289-em-junho/, acesso em 4/8/2020.

Para ver a série histórica, iniciada em 2006: https://www.boavistaservicos.com.br/economia/falencias-e-recuperacoes-judiciais/.

12 Mesma fonte anterior, esclarecendo que o conceito de *pequena empresa* considerado é o do Banco Nacional de Desenvolvimento Social (BNDES): aquela com receita operacional bruta anual maior que R$ 2,4 milhões e menor ou igual a R$ 16 milhões (Circular BNDES 11/2010).

13 Informação constante no *site* do Instituto Brasileiro de Geografia e Estatística (IBGE), disponível em: https://www.ibge.gov.br/explica/desemprego.php, acesso em 4/8/2020.

Os números são expressivos, mas não dizem muito sobre a pandemia. O quadro fica mais claro quando analisamos o Cadastro Geral de Empregados e Desempregados (CAGED): relatam-se 1.677.005 desligamentos em março de 2020 (*saldo* de menos 259.917), 1.546.504 desligamentos em abril de 2020 (*saldo* de menos 918.286), 1.073.243 desligamentos em maio de 2020 (*saldo* de menos 350.303) e 906.444 desligamentos em junho de 2020 (*saldo* de menos 10.984). No corrente ano o *saldo* só foi positivo em janeiro (114.786) e fevereiro (226.341).[14]

Quer nos parecer que esse panorama é resultado das estratégias dos governos federal, estaduais e municipais no combate ao SARS-CoV-2, especialmente o uso das medidas previstas na Lei 13.979/2020, com prevalência da *quarentena*.[15]

A necessidade de atuação rápida do Poder Público, nas três dimensões (Executivo, Legislativo e Judiciário), resultou em prolífico acervo de textos normativos (constitucional, legais e infralegais). A gama de assuntos é variadíssima: de questões técnicas da área de saúde a relacionamento com estrangeiros que pretendem ingressar em solo nacional.

A base dessas informações é a Pesquisa Nacional por Amostra de Domicílios Contínua (PNAD Contínua). Para conhecer a última PNAD Contínua divulgada, acesse: https://www.ibge.gov.br/estatisticas/sociais/trabalho/9173-pesquisa-nacional-por-amostra-de-domicilios-continua-trimestral.html?t=resultados.

A *taxa de desocupação* representa o percentual de pessoas na força de trabalho (com 14 anos de idade ou mais e que estão trabalhando ou procurando trabalho) que estão desempregadas.

O índice de *subutilização do trabalho* considera as pessoas desocupadas (não estão trabalhando, mas tomaram alguma providência para encontrar trabalho e, caso encontrem, estarão disponíveis para assumi-lo) e as subutilizadas por insuficiência de horas (com carga horária inferior a 40 horas semanais, embora desejem trabalhar mais horas e estejam disponíveis para tanto).

As *pessoas desalentadas* são as que querem trabalhar e estão disponíveis, mas não procuraram trabalho por entender que não encontrariam.

14 Informação constante no *site* da Secretaria Especial de Trabalho e Previdência (SETP) do Ministério da Economia (ME), especificamente na página do Programa de Disseminação das Estatísticas do Trabalho (PDET), disponível em: http://pdet.mte.gov.br/novo-caged?view=default, acesso em 4/8/2020.

O *saldo* se refere à diferença entre admissões e desligamentos na competência.

15 Nos termos dessa lei, "quarentena" consiste na *"restrição de atividades ou separação de pessoas suspeitas de contaminação das pessoas que não estejam doentes, ou de bagagens, contêineres, animais, meios de transporte ou mercadorias suspeitos de contaminação, de maneira a evitar a possível contaminação ou a propagação do coronavírus"* (art. 2º, inciso II).

Como não poderia ser diferente, muito se falou e tem-se falado sobre trabalho, Direito e Processo do Trabalho e Justiça do Trabalho. O presente texto visa comentar, objetivamente, algumas perspectivas que decorrem desse debate. Selecionei três tópicos de Direito do Trabalho. A tragicidade me impede de falar em aspectos *positivos* resultantes da pandemia. Prefiro dizer que antevejo o potencial robustecimento de institutos e instituições trabalhistas, se bem refletidos e manejados.

2. DIREITO AO TRABALHO E DIREITO DO TRABALHO

Tendo acompanhando boa parte das discussões travadas no Executivo e no Legislativo federais, bem como no Supremo Tribunal Federal (STF), relativamente ao trato das questões trabalhistas durante a pandemia, concluo que se tem prestigiado o direito *ao* trabalho, na acepção da preservação de postos de trabalho, em detrimento ao direito *do* trabalho.[16]

---

16 Da parte do Executivo federal, isso fica bem claro em certas passagens da Exposição de Motivos das MPs 927/2020 e 936/2020, subscritas pelo Ministro da Economia, Paulo Roberto Nunes Guedes. Destaco, do primeiro desses textos normativos:

"4. A edição de uma Medida Provisória se justifica em função da necessidade de implementação de medidas urgentes e imediatas de isolamento dos trabalhadores em suas residências, com a manutenção, na medida do possível, dos vínculos trabalhistas, com segurança jurídica. (...).

7. Estão sendo propostas medidas de flexibilização das relações e obrigações trabalhistas e meios para propiciar a implementação de isolamento e de quarentena dos trabalhadores, minimizando o impacto sobre os empregados e empregadores."

Pelo Parlamento, tal foi o discurso de destacada maioria dos deputados federais e senadores, reverberado em textos oficiais. Usando novamente a MP 927/2020 como exemplo, trago passagens do parecer proferido no Plenário da Câmara dos Deputados (Relator Celso Maldaner, MDB-SC):

"Diante da real possibilidade de dispensas em massa, o que provocaria um aumento na crise econômica já vivida no País e que, certamente, desaguaria nos tribunais trabalhistas, o Governo editou a presente Medida Provisória n.º 927, de 2020, em um esforço para a preservação dos empregos e da renda com um mínimo de conflitos, uma vez que nenhuma das partes deu causa para a atual situação, caracterizada como situação de força maior.

E, a nosso ver, não apenas a MPV n.º 927/20 contribui para encontrarmos um meio-termo no qual as empresas e os empregados possam retomar o mais rapidamente possível a normalidade, mas a sua análise deve-se dar em conjunto com outras medidas provisórias encaminhadas a esta Casa, em especial as Medidas Provisórias n.º 936, que institui o Programa Emergencial de Manutenção do Emprego e da Renda e dispõe sobre medidas trabalhistas complementares para enfrentamento da crise, e n.º 944, que institui o Programa Emergencial de Suporte a Empregos, para que tenhamos a clareza de que os nossos esforços se concentram na garantia da segurança jurídica aos atos praticados em decorrência dessas medidas provisórias, demonstrando que a intenção do Parlamento ao aprová-las é a preservação do emprego e da renda e a proteção da saúde dos trabalhadores, nesse momento de crise de tal forma que, ao final desse processo, tenhamos uma recuperação das atividades econômicas e profissionais dentro da normalidade o mais rapidamente possível".

Pretende-se assegurar a persistência do (*ou no*) emprego mesmo que isso resulte em sacrifícios pontuais a garantias trabalhistas. Emblemática, nessa linha, a conclusão prevalente do STF no julgamento da ADI 6.363: admitiu-se a flexibilização da regra constitucional de redutibilidade salarial estritamente pelo viés da negociação coletiva (Constituição da República Federativa do Brasil – CR, art. 7º, inciso VI, além de disposições correlatas, como o art. 8º, inciso III) pela excepcionalidade do momento e necessidade desse tipo de providência (*a redução proporcional de jornada e salário* e *a suspensão temporária dos contratos de trabalho por negociação individual*) com o escopo de evitar dispensas em massa.

Respeitosamente, temos restrições a esse entendimento. Muito objetivamente, e me atento apenas a uma abordagem de (macro)economia e aos aspectos que me parecem mais importantes, partindo de uma análise constitucional:

(a) a experiência histórica, no Brasil e mundial, a partir daquilo que se convencionou nominar "*sociedade de consumo*", invariavelmente, é do aquecimento da economia quando se fortalecem o emprego e a renda; não tenho notícia do contrário; a razão disso, intuitiva, é de que o trabalhador também é consumidor (algo razoavelmente claro, quando menos, desde o *fordismo*, a partir de 1914); ademais, em nosso País o sistema tributário, dito *regressivo*, é estruturado com forte taxação em produtos e serviços; de maneira que a desaceleração do consumo impacta fortemente a arrecadação aos cofres públicos;

(b) o Constituinte de 1988 desenhou um projeto de Estado de bem-estar social (esse valor, o do bem-estar, é mencionado no Preâmbulo da Carta), cujo arcabouço de garantias fundamentais individuais e direitos sociais gravita em torno da dignidade da pessoa humana (CR, art. 1º, inciso III), com reconhecimento do *valor social* do trabalho e da livre

---

Quanto ao STF, rememoro as sessões de 17/4/2020, na qual o Pleno se debruçou sobre a medida cautelar da Ação Direta de Inconstitucionalidade (ADI) 6.363, ajuizada contra a MP 936/2020, tendo, majoritariamente, endossado as medidas integrantes do Programa Emergencial de Preservação do Emprego e da Renda (PEMER), e de 29/4/2020, na qual decididas as medidas cautelares nas ADIs 6.342, 6.344, 6.346, 6.348, 6.349, 6.352 e 6.354, prevalecendo, por maioria, boa parte das disposições da MP 927/2020 (só foi suspensa a eficácia dos arts. 29 e 31).

iniciativa (CR, arts. 1º, inciso IV e 170, *caput*), de maneira que as ações estatais devem, invariavelmente, visar ao equilíbrio desses aspectos, sem a prevalência de um deles à custa do outro.[17]

Para além da mera crítica (*palavra usada não em acepção pejorativa, mas no sentido de análise reflexiva, valorativa*), pensamos que a experiência atual, resultante da pandemia e dessa particular leitura realizada pela, digamos, *cúpula do Poder*, pode propiciar *novos olhares* sobre alguns temas e, com isso, fortalecer o direito do Trabalho. Como anunciado, me limito a três: princípio da precaução; ampliação da proteção trabalhista, alcançando trabalhadores não empregados; teletrabalho.

3. PRINCÍPIO DA PRECAUÇÃO[18]

Proveniente do Direito Ambiental, mas com plena e induvidosa aplicação ao Direito do Trabalho,[19] o princípio da precaução objetiva impedir que um risco ou perigo *abstrato*, vale dizer, ainda incerto, embora provável, venha a se consumar. Basta à precaução a plausibilidade: a carência de significação precisa ou de consenso científico não obstaculiza as gestões *precautivas*.

Parte da doutrina e da jurisprudência trata a precaução como sinônimo de prevenção. Respeitosamente, entendemos que o primeiro desses conceitos antecede o segundo. Prevenir significa agir visando evitar os efeitos de risco ou perigo concretos, *i.e.*, quanto aos quais existe certeza e assentimento técnicos. A postura precata é mais remota, situando-se no momento em que ainda se debate, mas já se vislumbra a potencialidade lesiva.

Nas palavras do ministro do STF, Dias Toffoli:

17 Por sinal, essa é uma das críticas que se faz à Lei da Liberdade Econômica (13.874/2019), naquilo que aparenta idealizar uma dissociação desses conceitos, dando preferência ao segundo deles.

18 Os limites deste artigo não permitem que me aprofunde no tema. Para uma análise mais minuciosa, recomendo a leitura de ótimo texto produzido pelo juiz federal Gabriel Wedy, "Precaução no Direito Ambiental não quer dizer o mesmo que prevenção" (*Revista Consultor Jurídico*, disponível em https://www.conjur.com.br/2014-mai-30/gabriel-wedy-precaucao-direito-ambiental-nao-prevencao, acesso em 27/7/2020).

19 Incide o art. 8º, *caput* da Consolidação das Leis do Trabalho (CLT), quando refere ao uso de "*outros princípios e normas gerais de direito*" como técnica integrativa relativamente ao direito *material* do trabalho.

> O princípio da precaução é um critério de gestão de risco a ser aplicado sempre que existirem incertezas científicas sobre a possibilidade de um produto, evento ou serviço desequilibrar o meio ambiente ou atingir a saúde dos cidadãos, o que exige que o estado analise os riscos, avalie os custos das medidas de prevenção e, ao final, execute as ações necessárias, as quais serão decorrentes de decisões universais, não discriminatórias, motivadas, coerentes e proporcionais.[20]

Oportuna a transcrição do magistério da ministra do STF, Cármen Lúcia:

> O princípio da precaução vincula-se, diretamente, aos conceitos de necessidade de afastamento de perigo e necessidade de dotar-se de segurança os procedimentos adotados para garantia das gerações futuras, tornando-se efetiva a sustentabilidade ambiental das ações humanas. Esse princípio torna efetiva a busca constante de proteção da existência humana, seja tanto pela proteção do meio ambiente como pela garantia das condições de respeito à sua saúde e integridade física, considerando-se o indivíduo e a sociedade em sua inteireza.
>
> Daí porque não se faz necessário comprovar risco atual, iminente e comprovado de danos que podem sobrevir pelo desempenho de uma atividade para que se imponha a adoção de medidas de precaução ambiental. Há de se considerar e precaver contra riscos futuros, possíveis, que podem decorrer de desempenhos humanos. Pelo princípio da prevenção, previnem-se contra danos possíveis de serem previstos. Pelo princípio da precaução, previnem-se contra riscos de danos que não se tem certeza que não vão ocorrer.[21]

---

20 Recurso Extraordinário – RE n.º 627.189/SP (no sistema de Repercussão Geral – RG), Pleno, Diário da Justiça Eletrônico – DJe 3/4/2017, transcrição parcial da ementa.

21 Arguição de Descumprimento de Preceito Fundamental (ADPF) 101/DF, Pleno, DJe 4/6/2012, trecho do voto condutor.

Trago a jurisprudência do Superior Tribunal de Justiça (STJ):

"Feitas essas considerações, não obstante a responsabilidade ser objetiva, o dano ser evidente e a necessidade de comprovação do nexo de causalidade ser a regra, não se pode deixar de ter em conta os princípios que regem o direito ambiental (precaução, prevenção e reparação), principalmente, para a hipótese, o Princípio da Precaução, no qual o meio ambiente deve ter em seu favor o benefício da dúvida no caso de incerteza (por falta de provas cientificamente relevantes) sobre o nexo causal entre determinada atividade e um efeito ambiental negativo."

(Agravo Interno em Agravo em Recurso Especial – AgInt-AREsp n.º 1.311.669/SC, 3ª Turma, Relator Ricardo Villas Bôas Cueva, DJe 6/12/2018, trecho do voto condutor; sublinhados do original, demais destaques de minha autoria, transcrição parcial).

"4. O direito ambiental atua de forma a considerar, em primeiro plano, a prevenção, seguida da recuperação e, por fim, o ressarcimento.

5. Os instrumentos de tutela ambiental – extrajudicial e judicial – são orientados por seus princípios basilares, quais sejam, Princípio da Solidariedade Intergeracional, da Prevenção, da

A precaução pode ser extraída da Constituição, de passagens como os arts. 170, inciso VI, e 225, § 1º, incisos IV[22] e V[23], e está expressa:

(a) em textos de Direito Internacional Público incorporados ao nosso ordenamento, quais sejam, a Convenção-Quadro das Nações Unidas sobre a Mudança do Clima, de 9/5/1992,[24] e a Convenção da Diversidade Biológica, de 5/61992;[25]-[26]

(b) no Decreto 5.098/2004,[27] art. 2º, inciso V.[28]

Precaução, *do Poluidor-Pagador, da Informação, da Participação Comunitária, dentre outros, tendo aplicação em todas as ordens de trabalho (prevenção, reparação e ressarcimento)."*
(REsp nº 1.115.555/MG, 1ª Turma, Relator Arnaldo Esteves Lima, DJe 23/2/2011, transcrição parcial da ementa, destaques de minha autoria).

22 A probabilidade de impacto ambiental não apenas permite o tratamento diferenciado de produtos e serviços e de seus processos de elaboração e prestação (art. 170, inciso VI), mas impõe prévio estudo a respeito para instalação de obra ou atividade que possam ocasionar degradação do meio ambiente (art. 225, § 1º, inciso IV).

23 Admite-se o controle da produção, comercialização e do emprego de técnicas, métodos e substâncias que comportem *risco* ambiental (art. 225, § 1º, inciso V). Na perspectiva da *eficácia social da norma constitucional* (ou *princípio da máxima efetividade* das normas desse jaez), tal se dá tanto no risco comprovado quanto naquele com elevada possibilidade.

24 *"Art. 3. (...).*
3. As Partes devem adotar medidas de precaução *para prever, evitar ou minimizar as causas da mudança do clima e mitigar seus efeitos negativos. Quando surgirem ameaças de danos sérios ou irreversíveis, a falta de plena certeza científica não deve ser usada como razão para postergar essas medidas, levando em conta que as políticas e medidas adotadas para enfrentar a mudança do clima devem ser eficazes em função dos custos, de modo a assegurar benefícios mundiais ao menor custo possível. Para esse fim, essas políticas e medidas devem levar em conta os diferentes contextos socioeconômicos, ser abrangentes, cobrir todas as fontes, sumidouros e reservatórios significativos de gases de efeito estufa e adaptações, e abranger todos os setores econômicos. As Partes interessadas podem realizar esforços, em cooperação, para enfrentar a mudança do clima."* (Destaquei).
Foi promulgada pelo Decreto 2.652/1998.

25 *"Preâmbulo. (...).*
Observando que é vital prever, *prevenir e combater na origem as causas da sensível redução ou perda da diversidade biológica."* (Destaquei).
Aprovada pelo Decreto Legislativo 2/1994.

26 Agregue-se o Princípio 15 da Declaração do Rio de Janeiro de 1992, resultante da Conferência das Nações Unidas sobre o Meio Ambiente e Desenvolvimento realizada nesse mesmo local e ano:
"De modo a proteger o meio ambiente, o princípio da precaução *deve ser amplamente observado pelos Estados, de acordo com as suas capacidades. Quando houver ameaça de danos sérios ou irreversíveis, a ausência de absoluta certeza científica não deve ser utilizada como razão para postergar medidas eficazes e economicamente viáveis para prevenir a degradação ambiental."* (Destaquei).

27 *"Dispõe sobre a criação do Plano Nacional de Prevenção, Preparação e Resposta Rápida a Emergências Ambientais com Produtos Químicos Perigosos – P2R2, e dá outras providências."*

28 *"Art. 2º. São princípios orientadores do P2R2, aqueles reconhecidos como princípios gerais do direito ambiental brasileiro, tais como: (...)*
III – princípio da prevenção;
IV – princípio da precaução." (Destaquei).

Em certa medida, a própria CLT dispõe sobre o tema em exame, quando assenta competir ao empregador "*instruir os empregados, através de ordens de serviço,* quanto às precauções *a tomar no sentido de evitar acidentes do trabalho ou doenças ocupacionais*" (art. 157, inciso II); (Destaquei).

Uma possibilidade de aplicação da precaução na seara trabalhista em tempos de pandemia: discute-se se é possível a transmissão de SARS-CoV-2 pelo ar em locais fechados e que não sejam, exclusivamente, ambientes médicos.[29]

Pelo enfoque da precaução, deve-se considerar que isso pode acontecer, com influência em gestões de saúde e segurança do trabalho. Exemplifico com a ventilação e as máscaras.

No primeiro caso, deve-se dar preferência à natural e, quando não for possível, aos sistemas ou aparelhos que propiciem troca de ar.[30]

No segundo, adotando o modelo N95 ou PFF2 (em lugar daquelas mais comuns, por exemplo, de tecido), que propicia certo grau de proteção contra aerossóis e aerodispersoides, relativamente aos trabalhadores que mantêm contato direto com o público sem poder observar o distanciamento mínimo considerado seguro e contar com *barreiras de proteção*

29 *"Algunos informes de brotes epidémicos relacionados con entornos ajenos a los establecimientos sanitarios, cerrados y en los que había hacinamiento hacen pensar en la posibilidad de que se haya producido transmisión mediante aerosoles asociada a la transmisión por medio de gotículas, por ejemplo, durante los ensayos de los coros, en los restaurantes o en las clases de deportes. En esas circunstancias no se puede descartar que se haya producido transmisión mediante aerosoles de corto alcance, especialmente en entornos cerrados específicos, por ejemplo, lugares en los que haya personas infectadas, exista hacinamiento y no se disponga de ventilación suficiente durante un período prolongado. Sin embargo, los análisis detallados de esos agrupamientos de casos apuntan a que la transmisión de persona a persona en esos grupos también podría haberse producido mediante la transmisión por medio de gotículas y fómites. Además, es posible que los entornos propicios para el contacto estrecho en los que se registraron los agrupamientos hayan facilitado que un pequeño número de casos contagiara a muchas otras personas (por ejemplo, un episodio de superdiseminación), especialmente si no se puso en práctica la higiene de manos y no se utilizaron mascarillas en las situaciones en las que no fue posible mantener el distanciamiento físico."* ("Transmisión del SARS-CoV-2: repercusiones sobre las precauciones en materia de prevención de infecciones", *site* da OMS (World Health Organization – WHO), disponível em https://apps.who.int/iris/bitstream/handle/10665/333390/WHO-2019-nCoV-Sci_Brief-Transmission_modes-2020.3-spa.pdf?, acesso em 27/7/2020).

30 Nesse sentido, a Portaria MSD/Gabinete do Ministro 1.656/2020, Anexo I, subitens 4.3 e 4.4., e a Portaria Conjunta ME/SETP 20/2020, subitens 5.3 e 5.3.1.

(placas ou divisórias de vidro, acrílico ou similar),[31] como é o caso de porteiros, controladores de acesso, vendedores, caixas, servidores e agentes públicos que lidam com a população em geral etc. Sucessivamente, combinando a máscara de tecido com *face shield.*

Outra possibilidade: a interpretação ampliativa.

A Lei 13.979/2020 recebeu importante acréscimo de regras no sentido da proteção à saúde e à vida de segmentos profissionais considerados essenciais ao controle de doenças e à manutenção da ordem pública.[32] O art. 3º-J, § 1º, lista essas pessoas. Nossa proposta é que, na linha da precaução, a relação não seja considerada taxativa, antes, propicie as mesmas medidas do *caput* e dos §§ 2º e 3º a trabalhadores que executem seus misteres de maneira assemelhada.

Mais. A MP 927/2020 continha regra no sentido de não se considerar a contaminação por SARS-CoV-2 como doença ocupacional, salvo comprovado nexo causal (art. 29). O STF suspendeu a eficácia desse texto normativo ao apreciar as medidas liminares nas ADIs 6.342, 6.344, 6.346, 6.348, 6.352, 6.354 e 6375.[33]

O argumento central foi no sentido de que esse tipo de presunção (da etiologia *não laboral*) dificultaria a produção de efeitos jurídicos nos casos de adoecimento e morte mesmo em relação às pessoas reconhecidamente expostas à contratação de COVID-19.

Proponho um passo adiante: presumir-se a causa ocupacional quando demonstradas a exposição ao risco ou a não adoção de medidas precautas

31 Não desconheço que, na visão do MSD, a escassez de máscaras com essa especificação conduz à priorização de sua destinação aos profissionais da saúde (Nota Informativa da Coordenação-Geral de Garantia dos Atributos da Atenção Primária (CGGAP) n.º 3/2020). No entanto, a própria Agência Nacional de Vigilância Sanitária (ANVISA) sugere o uso a *"outros profissionais de linha de frente em contato próximo e prolongado com possíveis fontes de contágio"* (*Orientações Gerais – Máscaras faciais de uso não profissional*, 2020, Brasília, ANVISA, p. 3, tópico II, item "b", *in fine*).

32 Lei 14.023/2020.

33 Pleno, Relator Marco Aurélio em relação às ADIs 6.352 e 6.375 e Redator Alexandre de Moraes quanto às demais, sessão de 29/4/2020.

Em termos práticos, a regra não vale, sequer, para o período de vigência da MP 927/2020.

(não, apenas, de medidas preventivas). Enfim, a precaução pode constituir critério de *dinamização da distribuição do ônus da prova* (CLT, art. 818, § 1º).

Encerro esse subtópico destacando que a precaução está presente nos julgados do Tribunal Superior do Trabalho (TST):

> 15. Destaquem-se os seguintes trechos do precedente da SbDI-1 de lavra do ilustre relator Aloysio Corrêa da Veiga "As atuais preocupações reveladas pela sociedade, no que tange às questões correlatas ao meio ambiente, às condições de trabalho, à responsabilidade social, aos valores éticos e morais, bem como a dignidade da pessoa humana, exigem do empregador estrita observância do *princípio da precaução*. Este princípio informa que quando houver ameaça de danos ao meio ambiente seguro e sadio do trabalho, *a ausência de absoluta certeza não deve ser utilizada como meio para postergar medidas eficazes e economicamente viáveis para prevenir o dano. Mister, portanto, a adoção de critérios de prudência e vigilância a fim de evitar o dano, ainda que potencial, notadamente quando se observa as adversidades do ambiente em que o reclamante laborava*". [destacado] (E-RR – 65300-32.2005.5.15.0052, Relator Ministro: Aloysio Corrêa da Veiga, Data de Julgamento: 22/9/2011, Subseção I Especializada em Dissídios Individuais, Data de Publicação: DEJT 14/3/2014).
>
> (Recurso de Revista – RR n.º 1460-95.2012.5.15.0054, 2ª Turma, Relatora Ministra Maria Helena Mallmann, Diário Eletrônico da Justiça do Trabalho – DEJT 18/10/2019, transcrição parcial da ementa, destaques do original).
>
> *DOENÇA OCUPACIONAL. RESPONSABILIDADE CIVIL. INDENIZAÇÕES POR DANO MORAL E PENSÃO MENSAL. LAUDO PERICIAL QUE REGISTRA A EXISTÊNCIA DE NEXO DE CAUSALIDADE. CULPA PRESUMIDA. A preocupação da sociedade, no que se refere às questões correlatas ao meio ambiente, às condições de trabalho, à responsabilidade social, aos valores éticos e morais, bem como à dignidade da pessoa humana, exige do empregador estrita observância do princípio da precaução.* No caso, presume-se a culpa do empregador em face das circunstâncias ambientais adversas que deram origem à doença ocupacional, cujo nexo de causalidade foi registrado no laudo pericial. Assim, configura-se a culpa ante o fato de que o reclamado se absteve de prover os meios necessários a um ambiente de trabalho seguro a seus empregados, a acarretar a exposição da empregada a risco potencial de doença ocupacional. Assim, sua abstenção ou omissão acarreta o reconhecimento da responsabilidade pelo evento danoso ocorrido. Recurso de revista conhecido e provido.
>
> (RR n.º 510-22.2010.5.02.0021, 6ª Turma, Relator Aloysio Correa da Veiga, DEJT 8/8/2014, transcrição parcial da ementa, sublinhados de minha autoria, demais destaques do original).

4. AMPLIAÇÃO DA PROTEÇÃO TRABALHISTA, ALCANÇANDO TRABALHADORES NÃO EMPREGADOS

Na conhecida expressão de Maurício Godinho Delgado, o Direito Individual do Trabalho regula a *relação empregatícia de trabalho e outras relações normativamente especificadas.*[34] Mas o próprio autor adverte que são excluídas da abrangência desse ramo jurídico especializado *as categorias de trabalhadores não empregatícios.*[35]

Há uma vasta gama de contratos de trabalho que não são de emprego, inclusive, com regulamentação especial.[36] Acontece (e é comum) de esse tipo de liame laboral instrumentalizar ações junto à Justiça do Trabalho. Ordinariamente se alega que, em verdade e a despeito da forma, o conteúdo é o de um vínculo empregatício.

Mas por que esse tipo de debate ocorre, na essência? A razão aparente consiste na maior proteção que o sistema do Direito Individual do Trabalho propicia aos empregados. Salvo situações bastante pontuais, em

---

34 *Curso de Direito do Trabalho*, 15ª edição, São Paulo, LTr, p. 47.

35 *Ob. cit.*, pp. 49-51.

36 Segue rol não exaustivo: **(1)** arrendatário ou parceiro agrícola, pecuário, agro-industrial e extrativista (Lei 4.504/1964, arts. 92 ss.; ver: Leis 8.212/1991, art. 12, inciso V, alíneas "a" e "b" e 8.213/1991, art. 11, inciso V, alíneas "a" e "b"); **(2)** representante comercial autônomo (Lei 4.886/1965, art. 1º, *caput*); **(3)** ministro religioso (Leis 8.212/1991, art. 12, inciso V, alínea "c" e 8.213/1991, art. 11, inciso V, alínea "c"); **(4)** diretor não empregado (Leis 8.212/1991, art. 12, inciso V, alínea "f" e 8.213/1991, art. 11, inciso V, alínea "f"); **(5)** trabalhador eventual (Leis 8.212/1991, art. 12, inciso V, alínea "g" e 8.213/1991, art. 11, inciso V, alínea "g"); **(6)** prestador de serviços em campanha eleitoral (Lei 9.504/1997, art. 100); **(7)** trabalhador voluntário (Lei 9.608/1998, art. 1º, parágrafo único); **(8)** associado de sociedade cooperativa (CLT, art. 442, parágrafo único, com a redação dada pela Lei 8.949/1994); **(9)** prestador de serviços (Código Civil – CC, arts. 593 ss.; *de forma geral, aqueles casos, remunerados, em que não caracterizados os demais elementos fáticos e jurídicos previstos nos arts. 2.º e 3.º, em ambos o* caput *da CLT: trabalho executado por pessoa natural, com dependência jurídica, ou subordinação, de forma não eventual e com pessoalidade*; ver: Leis 8.212/1991, art. 12, inciso V, alínea "h" e 8.213/1991, art. 11, inciso V, alínea "h"); **(10)** empreiteiro (CC, arts. 610 ss.; ver: CLT, art. 652, alínea "a", inciso III); **(11)** mandatário (CC, arts. 653 ss.); **(12)** agente ou distribuidor (CC, arts. 710 ss.); **(13)** transportador autônomo de cargas (Lei 11.442/2007, arts. 4º, §§ 3º e 5º; 5º, *caput*); **(14)** estagiário (Lei 11.788/2008, art. 3º, *caput*); **(15)** trabalhador avulso (Lei 12.023/2009, art. 1º, *caput*; ver: CR, art. 7º, inciso XXXIV, *in fine*; CLT, arts. 643, § 3º e 652, alínea "a", inciso V; Leis 8.212/1991, art. 12, inciso VI e 8.213/1991, art. 11, inciso VI); **(16)** trabalhadores voluntários na Copa das Confederações FIFA de 2013 (Lei 12.663/2012, art. 57, § 1º, inciso I) e nos Jogos Olímpicos e Paraolímpicos de 2016 (Lei 13.284/2016, art. 33, § 1º, inciso I); **(17)** participante do Programa "Mais Médicos" (Lei 12.871/2013, art. 17); **(18)** "diarista", assim entendido o trabalhador doméstico que atua em até 2 dias da semana (Lei Complementar – LC 150/2015, art. 1º, *caput*).

que o tempo de atuação e a forma do distrato podem resultar em ponderosa retribuição financeira,[37] o trabalhador empregado (*normalmente*) é titular de acervo bem mais expressivo de direitos, pecuniários e não pecuniários.

Qual a relação entre esse fenômeno e a pandemia?

O distanciamento social intensificou a atuação, consequentemente, as discussões sobre uma categoria de trabalhadores característica da contemporaneidade, aqueles que labutam mediante cadastro em plataformas digitais (*trabalhadores por aplicativo*).[38]

Essas pessoas acabaram aumentando o seu tempo de *disponibilização ao trabalho* (não necessariamente *de trabalho*) tanto pelos acionamentos frequentes quanto pelo avolumamento de novos cadastros, o que acaba pulverizando a demanda, com influência no preço do serviço e na retribuição pecuniária. Em que pese o ponderoso grau de exposição, em contexto de serviço externo e que acarreta contatos públicos variados (com clientes/consumidores), há severas controvérsias quanto à suficiência do aparato de saúde e segurança do trabalho a eles disponibilizados, apesar de algum movimento das plataformas em termos de medidas sanitárias.

Sem outros direitos e normalmente não incluídos na Previdência Social, tais trabalhadores também se queixam da variação em seus rendimentos ante as flutuações do algoritmo da plataforma, que estima preço e retribuição a partir de diversas variáveis, como clima, horário, dia da semana, localidade, distância percorrida, características do pedido etc.

Isso ocasionou duas paralisações nacionais, nos dias 1º e 25/7, cuja pauta pode ser sintetizada nessas questões: critérios de bloqueios ou situações semelhantes, remuneração e prevenção contra SARS-CoV-2; no geral, o que se almeja são melhores condições de trabalho.

---

37 Tenho em mente o representante comercial. Ver: Lei 4.886/1965, arts. 27, alínea "j" e 34, *caput* (respectivamente, indenização e aviso prévio no caso de denúncia imotivada pelo contratante, o representado).

38 Insisto que as balizas impostas a esse trabalho não permitem maiores desenvolvimentos sobre temas como esse. Indicamos o seguinte livro, fruto de tese de doutoramento do seu autor: GAIA, Fausto Siqueira. *Uberização do Trabalho*. Rio de Janeiro: Lumen Juris, 2019.

Ainda não está clara na doutrina e na jurisprudência a natureza dos contratos de trabalho por aplicativo. Contrapõem-se, *v.g.*, as compreensões da autonomia pela liberdade quanto à definição do tempo e horário de trabalho, atendimento de chamadas e mesmo em termos de adesão às múltiplas plataformas, com possibilidade de escolha de uma ou outra a critério do trabalhador, *de um lado*, e a ideia de subordinação estrutural e de limites à autodeterminação pelo algoritmo, *de outro lado*.

Há julgados sinalizando a não caracterização do contrato de emprego.[39] Nesse sentido, do TST:

> *AGRAVO DE INSTRUMENTO EM RECURSO DE REVISTA. MOTORISTA APLICATIVO CABIFY. VÍNCULO EMPREGATÍCIO.* O Tribunal Regional consignou que havia enorme autonomia na prestação de serviços do reclamante, incompatível com a existência de vínculo de emprego, concluindo que o recorrente não estava sujeito a um efetivo poder diretivo exercido pela reclamada, desempenhando suas atividades com autonomia e conforme sua conveniência. Decidir de maneira diversa encontra óbice na Súmula n.º 126/TST. Assim, ilesos os arts. 2º, 3º e 818 da CLT. *Agravo de instrumento conhecido e não provido.*

---

39 "*CONFLITO NEGATIVO DE COMPETÊNCIA.* INCIDENTE MANEJADO SOB A ÉGIDE DO NCPC. *AÇÃO DE OBRIGAÇÃO DE FAZER C.C. REPARAÇÃO DE DANOS MATERIAIS E MORAIS AJUIZADA POR MOTORISTA DE APLICATIVO UBER. RELAÇÃO DE TRABALHO NÃO CARACTERIZADA.* SHARING ECONOMY. *NATUREZA CÍVEL. COMPETÊNCIA DO JUÍZO ESTADUAL.*

1. A competência ratione materiae, *via de regra, é questão anterior a qualquer juízo sobre outras espécies de competência e, sendo determinada em função da natureza jurídica da pretensão, decorre diretamente do pedido e da causa de pedir deduzidos em juízo.*

2. Os fundamentos de fato e de direito da causa não dizem respeito a eventual relação de emprego havida entre as partes, tampouco veiculam a pretensão de recebimento de verbas de natureza trabalhista. A pretensão decorre do contrato firmado com empresa detentora de aplicativo de celular, de cunho eminentemente civil.

3. As ferramentas tecnológicas disponíveis atualmente permitiram criar uma nova modalidade de interação econômica, fazendo surgir a economia compartilhada (sharing economy), em que a prestação de serviços por detentores de veículos particulares é intermediada por aplicativos geridos por empresas de tecnologia. Nesse processo, os motoristas, executores da atividade, atuam como empreendedores individuais, sem vínculo de emprego com a empresa proprietária da plataforma.

4. Compete à Justiça Comum Estadual julgar ação de obrigação de fazer c.c. reparação de danos materiais e morais ajuizada por motorista de aplicativo pretendendo a reativação de sua conta UBER para que possa voltar a usar o aplicativo e realizar seus serviços.

5. Conflito conhecido para declarar competente a Justiça Estadual."

(STJ, Conflito de Competência – CC 164.544/MG, 2ª Seção, Relator Moura Ribeiro, DJe 4/9/2019, sublinhados de nossa autoria, demais destaques do original).

(Agravo de Instrumento em Recurso de Revista – AIRR n.º 1002011-63.2017.5.02.0048, 8ª Turma, Relatora Dora Maria da Costa, DEJT 25/10/2019, destaques do original).

AGRAVO DE INSTRUMENTO EM RECURSO DE REVISTA. MOTORISTA DE APLICATIVO. AUTONOMIA NA PRESTAÇÃO DOS SERVIÇOS. VÍNCULO EMPREGATÍCIO NÃO CONFIGURADO. O Tribunal Regional consignou que os elementos dos autos demonstram autonomia do reclamante na prestação dos serviços, especialmente pela ausência de prova robusta acerca da subordinação jurídica. Ademais, restando incontroverso nos autos que, *"pelos serviços prestados aos usuários, o motorista do UBER, como o reclamante aufere 75% do total bruto arrecadado como remuneração, enquanto que a quantia equivalente a 25% era destinada à reclamada (petição inicial – item 27 – id. 47af69d), como pagamento pelo fornecimento do aplicativo'*, ressaltou o Tribunal Regional que, *'pelo critério utilizado na divisão dos valores arrecadados, a situação se aproxima mais de um regime de parceria, mediante o qual o reclamante utilizava a plataforma digital disponibilizada pela reclamada, em troca da destinação de um percentual relevante, calculado sobre a quantia efetivamente auferida com os serviços prestados"*. Óbice da Súmula n.º 126 do TST. Incólumes os artigos 1.º, III e IV, da Constituição Federal e 2.º, 3.º e 6.º, parágrafo único, da CLT. *Agravo de instrumento conhecido e não provido.*

(AIRR 11199-47.2017.5.03.0185, 8ª Turma, Relatora Dora Maria da Costa, DEJT 31/1/2019, destaques do original).

Apesar disso, cremos precipitado, sequer, cogitar de uma propensão a essa compreensão do assunto. O tema chega ao TST na linha de se buscar nova *valoração jurídica* aos fatos assentados no acórdão recorrido, pois o Tribunal Superior não reexamina fatos e provas (Súmula, Verbete 126). Pode ser que os pormenores da instrução processual em determinado caso, assim como assimilados pelo Tribunal Regional do Trabalho (TRT), conduzam a entendimento diverso.

A par disso, existem trabalhadores que preferem, para dizer o mínimo, a maior liberdade propiciada pelo trabalho por aplicativo, no sentido de não se aterem aos moldes *tradicionais* da subordinação, com ingerência constante relativamente a dias e horários de trabalho, local e forma da prestação dos serviços etc.

Como equacionar tudo isso? Aos meus olhos, a melhor solução consiste em, mantida a estrutura original desse tipo de trabalho, *que é a prestação de serviços autônomos*, sem prejuízo do exercício do direito de ação junto à Justiça do Trabalho quando praticados atos que objetivem desvirtuar, impedir ou fraudar a aplicação de preceitos trabalhistas (CLT, art. 9º; ver, também, o art. 444, *caput*, da mesma *legis*), estabelecer conjuntura laborativa e direitos mínimos àqueles que labutam por aplicativo.

A propósito, destacamos o Projeto de Lei (PL) 3.748/2020, da autoria original da deputada federal Tabata Amaral (PDT/SP). Por ele, institui-se o *regime de trabalho sob demanda*, que excetua a aplicação da CLT *como regra*, mas cujo desenvolvimento prevê a caracterização da relação empregatícia quando presentes os elementos fáticos e jurídicos correspondentes.

Em linhas gerais, o PL em questão:

(a) define o trabalho sob demanda: "*aquele em que os clientes contratam a prestação de serviços diretamente com a plataforma de serviços sob demanda, que, por sua vez, apresenta proposta para execução dos serviços para um ou mais trabalhadores*" (art. 2º, *caput*), sendo essencial "*a plena liberdade do trabalhador em aceitar ou não a proposta para prestação do serviço*" (art. 3º, *caput*), sem possibilidade de punições ou (má) avaliação do serviço em havendo recusa pelo trabalhador (art. 3º, §§ 1º e 2º); com o que se atende à reivindicação dantes mencionada, relacionada aos bloqueios pelo algoritmo;

(b) prevê que a remuneração deve ser suficiente para assegurar salário-hora "*nunca inferior ao salário profissional-hora ou ao piso da categoria por hora, ou, quando estes forem inexistentes, ao salário mínimo hora*", com acréscimo de 1/12 correspondente ao 13º salário proporcional, 1/12 correspondente às férias proporcionais e 1/36 correspondente ao 1/3 de férias (art. 5º, *caput* e incisos I a III), incluindo-se no cálculo do salário-hora, além do tempo efetivo de prestação dos serviços, 30% "*a título de tempo de espera*" (art. 5º, § 1º); com repasse de gorjetas integral ao trabalhador (art. 6º, § 3º);

(c) estabelece direitos como a indenização de custos com insumos, manutenção e depreciação de instrumentos próprios (art. 8º); redução dos riscos à saúde e segurança (art. 11), abrangendo prevenção de assédio, violência e discriminação (art. 12); percepção de seguro-desemprego (art. 15); filiação ao Regime Geral de Previdência Social (RGPS) "na qualidade de segurado empregado" (art. 16); remuneração no caso de afastamento por problemas com a saúde, do 3º ao 15º dia (art. 17); outras formas de assistência, como em casos de acidente do trabalho, salário-família e licença-maternidade, os dois últimos pagos pelo Instituto Nacional do Seguro Social (INSS) (arts. 18 a 20); além de regras detalhadas sobre cadastramento, descadastramento e avaliação do trabalhador (art. 9º).

Na justificação do PL, Tabata Amaral pondera:

> Apesar da relevância da atividade, os trabalhadores, que dependem da estrutura de negócios da empresa para exercer o serviço e garantir a sua renda, se encontram em uma situação jurídica indefinida e sobre a qual paira bastante controvérsia, suscitando discussões que, não raro, são pautadas sem a devida análise das peculiaridades da atividade, as quais precisam ser levadas em consideração para que se regule a atividade de forma adequada e coerente, e para que sejam asseguradas aos trabalhadores condições de trabalho dignas e garantidos os devidos direitos.
>
> Embora o trabalho por meio dos aplicativos venha representando, nos últimos anos, uma importante fonte de renda para as famílias, em especial num cenário de elevado desemprego, a legislação e as políticas públicas atuais são insuficientes para garantir um grau mínimo de proteção social a esses trabalhadores.
>
> Com os naturais ajustes, fruto de um processo legislativo verdadeiramente democrático, entendemos que regulamentação como essa pode, como se quer, reduzir significativamente a insegurança jurídica sobre o instituto e propiciar o salto qualitativo na condição social e econômica desses trabalhadores, atendendo ao art. 7º, *caput*, *in fine* da CR.

Como juiz do trabalho, conclamo as entidades representativas dos membros do Poder Judiciário, destacadamente a Associação dos Magistrados Brasileiros (AMB), a Associação Nacional dos Magistrados da Justiça do Trabalho (ANAMATRA) e a Associação Brasileira de Magistrados do Trabalho (ABMT), a acompanharem e realizarem gestões proativas junto ao Parlamento em prol da construção de normativos como o acima comentado.

TRABALHO REMOTO

Não se trata propriamente de uma novidade no Direito do Trabalho brasileiro. Desde a redação original, embora, com textos diferentes dos atuais, a CLT dispunha sobre trabalho em domicílio (art. 6º)[40] e trabalhadores externos (art. 62),[41] inclusive, dispondo sobre o registro de ponto daqueles que atuam fora do estabelecimento (art. 74, § 3º).[42]

Daí a lição de Amauri Mascaro Nascimento:

> Não há conceito legal de *trabalho a distância*, mas é expressão usada para designar o trabalho que não é realizado no estabelecimento do empregador, e sim fora dele, portanto, com a utilização de meios de comunicação que o avanço das técnicas modernas põe à disposição do processo produtivo, em especial de serviços.[43]

O que tivemos, mais recentemente, foi a inserção do Capítulo II-A, *"Do Teletrabalho"*, no Título II da Consolidação, por força da Lei 13.467/2017.[44]

Sistematicamente, temos o trabalho externo ou, como prefiro, o *trabalho remoto* como gênero, de que são espécies:

(a) o *trabalho em domicílio*: executado na residência do trabalhador, sem exigência do uso de meios informáticos e telemáticos (CLT, art. 6º);

---

40 Redação original: *"Art. 6º Não se distingue entre o trabalho realizado no estabelecimento do empregador e o executado no domicílio do empregado, desde que esteja caracterizada a relação de emprego"*. O parágrafo único só foi inserido com a Lei 12.551/2011.

41 Redação original: *"Art. 62. Não se compreendem no regime deste Capítulo:*
a) os vendedores pracistas, os viajantes e os que exercerem, em geral, funções de serviço externo não subordinado a horário, devendo tal condição ser, explicitamente, referida na carteira profissional e no livro de registro de empregados, ficando-lhes de qualquer modo assegurado o repouso semanal".

42 Redação original: *"Art. 74. O horário do trabalho constará de quadro, organizado conforme modelo expedido pelo Ministro do Trabalho, Indústria e Comércio, e afixado em lugar bem visível. Esse quadro será discriminativo no caso de não ser o horário único para todos os empregados de uma mesma seção ou turma.*
§ 1º O horário de trabalho será anotado em registro de empregados com a indicação de acordos ou contratos coletivos porventura celebrados. (...).
§ 3º Se o trabalho for executado fora do estabelecimento, o horário dos empregados constará, explicitamente, de ficha ou papeleta em seu poder, sem prejuízo do que dispõe o § 1º deste artigo".
O aparente conflito entre o art. 62 e o art. 74 se resolve com relativa facilidade: trabalhadores externos *não subordinados a horário*, consoante redação de época, estavam excluídos do Capítulo II, Título II da CLT, que trata da Duração do Trabalho. Demais trabalhadores externos realizam o registro de ponto *em ficha ou papeleta em seu poder* (nos termos da primeira versão).

43 NASCIMENTO, Amauri Mascaro. *Curso de Direito do Trabalho*, 24ª edição. São Paulo: Saraiva, p. 825.

44 Para exame mais minucioso do assunto, inclusive com considerações históricas e normativos infralegais precedentes, relacionados ao teletrabalho no âmbito do serviço público, ver: FONSECA, Rodrigo Dias da (Coordenador). *Reforma Trabalhista Comentada*. Florianópolis: Empório do Direito, 2017, pp. 93-119.

(b) o *teletrabalho*: executado fora das dependências do empregador, o que pode acontecer na residência do trabalhador ou outro local, com uso de tecnologias da informação e de comunicação (CLT, arts. 62, inciso III e 75-A ss.);

(c) o *trabalho externo* (em sentido estrito): demais situações em que se labora fora das dependências do empregador, com ou sem aplicação das regras relacionadas à duração do trabalho.[45]

Destaco a ementa abaixo, do TST:

> AGRAVO DE INSTRUMENTO. RECURSO DE REVISTA. *HOME OFFICE: ENQUADRAMENTO E EFEITOS JURÍDICOS. OUTROS TEMAS: SUBSTITUIÇÃO. ACÚMULO DE FUNÇÕES. HORAS EXTRAS. ADICIONAL NOTURNO. HORAS DE SOBREAVISO. FÉRIAS INTERROMPIDAS. DECISÃO* DENEGATÓRIA. MANUTENÇÃO.
>
> O teletrabalho e o trabalho em domicílio (*home office*) tornaram-se frequentes nas últimas décadas em face da invenção, aperfeiçoamento e generalização de novos meios comunicacionais, ao lado do advento de novas fórmulas organizacionais e gerenciais de empresas e instituições. Isso não elimina, porém, necessariamente, a presença de *subordinação* na correspondente relação socioeconômica e jurídica entre o trabalhador e seu tomador de serviços, desde que ultrapassado o *conceito tradicional* desse elemento integrante da relação empregatícia em favor de sua *dimensão objetiva* ou, até mesmo, em favor do conceito de *subordinação estrutural*. Dentro deste novo, moderno e atualizado enfoque da subordinação, os trabalhadores em domicílio, mesmo enquadrando-se no parâmetro do *home office*, podem, sim, ser tidos como subordinados e, desse modo, efetivos empregados. Não obstante, não se pode negar que, de maneira geral, em princípio, tais trabalhadores enquadram-se no tipo jurídico excetivo do art. 62 da CLT, realizando o parâmetro das *jornadas não controladas* de que fala a ordem jurídica trabalhista (art. 62, I, CLT). Por outro lado, a possibilidade de indenização empresarial pelos gastos pessoais e residenciais efetivados pelo empregado no exercício de suas funções empregatícias no interior de seu *home office* supõe a precisa comprova-

---

45 Considerando os textos atuais, especialmente o do art. 62, fruto da Lei 8.966/1994, a diferenciação consiste no desempenho de *atividade incompatível com a fixação de horário de trabalho* (art. 62, inciso I). Nessa situação, não há que se falar em jornada, intervalos etc. No mais, aplica-se o regramento correspondente, com registro manual, mecânico ou eletrônico que se encontre em poder do trabalhador externo (art. 74, § 3º, com a redação dada pela Lei 13.467/2017).

ção da existência de despesas *adicionais* realizadas em estrito benefício do cumprimento do contrato, não sendo bastante, em princípio, regra geral, a evidência de certa mistura, concorrência, concomitância e paralelismo entre atos, circunstâncias e despesas, uma vez que tais peculiaridades são inerentes e inevitáveis ao labor em domicílio e ao teletrabalho. Finalmente, havendo pagamento pelo empregador ao obreiro de valores realmente dirigidos a subsidiar despesas com telefonemas, gastos com informática e similares, no contexto efetivo do *home office*, não têm tais pagamentos natureza salarial, mas meramente instrumental e indenizatória. Na mesma linha, o fornecimento pelo empregador, plenamente ou de modo parcial, de equipamentos para a consecução do *home office* obreiro (telefones, microcomputadores e seus implementos, etc.) não caracteriza, regra geral, em princípio, salário *in natura* , em face de seus preponderantes objetivos e sentido instrumentais. *Agravo de instrumento desprovido.*

(AIRR n.º 62141-19.2003.5.10.0011, 6ª Turma, Relator Maurício Godinho Delgado, DEJT 16/4/2010, destaques do original).

A pandemia impôs o teletrabalho. Foi uma das medidas trabalhistas de enfrentamento conforme MP 927/2.020 (arts. 3º, inciso I, 4º e 5º), *enquanto vigente.*[46] A rigor, o normativo flexibilizou exigências formais para a mais presta e ampla implementação desse sistema de labor.

No entanto, a necessidade pode se tornar uma oportunidade.

Apesar do desconforto inicial, inerente a todas as mudanças e adaptações a novas realidades, e de dificuldades ainda presentes, consegue-se divisar não apenas vantagens em potencial, mas uma tendência de disseminação desse regime.

O teletrabalho resolve problemas como o deslocamento do trabalhador, bastante grave nos grandes centros, e o acompanhamento mais próximo de questões familiares (*v.g.*, de pessoas que necessitem de algum tipo de cuidado ou atenção especial). Ainda, concede certa flexibilidade na distribuição do tempo (ou, mais propriamente, dos horários) dedicado(s) ao trabalho e daquele voltado aos interesses pessoais. Para o em-

46 A MP n.º 927/2020 vigeu de 22/3/2020, data de sua publicação, até 19/7/2020. Em curso o prazo de 60 dias para edição de Decreto Legislativo, pelo Congresso Nacional, disciplinando as relações jurídicas dela decorrentes (CR, art. 62, § 3º). Caso não editado esse Decreto Legislativo, referidas relações jurídicas se conservam regidas pela MP exclusivamente durante a sua vigência (CR, art. 62, § 11).

pregador, dá margem à redução da estrutura física e ampliação de sua estrutura operacional, pela maior virtualização da atividade.

Mas isso exige cuidados. Pontos que podem fortalecer o Direito do Trabalho nesse particular.

O primeiro deles reside no art. 75-D da CLT: a estrutura e os custos dessa atividade naquilo que interessa ao trabalhador. Deve estar presente, nesse particular, a alteridade, a saber, a necessária assunção dos *riscos* (das despesas) do empreendimento pelo empregador. Ainda que ao trabalhador se possa imputar a atribuição de proceder ao estudo, à compra e à instalação de equipamentos, como também à viabilização dos demais meios de trabalho (ilustro com sinal de internet mais potente), as despesas devem ser suportadas pelo empregador, antecipadamente ou por reembolso (aplicação do art. 2º, *caput* da CLT),[47] pagamentos esses de índole indenizatória ou não salarial.

A propósito, Homero Batista Mateus da Silva levanta problemática muito pertinente: há gastos compartilhados, como energia elétrica e internet (dificilmente o trabalhador terá plano ou assinatura diferenciados, ou relativos a certo cômodo do imóvel; ainda que tenha, praticamente impossível apurar o uso estritamente profissional). Como lidar com isso? Trazemos a resolução proposta, com a qual assentimos:

> Solução usual para esse dilema pode ser encontrada no pagamento de uma ajuda de custo fixa para o empregado, calculada na estimativa da diferença entre o valor atual da conta de energia elétrica e o valor médio anualizado do que aquela residência habitualmente gastava – e, também, a diferença entre a nova conta de internet e a média das contas velhas de internet. Esse critério encampa sentido de equilíbrio e boa-fé de ambas as partes, mas certamente

---

47 Sem prejuízo da ementa dantes citada, mais específica, trago trecho de outra, recente, por espelhar o entendimento prevalente do TST a esse respeito:

"AGRAVO. AGRAVO DE INSTRUMENTO EM RECURSO DE REVISTA. *PROCESSO SOB A ÉGIDE DA LEI 13.015/2014 E ANTERIOR À LEI 13.467/2017.* INDENIZAÇÃO POR UTILIZAÇÃO DE VEÍCULO PRÓPRIO NA ATIVIDADE DESEMPENHADA EM PROL DO EMPREGADOR. *Predomina nesta Corte o entendimento de que é possível deferir ao trabalhador indenização por despesas decorrentes de uso do veículo próprio nas atividades desempenhadas em prol do empregador, bem como o reembolso de despesas com combustível, em face do princípio da alteridade, pelo qual recai sobre o empregador a assunção dos riscos do empreendimento – a teor do art. 2º,* caput *, da CLT.*"

(Agravo em Agravo de Instrumento em Recurso de Revista – Ag-AIRR n.º 11028-59.2015.5.03.0024, 3ª Turma, Relator Maurício Godinho Delgado, DEJT 24/5/2019, destaques do original, transcrição parcial).

não está imune a dúvidas futuras – dúvidas do empregado, por achar que a diferença foi calculada de modo muito rigoroso e dúvidas do empregador, por achar que patrocina pacote generoso demais de incremento de dados.[48]

As inseguranças destacadas na transcrição acima podem ser dirimidas ou minimizadas mediante critérios previamente acordados e formalizados, inclusive, com estudo e entendimento antecedentes sobre as reais necessidades de certa quantidade adicional (*se o caso*) de sinal de internet.

Atrevo-me a suplementar os ensinamentos suso: para além da boa-fé (CC, arts. 113, *caput* e § 1º, inciso III, e 422), o acordo de vontades, a documentação detalhada e o registro documental bastante, em tese, coíbem o enriquecimento sem causa (patronal ou pelo trabalhador), defeso em nosso ordenamento (CC, arts. 884 ss.).

O segundo, no art.75-E da CLT: é imperioso que o empregador instrua os trabalhadores, *expressa* e *ostensivamente* (essas qualificações estão presentes na Lei) em matéria de saúde e segurança do trabalho. Permito-me agregar, com abordagem precautiva.

Colho da doutrina de escol:

> Há diversos riscos inerentes ao teletrabalho, especialmente *ergonômicos* e *psicossociais*. De fato, os teletrabalhadores tendem a labutar longas horas sem qualquer pausa, inclusive pela madrugada e finais de semana. Também são mais propensos a atuar em ambientes com pouca luminosidade, temperatura imprópria, postura inadequada e em execução de movimentos repetitivos e tarefas monótonas. Preocupações com a segurança de dados empresariais sigilosos também ganham relevância no teletrabalho, o mesmo se dando com o perigoso quadro de isolamento social e fadiga visual/mental. Outro elemento de risco no teletrabalho reside na dificuldade de gestão coordenada dos espaços familiar e laboral, (afinal, nem sempre se disporá de um local bem reservado e tranquilo para praticar o teletrabalho). Todos esses fatores bem demonstram que o labor fora das dependências da empresa mediante recursos telemáticos induz cenário extremamente nocivo à saúde psicofísica do teletrabalhador.[49]

---

48 SILVA, Homero Batista Mateus da. *Legislação trabalhista em tempos de pandemia*. São Paulo: Revista dos Tribunais, 2020, p. 33.

49 SOUZA JÚNIOR, Antonio Umberto de (*et. al*), *Reforma Trabalhista: análise comparativa e crítica da Lei n.º 13.467/2017 e da Med. Prov. 808/2017*, 2ª edição. São Paulo: Rideel, p. 111 (destaques do original).

De fato, embora se possa imaginar, em primeiro momento, que o ambiente doméstico pode propiciar confortos adicionais, quiçá, um ambiente mais acolhedor do que o profissional tradicional, ele não foi concebido, *a priori*, para essa finalidade. Assim, há que se proceder a estudos, diálogos e orientações sobre, no mínimo:

(i) iluminação, ventilação/climatização e mobiliário; até mesmo em termos de adequações estruturais;

(ii) posições: postura ao se sentar, para ler textos em meio físico ou digital, ao digitar etc.; inclusive, com educação específica voltada a alongamentos e descansos de estruturas corpóreas mais comprometidas, como olhos, mãos, pulsos etc.

(iii) tempos de trabalho e de pausa, o que passa por adequações em termos de hidratação e alimentação;

(iv) saúde mental, salientando que o uso do computador, justamente por privar das interações pessoais e exigir constante atenção (forma e momento de falar, comandos informáticos a executar, cuidado intenso com preservação de dados e arquivos, intenso (rápido e elevado) intercâmbio de materiais e informações etc.), tende a ser mais emocionalmente desgastante;

(v) planejamento de rotinas e da adequação do ambiente familiar às rotinas laborais.

Refiro-me a gestões autênticas em matéria de saúde e segurança do trabalho, nas quais se conceda tempo ao trabalhador para análise, assimilação e esclarecimento, com aprendizado e aplicações efetivas. Não basta ao empregador simplesmente repassar conteúdos, genericamente e sem nenhum prejuízo à expectativa de metas e resultados, ou seja, algo puramente *pro forma*.

Não é demais recordar que cabe ao empregador não apenas cumprir, mas *fazer cumprir* as normas dessa natureza (CLT, art. 157, inciso I). Ademais, é seu dever *transmitir esses conhecimentos aos seus empregados de maneira precautiva* (CLT, art. 157, inciso II). Sem olvidar que a saúde, mesmo em matéria laboral e no âmbito educativo, é objeto de exaustiva tutela constitucional (*v.g.*, CR, Preâmbulo e arts. 6º, 7º, inciso XXII, 194, 196, 197 e 200, inciso II[50]).[51]

Um derradeiro comentário: a intensificação do uso dos meios informáticos e telemáticos, tanto mais em contexto de teletrabalho, nos faz pensar sobre a *desconexão*.

O Direito do Trabalho pátrio pode buscar subsídios no direito estrangeiro, é uma forma de colmatar lacunas (CLT, art. 8º, *caput*).

Reproduzo disposição do *Code du Travail* francês:

> *Art. 2.242-17. La négociation annuelle sur l'égalité professionnelle entre les femmes et les hommes et la qualité de vie au travail porte sur: (...).*
>
> *7° Les modalités du plein exercice par le salarié de son droit à la déconnexion et la mise en place par l'entreprise de dispositifs de régulation de l'utilisation des outils numériques, en vue d'assurer le respect des temps de repos et de congé ainsi que de la vie personnelle et familiale. A défaut d'accord, l'employeur élabore une charte, après avis du comité social et économique. Cette charte définit ces modalités de l'exercice du droit à la déconnexion et prévoit en outre la mise en œuvre, à destination des salariés et du personnel d'encadrement et de direction, d'actions de formation et de sensibilisation à un usage raisonnable des outils numériques.*[52]-[53]

Na sistemática do *Code*, a negociação coletiva tem conteúdo mínimo definido em lei. Como no Brasil (CLT, art. 613), mas de forma bem mais expressiva.

---

50 Pouco conhecida e mencionada, é emblemática a disposição de que compete até mesmo ao Sistema Único de Saúde (SUS) executar ações voltadas à saúde do trabalhador.

51 Bem ilustra esse espírito o Anexo I à Portaria MSD/Gabinete do Ministro 1.656/2020, subitem 1.4:

"As instruções aos trabalhadores podem ser transmitidas durante treinamentos ou por meio de diálogos de segurança, documento físico ou eletrônico (cartazes, normativos internos, entre outros), evitando o uso de panfletos."

52 Redação determinada pela *Ordonnance* 1.385, de 22/9/2017, art. 7º.

53 *"A negociação anual sobre igualdade profissional entre mulheres e homens e qualidade de vida no trabalho versará sobre: (...).*

7º As modalidades do pleno exercício pelo empregado do seu direito de desconectar e do estabelecimento pela empresa de dispositivos para regular o uso de ferramentas digitais, a fim de garantir o respeito ao descanso e aos tempos de licença, bem como à vida pessoal e familiar. Na ausência de um acordo, o empregador elaborará um documento [carta], *após assessoria do Comitê Social e Econômico. Esse documento define as modalidades do exercício do direito de desconectar e também prevê a implementação, para funcionários e pessoal da equipe de supervisão e gestão, de treinamento e conscientização sobre o uso razoável de ferramentas digitais."* (tradução livre).

Na Lei Francesa, há necessidade de disposição em âmbito coletivo ou, subsidiariamente, no individual, preferencialmente do regulamento empresarial (expressão adotada em seu sentido lato) tanto sobre *o uso profissional de ferramentas eletrônicas* (etiqueta, por assim dizer, e demais ditames) quanto a respeito da *garantia de o trabalhador se desligar das rotinas laborais e se dedicar às demais dimensões da vida: diversão, interação familiar e social e desenvolvimento de outros projetos pessoais desassociados do trabalho.*

Nesse segundo aspecto, o *Code* revela plena sintonia com valores constitucionais brasileiros, como o bem-estar e a dignidade da pessoa humana (CR, Preâmbulo e art. 1º, inciso III), sem prejuízo de outros, ainda pouco comentados, mas igualmente presentes na Carta, como o direito social ao lazer (CR, art. 6.º). O que, quer me parecer, viabiliza o seu aproveitamento em nosso País.

Enfim, seja em âmbito de negociação coletiva ou, não havendo, por acordo individual ou regulamento do empregador, é preciso dispor sobre a desconexão. Algumas possibilidades:

(1ª) vedação da troca de mensagens, por aplicativos ou e-mail, após certos horários, em dias não úteis e períodos de não trabalho, como férias e licenças, salvo situações excepcionais e justificadas que possam embasar postura contrária (algo realmente extraordinário e urgente); sem que isso importe em sobrecarga ou maior cobrança nos momentos de atuação;

(2ª) bloqueio de acesso ao sistema e dados digitais do empregador nas mesmas situações do item anterior, com proibição supervisionada da realização de atividades fora do sistema ou que prescindam do acesso a esses dados;

(3ª) realização de cursos ou outros eventos voltados à introjeção da importância e benefícios da desconexão, com ênfase na digital;

(4ª) monitoramentos específicos de saúde ocupacional (oftalmológicos, ortopédicos, psicológicos etc.) que permitam identificar precocemente o uso excessivo da tecnologia, seguidos de medidas corretivas sempre que isso se mostrar necessário.

5. CONCLUSÃO

Pois, quando sou fraco é que sou forte.[54]

Lida isoladamente, essa poderia ser classificada como uma das frases mais paradoxais do apóstolo Paulo, quem sabe, do Novo Testamento. Faz sentido quando estimada pelas lentes de um homem de fé, que acredita na manifestação em sua pessoa de um poder externo, metafísico, quando frustrado o empenho humano.

É curioso como essa mensagem vem à minha mente quando me aproximo do encerramento deste artigo. Num átimo, recordo de como o Direito do Trabalho tem sido subestimado e menoscabado governo após governo, praticamente desde meu primeiro contato com a disciplina, já se vão mais de 25 anos entre o curso universitário e a atuação profissional.

Agora, possivelmente no momento de maior tensionamento desde a vigência da CLT (*ou, um pouco antes, das primeiras leis trabalhistas*), quando o natural seria que se esvaísse de uma vez, o Direito do Trabalho parece emergir vigoroso, reconhecido como necessário, nada menos do que um valoroso instrumento de preservação do mínimo existencial e do próprio sistema capitalista na era da sociedade de consumo.

A COVID-19 trouxe lágrimas e apreensão. Mas também fez aflorar o melhor de nós, esperança e solidariedade. Faço votos que também convirjamos nossos esforços na produção de um Direito do Trabalho que, sem perder sua essência, se amolde ao tempo presente.

Sendo fracos, sairemos fortes.

54 Bíblia Sagrada, II Coríntios 12:10, tradução Nova Versão Internacional.

2. O DIREITO DO TRABALHO E OS TRABALHADORES DE PLATAFORMAS DIGITAIS EM TEMPOS DE PANDEMIA

Francisco Alberto da Motta Peixoto Giordani[1]

1. INTRODUÇÃO

Que retumbe em nossa mente o que disse, a certa altura, Albert Camus, Prêmio Nobel de 1957 e ao ensejo de recebê-lo: "*O papel do escritor, ao mesmo tempo, não está separado dos deveres difíceis. Por definição, ele não pode se colocar, hoje, a serviço daqueles que fazem a história: ele está a serviço daqueles que a sofrem*"[2]. Reflitamos, tal não há se dar, outrossim, quanto a um qualquer devotado operador do direito, não devendo se colocar ao serviço dos que fazem (ou, em algumas oportunidades, não fazem, ou fazem-nas de modo inadequado) as leis, e que muitas vezes passam ao largo de suas consequências, ou desejando consequências que não podem ser consideradas eficientes/suficientes/apropriadas para regrar esta ou aquela situação, mas, antes, formar ao lado dos que se submeterão às suas disposições, ou sofram/sofrerão pela sua ausência e/ou inexistência, o que leva a que a interpretação, seja da lei, seja do ordenamento jurídico como um todo (esta, em qualquer situação, havendo ou não lei), não olvide/não relegue a um plano menor, a "vida/vivida" por estes últimos?

---

1 Desembargador Federal do Trabalho do Tribunal Regional do Trabalho da 15ª Região.

2 Albert Camus, "Discurso de Albert Camus — Prêmio Nobel de 1957",https://blogdo.yurivieira.com/2009/06/discurso-albert-camus/

Imagino que esteja claro/límpido, do quanto asseverado nas linhas transatas, que uma lei, bem como o ordenamento jurídico, devem, sempre, ser seguidos/observados/respeitados, para o que imprescindível sua interpretação (aliás, como se não desconhece, tudo há ser interpretado, o silêncio inclusive!), a qual, contudo, não pode chegar/levar a resultado que afronte/desnature,ignore/faça pouco da razão de ser do direito e de seus ramos, aqui importando, mais de perto, o do Direito do Trabalho, pois, conquanto até intuitivo, embora bastas vezes não receba a importância que há de lhe ser atribuída, o Direito, além de suas funções mais lembradas, como a de solução de conflitos/harmonização/pacificação sociais, ainda é um testemunho de como determinada sociedade, em determinada época, pensa e trata seus integrantes, tanto de modo mais geral, como quanto a um/uns ou outro(s) segmento(s) que a compõem, e aqui, designadamente quanto aos trabalhadores, o testemunho talvez leve a uma reprovação/condenação pela indiferença para com essas pessoas que vivem do seu trabalho.

Um tal sentir se choca – e muito – com o que disse, certa feita, o preclaro Manuel de Oliveira Matos, no sentido de que "o *pensamento do homem livre não é ave que, por muito tempo, se deixe ficar pousada nos mesmos ramos: ama subir cada vez mais alto e nunca hesitou perante a enormidade dos vôos*",[3] o que, principalmente em se tratando da pessoa de um trabalhador, deveria ser uma aspiração natural e constante, visando "*subir cada vez mais alto*", com vistas à melhoria de suas condições de vida e trabalho, e sem hesitação "*perante a enormidade dos vôos*", entretanto, na quadra atual, em certos pensamentos, parece estar em voo rasante, é dizer, sem preocupação com a vida e as condições de trabalho a que submetidas milhões de pessoas, quase se chocando, esses voos rasantes, com o solo, ou seja, deixando-as (as mencionadas milhões de pessoas) sem uma adequada proteção do direito.

Nesse passo, vale trazer à colação o que o insigne Felipe Braga Netto pontua:

---

3 Manuel de Oliveira Matos, "Reflexões Jurídicas (notas jurisprudenciais sobre o Código Civil de 1966)", Livraria Almedina, Coimbra, 1971, página 12.

> *Na responsabilidade civil – e não só nela – todos os temas, em certo sentido, estão em elaboração contínua. Sofrem releituras e redefinem seus perfis ao calor do caminhar histórico. A responsabilidade civil talvez se diferencie dos demais institutos jurídicos por se permitir um olhar singular – mais compreensivo e mais contemporâneo – em relação à sociedade e às mudanças que continuamente redefinem os perfis sociais. Em sociedades plurais e complexas, com sistemas jurídicos formados não só por regras, mas fundamentalmente por princípios, e com a progressiva valorização da dimensão existencial das relações jurídicas, a responsabilidade civil experimenta refuncionalizações contínuas, e parece vocacionada a traçar linhas de tendência que definirão os próximos passos que nós, socialmente, iremos dar.*[4]

Da atenta leitura desse bem elaborado parágrafo, não obstante tenha em vista o instituto da responsabilidade civil, fica autorizada a conclusão de que o Direito caminha, evolui, historicamente, enxergando à sua frente a valorização das pessoas e do aspecto existencial das relações jurídicas (e aqui há lembrar que o contrato de trabalho é um contrato existencial!); o Direito do Trabalho não deveria/deve trilhar a mesma senda, e não – justo ele! - procurar percorrer o caminho inverso, cujos passos – e passos largos – deixam marcas de estar involuindo, ao invés de evoluir, em sua atenção à valorização das pessoas, é dizer, da vida dos que vivem do seu mourejar?

"*Communis hostis omnium. Inimigo comum de todos.*"[5]

Dilucida o ilustre Rodrigo de Lima Vaz Sampaio que, "*Por meio dessas palavras, Marco Túlio Cícero exclui, em primeiro lugar, 'pirata' [= 'pirata'] da categoria de sujeitos que, de forma legítima podem participar de uma guerra e define-o, expressamente, como adversário de toda a Humanidade*".[6]

DE PERGUNTAR (em letras maiúsculas mesmo!):

Um trabalhador hoje equivale ao pirata de Cícero?

Quanto isso facilitaria...

4 Felipe Braga Netto, "Os Novos Rumos da Responsabilidade Civil – O Estado e a violência urbana", Editora Jus PODIVM, 2019, páginas 16/17.

5 Rodrigo de Lima Vaz Sampaio, "O Caso do Resgate de Piratas. Contribuição ao Direito Privado", Quartier Latin, 2018, página 21.

6 Rodrigo de Lima Vaz Sampaio, "O Caso do Resgate de Piratas. Contribuição ao Direito Privado", Quartier Latin, 2018, página 21.

Entretanto, há o Direito de coonestar essa "equivalência", traindo sua razão de ser?

Seja permitido ponderar que, "vira e mexe", ou, praticamente, a toda hora, se fala em crise e sua repercussão no Direito do Trabalho ou em crise do próprio Direito do Trabalho, de minha parte, monto praça na posição de que, crise, como alguém já disse, "é companheira de viagem" do Direito do Trabalho, que pode ser visto como nascido de uma, além do que crise é algo que acompanha a existência de todos, sejam indivíduos, nações, épocas etc., de modo que é algo para o que se deve estar prevenido e procurar superar sempre que surgir – e sempre surgirá. O reprovável é quando a crise surge "provocada", fruto de uma conduta/deliberação/agir que a desencadeie, com boa consciência do que se faz e busca, no caso do Direito do Trabalho, crise surge quando leis e/ou interpretações "fogem"/"contornam"/"driblam"/"ignoram"/"frustram"/"deliberam em sentido contrário" à sua razão de ser, aos fins que justificam a sua existência, como se vê ocorrer tão amiúde, em que se deixa de lado sua função – relevantíssima/essencial – de ser fator de equilíbrio para tornar possível e harmônica, ou pelo menos, algo possível e algo harmônica, a convivência entre o capital e o trabalho, para ser, apenas – e o "apenas" é que é o grande problema! – um fator a mais a contribuir para a gestão empresarial (o que pode ser, mas não só ser!), sem outro fim, sem qualquer atenção séria e comprometida com os que trabalham; e com isso, nosso Direito do Trabalho, para nós, operadores desse ramo do Direito, nossa ciência, a razão de nossos estudos e vida profissional, está sendo "escanteado", na medida em que não se volta mais para a melhoria das condições de vida e de trabalho das pessoas, pelo que só recebe um ou outro questionamento, prevalecendo, ao final, o que outros modos de ver pretendem que prevaleça.

Há algumas linhas acima, da transcrição de excerto dos ensinamentos de Felipe Braga Netto, nota-se que ele fez referência a "sistemas jurídicos formados não só por regras, mas fundamentalmente por princípios", o que remete à discussão se, agora muito designadamente, aos trabalhadores "uberizados"/trabalhadores por meio de aplicativos, os valores e princípios constitucionais, notadamente o valor cuidado e o princípio da solidariedade, estão sendo devidamente observados/respeitados, do que, muito ligeiramente, se falará na sequência.

1.a. Do valor cuidado

Possível afirmar que o valor cuidado está e se espraiar por e em toda a nossa Magna Carta que regula, cuidando das crianças e adolescentes, da pessoa como cidadã, como consumidor, do meio ambiente, sob múltiplos enfoques, do homem que vive de seu trabalho, para citar apenas alguns dos aspectos e formas de cuidado presentes, como dito, na Constituição Federal; não espanta que assim seja, pois cuidar é algo próprio e natural do ser humano (mas não só dele, fique claro!), e tanto assim é que, um dos maiores oradores da língua portuguesa, o inesquecível Padre Antônio Vieira, chegou a asseverar: "*Quantos são os súditos que estão sujeitos ao superior, tantas são as almas de que está sujeito o superior a dar conta a Deus*",[7] asserto esse que reflete, precisamente, o *valor cuidado*! Aqui, para melhor situar esse valor, de evocar sugestão de José Carlos Bermejo, no sentido de que "*poderíamos dizer com Gevaert que 'valor é tudo o que permite dar um significado à existência humana, tudo o que permite ser verdadeiro homem [...]. As coisas adquirem valor na medida em que se inserem nesse processo de humanização do homem*".[8]

E no que tange, especificamente, ao cuidado, de ceder o passo a Leonardo Boff, quando diz que "*O cuidado entra na natureza e na constituição do ser humano*".[9] Vera Regina Waldow, também tendo em vista o cuidado, cita o afamado filósofo alemão Heidegger, esclarecendo que:

> *Para Heidegger (1969), o cuidado é a essência do ser humano. O ser humano existe no mundo, através do cuidado. Ele inclui uma dimensão ontológica – é um modo de ser, sem ele, deixa-se de ser humano. O ser humano é um ser que deve cuidar de si e dos outros.*

Este mesmo autor também distingue o cuidado autêntico. Tal dimensão considera ajudar o outro ir além, ou seja, o outro é ajudado a cuidar de seu próprio ser. O oposto é o comumente ocorrido, em que há uso de poder, mantendo a

---

7 Padre Antonio Vieira, "Sermão da Primeira Dominga do Advento", "Sermões", Três livros e Fascículos, 1984, páginas 106/7.

8 José Carlos Bermejo, "Humanizar a Saúde – Cuidado, relações e valores", Editora Vozes, 2008, página 44.

9 Leonardo Boff, "Saber Cuidar – Ética do humano e compaixão pela terra", Editora Vozes, 10ª edição, 2004, página 34.

dependência do outro. No caso, é fazer pelo outro quando este poderia fazer por si ou não prover meios para que isso ocorra.[10]

O que inferir do acima exposto quanto ao que seja valor e a relevância do cuidado para a vida: trata-se o cuidado de um valor jurídico, o que foi bem apreendido e exposto por Jussara Maria Leal de Meirelles: "*O cuidado expressa, sem dúvida, uma forma responsável de se relacionar. É nesse sentido que assume o seu valor jurídico*".[11]

De salientar que a passagem, verificada entre nós, de um sistema que visava mais ao ter – e com isso sacrificava, em boa/larga medida o cuidado, em diversos de seus aspectos – para um que privilegie o ser, confere uma maior relevância e/ou reconhecimento ao valor cuidado, como valor jurídico, ou como superiormente dilucidado pela insigne Heloisa Carpena Vieira de Mello: "*A passagem de um direito patrimonialista, formalista e liberal para o 'novo', comprometido com os valores constitucionais de realização da pessoa humana, realiza-se a partir do reconhecimento de novos valores jurídicos como o cuidado*".[12]

A visão de cuidado, com os seus contornos próprios e naturais, que o tornam de acrescida importância para e na sociedade hodierna (embora tenha sempre existido, em épocas mais remotas), sem dúvida conecta-o com os valores dignidade e solidariedade que integram, como princípios, a Magna Carta; instigante a seguinte passagem: "*a vida não é um bem a ser privatizado, muito menos um problema a ser resolvido nos circuitos digitais e eletrônicos da informática, mas um 'mistério' e dom a ser vivido prazerosamente e partilhado solidariamente com os outros*".[13]

---

10 Vera Regina Waldow, "O Cuidado na Saúde – As relações entre o eu,o outro e o cosmos", Editora Vozes, 2004, página 20.

11 Jussara Maria Leal de Meirelles, "Ambiente propício a perturbações mentais: o valor jurídico do cuidado ante a vulnerabilidade social", coordenadores Tânia da Silva Pereira e Guilherme de Oliveira, obra coletiva "Cuidado & Vulnerabilidade", Editora Atlas, 2009, página 62.

12 Heloisa Carpena Vieira de Mello, "Consumo e sustentabilidade. O cuidado com o superendividado idoso e a proteção da família", organizadores Tânia da Silva Pereira, Guilherme de Oliveira e Alda Marina de Campos Melo, "Cuidado e Sustentabilidade", Editora Atlas, 2014, página 196.

13 Luciana Bertachini e Leo Pessini, em sua introdução ao livro que coordenam, "Encontro e Responsabilidade no Cuidado da Vida – lidando com desafios éticos em situações críticas e de final de vida", Paulinas/Centro Universitário São Camilo, 1ª edição, 2011, página 10.

1.b. Do princípio da solidariedade

Na palavra autorizada de Heloisa Carpena Vieira de Mello:

> *A "reumanização" do direito privado pressupõe o reconhecimento de que todos os membros do grupo social possuem origem e destino comuns. Esta afirmação encontra eco em norma da Constituição Federal, em seu art. 225, a qual contempla a responsabilidade geracional. Nessa perspectiva, o princípio da solidariedade, compreendido no sentido de que somos todos responsáveis pelo bem-estar social, assume relevância. Um verdadeiro ressurgimento do princípio tem sido assim referido em doutrina: "o princípio da solidariedade" constitui um dos temas centrais para a elaboração de alternativas à nova conformação social, que vem ocorrendo neste milênio. Assim, da obscuridade em que foi deixado por séculos ressurge, com força, o valor solidariedade para se tentar resolver mais esse impasse da história deste "novo" capitalismo,*[14]

E acrescenta tão ilustre jurista, que: "*agir de forma solidária significa cuidar*".[15]

Em realidade, portanto, solidariedade há de ser vista como uma manifestação do cuidado, o qual, como dito, impregna toda a nossa Carta Política, e isso também não deve causar espécie, porquanto, como referido por autores anteriormente citados, "O cuidado entra na natureza e na constituição do ser humano" (Leonardo Boff) e é "a essência do ser humano. O ser humano existe no mundo, através do cuidado" *(*Heidegger, citado por Vera Regina Waldow*)*.

Bem de ver que o cuidado e sua manifestação por meio da solidariedade acompanha o homem desde priscas eras, o que atesta/confirma o quanto retroasseverado, no que pertine à sua umbilical ligação com a natureza/constituição/essência do homem, sendo relevante mencionar, aqui, a lição da ilustre jurista Rosa Maria Barreto Borrielo de Andrade Nery, de que "*na análise do desenvolvimento da cultura, a marca antropológi-*

---

14 Heloisa Carpena Vieira de Mello, "Consumo e sustentabilidade. O cuidado com o superendividado idoso e a proteção da família", organizadores Tânia da Silva Pereira, Guilherme de Oliveira e Alda Marina de Campos Melo, "Cuidado e Sustentabilidade", Editora Atlas, 2014, páginas 196/7. A reprodução feita pela autora é de trabalho de Edneia de Oliveira Matos, "Princípio da solidariedade: estado, socedade e direitos fundamentais", Academia Olimpia, 2012, página 57.

15 Heloisa Carpena Vieira de Mello, "Consumo e sustentabilidade. O cuidado com o superendividado idoso e a proteção da família", organizadores Tânia da Silva Pereira, Guilherme de Oliveira e Alda Marina de Campos Melo, "Cuidado e Sustentabilidade", Editora Atlas, 2014, página 197.

ca constante é a da percepção da vivência grupal, principalmente a preocupação com a sobrevivência dos seus, porque a responsabilidade para com o grupo é de todos",[16] ora, essa "preocupação com a sobrevivência dos seus, porque a responsabilidade para com o grupo é de todos", que mais não é do que o cuidado, em sua manifestação por meio da solidariedade, com as caraterísticas dos primórdios da vida do homem?

Todavia, urge evitar que interesses outros, de certos grupos e com certos (ou não certos) objetivos, levem a que se proceda, com a solidariedade, tal qual no passado fizeram os franceses com a fraternidade,[17] "isolando-a", relegando-a ao ostracismo, reduzida a uma noção de caridade ou de liberalidade, como ensinam Cristiano Chaves de Farias e Nelson Rosenvald:

> "*A Revolução Francesa partiu de três célebres pressupostos: liberdade, igualdade e fraternidade. Todavia, a burguesia ascendente logo cuidou de homenagear o primeiro signo da trilogia, convertendo o segundo em mera igualdade perante a lei e relegando o terceiro ao ostracismo... Quanto à solidariedade, culminou por ser reduzida a uma noção de caridade ou liberalidade*".[18]

A solidariedade, embora existam os que anelam pô-la em prática, torná-la efetiva, real e que deixe de apenas figurar no vocabulário constitucional para ocupar/preencher o espaço que é seu e espera por ela para ser ocupado/preenchido, ainda enfrenta o descaso de vários, lembrando até uma passagem de obra do grande escritor Eça de Queiroz, em que se falava, por um personagem, do descaso para com a Pátria-mãe, do seguinte modo: "*É que, dos Portugueses, os piores desprezavam a Pátria – e os melhores, ignoravam a Pátria*".[19]

---

16 Rosa Maria Barreto Borrielo de Andrade Nery, "Apontamentos Sobre o Princípio da Solidariedade no Sistema do Direito Privado", Revista de Direito Privado, nº 17, janeiro-março/2004, página 65.

17 Nesse espaço, não cabe maiores desenvolvimentos acerca das fraternidade e solidariedade, e posições acerca de suas possíveis diferenças.

18 Cristiano Chaves de Farias e Nelson Rosenvald, "Curso de Direito Civil – Contratos, Teoria Geral e Contratos em Espécie", volume 4, Editora Jus PODIVM, 2019, páginas 225/226.

19 Eça de Queiroz, "A Ilustre Casa de Ramires", in "Obras de Eça de Queiroz", volume I, Lello & Irmão – Editores, Porto, s/d, página 1.161.

Por sorte, o eminente escritor não olvidou de apresentar sua receita/remédio para a situação, prescrevendo: "*O remédio?... Revelar Portugal, vulgarizar Portugal*".[20]

Há fazer o mesmo quanto à solidariedade: revelar a solidariedade, vulgarizar a solidariedade, de modo que ela recupere/atinja seu esplendor e alumie/repercuta, real e efetivamente, nas mais diversas relações jurídicas, e não mais de forma "solta"/isolada/eventual/esporádica!

Por que, num breve texto que se propõe tratar acerca da uberização, tanta ênfase foi/é colocada no valor cuidado e no princípio constitucional da solidariedade? Ver-se-á o porquê a seguir.

2. A TECNOLOGIA NO COTIDIANO E ALGUNS DE SEUS EFEITOS

2.a. O homem e a (eterna) busca pela tecnologia

Creio interessante principiar este tópico realçando a (eterna) busca do homem pelo conhecimento, para alguns espíritos, seja por ele em si mesmo, para outros, seja pelo domínio que pode propiciar, quer da natureza, quer sobre os outros homens (atração irresistível para alguns); o que, certamente, abrange o domínio da tecnologia, que o homem sempre procurou, tornando isso algo até natural.[21] E como um preito a esse esforço que vem desde a aurora do mundo, vale lembrar do Egito, atento a que "*Os egípcios inventaram o papel higiênico e a arte de embalsamar*".[22]

Apenas para descontrair um pedaço, embora também não deixe de ser um alerta, de lembrar que até sentimentos ou falta de sentimentos são revelados/admitidos/confessados/passados, ou podem sê-lo, nos dias que correm, pelos recursos que a tecnologia oferece, tão natural e/ou "próprio"

---

20 Eça de Queiroz, "A Ilustre Casa de Ramires", in "Obras de Eça de Queiroz", volume I, Lello & Irmão – Editores, Porto, s/d, página 1.161.

21 Hans Jonas, "O Princípio Responsabilidade", Contraponto Editora Puc Rio, 1ª reimpressão, 2011, página 43.

22 Harper Lee, "O Sol é Para Todos", José Olympio Editora, 2015, página 81.

o seu uso se tornou/torna, o que se confirma com a notícia de Contardo Calligaris, inserta em uma coletânea de crônicas publicadas pelo autor, psicanalista e escritor, sendo que o excerto a seguir transcrito é de 11.11.2010, em texto "*sobre a relação dos brasileiros com as ferramentas da era digital. Umas das perguntas dizia: 'Você já terminou um relacionamento, ou já terminaram um relacionamento com você, via internet ou por mensagem de celular?' Responderam positivamente 15% dos entrevistados*".[23] Destarte, algumas pessoas devem ficar atentas, ao atenderem seu celular ou conectados com a internet: se a situação não estiver boa (o que normalmente já saberá e/ou desconfiará), mantenham o espírito preparado! Olhem que esse texto já tem dois lustros, de modo que a situação pode estar mais comum ainda!

2.b. A privacidade e o panóptico moderno

Vive-se, hodiernamente, num mundo em que, tamanha é a invasão à privacidade pelos meios e com os instrumentos os mais variados, que acabamos por nos habituar com isso, achando tudo normal e próprio de nossa época, até garantindo uma maior segurança, e azar de quem se rebele contra isso, pois poderá ser suspeito de ter algo a esconder.

E isso vai a ponto tal que, ainda que invadida a privacidade, levando a um controle brutal sobre a vida e a atividade das pessoas, muitos se consideram parceiros, colaboradores, empreendedores, trabalhadores independentes, autônomos e outras denominações do tipo! Mas isso vai até... uma dispensa/ruptura/desligamento!

Esse colossal avanço tecnológico que estamos experimentando não basta, pois é preciso o avanço humano, no sentido de fazer com que o resultado, que esse avanço tecnológico provoca, seja revertido em benefício de todos, e não de uns poucos/pouquíssimos, servindo/sendo até, em diversos casos, um novo meio de controle de um homem por outro (Panóptico: global, moderno), uma maneira, então, que alguns passem a utilizar, para sufocar a DIGNIDADE, por invasão a privacidade e magoando a

23 Contardo Calligaris, "Todos os Reis Estão Nus", Três Estrelas, SP, 2014, página 140.

liberdade, de outros (podendo abranger, claro, um suposto novo modelo de laborar, ainda que só a "embalagem" seja nova...), o que, naturalmente, será/ficará mais fácil, quanto menos aquele que está tendo sua liberdade e dignidade afetadas, puder reagir, como se dá com milhares de trabalhadores uberizados, em relação aos quais a respectiva empresa pode/tem como saber não só os tempos em que o trabalhador está em atividade, como também os que não está e onde se encontra!

2.c. O direito frente (ou atrás da) à tecnologia

A tecnologia, vivendo seu melhor momento, impõe-se ao mundo, mostrando sua força e comando, a ponto de, sob um aspecto, não se preocupar com o ordenamento jurídico, como, de maneira muito percuciente, observou o impoluto Ministro Cláudio Brandão:

> *Se fossem dois seres humanos que vivessem em um mundo imaginário, o Direito e a Tecnologia possuiriam uma relação nem sempre amistosa. Isso porque os avanços tecnológicos ocorrem sem que haja preocupação com o arcabouço normativo existente. Um cientista não consulta um jurista para saber como deve proceder, do ponto de vista da normatização, para que as pesquisas que desenvolve, as novidades que cria, sejam 'aceitas' e reguladas pelo universo jurídico,*[24]

E sob outro aspecto, direciona esse mesmo ordenamento jurídico, com uma

> *(...) nova dimensão do Direito, que não é produto do trabalho dos legisladores, desenha um universo normativo que, de um lado, não cessa de ampliar-se e, de outro, impõe-se pela força dos fatos advindos das exigências de campos muitos específicos do mundo globalizado, como o da Internet, do meio ambiente, da propriedade industrial, dos contratos internacionais e dos investimentos, das patentes, do mercado de carbono, dos sistemas de justiça, entre outros. A limitação dessas referências justifica-se pela própria largueza dos campos regulados por novos instrumentos, denominados pelo autor de ONNI – Objetos Normativos não Identificados.*[25]

---

24 Ministro Cláudio Brandão, em seu prefácio ao livro "Da Máquina à Nuvem", de Ana Carolina Reis Paes Leme, Ltr, 2019, p. 17.

25 Prefácio de Jânia Maria Lopes Saldanha e José Luis Bolzan de Morais, ao livro de Benoit Frydman, "O Fim do Estado de Direito – Governar por Standards e Indicadores", Livraria do Advogado Editora, 2016, página 12.

3. Da uberização

E o que dizer da uberização do trabalho?

Novos tempos, novas realidades? Novas palavras para "velhas" realidades? Novos vínculos?

Há vínculo de emprego? Há autonomia? Pode haver um ou outro?

Há presença de uma autonomia que os empregados desconhecem? (e que talvez o próprio direito desconheça...)

Há subordinação, ainda que mais "elaborada"?

Fornece serviços de tecnologia (a ferramenta eletrônica, o aplicativo oferecido aos motoristas) ou serviços de transporte de passageiros, no caso da própria Uber, referida por ser o grande exemplo desse "sistema"?

Trabalha por conta, quando quer, o tempo que quer, para ganhar o quanto quer, com o seu próprio veículo (ou alugado), ou seja, detém os meios de produção, fica com maior porcentagem do transporte, assume os riscos da atividade?

Tem que trabalhar muito para se manter; no caso dos motoristas, quem fixa o valor da corrida é a Uber, que seleciona os motoristas, diz como o serviço deve ser prestado, monitora o local em que está, suspende ou exclui quando ache que deva, fiscaliza/avalia pelos passageiros, pode possuir apenas as ferramentas de trabalho, não os meios de produção (aplicativo), e após o artigo 75-D da CLT, introduzido pela Reforma...; os clientes são da Uber; se fosse mesmo uma empresa de tecnologia/plataforma de mediação, cobraria um valor fixo pelo uso do aplicativo, e não um percentual por cada corrida.

3.a. Ponderações (algumas)

Antes interessava os empregados "reunidos" na fábrica, com o que se entendia, entre outras coisas, seria possível uma maior fiscalização e evitar desperdícios; hoje, a ideia é vê-los dispersos e pulverizados, não sendo, isso e por isso, que tornará, ao fim e ao cabo, inexistente a subordinação do trabalhador ao comando empresarial, na própria Uber e em outras diversas formas de trabalho por aplicativos.

O controle não precisa (mais) ser físico, pelo olhar e pela voz do homem, pode sê-lo, dir-se-ia melhor, sê-lo-á, como já bem observado, e com vantagem, pelo algoritmo "*O algoritmo garante o resultado final, sem necessidade de ordens diretas aos executores das tarefas*".[26]

Poder estar *on line* é uma vantagem para a Uber, ainda referida como exemplo, e há ver do tempo morto, embora nele o motorista esteja à sua disposição, não é remunerado, o que "atropela" o artigo 4º, *caput*, da CLT, e mostra que, mesmo nesse período, o trabalhador está "controlado", ainda que "em diferente marcha" de controle, e quanto a este, especificamente,

> *O controle sobre os motoristas é elevado. Apesar de os trabalhadores serem remunerados apenas quando realizam viagens demandadas pelo aplicativo, a Uber mantém a coleta de informações dos motoristas mesmo quando não estão em corrida. A partir desses elementos, a empresa consegue delinear padrões de tráfego e alimentar o algoritmo de oferta e demanda que fixa o preço das viagens.*[27]

Aludido controle, bem é de ver, subordina, é uma forma de organizar o trabalho, que há ser seguida e que impõe o ritmo do labor, bem como as condições em que deva ser realizado, permitindo a realização do escopo empresarial,

> *Assim, o controle por programação ou comandos (ou por algoritmo) é a faceta moderna da organização do trabalho. Passa-se da ficção do trabalhador-mercadoria para a ficção do trabalhador-livre, em aliança neofeudal com a empresa.*
>
> *Altera-se a formatação, mas resta a natureza: a) de um lado as pessoas, travestidas em realidades intersubjetivas denominadas empresas, que detêm o capital para investir na produção e serviços e b) do outro lado os demais indivíduos que têm somente o trabalho a ser utilizado e apropriado por essas realidades intersubjetivas para a realização de sua atividade econômica. A exploração dos segundos pelos primeiros continua a mesma.*[28]

---

26 EllieteTavelli Alves, "Parassubordinação e Uberização do Trabalho – Algumas reflexões", Lumen Juris, RJ, 2019, página 121.

27 Juliana Carreiro Corbal Oitaven, Rodrigo de Lacerda Carelli e Cássio Luís Casagrande, "Empresas de Transporte, Plataformas Digitais e a Relação de Emprego: um Estudo do Trabalho Subordinado sob Aplicativos", publicação do MPT, 2018, Gráfica Movimento, páginas 18/9.

28 Juliana Carreiro Corbal Oitaven, Rodrigo de Lacerda Carelli e Cássio Luís Casagrande, "Empresas de Transporte, Plataformas Digitais e a Relação de Emprego: um Estudo do Trabalho Subordinado sob Aplicativos", publicação do MPT, 2018, Gráfica Movimento, página 35.

Com esse desenho, ao se perguntar por ela, responderá positivamente, a subordinação ou, por alguns olhares, parassubordinação,

> *(...) na prática, a exploração econômica do setor de transporte de pessoas pela empresa Uber nada mais é do que uma das formas de trabalho subordinado ou, no mínimo, parassubordinado, já que presentes todos os requisitos para a configuração dessa modalidade de trabalho, quais sejam: a continuidade da relação (não eventualidade); a natureza preponderantemente pessoal (pessoalidade); a remuneração (retribuição); a dependência econômica (subordinação econômica e não jurídica); a existência de colaboração ou ligação funcional (entre o trabalho e a atividade desenvolvida).*[29]

Como observa Leal Amado, com base em decisão proferida em Londres:

> *O Tribunal destacou, desde logo, a desconfiança suscitada pela 'engenharia jurídica' altamente complexa usada pela Uber na descrição de si própria, do seu conceito de negócio e da relação estabelecida entre a empresa, os motoristas e os passageiros, de forma, provavelmente, a ocultar ou dissimular a realidade das relações existentes. Malgrado as 'manobras terminológicas' usadas pela empresa em sentido contrário, o Tribunal concluiu pela configuração da Uber como organização que atua no mercado enquanto fornecedor de serviços de transporte e que emprega motoristas para esse fim, rejeitando a alegada visão de que se trataria de uma mera plataforma eletrónica ("technology company").*[30]

O ilustre lente lusitano ainda acrescenta:

> *Em suma, na perspectiva adotada pelo Tribunal, a Uber não é uma simples ferramenta ao serviço dos motoristas (apresentados pela Uber enquanto empresários independentes a atuar no mercado). A Uber é uma verdadeira empresa transportadora, que fornece serviços de transporte aos passageiros, através dos seus motoristas, profissionais qualificados que emprega para essa finalidade, os quais assumem o estatuto jurídico de "worker"".*[31]

Também há outras decisões nessa direção, v.g., nos EUA (Califórnia) e no Tribunal de Justiça da União Europeia.

29 Eliete Tavelli Alves, "Parassubordinação e Uberização do Trabalho – Algumas reflexões", Lumen Juris, RJ, 2019, página 106.

30 João Leal Amado e Catarina Gomes Santos, "A Uber e os seus motoristas em Londres: mind the gap!", Revista de Legislação e Jurisprudência nº 4.001, página 119.

31 João Leal Amado e Catarina Gomes Santos, "A Uber e os seus motoristas em Londres: mind the gap!", Revista de Legislação e Jurisprudência nº 4.001, página 119.

Resta claro, então, que nas condições descritas não há, verdadeiramente, uma autonomia, não a possui o trabalhador, o qual, antes, submete-se ao controle e programa empresarial, ao qual adere e cumpre-lhe seguir. A autonomia, nessas condições, é uma nova indumentária, mas não uma nova e "*real realidade, uma verdade verdadeira*", a ponto que,

> *Nota-se que, de um lado, restitui-se ao trabalhador certa esfera de sua autonomia na realização da prestação; de outro, essa liberdade é impedida pela programação, pela só e mera existência do algoritmo: os trabalhadores não devem seguir mais ordens, mas sim 'regras do programa' e estar disponíveis todo o tempo. Uma vez programados, não agem livremente, mas exprimem reações esperadas e inescapáveis. Assim, a autonomia concedida é uma 'autonomia na subordinação'.*[32]

Vale salientar que não se exclui a possibilidade de tal atividade ser exercida de modo que não se caracterize relação de emprego, mas, para tanto, há de sê-lo em outros moldes, que não os descritos neste singelíssimo trabalho e que são os que se verificam no dia a dia, eis que, se forem, assomará a existência do liame empregatício, conquanto com novas e mais reluzentes vestes, não empolgando alegações tais como possui o trabalhador os meios de produção, que não é o meio de transporte, mas sim, a plataforma digital, já que evidente que, para o normal desenvolvimento da atividade não se realiza, apenas, com o meio de transporte, sendo necessária a tecnologia que o possibilite. Outrossim, válida, ainda que não se concorde, com fundamentos, a discussão acerca de averiguar se há entender cuidar-se, na espécie, de trabalhador subordinado, no modelo consolidado, como aqui exposto, ou algo próximo de uma parassubordinação, ou da figura do autônomo dependente ou com desenho de uma outra figura, que se entenda mais adequada, coloque-se o que pensa sobre a mesa de debates, apresentem-se argumentos, o que, ao fim e ao cabo, não se pode concordar, é deixar desprotegidos tais trabalhadores, o que magoará, muito profundamente, o valor cuidado e o princípio da solidariedade, acima referidos e atento ao que se considera e visa cada um deles.

32 Juliana Carreiro Corbal Oitaven, Rodrigo de Lacerda Carelli e Cássio Luís Casagrande, "Empresas de Transporte, Plataformas Digitais e a Relação de Emprego: um Estudo do Trabalho Subordinado sob Aplicativos", publicação do MPT, 2018, Gráfica Movimento, página 53.

Como dito em trecho anterior, foi dado como exemplo, pelo seu porte e significado nesse modo de atuação, a própria Uber, mas, *mutatis mutandis*, às demais situações vivenciadas por trabalhadores de aplicativos se aplicam as observações/inferências neste tiradas.

Há ter muita cautela, até para evitar que "clichês" que remetam a algum princípio e/ou dispositivo constitucional, designadamente, a livre iniciativa, de que cuida o artigo 170 da Constituição Federal, acabem, por mais incrível que isso possa parecer, levando a que aqui ocorra algo que já levantou preocupações pudesse se verificar em outras situações, em que se observou, "*por vezes, na esfera constitucional, a Constituição é utilizada até mesmo contra a Constituição*",[33] porquanto, não obstante todo o valor/relevância/imprescindibilidade que se reconheça a livre iniciativa – o que se reconhece e exalta, com entusiasmo – não há com ela se esgrimir para atingir/perfurar outros valores e normas constitucionais, como o cuidado e a solidariedade, também voltados à valorização do trabalho e do homem que vive do seu trabalho!

4. OS TRABALHADORES UBERIZADOS EM TEMPOS DE PANDEMIA

Considerando que, como acentuado no caminho percorrido por este escrito, a tecnologia, por um lado, pouco se importa com o que já dispõe o ordenamento jurídico, e por outro, direciona esse mesmo ordenamento jurídico, o que, por óbvio e naturalmente, repercute nas relações jurídicas, e assim é em tempos de "normalidade", o que pode mesmo "vestir" as relações dos trabalhadores por aplicativos e as empresas que os contratam, mormente porque, mesmo quando tudo está "normal", a falta de emprego é uma realidade, o que não dizer, em momentos excepcionais, como o ora vivido, em que a gravidade da pandemia provoca alterações e consequências, incertezas e desafios assustadores, como retratado pela pena do preclaro Carlos Edison do Rêgo Monteiro Filho:

---

33 Mariana Rodrigues Veras, "Direitos Humanos e Alteridade na Cena do Juridicismo", organizadores José Luis Bolzan de Morais e Bruno Cozza Saraiva, "Estado & Constituição", Empório do Direito, Florianópolis, SC, 1ª edição, 2016, página 226.

> *Março de 2020. Espraia-se, em escala global, cenário distópico a alcançar indistintamente países de diferentes níveis de desenvolvimento. Fala-se logo de quadro comparável à chamada influenza espanhola (de 1918, que resultou na morte de 100 milhões de pessoas) ou à peste negra (do século XIV, que dizimou entre 75 e 200 milhões de pessoas). Os impactos iniciais da pandemia da Covid-19, resultante do novo coronavírus que se alastrou a partir da cidade de Wuhan na China desde dezembro do ano passado, alcançam em primeiro plano a saúde da população e, na esteira desta, as relações pessoais e econômicas que se travam no meio social (...)*
>
> *A gravidade extrema e a extensão mundial da crise produzem incertezas entre os operadores do direito que, subitamente, viram-se desafiados a lidar com problemas dos mais variados matizes: escassez, violência doméstica, conflitos de vizinhança, crime de contágio, falsas notícias, tensões trabalhistas, descumprimento de contratos, dentre outros.*[34]

E, de fato, o quadro descrito pelo afamado professor é o que se apresenta aos nossos olhos, com cores vivas e fortes, desestabilizando os mais variegados setores da vida em sociedade, atingindo, em muitos casos, como era de se esperar, relações de trabalho/relações de emprego, uma vez que, fragilizadas as empresas, mais fragilizados também ficam os que para ela prestam serviços/labutam, e como, outrossim, tal cenário faz com que cresça o desemprego, outra fonte de fragilização passa a "jorrar", e onde há desemprego, o risco de maior precarização aumenta e mesmo acontece, e quando cresce ainda mais o desemprego, cresce ainda mais esse risco, que acontece ainda mais.

Com o desemprego, o número de pessoas que se voltam ao trabalho por meio de aplicativos cresce, as condições em que aviam seus misteres não raro se tornam mais adversas, com retribuições em valores muito baixos e exposição a acidentes aumentando, e aí, não há quem seja responsabilizado... Por isso, em momento anterior, disse que, na minha concepção, realizado o labor nas condições que apontei, o caso é de vínculo empregatício, mas os que pensam de modo diferente, na linha de algo próximo a conferir-lhes alguns direitos, cabe a salutar e sincera troca de

34 Carlos Edison do Rêgo Monteiro Filho, "Coronavírus e Força Maior: Configuração e Limites", coordenadores Carlos Edison do Rêgo Monteiro Filho, Nelson Rosenvald e Roberta Densa, "Coronavírus e Responsabilidade Civil – Impactos contratuais e extracontratuais", Editora Foco Jurídico Ltda, Indaiatuba, SP, 2020, página 19.

ideias, mas o que não se pode, creio, em qualquer hipótese, é deixá-los à margem de qualquer proteção, o que, insisto, pedindo vênia por isso, seria forte agressão ao valor cuidado e ao princípio da solidariedade, tão marcantes/relevantes para a nossa Magna Carta!

5. CONCLUSÃO

Reiterando a posição adotada é a de que as pessoas que trabalham com aplicativos, uma vez preenchidos os requisitos da CLT, como empregados hão de ser reputadas, com todas as consequências que isso implica, ainda que em tempos de pandemia, para que não se use a Constituição contra a Constituição, como mencionado no percurso traçado neste estudo, mesmo porque, considerando especificamente o momento provocado/vivido por conta da pandemia, como asseverado por Marcos Ehrhardt Júnior e Gabriela Buarque Pereira Silva: "*Para gerenciar uma crise que trouxe consigo efeitos deletérios para além da saúde, atingindo a economia e a gestão pública, a urgência na adoção de medidas não pode ignorar direitos fundamentais*".[35]

Oxalá passemos, com sucesso e logo, esse transe!

Cuidemo-nos todos e de todos, dos que labutam por meio de aplicativos inclusive!

35 Marcos Ehrhardt Júnior e Gabriela Buarque Pereira Silva, "Breves Notas Sobre a Privacidade e Proteção de Dados Pessoais Durante a Pandemia da Covid-19: Momento de Refletirmos Sobre a Função Preventiva da Responsabilidade Civil", coordenadores Carlos Edison do Rêgo Monteiro Filho, Nelson Rosenvald e Roberta Densa, "Coronavírus e Responsabilidade Civil – Impactos contratuais e extracontratuais". Indaiatuba: Editora Foco Jurídico Ltda, 2020, página 301.

3. FORÇA MAIOR, FATO DO PRÍNCIPE, IMPREVISÃO E OS IMPACTOS DA PANDEMIA DA COVID-19 NAS RELAÇÕES DE TRABALHO

Alexandre Agra Belmonte[1]

---

1 O autor é doutor em Justiça e Sociedade, mestre em Direito das Relações Sociais, especialista em Direito Privado Aprofundado, professor de mestrado do IESB, coordenador da FGV/RJ, presidente da Academia Brasileira de Direito do Trabalho e vice-presidente da Academia Nacional de Direito Desportivo.

1.INTRODUÇÃO

Imagine-se um buraco aberto no meio da via pública por um tremor de terra; uma doença inesperada que impossibilita um cantor de se apresentar num show com todos os ingressos já vendidos; uma tempestade que vem a atrasar um voo; ou uma pessoa que vem a ser pisoteada e falecer em razão de um tumulto ocasionado por um falso alarme de incêndio, de origem não identificada.

O ponto em comum entre esses acontecimentos inesperados e que fogem ao controle do ser humano é a sua origem casual ou involuntária, que faz romper o nexo causal para efeito de imputação de autoria.

Por consequência, os efeitos jurídicos desses acontecimentos, que influem na integridade de bens e pessoas, frustram compromissos assumidos e geram prejuízos financeiros, são solucionados por meio da teoria do fortuito, mediante a resolução *ex tunc* da obrigação ou do contrato, sem perdas e danos, ou simplesmente por meio do afastamento da responsabilidade civil.

Os pressupostos de caracterização do caso fortuito e da força maior são a involuntariedade, a extraordinariedade, a imprevisibilidade, e a impossibilidade objetiva de evitar o acontecimento.

Evento involuntário é o casual, assim entendido aquele para o qual as partes não concorrem para a sua verificação.

Evento extraordinário é que se distancia do acontecimento comum ou habitual.

Evento imprevisível é o acontecimento inesperado, que não pode ser antevisto.

Evento inevitável é aquele que não pode ser evitado ou controlado.

Imaginemos agora, no entanto, as seguintes situações: um empreiteiro se compromete a realizar uma obra de material e lavor por preço fixo e diante de problemas conjunturais vem a ocorrer um aumento extraordinário no preço do material a ser utilizado; alguém aluga um imóvel por determinado preço, condizente com o de mercado e tempos depois vem a ocorrer acentuada e inesperada modificação nos preços dos alugueis, tornando acentuadamente baixo ou extremamente alto para as condições locais o preço ajustado; e alguém se obriga a furar um poço por certo preço e diante de dificuldades geológicas imprevistas, o valor cobrado torna-se inferior ao gasto necessário.

O ponto em comum entre esses fatos é que, ao contrário do fortuito natural ou humano, o problema não reside na impossibilidade objetiva de cumprimento em decorrência de fatores extraordinários naturais ou humanos. A obrigação é passível de cumprimento. Mas para isso imporá ao devedor um ônus sobrevindo extraordinário ou excessivo, decorrente de alterações inesperadas em relação às circunstâncias originárias que animaram a realização de um negócio jurídico ou assunção de uma obrigação.

Logo, as soluções jurídicas aplicáveis aos fortuitos naturais e humanos (resolução *ex tunc* e desoneração das partes) não servem para todos os casos de imprevisão. Não solucionam, para as obrigações e contratos continuados ou de cumprimento diferido, as alterações supervenientes significativas e imprevistas das circunstâncias que ditaram um ajuste ou impuseram uma obrigação e que resultam numa excessiva ou desproporcional onerosidade.

Essa onerosidade excessiva, que sobrecarrega em demasia uma das partes de um negócio jurídico, provoca acentuada distorção ou desequilíbrio entre a prestação e a contraprestação das partes. E se utilizadas as soluções previstas para os fortuitos, levaria ao desfazimento de um contrato continuado ou de trato diferido, em que as partes empenharam esforços e custo na realização.

Para regular esses casos foi resgatada a antiga cláusula *rebus sic stantibus* para, com fundamento na Teoria da Imprevisão, buscar a composição da onerosidade excessiva imposta por fatores acidentais imprevisíveis, e que apresenta como solução a revisão ou reajuste do pactuado e somente, na impossibilidade, a resolução, assim mesmo *ex-nunc*, da obrigação ou do contrato.

As diferenças entre os institutos dos fortuitos natural e humano e o da imprevisão são, portanto, definidos pela causa e pelos efeitos.

São requisitos da imprevisão: quanto aos efeitos, a onerosidade excessiva, a inevitabilidade do fato gerador e a afetação numa prestação obrigacional de cumprimento continuado ou diferido; quanto à causa, a superveniência de evento acidental e imprevisível; e quanto ao nexo causal, há de existir uma correspondência entre o fato gerador e a onerosidade.

Onerosidade excessiva é o ônus desproporcional imposto para cumprimento da obrigação assumida. Nas obrigações e contratos unilaterais verifica-se em relação a uma inesperada sobrecarga no cumprimento da prestação obrigacional assumida (arts. 317 e 480, CC) e nos contratos bilaterais, no desequilíbrio acentuado entre a prestação assumida e a correspondente contraprestação (art.478 e 479, CC).

Inevitáveis são os fatos que não podem ser controlados.

Os fatos acidentais imprevistos são os que escapam da previsão das partes, porque fogem ao que normalmente costuma acontecer e por isso não podem ser antevistos. O distanciamento quanto ao que ordinariamente costuma ocorrer os inclui na categoria de extraordinários em relação ao vínculo jurídico que une as partes.

Variação substancial e abrupta no valor da moeda ou acentuada e imprevista modificação de mercado em relação às circunstâncias que ditaram um ajuste são exemplos de fatos inesperados, que por não integrarem a dinâmica de uma relação jurídica, são extraordinários.

Há de se observar, contudo, que nem sempre a onerosidade excessiva decorre de fatos extraordinários e/ou imprevisíveis. E em algumas situações, sequer decorrente de fatos supervenientes.

Com efeito, se o devedor assume o risco, ele passa a integrar a dinâmica do negócio jurídico e não há revisão a ser feita, muito menos se aplica a teoria do fortuito.

Por outro lado, a onerosidade excessiva pode decorrer de fatores como malícia ou abuso de direito, prejuízo financeiro e necessidade técnica. E ainda assim impor a incidência da cláusula *rebus sic stantibus*, que igualmente não se esgota na teoria da imprevisão.

Logo, imprevisão e onerosidade excessiva não se confundem. A onerosidade excessiva pode decorrer de fatos que não são extraordinários e/ou imprevisíveis, não se aplicando, nessas hipóteses, nem a Teoria do Fortuito nem a Teoria da Imprevisão. As teorias da lesão, do abuso de direito e da revisão necessária das bases do negócio por necessidades técnicas ou recuperação de empresas também podem impor a incidência da cláusula *rebus sic stantibus*.

Nas relações de trabalho a onerosidade excessiva pode decorrer de fatores típicos do ramo especializado, que imponham a incidência da Teoria da Revisão das Bases do Negócio. Como exemplos, a redução salarial proporcional do professor, decorrente da falta de alunos para formar o número de turmas que ministrava anteriormente e a redução salarial proporcional de um grupo de empregados aproveitados em outro setor com menor carga horária, em razão da extinção de um cargo tornado obsoleto pelas novas tecnologias.

Este estudo tem por fim primeiramente identificar as hipóteses que ensejam a incidência das teorias do fortuito, com os seus efeitos jurídicos, bem como as da imprevisão, lesão, abuso de direito e revisão das bases do negócio sob a ótica da onerosidade excessiva e incidência da cláusula *rebus sic stantibus* nas relações de trabalho, para estabelecer os efeitos jurídicos correspondentes.

Feito isso, objetiva a investigação da aplicação desses institutos jurídicos nas relações de trabalho, frente aos impactos à COVID-19.

2. A CLÁUSULA REBUS SIC STANTIBUS: INCIDÊNCIA E EFEITOS FRENTE AO FORTUITO, IMPREVISÃO, LESÃO, ESTADO DE PERIGO, PREJUÍZO FINANCEIRO E EXIGÊNCIAS TÉCNICAS

Na esteira dos códigos francês e italiano, o Código Civil de 1916, individualista e inspirado no liberalismo, não fez nenhuma referência à Teoria da Imprevisão para efeito de revisão dos pactos. Admitia a desoneração das partes apenas diante da força maior ou do caso fortuito.

As duas grandes guerras mundiais provocaram profundas alterações econômicas e sociais nas relações jurídicas, levando doutrina e jurisprudência a resgatarem a antiga cláusula *rebus sic stantib*us do Código de Hamurábi, flexibilizadora do princípio da obrigatoriedade dos pactos, levando à sua adoção pelo Código Reale, de 2002.

Com efeito, o Código Civil de 2002 alterou, substancialmente, as diretrizes do código anterior. Nos contratos, privilegia o *pacta sunt servanda* como vontade das partes, mas submete a liberdade de contratar, assim entendida a autorregulação dos interesses decorrentes da autonomia privada, aos princípios da probidade e boa-fé (art. 422, CC), em atenção à função social interna e externa do contrato (art. 421, CC).

Por outro lado, considera que os atos e negócios jurídicos são estabelecidos dentro de um contexto de razoável previsibilidade dos efeitos jurídicos pretendidos pelas partes, legais ou escolhidos. E com base na cláusula *rebus sic stantibus*, excepciona a obrigatoriedade contratual para admitir alterações impostas por fatores extraordinários ou imprevistos, suscetíveis de desequilibrar a prestação de uma das partes em relação à contraprestação da outra.

Assim, além dos casos fortuitos e de força maior, em geral resolutórios das obrigações e liberatórios da responsabilidade por prejuízos, o Código de 2002 expressamente prevê, diante da oneração excessiva e superveniente de uma das partes de um contrato ou obrigação, a possibilidade de revisão do pactuado diante da ocorrência de fatores excepcionais ou imprevistos.

São casos de onerosidade excessiva previstos no Código Civil em virtude de motivos supervenientes imprevisíveis e/ou extraordinários:

> Art. 317. Quando, por motivos imprevisíveis, sobrevier desproporção entre o valor da prestação devida e do momento de sua execução, poderá o juiz corrigi-lo, a pedido da parte, de modo que assegure, quanto possível, o valor real da prestação.
>
> Art. 478. Nos contratos de execução continuada ou diferida, se a prestação de uma das partes se tornar excessivamente onerosa, com extrema vantagem para a outra, em virtude de acontecimentos extraordinários e imprevisíveis, poderá o devedor pedir a resolução do contrato. Os efeitos da sentença que a decretar retroagirão à data da citação.
>
> Art. 479. A resolução poderá ser evitada, oferecendo-se o réu a modificar equitativamente as condições do contrato.
>
> Art. 480. Se no contrato as obrigações couberem a apenas uma das partes, poderá ela pleitear que a sua prestação seja reduzida, ou alterado o modo de executá-la, a fim de evitar a onerosidade excessiva.

Art. 625, II. Quando, no decorrer dos serviços, se manifestarem dificuldades imprevisíveis de execução, resultantes de causas geológicas ou hídricas, ou outras semelhantes, de modo que torne a empreitada excessivamente onerosa, e o dono da obra se opuser ao reajuste do preço inerente ao projeto por ele elaborado, observados os preços.

Nas hipóteses previstas nesses dispositivos legais a imprevisão é o contexto; a causa é o fenômeno extraordinário e/ou imprevisível; e a impossibilidade de cumprimento da obrigação, o dano e a onerosidade excessiva são alguns dos efeitos.

Ao longo do tempo de vigência do atual Código Civil, a excessiva interferência revisional do Judiciário nos contratos levou o legislador a, recentemente, por meio da Lei de Liberdade Econômica, dar um freio de arrumação para restringir essa intervenção judicial a situações excepcionais e especificamente autorizadas, sempre considerada a alocação de riscos definida pelas partes, a exemplo dos contratos aleatórios (art.421-A).

Como visto anteriormente, a onerosidade excessiva, ou seja, a sobrecarga nas obrigações unilaterais ou o desequilíbrio verificado entre as obrigações das partes nos contratos bilaterais, não se restringe a fatos extraordinários ou inesperados. A cláusula *rebus sic stantibus* também pode atuar diante de outros fatores, como: a) abuso de direito ou malícia; b) prejuízo financeiro; e c) necessidades técnicas.

No tocante à cláusula penal, é caso de onerosidade excessiva, com fundamento na Teoria do Abuso de Direito, o disposto no art. 413, *verbis*: "A penalidade deve ser reduzida equitativamente pelo juiz, se a obrigação principal tiver sido cumprida em parte, ou se o montante da penalidade for manifestamente excessivo, tendo em vista a natureza e a finalidade do negócio".

Nesses casos, a justiça comutativa se impõe.

Ocorre abuso de direito quando o exercício de um direito excede, de forma manifesta, os limites impostos pelo seu fim econômico ou social, pela boa fé ou pelos costumes (art.187, do CC).

O abuso de direito pode levar à nulificação de uma cláusula contratual ou de um ato (neste caso, a exemplo da suspensão disciplinar que excede os trinta dias previstos no art. 474, da CLT), gerar perdas e danos ou simplesmente importar em revisão necessária, a exemplo do art. 413 do CC, antes mencionado.

São casos de onerosidade excessiva regulados pelo Código Civil, mas decorrentes de malícia de uma das partes:

> Art. 156. Configura-se o estado de perigo quando alguém, premido da necessidade de salvar-se, ou a pessoa de sua família, de grave dano conhecido pela outra parte, assume obrigação excessivamente onerosa.
>
> Art.157. Ocorre a lesão quando uma pessoa, sob premente necessidade, ou por inexperiência, se obriga a prestação manifestamente desproporcional ao valor da prestação oposta.
>
> § 1º Aprecia-se a desproporção das prestações segundo os valores vigentes ao tempo em que foi celebrado o negócio jurídico.
>
> § 2º Não se decretará a anulação do negócio, se for oferecido suplemento suficiente, ou se a parte favorecida concordar com a redução do proveito.

As Teorias da Lesão e do Estado de Perigo são, portanto, as aplicáveis a esse tipo de onerosidade excessiva, podendo levar à anulação ou à revisão *ex tunc* do pactuado.

Quanto ao prejuízo financeiro, a Lei nº 11.101/2005 permite a renegociação da empresa em recuperação com os credores, diante do risco à sua sobrevivência. A onerosidade excessiva independe, no caso, de fatores extraordinários ou imprevisíveis. Efeito semelhante ocorre na insolvência civil.

Nas relações civis, necessidades técnicas podem levar à alteração do contrato, fazendo incidir a Teoria da Revisão das Bases do Negócio. Como exemplo:

> *"Art. 625, III, a contrário: se as modificações exigidas pelo dono da obra, por seu vulto e natureza, forem desproporcionais ao projeto aprovado, ainda que o dono se disponha a arcar com o acréscimo de preço".*

Nas relações de trabalho, necessidades técnicas fundadas ou não na revisão das bases do negócio podem levar à alteração do contrato, a exemplo:

> a) da transferência do gestor, por necessidade do serviço (art. 469, §1º, CLT);
>
> b) da transferência do trabalhador por motivo de extinção do estabelecimento (art. 469, §2º, CLT);
>
> c) do reaproveitamento, com mudança de jornada e redução proporcional de salário, em razão de extinção do cargo ou setor em decorrência de terem se tornado obsoletos diante das novas tecnologias (jurisprudência);

d) da redução salarial proporcional do professor, diante da falta de alunos para formar o mesmo número de turmas anteriores (OJ 244 SDI1, TST).

3. CASOS FORTUITOS E DE FORÇA MAIOR

Nas relações civis, dispõe o art. 393, do CC, que o devedor não responde pelos prejuízos resultantes de caso fortuito ou força maior, se expressamente não se houver por eles responsabilizado.

O referido dispositivo encerra uma regra e como toda regra comporta exceções, e exceções além da prevista no texto legal. Além da possibilidade ali referida, de assunção da responsabilidade pela via convencional, a título exemplificativo o art. 246 estabelece que, antes da escolha da obrigação genérica ou incerta, não poderá o devedor alegar perda ou deterioração da coisa, ainda que por força maior ou caso fortuito.

Já o parágrafo único do art. 393 restringe a caracterização do caso fortuito ou de força maior ao estabelecer que se verifica no fato necessário, ou seja, naquele cujos efeitos não é possível evitar ou impedir.

Com base nessa ressalva, a doutrina e a jurisprudência não excluem do cumprimento da obrigação ou da responsabilidade indenizatória os prejuízos causados pelos fortuitos naturais e humanos *internos*, assim entendidos os que não são estranhos, mas sim habituais ou inerentes à dinâmica de um negócio jurídico. E nessa condição, perdem o caráter extraordinário que daria efeito liberatório ou faria romper o nexo causal.

Ressalvadas, portanto, as exceções legais, jurisprudenciais e doutrinárias, ao longo do Código Civil encontramos sempre a ressalva de que os fortuitos humanos e naturais resolvem a obrigação e isentam de responsabilidade por perdas e danos.

No âmbito das relações civis, os casos ou acontecimentos fortuitos e de força maior juridicamente costumam gerar os mesmos efeitos, mas se distinguem pela origem do fato gerador. Ambos são fatos extraordinários, involuntários, imprevisíveis e/ou inevitáveis, mas o fortuito tem origem em fato da natureza e a força maior em fato humano transcendente a uma relação jurídica.

3.1. Caso fortuito

Caso fortuito ou fortuito natural é o evento extraordinário da natureza, imprevisível e/ou inevitável, que cria ou interfere numa relação jurídica, de modo a alterá-la ou extingui-la.

O fortuito natural só tem efeito excludente do nexo causal quando atua externamente à dinâmica de uma relação jurídica, caso do raio que atinge o atleta em campo, ou da tempestade que fecha um aeroporto para pousos e decolagens e atrasa o voo.

Se um motorista de empresa está dirigindo em condições normais de segurança e um raio abre uma cratera na via de rolamento, ocasionado um acidente com o automóvel da empresa, fazendo com que abalroe outro veículo e faleça, o empregador não é responsável pelo acidente. É hipótese de caso fortuito externo, que interrompe o nexo causal, por não se vislumbrar uma conduta causadora do dano ou um responsável que titularize a responsabilidade. Em outras palavras, o raio é, nas circunstâncias da atividade, estranho ao risco de acidentes ordinários na autoestrada e assim elimina a imputação do fato ao empresário.

O caso fortuito interno, que está dentro da previsão ou dinâmica de um negócio, não rompe o nexo causal em relação a quem o titulariza numa atividade empresarial. Pelo que não pode ser tratado como fato extraordinário ou imprevisível, caso do urubu sugado pela turbina do avião, que vem a atrasar o voo de centenas de pessoas, ou da árvore que cai em cima do automóvel segurado.

Explica-se: o fato precisa ser extraordinário, estranho à dinâmica da relação jurídica. Se estiver nela internamente compreendido como típico ou provável de acontecimento, evitável (como o desabamento de uma encosta em situação de risco, será ordinário, e não extraordinário) ou não (caso da árvore que atinge um automóvel para efeito de seguro).

Se o trabalhador laborando a céu aberto é atingido por um raio em região de ocorrência desse fenômeno natural sem que a empresa conte com coberturas de proteção nas épocas de incidência do fortuito, o empregador responde pelo dano. Ou seja, em se tratando de fatos previsíveis, corriqueiros à atividade, podem ser controlados, contornados e gerenciados. E por isso mesmo ingressa internamente na relação entre empregado e empregador, por não ser a ela estranho que nas circunstâncias um raio possa atingir o trabalhador.

3.2. Força maior

Força maior é o fato humano extraordinário, imprevisto, inevitável, alheio ou externo e transcendente à vontade das partes, e que vem a interferir numa relação jurídica, alterando-a ou extinguindo-a, a exemplo da invasão de território, da guerra ou revolução e do pânico coletivo.

Tal como ocorre com o fortuito natural, o fortuito humano só tem efeito excludente do nexo causal quando atua externamente e de forma estranha à dinâmica da relação jurídica, caso da pessoa que em local aberto vem a ser pisoteada e falecer diante de um pânico coletivo causado por uma explosão.

No entanto, quando integra a previsão ou dinâmica de um negócio, por exemplo, na hipótese de uma arena não ter saídas adequadas de escape em caso de tumulto, vindo uma pessoa a ser pisoteada pelo público em fuga, não rompe o nexo causal para caracterização da responsabilidade em relação ao titular da atividade empresarial.

O racionamento de energia elétrica, em relação ao qual poderia o empregador ter se aparelhado para evitar os efeitos, adequando-se, quer por meio de aluguel de gerador, quer por meio de outras medidas, é caso de força maior interna, cujos efeitos decorrem de imprevidência do empregador (art. 501, §1º, CLT).

Enfim, no fortuito humano interno, há imprevidência do ofensor, que não exclui a sua responsabilidade, *ex-vi* do art. 501, *capu*t e §1º, da CLT, *verbis*:

> Art. 501 –Entende-se como força maior todo acontecimento inevitável, em relação à vontade do empregador, e para a realização do qual este não concorreu, direta ou indiretamente.
>
> § 1º – A imprevidência do empregador exclui a razão de força maior.

Nos termos do art. 502, da CLT,

> Ocorrendo motivo de força maior que determine a extinção da empresa, ou de um dos estabelecimentos em que trabalhe o empregado, é

> assegurada a este, quando despedido, uma indenização na forma seguinte: I – sendo estável, nos termos dos arts. 477 e 478; II – não tendo direito à estabilidade, metade da que seria devida em caso de rescisão sem justa causa; III – havendo contrato por prazo determinado, aquela a que se refere o art. 479 desta Lei, reduzida igualmente à metade.

Conforme art. 61, *caput*, *verbis*:

> Ocorrendo necessidade imperiosa, poderá a duração do trabalho exceder do limite legal ou convencionado, seja para fazer face a motivo de força maior, seja para atender à realização ou conclusão de serviços inadiáveis ou cuja inexecução possa acarretar prejuízo manifesto.
>
> § 3º – Sempre que ocorrer interrupção do trabalho, resultante de causas acidentais, ou de força maior, que determinem a impossibilidade de sua realização, a duração do trabalho poderá ser prorrogada pelo tempo necessário até o máximo de 2 (duas) horas, durante o número de dias indispensáveis à recuperação do tempo perdido, desde que não exceda de 10 (dez) horas diárias, em período não superior a 45 (quarenta e cinco) dias por ano, sujeita essa recuperação à prévia autorização da autoridade competente.

Essa possibilidade de exigir a prestação de horas extras independentemente de acordo individual ou coletivo, ou seja, por *jus variandi*, decorre do fato da força maior.

3.3. Fato do príncipe

Ainda na categoria de fato extraordinário e inevitável, figura o fato do príncipe.

O *nomen iuris* fato do príncipe remonta ao período monárquico e absolutista da história, em que o príncipe, que concentrava em si os poderes de Estado, decretava medidas que precisavam ser observadas pelo súdito. O príncipe de hoje é o governo ou o Estado.

Fato do príncipe é espécie qualificada de força maior. É fortuito humano caracterizado pela origem como ato de governo ou ato de Estado. Cuida-se de ato administrativo federal, estadual ou municipal, ou mesmo de lei, capaz de inviabilizar, para atendimento a interesse público, a utilização ou funcionamento temporário ou definitivo de uma atividade, estabelecimento ou propriedade. Com isso, altera ou extingue relações jurídicas privadas já constituídas, alcançando interesses subjetivos.

Como ato de Estado, podemos citar o caso dos bingos, que se tornaram atividade ilícita, fazendo com que os investidores desse negócio precisassem, entre outras providências, como romper contratos de locação de estabelecimento e contratos de fornecimento, despedir e indenizar os trabalhadores.

Como ato de governo, podemos citar a desapropriação de um estabelecimento, ou uma obra pública temporária que paralisa as atividades comerciais num certo local.

Como efeito, a responsabilidade pelos prejuízos causados é transferida ao governo ou ao Estado, por serem por ele responsáveis. Na prática, ocorre o sacrifício de um(ns) para benefício da coletividade, não sendo justo que os sacrificados suportem sozinho o ônus.

No Direito do Trabalho, *factum principis* é o evento extraordinário e inevitável, transitório ou definitivo, causado por ato governamental federal, estadual ou municipal, ou pela promulgação de lei ou resolução que impossibilite a continuação da atividade (art. 486, *caput*, CLT). Como exemplo, a desapropriação de um estabelecimento por ato de autoridade governamental, para a construção de um viaduto.

Embora o dispositivo legal aborde apenas a cessação da atividade, a paralisação temporária também é causadora de prejuízo e deve ser reparada, a exemplo do fechamento de uma rua para obras do metrô e que importe em suspensão do comércio no local por seis meses.

Tal como ocorre com os fortuitos naturais e humanos, o fato do príncipe pode ser interno e não liberatório da responsabilidade do empregador, a exemplo do fechamento de um estabelecimento pelo risco de ruína, e liberatório, caso da desapropriação.

4. *PACTA SUNT SERVANDA*, PRINCÍPIO DA INALTERABILIDADE PREJUDICIAL AO EMPREGADO E A INCIDÊNCIA DA CLÁUSULA *REBUS SIC STANTIBUS* NAS RELAÇÕES DE TRABALHO

A Consolidação das Leis do Trabalho foi editada em 1943. Isso ocorreu em pleno Estado Social, que sucedeu à doutrina do Estado Liberal que informou o Código Civil de 1916.

Assim, a CLT não diferia do Código Civil de 1916 apenas pela matéria e natureza protecionista da regulação trabalhista. Apesar da determinação de aplicação subsidiária do direito comum em caso de omissão da CLT, os diplomas trabalhista e civil eram distintos porque ocorreram em ambientes e sob políticas e ideologias de Estado absolutamente diferentes.

Pela natureza da regulação, a CLT absorveu as doutrinas sociais de proteção ao hipossuficiente, consolidadas nas convenções da OIT. Tal órgão, criado em 1919 pelo Tratado de Versalhes, teve por objetivo a pacificação da 1ª grande Guerra e, no ensejo, da Questão Social, que interferia na paz interna dos países europeus. E por ser mais moderna, se por um lado vedou alterações contratuais prejudiciais ao trabalhador (art. 468, CLT), por outro abriu exceções à obrigatoriedade do pactuado.

Com efeito, a CLT admitiu a alteração do contrato por *jus variandi* nas hipóteses expressamente previstas, independentemente de imprevisão, ou seja, para atendimento a exigências técnicas (como exemplo, 469, § 1º e posteriormente o art. 165, *caput*, ambos da CLT), incluindo a extinção da empresa, do estabelecimento ou de setor produtivo (como exemplo o art. 497, CLT), como também diante de dificuldades financeiras empresariais comprovadas ou conjunturais (como exemplos, arts. 502 e 503, *caput*, CLT).

Essas exceções decorreram de dois importantes fatos da época e ao longo do tempo de vigência do diploma trabalhista: a) o primeiro, não apenas em razão das doutrinas sociais já referidas, mas também da CLT ter sido produzida durante os horrores da Segunda Guerra Mundial e da consequente instabilidade econômica por ela provocada, com reflexos no mercado; e b) o segundo, da percepção, diante daquele ambiente e reafirmado ao longo do tempo, da importância econômica e social da preservação das atividades empresariais como geradoras de tributos e oportunidades, entre elas a preservação dos empregos como meio de subsistência e inclusão dos trabalhadores, em nome da paz social.

Sensível às instabilidades econômicas do país, a CLT já admitia, com base na Teoria da Imprevisão, a revisão das sentenças normativas em virtude de modificação das circunstâncias que as ditaram, tornando injustas as condições então estipuladas (art. 873). Encerra uma via de mão dupla, em que o efeito é a onerosidade excessiva de uma das partes.

Como já demonstrado, a CLT permitiu, no art. 503, *caput*, que por motivo de força maior capaz de afetar de forma significativa a situação econômica e financeira da empresa, pudesse ser feita redução salarial de 25% por ato unilateral, de forma proporcional à redução da jornada.

Em que pese a força maior ter na seara civil efeitos liberatórios e assim se diferenciar da imprevisão, nas relações de trabalho, pelo princípio da continuidade, destinado à manutenção do contrato (do emprego), a legislação trabalhista admite a revisão contratual também diante de casos fortuitos e de força maior. Essa revisão é feita por meio da alteração do contrato.

Mais tarde, diante da instabilidade da moeda brasileira e dos impactos da variação no poder de compra e da possibilidade de alteração das condições empresariais que visavam possibilitar ajustes em normas coletivas, com base no Decreto-lei nº 229, de 28.2.1967, o § 3º do art. 614 da CLT limitou a duração dos acordos e convenções coletivas a dois anos, admitindo o art. 615, com a redação dada pelo mesmo decreto acima referido, a prorrogação, revisão, denúncia ou revogação total ou parcial do pactuado em acordo ou convenção coletiva.

Com a evolução da sociedade e da conscientização do papel e importância dos sindicatos nas relações coletivas de trabalho, a Lei nº 4.923/1965 revogou parcial e tacitamente o art. 503, da CLT, para admitir a redução salarial, com redução proporcional de jornada por motivo de força maior prevista no diploma celetário ou de conjuntura econômica, mas mediante negociação coletiva como condição e se, frustrada, conforme fixação por decisão judicial.

A Constituição Federal de 1988 consolidou a necessidade de participação dos sindicatos nas questões de interesse coletivo, exigindo negociação para efeito de redução salarial e alteração de jornada de trabalho.

Em 2004 a reforma do Judiciário extinguiu o dissídio coletivo obrigatório, reforçando mais uma vez a norma constitucional que exige a negociação coletiva como pressuposto de alterações contratuais significativas, mormente diante do que dispõe o art. 468, da CLT.

No mesmo sentido, a Lei nº 11.101/2005, de recuperação de empresas e de administração de suas quebras, não permite ao juízo universal decidir sobre a redução salarial necessária ao enfrentamento da crise financeira da empresa, sem prévia negociação coletiva para o ajuste.

Enfim, a legislação trabalhista identifica como um dos pressupostos autorizadores de alteração contratual (leia-se revisão do pactuado) a onerosidade excessiva decorrente de fatores imprevistos, que resultem em dificuldade econômica geral e/ou financeira empresarial. Também admite essa onerosidade por motivo de força maior, mas possibilitando, nesse caso, de forma alternativa, a revisão ou a resolução do contrato (respectivamente, arts. 503 e 502 da CLT).

Note-se que o dispositivo legal, sob a denominação genérica de força maior, na maioria dos casos abrange o fortuito natural, sendo que a imprevidência do empregador a descaracteriza (art. 501, parágrafo único).

A Consolidação das Leis do Trabalho também prevê como caso de imprevisibilidade o fato do príncipe, decorrente de ato governamental ou de Estado de paralisação temporária ou definitiva de atividades empresariais (art. 486) e a alteração de circunstâncias que tornem injustas ou inaplicáveis as condições ajustadas em norma coletiva (art. 873).

Nos casos de força maior e de fato do príncipe, pelo princípio da assunção dos riscos contido no art. 2º, *caput*, da CLT e da continuidade, o contrato de trabalho é mantido, podendo o empregador, no entanto, conforme a hipótese:

a) no caso de força maior, alterar o contrato por tempo limitado como forma de superação da dificuldade, quer compensando com horas extras o tempo de paralisação (art. 61, § 3º, da CLT), ou reduzindo a jornada, com redução proporcional do salário (art. 503, da CLT);

b) ainda no caso de força maior romper o contrato com pagamento de indenização por metade (art. 502, CLT); e

c) na hipótese de ocorrência do fato do príncipe, manter o contrato se a paralisação for temporária ou despedir o trabalhador se definitiva, repassando ao governo (se ato administrativo for a causa) ou ao Estado (se lei for a causa) o custo correspondente (art. 486, *caput*, CLT).

Como visto, a legislação trabalhista permite alteração do pactuado diante de fatores inevitáveis, ainda que previsíveis, desde que mediante autorização legal, a exemplo das Leis nº 4.923/1965 e 11.101/2005, antes mencionadas.

Outras hipóteses identificáveis de fatores inevitáveis, ainda que previsíveis e não extraordinários, decorrem da própria lei ou de sua interpretação sistemática.

Com efeito, a CLT permite a suspensão temporária do contrato para efeito de qualificação profissional com remuneração mediante bolsa, em épocas de baixa demanda, para evitar despedimentos e custo empresarial com dispensas ou pagamento de remuneração cheia (art. 476-A, CLT). E, como já salientado, a jurisprudência trabalhista (OJ 244 SDI1, TST) admite a diminuição de turmas do professor em caso de falta de alunos para formá-las e a redução proporcional do salário em razão de reaproveitamento em cargo com carga horária inferior, diante de extinção do cargo ou do setor por novas tecnologias que os tenham tornado obsoletos.

5. COVID-19, AS MEDIDAS PROVISÓRIAS Nº 927, 936 (CONVERTIDA NA LEI Nº 14.020/2020) E 944/2020, A LEI Nº 14.010/2020 E SEUS IMPACTOS NAS RELAÇÕES DE TRABALHO

A pandemia provocada pela COVID-19 levou ao confinamento social e à paralisação ou redução da produção, comercialização e prestação de serviços de inúmeras atividades, a exemplo dos cinemas, teatros, casas de shows, bares, restaurantes, academias de ginástica, transportes, turismo e até órgãos públicos.

Em relação às atividades empresariais, era preciso encontrar uma solução que permitisse a sobrevivência das empresas, porque sem receita não há como cumprir obrigações, entre elas o pagamento dos salários.

Quanto aos trabalhadores, era igualmente necessário encontrar uma solução que lhes permitisse continuar vinculados ao emprego e ao mesmo tempo receberem uma remuneração que lhes permitisse o sustento.

É lógico que as empresas poderiam despedir os trabalhadores, que assim receberiam seguro-desemprego para enfrentamento do período de confinamento. Mas além do caos social que resultaria do desemprego em massa, isso não resolveria o custo empresarial da despedida, muito menos, para a sociedade, os efeitos da paralisação ou redução das atividades no mercado.

Assim, sucessivamente em março e abril de 2020, a Presidência da República editou as Medidas Provisórias números 927, 936 e 944, destinadas ao enfrentamento do estado de calamidade pública e de emergência da saúde pública, decorrente da COVID-19. E a Lei nº 14.010, de 10 de junho de 2020 dispôs sobre o Regime Jurídico Emergencial e Transitório das relações jurídicas de Direito Privado (RJET) no período da pandemia do coronavírus.

A Medida Provisória nº 927/2020 regulou as alternativas trabalhistas de que os empregadores poderiam dispor: direcionamento do trabalhador para prestação de trabalho remoto (teletrabalho); antecipação e cumulação de férias individuais; concessão de férias coletivas; aproveitamento e a antecipação de feriados; flexibilização do banco de horas para efeito de reposição do tempo de paralisação; suspensão de exigências administrativas em segurança e saúde no trabalho; e o diferimento do recolhimento do Fundo de Garantia do Tempo de Serviço – FGTS.

A MP também previu o encaminhamento do trabalhador para qualificação em moldes flexibilizados em relação ao art. 476-A, da CLT, mas a regulação correspondente, então prevista no art. 18, revogado, foi substituída pela constante do art. 17 da MP nº 936/2020, convertida na Lei nº 14.020/2020.

Já a Medida Provisória nº 936/2020, que foi convertida na Lei nº 14.020/2020, apresentou soluções trabalhistas complementares para o enfrentamento do estado de calamidade pública: a redução proporcional de jornada de trabalho e de salários e a suspensão temporária do contrato de trabalho, mediante complementação ou substituição, conforme o caso, pelo pagamento de Benefício Emergencial de Preservação do Emprego e da Renda com recursos governamentais, que tem por base o valor do seguro-desemprego.

Em interpretação autêntica da Medida Provisória nº 927/2020, a MP nº 936 desautorizou no art. 19 o descumprimento das normas regulamentadoras de segurança e saúde no trabalho pelo empregador, com as ressalvas constantes da MP 927 apenas nas hipóteses por ela excepcionadas.

A MP nº 936 foi convertida na Lei nº 14.020, de 6 de julho de 2020, que acrescentou ao art. 10 o inciso III; introduziu novo inciso e novos parágrafos ao art. 12; incluiu no art. 18 o § 6º; alterou o disposto no art. 20 e inseriu os artigos 21 a 26 e 29, 31, 38 e 39. Os artigos 27, 28, 30 e 32 a 37, encaminhados pelo Senado, foram vetados pela Presidência da República.

Enquanto os expedientes previstos na Medida Provisória nº 927/2020 tão somente visaram preservar os empregos e a sobrevivência das empresas sem interferência no montante salarial, uma das condições para utilização dos instrumentos previstos na Medida Provisória nº 936/2020, convertida na Lei nº 14.020/2020, foi a garantia de emprego. A contrapartida para essa garantia foi a redução da jornada de trabalho, com redução proporcional do salário ou a suspensão temporária do contrato, com substituição do salário por valor equivalente ao seguro-desemprego.

Por sua vez, a Medida Provisória nº 944/2020 instituiu o programa emergencial de suporte a empregos para pessoas jurídicas que não sejam sociedades de crédito e que tenham receita bruta anual superior a R$ 360.000,00 e igual ou inferior a R$ 10.000.000,00.

A finalidade foi a de estabelecer para as empresas nessa faixa de receita (pequenas empresas), linhas de crédito com a finalidade de pagamento da folha salarial de seus empregados pelo período de dois meses, com limitação a até duas vezes o salário mínimo por empregado, mediante prazo razoável para pagamento do empréstimo e com juros subsidiados.

A referida taxa de juros é de 3,75% ao ano sobre o valor concedido, com prazo de 36 meses para pagamento e carência de seis meses para início do pagamento, com vencimento antecipado da dívida se ocorrer despedimento sem justa causa entre a data da contratação da linha de crédito e o sexagésimo dia após o recebimento da última parcela da linha de crédito.

Outras medidas provisórias foram editadas, relacionadas aos trabalhadores avulsos, que constitucionalmente são equiparados aos trabalhadores com vínculo permanente, e aos trabalhadores informais.

Em 10 de junho de 2020, a Lei nº 14.010, aplicável a todas as relações jurídicas, considerou impedidos ou suspensos os prazos prescricionais e decadenciais.

A MP nº 927/2020 caducou no Senado no dia 18/7/2020, mas, como veremos adiante, os seus efeitos permanecerão válidos.

6. NATUREZA JURÍDICA DO ESTADO DE CALAMIDADE PÚBLICA E DE EMERGÊNCIA DA SAÚDE PÚBLICA FRENTE AO DIREITO DO TRABALHO. FORÇA MAIOR E FATO DO PRÍNCIPE

No parágrafo único do artigo 1º, a MPV nº 927/2020 define como de força maior o estado de calamidade pública e de emergência da saúde pública.

Cuida-se, é verdade, de acontecimento de origem involuntária, extraordinária, imprevisível e inevitável, mas que não tem por fato gerador um fato humano.

Logo, por cuidar-se de evento que tem origem na natureza, o vírus denominado COVID-19 e que diretamente provocou a pandemia com efeitos jurídicos mediatos de paralisação de atividades nas relações de trabalho, tecnicamente é hipótese de caso fortuito ou fortuito natural.

Ocorre que nos termos do art. 501, *caput*, celetário, "Entende-se como força maior todo acontecimento inevitável, em relação à vontade do empregador, e para a realização do qual este não concorreu, direta ou indiretamente".

Verifica-se, assim, que para os efeitos do contrato de trabalho a Consolidação das Leis do Trabalho engloba no conceito de força maior o fortuito natural. As exceções são pontuais, a exemplo da morte do empregador pessoa física, prevista no art. 483, § 2º, CLT, que permite ao trabalhador rescindir o contrato de trabalho com indenização plena, obtenível junto aos sucessores.

Ao contrário das relações civis, com base no princípio da continuidade do contrato de trabalho, a força maior trabalhista não tem efeito imediato resolutório do pacto, mantendo assim o contrato. E em decorrência da teoria do risco, prevista no art. 2º, *caput*, da CLT, também não exclui a responsabilidade do empregador quanto às consequências jurídicas tanto do fato da manutenção do contrato de trabalho, como, na impossibilidade de mantê-lo, da sua resolução.

A continuidade do contrato em virtude da força maior está prevista, por exemplo, no art. 61, § 3º, *verbis*:

> Sempre que ocorrer interrupção do trabalho, resultante de causas acidentais, ou de força maior, que determinem a impossibilidade de sua realização, a duração do trabalho poderá ser prorrogada pelo tempo necessário até o máximo de 2 (duas) horas, durante o número de dias indispensáveis à recuperação do tempo perdido, desde que não exceda de 10 (dez) horas diárias, em período não superior a 45 (quarenta e cinco) dias por ano, sujeita essa recuperação à prévia autorização da autoridade competente.

Via de consequência, o motivo de força maior que importe em paralisação temporária da atividade ou do estabelecimento, não autoriza o empregador a suspender o pagamento do salário do trabalhador.

Se temporária for, o empregado não se ativará, fará jus à remuneração no interregno, mas depois lhe poderá ser cobrada a prestação de horas extras no limite legal, para recuperação do tempo perdido com a paralisação (art. 61, § 3º, da CLT).

Todavia, dispõe o art. 503, *caput*, da CLT;ser lícita, em caso de força maior ou prejuízos devidamente comprovados, a redução geral dos salários dos empregados da empresa, proporcionalmente aos salários de cada um, não podendo, entretanto, ser superior a 25% (vinte e cinco por cento), respeitado, em qualquer caso, o salário mínimo da região.

O dispositivo legal interage e altera a parte do art. 503, *caput*, da CLT, em que faz referência à hipótese não de força maior, mas de prejuízos devidamente comprovados, como a prevista no art. 2º da Lei nº 4.923/1965. Em vez de permitir, como originariamente admitia a lei, a simples redução salarial de 25%, a condiciona à redução proporcional da jornada pelo prazo de 3 (três) meses, prorrogável, respeitado o salário mínimo regional e reduzidas proporcionalmente a remuneração e as gratificações de gerentes e diretores.

Portanto, a Lei nº 4.923/65 não se aplica ao caso da pandemia, que é de força maior.

Caso não seja possível a manutenção do contrato, a CLT não atua como atuaria o Código Civil, determinando o rompimento, com liberação das partes e isenção indenizatória. Para rompê-lo, o empregador precisa indenizar o trabalhador, embora por metade, *verbis*:

> Art. 502 - Ocorrendo motivo de força maior que determine a extinção da empresa, ou de um dos estabelecimentos em que trabalhe o empregado, é assegurada a este, quando despedido, uma indenização na forma seguinte:
>
> I - sendo estável, nos termos dos arts. 477 e 478;
>
> II - não tendo direito à estabilidade, metade da que seria devida em caso de rescisão sem justa causa;
>
> III - havendo contrato por prazo determinado, aquela a que se refere o art. 479 desta Lei, reduzida igualmente à metade.

Portanto, se houver extinção da atividade empresarial, do estabelecimento ou do setor em que trabalhe o empregado em razão da força maior, o empregador pode despedi-lo, mas precisa indenizar.

No entanto, a indenização, em ocorrendo despedida necessária, é devida por metade (art. 502, § 2º, da CLT). Isto porque, em que pese a responsabilidade patronal, se o empregador não teve culpa, o empregado muito menos. Daí que a indenização devida resulta de divisão entre empregado e empregador do prejuízo causado pela força maior.

Para a caracterização da força maior, os §§ 1º e 2º do art. 501 da CLT exigem que não tenha o empregador concorrido para o fato com imprevidência e que o acontecimento afete substancialmente a situação econômica e financeira da empresa.

Diante do fato notório do risco da COVID-19, a ponto de a legislação ter se preocupado, de forma emergencial, a flexibilizar os diversos instrumentos jurídicos existentes na legislação, com ajuste direcionado a evitar o desemprego, está claro que fica dispensada, para todos os efeitos, a comprovação de afetação da situação econômica e financeira da empresa.

Basta a prova da paralisação ou redução das atividades em decorrência da COVID-19. Presumem-se, *iure et de iure*, os atropelos econômicos e financeiros que atingem todos os setores produtivos e todos os trabalhadores.

Somente ficará caracterizada a imprevidência do empregador diante da COVID-19, afastando a força maior se, desatendendo as recomendações do Ministério da Saúde e do fechamento do comércio, bares, restaurantes, cinemas, teatros e casas de shows, obrigar o trabalhador a prestar serviços, sem tomar os cuidados necessários no ambiente de trabalho, arriscando-o à contaminação, notadamente aqueles pertencentes ao grupo de risco.

Neste caso, por força do § 1º do art. 501 da CLT (imprevidência do empregador) incidirá a responsabilidade subjetiva por culpa ou dolo na falta de preparação adequada do ambiente de trabalho, cabendo ao empregado a prova de que a empresa não preveniu o ambiente de trabalho para evitar o risco de contaminação e ao empregador a contraprova do empregado tê-la adquirido em outro local.

Situação distinta diz respeito aos profissionais da saúde, que diretamente ficam expostos, em situação de risco acentuado, à COVID-19, a exemplo dos biólogos, médicos, enfermeiros e socorristas. Nesses casos, a responsabilidade é objetiva, cujo rompimento do nexo causal fica condicionado à comprovação, pelo empregador, de outra força maior ou caso fortuito ligados à contaminação, fato de terceiro ou culpa exclusiva da vítima.

Também ficará afastado o motivo de força maior para efeito de indenização por metade, em casos de fraude, por exemplo, se o empregador optar por uma das soluções previstas na Lei nº 14.020/2020 e vier a despedir o trabalhador no período de garantia de emprego.

A hipótese não se confunde com as situações previstas nas Leis nº 4.923/1965 e 11.101/2005, em que a preocupação do legislador com a recuperação da atividade empresarial e manutenção dos empregos supera eventual imprevidência do empregador.

Por outro lado, como vários governos estaduais e prefeituras determinaram a paralisação temporária das atividades empresariais, ressalvadas as essenciais, discute-se se a hipótese seria de fato do príncipe, ou seja, de força maior externa, qualificada pela origem governamental do ato impeditivo administrativo de paralisação da empresa, hipótese em que, nos termos do art. 486, da CLT, a responsabilidade pelos custos da paralisação seria da autoridade governamental.

O governo atuou nos efeitos devastadores desse infortúnio, ajudando na sobrevivência das empresas e dos trabalhadores, que são os pilares da produção, comercialização e distribuição de produtos, prestação de serviços e comercialização no mercado. Fê-lo por meio das Medidas Provisórias nº 936, convertida na Lei nº 14.020/2020 e na MP nº 944/2020, entre outras. Mas, evidentemente, a sua responsabilidade social e econômica, em princípio não decorre de fato do príncipe. As ações de governos regionais e locais de fechamento temporário de empresas foram determinadas por fatores excepcionais externos e de saúde pública, que transcendem o mero ato administrativo habitual de interesse público de conveniência e oportunidade ou a vontade popular traduzida em lei, que interfiram na continuidade de atividades empresariais, caracterizadores do *factum principis*.

A respeito, a Lei nº 14.020, de 6 de julho de 2020, é expressa no art. 29, ao dispor que

> Não se aplica o disposto no art. 486 da CLT, aprovada pelo Decreto-Lei nº 5.452, de 1º de maio de 1943, na hipótese de paralisação ou suspensão de atividades empresariais determinada por ato de autoridade municipal, estadual ou federal para o enfrentamento do estado de calamidade pública reconhecido pelo Decreto Legislativo nº 6, de 20 de março de 2020, e da emergência de saúde pública de importância internacional decorrente do coronavírus, de que trata a Lei nº 13.979, de 6 de fevereiro de 2020.

7. AS ALTERNATIVAS PREVISTAS NA MPV Nº 927/2020

A MP nº 927/2020 apresentou como alternativas para o período de calamidade pública: o direcionamento ao teletrabalho; a antecipação e cumulação de férias individuais; a concessão de férias coletivas; o aproveitamento e a antecipação de feriados; o banco de horas; a suspensão de exigências administrativas em segurança e saúde no trabalho; o direcionamento do trabalhador para qualificação; e o diferimento do recolhimento do Fundo de Garantia do Tempo de Serviço – FGTS (art. 3º, I a VIII).

Nos artigos 15 a 17 da MP 927, o legislador tratou da suspensão de exigências administrativas em segurança e saúde no trabalho.

Finalmente, no art. 29 determinou que os casos de contaminação pelo coronavírus (covid-19) não seriam considerados ocupacionais, exceto mediante comprovação do nexo causal, e no art. 31, que durante o período de cento e oitenta dias, contado da data de entrada em vigor desta Medida Provisória, os Auditores Fiscais do Trabalho do Ministério da Economia atuariam de maneira orientadora, exceto quanto a irregularidades ali mencionadas, normas que foram suspensas pelo STF, por inconstitucionais.

Sobre essas questões relacionadas a exames, fiscalização e doença ocupacional, falaremos adiante.

Finalmente, como o artigo 18 da MP, revogado pela MP nº 928 regulava, igualmente de forma flexibilizada, o direcionamento do trabalhador para curso de qualificação e a CLT já dispunha sobre a redução de jornada com redução proporcional de salário, entendeu o legislador, naquele primeiro momento, que seria o bastante para proporcionar às empresas os meios de enfrentamento da pandemia e evitar o desemprego.

Logo se viu que não, e no mês seguinte adveio a Medida Provisória nº 936/2020, mais tarde convertida em lei, regulando a suspensão contratual sem vinculação a curso de qualificação e a redução de jornada com redução salarial com outros patamares, além dos 25% previstos em lei, substituição do salário ou sua complementação, conforme a hipótese, por meio do BEM, em valor baseado no seguro-desemprego.

E, como contrapartida à utilização do BEM para substituição ou complemento do salário, a garantia de emprego.

7.1. Teletrabalho

A MPV nº 927/2020 permite ao empregador alterar o regime de trabalho presencial para o de teletrabalho, o trabalho remoto ou outro tipo de trabalho a distância e determinar o retorno ao regime de trabalho presencial, independentemente da existência de acordos individuais ou coletivos, dispensado o registro prévio da alteração no contrato individual de trabalho (art. 4º, *caput*).

A MPV andou bem ao permitir a alteração por mero *jus variandi*, dada a situação emergencial, que não condiz com o enfrentamento de burocracias, e não traz prejuízo ao trabalhador. Pelo contrário, evita o risco de contaminação e não influi no valor do salário. O que não impede a regulação por meio de acordo ou convenção coletiva de trabalho.

A respeito, o art. 8º, § 4º, da MPV nº 936/2020, convertida na Lei nº 14.020/2020, estatui que se durante o período de suspensão temporária do contrato de trabalho o empregado mantiver as atividades de trabalho, ainda que parcialmente, por meio de teletrabalho, trabalho remoto ou trabalho a distância, ficará descaracterizada a suspensão temporária do contrato de trabalho, e o empregador estará sujeito: ao pagamento imediato da remuneração e dos encargos sociais referentes a todo o período; às penalidades previstas na legislação em vigor; e às sanções previstas em convenção ou em acordo coletivo.

No entanto, a COVID-19 expôs a fragilidade da regulação legal do teletrabalho. A lei precisa ser modificada para atribuir ao empregador, salvo ajuste em contrario (pode ser que o empregado já os possua e possa alugá-los ao empregador), a responsabilidade pela aquisição e instalação dos equipamentos necessários à utilização remota pelo trabalhador, bem como pelo custeio do servidor de internet, com velocidade compatível com a utilização para fins laborais, inclusive porque influi nos ganhos, quando aferido por produtividade.

7.2. Férias individuais

Relativamente às férias individuais, a MPV nº 927/2020 admite, também por *jus variandi*, a flexibilização em relação à norma legal durante o período de calamidade pública. Estatui que o empregador informará ao empregado sobre a antecipação de suas férias com antecedência de, no mínimo, quarenta e oito horas, por escrito ou por meio eletrônico, com a indicação do período a ser gozado pelo empregado. Apenas ressalva que as férias não poderão ser gozadas em períodos inferiores a cinco dias corridos; que poderão ser concedidas por ato do empregador, ainda que o período aquisitivo a elas relativo não tenha transcorrido; e que serão priorizados os trabalhadores que pertençam ao grupo de risco do coronavirus. E adicionalmente, permite que empregado e empregador possam negociar a antecipação de períodos futuros de férias, mediante acordo individual escrito (art. 6º, *caput* e §§).

O problema é que as férias do trabalhador são anuais (art. 7º, XVII, CF), para reposição de energias.

Além dessa finalidade, tem por objetivo o lazer.

O lazer ficará comprometido, porque o trabalhador não poderá ir a um cinema, teatro, reunir-se com a família, ir a um bar, restaurante, show, jogo de futebol ou fazer uma viagem. Permanecerá confinado e sob esse aspecto as férias não atenderão à sua finalidade.

Por outro lado, a cumulação colocará em xeque a necessidade de um descanso anual.

Todavia, o momento é de sacrifício e de falta de alternativas. E o empregador traz menos prejuízo ao trabalhador quando opta em conceder antecipação de férias, preservando os ganhos do empregado, em vez de reduzir o salário ou suspender o contrato, hipótese em que mesmo com a atuação do Benefício Emergencial reduz o valor da contraprestação inerente ao contrato de trabalho.

7.3. Férias coletivas

Durante o estado de calamidade pública a MP permite que o empregador conceda, a seu critério, férias coletivas, devendo apenas notificar o conjunto de empregados afetados com antecedência de, no mínimo, quarenta e oito horas, não exigindo a aplicação do limite máximo de períodos anuais e o limite mínimo de dias corridos previstos na CLT (art. 11).

A dispensa da comunicação prévia ao órgão local do Ministério da Economia e aos sindicatos representativos da categoria profissional atende aos fins emergenciais da situação (art. 12).

Tanto a antecipação ou concessão de férias individuais, como as coletivas sem a observância das burocracias legais necessárias em tempos normais, são medidas emergenciais e cabíveis, destinadas a contornar a paralisação da atividade em decorrência da pandemia e evitar o desemprego. Repete-se aqui o que foi dito em relação às férias individuais. Dos males, a preservação do valor do salário e a preservação do emprego compensa o sacrifício.

7.4. Antecipação dos feriados

De igual sorte, boa a medida de, durante o estado de calamidade pública, possibilitar aos empregadores antecipar o gozo de feriados não religiosos federais, estaduais, distritais e municipais, mediante notificação, por escrito ou por meio eletrônico, ao conjunto de empregados beneficiados com antecedência de, no mínimo, quarenta e oito horas, com indicação expressa dos feriados aproveitados, tudo com possibilidade de utilização para compensação do saldo em banco de horas (art. 13). Também preserva os ganhos e evita a despedida.

7.5. Banco de horas e recuperação posterior do tempo perdido com paralisação

O art. 14 da MPV nº 927 flexibiliza a CLT, elastecendo o prazo de recuperação de 45 dias por ano, previsto no art. 61, § 3º, do diploma trabalhista, do tempo perdido com paralisação por motivo de forma maior, e o conjuga com o banco de horas. Estabelece o novel dispositivo, em caráter temporário:

> Art. 14. Durante o estado de calamidade pública a que se refere o art. 1º, ficam autorizadas a interrupção das atividades pelo empregador e a constituição de regime especial de compensação de jornada, por meio de banco de horas, em favor do empregador ou do empregado, estabelecido por meio de acordo coletivo ou individual formal, para a compensação no prazo de até dezoito meses, contado da data de encerramento do estado de calamidade pública.
>
> § 1º A compensação de tempo para recuperação do período interrompido poderá ser feita mediante prorrogação de jornada em até duas horas, que não poderá exceder dez horas diárias.
>
> § 2º A compensação do saldo de horas poderá ser determinada pelo empregador independentemente de convenção coletiva ou acordo individual ou coletivo.

A medida também é bem-vinda, porque preserva os ganhos salariais e evita a despedida.

7.6. Prorrogação com compensação

O art. 26 da MPV nº 927 permite a prorrogação de jornada de trabalho e a adoção e prorrogação de horas em escalas por acordo individual.

A medida é necessária tanto para os empresários que, ao contrário dos demais, precisam ter a atividade em funcionamento extra, para atender demandas do mercado (fabricação de máscaras, respiradores, médicos e pessoal da saúde), como também para aqueles que precisam adotar revezamento e turnos entre os empregados para evitar a presença simultânea dos trabalhadores no mesmo ambiente.

7.7. Suspensão da exigibilidade de recolhimento do FGTS

Por fim, a MP determinou a suspensão da exigibilidade do recolhimento do FGTS pelos empregadores, referente às competências de março, abril e maio de 2020, com vencimento em abril, maio e junho de 2020, respectivamente, com compensação escalonada posterior (arts. 19 e 20), como forma de dar fôlego às empresas para enfrentamento do período de calamidade.

7.8. Direcionamento para qualificação

A medida já existe na CLT, prevista no art. 476-A.

Todavia, o dispositivo que regulava de forma diferenciada o instituto jurídico em meio à pandemia foi revogado e, posteriormente, substituído pela regulação constante do art. 17 da MPV nº 936/2020, convertida na Lei nº 14.020/2020.

7.9. Suspensão da obrigatoriedade de realização dos exames médicos ocupacionais, clínicos e complementares, exceto dos exames demissionais

A MP 927 remeteu a realização desses exames a sessenta dias posteriores ao encerramento do estado de calamidade pública, exceto na hipótese de o médico coordenador de programa de controle médico e saúde ocupacional considerar que a prorrogação representa risco para a saúde do empregado.

Também suspendeu a obrigatoriedade de realização de treinamentos periódicos e eventuais dos atuais empregados, previstos em normas regulamentadoras de segurança e saúde no trabalho, admitindo a sua realização na modalidade de ensino a distância e caberá ao empregador observar os conteúdos práticos, para garantir que as atividades sejam executadas com segurança.

Estabeleceu a manutenção das comissões internas de prevenção de acidentes até o encerramento do estado de calamidade pública e a possibilidade de suspensão dos processos eleitorais em curso.

Em interpretação autêntica da Medida Provisória nº 927/2020, a Lei nº 14.020, de 6 de julho de 2020, em dispositivo que já constava da MP nº 936 (art. 19), desautoriza o descumprimento das normas regulamentadoras de segurança e saúde no trabalho pelo empregador, com aplicação das ressalvas constantes da MP 927 apenas nas hipóteses excepcionadas.

Se existe um momento em que os exames periódicos e demissionais são, além de necessários, urgentes, esse momento é durante a pandemia, pelo que as ressalvas devem ser interpretadas com consideração desse fato. Ou seja, se a atividade está paralisada, há exames e normas de segurança e saúde que podem ser feitos posteriormente, mas não assim em relação à verificação da temperatura do trabalhador antes do ingresso em serviço ou dos exames indispensáveis e prevenções do ambiente de trabalho saudável e seguro, inclusive contra a COVID-19, em relação aos que continuarem trabalhando em regime de tempo integral ou reduzido.

Outrossim, por meio das ADIs nº 6344, 6346 e 6380, o STF suspendeu o disposto nos arts. 29 e 31, que determinavam que os casos de contaminação pelo coronavírus (covid-19) não seriam considerados ocupacionais, exceto mediante comprovação do nexo causal, e que durante o período de cento e oitenta dias, contado da data de entrada em vigor desta Medida Provisória, os Auditores Fiscais do Trabalho do Ministério da Economia atuariam de maneira orientadora, exceto quanto a irregularidades ali mencionadas, normas que foram suspensas pelo STF, por inconstitucionais.

Assim o fez porque, quer em relação ao pessoal da área de saúde, diretamente exposto ao risco acentuado de contaminação, quer nos casos de imprevidência do empregador, quando não toma as medidas necessárias a evitar o risco (distância social, uso de máscaras, álcool em gel, esterilização de equipamentos, recomendações de prevenção), é lógico que podem ocorrer casos de contaminação caracterizadores de doenças ocupacionais. Nas situações relatadas, a responsabilidade objetiva na área da saúde e/ou a imprevidência do empregador nos demais casos afastam a aplicação da Lei nº 8.213/1991 quanto a endemias descaracterizadoras de acidentes do trabalho.

Não bastasse, pretender que os Auditores Fiscais do Trabalho do Ministério da Economia atuassem de maneira apenas orientadora não tem sentido.

8. AS ALTERNATIVAS PREVISTAS DA LEI Nº 14.020, DE 6 DE JULHO DE 2020

Em substituição e complementação à medida então prevista no art. 18 da MPV nº 927, a Medida Provisória n° 936/2020, convertida na Lei nº 14.020/2020, ofereceu soluções distintas das apresentadas na MPV nº 927/2020.

Trouxe alternativas tripartites, ou seja, com participação direta do governo no auxílio aos empresários e trabalhadores, entre elas a redução de jornada com redução do salário, a suspensão do contrato de trabalho, mediante a criação do Benefício Emergencial de Preservação do Emprego e da Renda (BEM), para substituição do salário do trabalhador por valor equivalente ao do seguro-desemprego, ou para complementação, igualmente tendo por base o valor do seguro-desemprego, mediante a redução de jornada com redução salarial.

Pela CLT, o trabalhador teria o contrato mantido, sem redução salarial. Como os empregadores, com o funcionamento de sua empresa paralisado ou reduzido, não teria condições de manter os empregados ou a totalidade deles, precisaria despedir em massa, aumentando consideravelmente o desemprego e provocando uma convulsão social.

Logo, a redução de ganhos provocada pela redução da jornada ou pela suspensão do contrato, contra a alternativa da despedida geral ou parcial em massa foi, dos males, o menor.

A Lei nº 14.020, de 6 de julho de 2020 confirmou, em seu art. 3º, tais alternativas.

Diferentemente da Medida Provisória nº 927/2020, os empresários que optarem pelas alternativas previstas na MPV nº 936/2020, referendadas pela Lei nº 14.020, de 6 de julho de 2020, em seu art. 10, ficam impedidos de despedir os trabalhadores com os quais fizerem acordos individuais ou coletivos, pelo prazo previsto na Medida Provisória.

Outrossim, constitui fraude à lei a ação do empresário que adotou as alternativas constantes da Medida Provisória nº 927/2020, concedendo, por exemplo, antecipação de férias individuais ou coletivas, e durante a fruição das férias pelo trabalhador resolveu suspendê-las ou cumular essas alternativas com redução de jornada ou suspensão do contrato. Mas nada impede, após fruídas as férias, se ainda paralisada ou reduzida a atividade do empregador, a adoção da redução da jornada ou da suspensão do contrato.

8.1. Direcionamento para qualificação

Dispõe o art. 17, inciso I, da MPV nº 936/2020, convertida na Lei nº 14.020, de 6 de julho de 2020, que o curso ou o programa de qualificação profissional de que trata o art. 476-A da Consolidação das Leis do Trabalho pode ser oferecido pelo empregador exclusivamente na modalidade não presencial, e com duração não inferior a um mês e nem superior a três meses.

Trata-se de hipótese de suspensão do contrato diferente da suspensão temporária prevista no art. 8º, da MPV nº 936/2020, convertida na Lei nº 14.020/2020. Essa suspensão não tem o objetivo de qualificação previsto na CLT, muito menos a mesma normatividade temporal ou remuneratória.

A respeito, a MPV (e agora lei) reduziu, durante o período de calamidade, o prazo do curso ou programa de qualificação oferecido como opção de suspensão contratual.

No caso, se adotada a solução, aplica-se à hipótese o prazo previsto na MPV convertida em lei, e não o da CLT, constante do art. 476-A. Mas optando o empregador pela suspensão do contrato, durante a pandemia, nos moldes do art. 476-A, da CLT, não poderá pagá-lo por meio do Benefício Emergencial de Preservação do Emprego e da Renda, que não é devido ao empregado que já esteja com o contrato suspenso com base no art. 476-A, da CLT, em gozo da bolsa de qualificação profissional de que trata o art. 2º-A da Lei nº 7.998, de 1990.

Assim dispôs o legislador porque não teria sentido o trabalhador cumular o Benefício Emergencial previsto na MPV 936/2020, convertida na Lei nº 14.020/2020, com a bolsa de qualificação profissional custeada pelo Fundo de Amparo ao Trabalhador – FAT (ou substituí-la), referente ao trabalhador que já esteja com o contrato de trabalho suspenso para participação em curso ou programa de qualificação profissional como previsto em condições e prazo no art. 476-A, da CLT.

8.2. Ajuste da redução de jornada com redução de salário e suspensão do contrato

Nos termos dos artigos 7º, *caput* e 8º, § 1º, da Lei nº 14.020/2020, o legislador emergencial estabelece que a redução de jornada com redução proporcional de salário e a suspensão temporária do contrato de trabalho poderão ser pactuadas por convenção coletiva de trabalho, acordo coletivo de trabalho ou acordo individual escrito entre empregador e empregado.

O art. 12 da lei designa o acordo individual como suficiente para o ajuste na faixa salarial igual ou inferior a R$ 3.135,00 (pela Lei superveniente de conversão da MP 936, R$2.090,00) e igual ou superior a R$ 12.100,00.

Assim, é preciso verificar, perante o ordenamento, a legalidade ou constitucionalidade do dispositivo.

Pela interpretação literal da Constituição Federal, esse ajuste exige negociação coletiva. Só por acordo ou convenção coletiva poderia ser viabilizado (art. 7º, VI e XIII e XIV, CF).

Aplicada a mesma literalidade para o hipersuficiente previsto no art. 444, parágrafo único, CLT, também haveria necessidade de ajuste por negociação coletiva, porque a Constituição Federal não faz essa distinção para as hipóteses acima previstas.

A questão enseja, portanto, a interpretação sistemática dos limites da autonomia privada nas relações de trabalho.

8.2.1. Acordo individual

Autonomia privada é o direito de estabelecer, por conta própria, normas destinadas a autorregular relações jurídicas.

Nos contratos, caracteriza a liberdade de contratar e de estabelecer, sem intervenção estatal, cláusulas e condições do ajuste feito.

A autonomia pode ser individual, quando referente a sujeito determinado, e coletiva, quando correspondente a uma classe ou categoria de pessoas.

A autonomia das categorias profissional e econômica, representadas pelos respectivos sindicatos, é de natureza coletiva.

A autonomia privada, individual ou coletiva, tem por limites a função social interna e externa da matéria que é objeto de ajuste e os preceitos de ordem pública.

No direito coletivo do trabalho, a autonomia privada tem por limites específicos as matérias relacionadas no art. 611-B, da CLT e conforme a parte final do art. 8º, *caput*, da CLT, o interesse público.

No plano individual, a autonomia privada tem por limites a hipossuficiência do trabalhador, a alteração contratual prejudicial ao trabalhador, a fraude à lei e os óbices pontuais estabelecidos na Constituição e na lei infraconstitucional.

Originariamente, a CLT autorizava o ajuste individual de prorrogação das horas de trabalho até o limite legal, bem como o de compensação dessas horas extraordinárias.

Em razão da instabilidade da nossa economia, a primeira onda flexibilizatória da CLT introduziu pela Lei nº 4.923/1965 a possibilidade de revisão do contrato, para redução da jornada de trabalho com redução proporcional do salário diante de conjuntura econômica adversa, mas, ao contrário da hipótese de força maior prevista no art. 503 da CLT, exige negociação coletiva para o ajuste, e em 1967, concorrencialmente ao sistema de indenização com estabilidade, o FGTS.

Para a opção tardia pelo novo sistema do FGTS, exigia-se, contra a autonomia privada do trabalhador, homologação judicial em vez da intervenção sindical.

A Constituição de 1988 estatuiu como direito dos trabalhadores os acordos e convenções coletivas. E determinou no art. 7º, VI, XIII e XIV a negociação coletiva para a validade da alteração de jornada, redução do salário e alteração da jornada em turnos ininterruptos de revezamento.

A segunda onda flexibilizatória da CLT, ocorrida nos anos 90, introduziu na lei trabalhista o contrato de trabalho por prazo determinado para admissões que representassem acréscimo no número de empregados, o banco de horas e a suspensão temporária do contrato para efeito de requalificação profissional. Nas três hipóteses com exigência de intervenção sindical.

Em 2001, pela Medida Provisória nº 2.164-41, foi introduzido o trabalho em regime de tempo parcial, exigindo o legislador negociação coletiva para essa contratação ou alteração.

Por meio da reforma trabalhista, em 2017 a CLT veio a ser impactada com a terceira onda flexibilizatória, dispensando a negociação coletiva para os bancos de horas mensal e semestral, para as escalas de 12 x 36 horas e introduzindo a figura do hipersuficiente, para ajuste individual com o empregador das alterações que para os demais trabalhadores precisam ser pactuadas por norma coletiva.

A reforma, ao introduzir o teletrabalho, permitiu a alteração entre regime presencial e remoto por acordo individual e a alteração do regime de teletrabalho para o presencial por *jus variandi* (art. 75-C, §§ 1º e 2º).

Indo além, a Lei nº 13.467/2017 identificou no art. 611-A os direitos que poderiam, pelo exercício da autonomia privada coletiva, ser negociados, privilegiando assim os ajustes coletivos. Sem os ajustes coletivos prevalece a CLT protetiva; com eles, prevalece o negociado, ressalvadas as normas cogentes indisponíveis.

Assim, tudo levava a crer que apesar da abrupta extinção da contribuição obrigatória e das pontuais admissões de acordos individuais previstas em lei, os sindicatos teriam passado a ter papel de relevo na negociação coletiva.

No entanto, novamente de forma surpreendente o legislador emergencial retirou a exigência da negociação coletiva para reduzir ou suspender o salário do trabalhador que percebia na época da edição da MP 936/2020 igual ou inferior a R$ 3.135,00 mensais e na da edição da Lei nº 14.020/2020, salário igual ou inferior *R$ 2.090,00, se vinculado a empregador com receita bruta superior em 2019 superior a R$ 4.800.000,00 ou seja, a classe de trabalhadores menos favorecidos e, teoricamente, mais frágeis às imposições do empregador no relacionamento trabalhista.*

Evidentemente, num país em que não há garantia de emprego; em que se verifica alto índice de desemprego, absurda rotatividade da mão de obra e falta de proteção à automação, acordo individual para decidir redução salarial ou suspensão do contrato parece uma contradição. Intuitivamente, quem não assina esse acordo é despedido e se em época de normalidade já é difícil arranjar emprego, que dirá em tempos de pandemia, o que mais ainda constrange o trabalhador a assinar um acordo sem possibilidade de negociação com o empregador por intermédio do sindicato da categoria profissional. Ou prevalece a vontade dele, ou o caminho natural é o olho da rua.

Quanto ao hipersuficiente, ainda que se admita ajuste individual em tempos normais, a inaplicabilidade da regra permissiva deveria ceder em época de pandemia e de desemprego crescente, situação que o coloca, como os demais, em situação de extrema fragilidade, independentemente do salário percebido. Para um gerente de empresa que percebe além de R$ 12.100,00 com obrigações financeiras a cumprir, passar a receber salário com 50 ou 70% de redução, complementado pelo seguro-desemprego, ou apenas o seguro-desemprego na suspensão, a negociação individual fica, nas circunstâncias, muito comprometida. Condições melhores ou compensações certamente adviriam da intervenção sindical.

Quando a Constituição Federal exige negociação coletiva para reajuste substancial de jornada ou redução salarial é para evitar que o trabalhador, exatamente nos pontos de maior fragilidade do contrato de trabalho, possa se submeter, sem condições de retrucar, à vontade do empregador.

O poder empregatício que torna o trabalhador parte frágil na relação de trabalho resulta da concentração dos poderes de organização da atividade; de determinação e controle da prestação de serviços; e de aplicação de penas disciplinares. Sem a garantia de emprego contra a denúncia vazia do contrato, esse poder se acentua.

Apreciando a questão e interpretando sistematicamente a Constituição, provocado, entendeu o STF, por maioria, diante da inusitada crise causada pela pandemia; da demora que a intervenção sindical ensejaria para uma solução; da urgência de o empregador organizar a sua atividade empresarial e enfrentar as condições adversas, paralisando-a ou reduzindo-a em tempo ou quantitativo, pela constitucionalidade das normas que autorizam a mera negociação individual para quem para as faixas salariais previstas, bastando a comunicação posterior ao sindicato da categoria profissional (art. 11, § 4º, da MPV).

Na Espanha, Portugal e Itália, as soluções foram negociadas com intervenção sindical.

De qualquer sorte, como se trata de acordo, o empregado não está obrigado a aceitá-lo. Pode recusar, sobrando para o empregador a opção de mantê-lo com salário pleno ou despedi-lo.

Outrossim, se celebrado o acordo individual, restará descaracterizado quanto aos respectivos efeitos, se o empregador valer-se da norma para a redução e, não obstante, impuser ao trabalhador a jornada normal de trabalho, ainda que por meio de trabalho a distância ou lhe exigir a prestação de horas extras.

Restará igualmente descaracterizado, se comprovado futuramente ficar que o empregador obrigou o trabalhador a assinar o acordo individual contra a sua vontade.

Ainda quanto ao acordo de redução, indaga-se se alcança os exercentes de cargo de confiança previstos no art. 62, II, da CLT.

Alcança, se condicionada à redução proporcional do tempo diário de funcionamento da empresa, com a diminuição correspondente à sua presença no trabalho.

Todavia, como os gestores, em épocas de crise são os trabalhadores que, pelas circunstâncias, são os mais acionados pelo empregador, certamente não haverá, na prática, essa diminuição de tempo de dedicação, com acionamento pelo empregador no trabalho e fora dele.

Quanto às atividades que tiverem o seu funcionamento paralisado, sem dúvida o contrato do gestor poderá ser suspenso, se assim ficar ajustado.

8.3. BEM

Para compensar a redução salarial que beneficia o empregador, foi criado o Benefício Emergencial de Preservação do Emprego e da Renda, custeado com recursos da União, que beneficia o empregado (art. 5º, I da MP nº 936/2020, convertida na Lei nº 14.020, de 6 de julho de 2020).

A opção pela redução da jornada de trabalho com redução do salário ou suspensão do contrato, mediante complementação salarial ou substituição por meio do Benefício Emergencial de Preservação do Emprego e da Renda (BEM), importa em garantia provisória do emprego durante o período acordado de redução da jornada de trabalho e de salário e após o restabelecimento da jornada de trabalho e de salário, por período equivalente ao acordado para a redução (art. 10, I e II, da MPV 936, convertida na Lei nº 14.020, de 6 de julho de 2020).

Esse período é de 60 dias, prorrogáveis, para o caso de suspensão, e de 90 dias, prorrogáveis, para o caso de redução (art. 8º e 7º, *caput*, respectivamente).

Quanto à empregada gestante, essa garantia é assegurada por período equivalente ao acordado para a redução da jornada de trabalho e do salário ou para a suspensão temporária do contrato de trabalho, mas contado somente a partir do término do período da garantia estabelecida (art. 10, III, da Lei nº 14.020/2020).

O Benefício Emergencial de Preservação do Emprego e da Renda será pago ao empregado independentemente do cumprimento de qualquer período aquisitivo; do tempo de vínculo empregatício; e do número de salários recebidos (art. 6º, § 1º, I a III da MPV 936, convertida na Lei nº 14.020, de 6 de julho de 2020).

O Benefício Emergencial de Preservação do Emprego e da Renda não é devido ao empregado que esteja:

- ocupando cargo ou emprego público, cargo em comissão de livre nomeação e exoneração ou titular de mandato eletivo;
- ou em gozo: a) de benefício de prestação continuada do Regime Geral de Previdência Social ou dos Regimes Próprios de Previdência Social, ressalvado o disposto no parágrafo único do art. 124 da Lei nº 8.213, de 24 de julho de 1991; b) do seguro-desemprego, em qualquer de suas modalidades; e c) da bolsa de qualificação profissional de que trata o art. 2º-A da Lei nº 7.998, de 1990 (art. 6º, § 2º, I e II, a a c e da MPV 936, convertida na Lei nº 14.020, de 6 de julho de 2020).

A ajuda compensatória mensal correspondente ao BEM deverá ter o valor resultante do percentual aplicável em relação ao salário definido no acordo individual pactuado ou em negociação coletiva terá natureza indenizatória e, portanto, não integrará: a base de cálculo do imposto sobre a renda retido na fonte ou da declaração de ajuste anual do imposto sobre a renda da pessoa física do empregado; não integrará a base de cálculo da contribuição previdenciária e dos demais tributos incidentes sobre a folha de salários; não integrará a base de cálculo do valor devido ao Fundo de Garantia do Tempo de Serviço – FGTS, instituído pela Lei nº 8.036, de 11 de maio de 1990, e pela Lei Complementar nº 150, de 1º de junho de 2015; e poderá ser excluída do lucro líquido para fins de determinação do imposto sobre a renda da pessoa jurídica e da Contribuição Social sobre o Lucro Líquido das pessoas jurídicas tributadas pelo lucro real (art. 9º, § 1º, I a VI, e da MPV 936, convertida na Lei nº 14.020, de 6 de julho de 2020).

A ajuda compensatória também não integrará a parte remanescente do salário devido pelo empregador (art. 9º, § 2º da MPV 936, convertida na Lei nº 14.020, de 6 de julho de 2020).

O referido benefício, atendida a exigência de informação ao Ministério da Economia, no prazo de dez dias, contado da data da celebração do acordo, consistirá em prestação mensal, devida a partir da data do início da redução da jornada de trabalho e de salário ou da suspensão temporária do contrato, com a primeira parcela paga trinta dias após o ajuste (incisos I e II do art. 5º da MPV 936, convertida na Lei nº 14.020, de 6 de julho de 2020).

Caso não informe, o empregador ficará responsável pelo pagamento da remuneração no valor anterior à redução da jornada de trabalho e de salário ou da suspensão, inclusive dos respectivos encargos sociais, até que a informação seja prestada (§ 3º, I do art. 5º da MPV 936, convertida na Lei nº 14.020, de 6 de julho de 2020).

Se vier a informação em data posterior aos dez dias estabelecidos em lei, o prazo para pagamento do benefício observará a data em que a informação tenha sido efetivamente prestada, para pagamento nos trinta dias seguintes, e será devido pelo restante do período pactuado (§ 3º, II e III do art. 5º da MPV 936, convertida na Lei nº 14.020, de 6 de julho de 2020).

O valor do Benefício Emergencial de Preservação do Emprego e da Renda tem como base de cálculo o valor mensal do seguro-desemprego a que o empregado teria direito se despedido fosse (art. 6º, *caput*), aplicando-se sobre ela, no caso da redução da jornada de trabalho de salário, o percentual da redução e na hipótese de suspensão temporária do contrato de trabalho, terá valor mensal equivalente a 70 ou 100% do seguro-desemprego (art. 6º, I e II da MPV 936, convertida na Lei nº 14.020, de 6 de julho de 2020).

Voltaremos ao tema quando tratarmos especificamente da redução e da suspensão.

O empregado com mais de um vínculo formal de emprego poderá receber cumulativamente um Benefício Emergencial de Preservação do Emprego e da Renda para cada vínculo com redução proporcional de jornada de trabalho e de salário (§ 3º do art. 6º da MPV 936, convertida na Lei nº 14.020, de 6 de julho de 2020).

8.4. Redução de jornada com redução salarial

O limite estabelecido na CLT para a redução salarial de caráter geral é de 25%, tendo como fato gerador a força maior. Ela não impõe a redução de jornada para a redução proporcional de salário.

Pela CLT, basta o *jus variandi* para a alteração contratual, desde que a força maior afete a situação econômica e financeira da empresa (art. 501, § 2º c/c 503, *caput*, da CLT).

Para a outra situação prevista no acima citado art. 503, ou seja, meramente o fato objetivo do prejuízo financeiro devidamente comprovado (independentemente de força maior) foi o dispositivo celetário alterado por lei posterior, de nº 4.923/1965, que exige negociação coletiva para formalizar a alteração transitória e que impõe como contrapartida à redução salarial a redução proporcional da jornada de trabalho.

Como a Constituição não estabelece limite de redução salarial proporcional à redução da jornada, percentual distinto do previsto no art. 503 pode ser instituído por lei ou negociado entre as categorias econômica e profissional. A MP nº 936/2020, convertida na Lei nº 14.020/2020 o fez, de forma transitória e em caráter emergencial e de maneira mais benéfica do que a constante do dispositivo celetário, ao vincular a redução do salário à redução da jornada de trabalho.

Logo, em relação aos percentuais previstos no art. 7º, III, da MP 936/2020, convertida na Lei nº 14.020, de 6 de julho de 2020, nada tem de inconstitucional a possibilidade de o empregador ajustar individualmente com o trabalhador ou por meio do sindicato da categoria profissional, a redução da jornada de trabalho e de salário, exclusivamente, nos seguintes percentuais: a) vinte e cinco por cento; b) cinquenta por cento; ou c) setenta por cento.

Note-se que a lei não diz, mas é intuitivo que a aplicação dos percentuais de 50 e 70% de redução da jornada de trabalho leva à adoção transitória do regime de trabalho em tempo parcial, previsto na própria CLT.

Quanto à redução de até 25%, porque já prevista na CLT, a complementação por meio do BEM é inaplicável (art. 11, § 2º, I, da Lei nº 14.020/2020).

8.4.1. Prazo da redução de jornada com redução salarial

Durante o estado de calamidade pública permite a Lei nº 14.020/2020 ao empregador ajustar a redução proporcional de jornada de trabalho e de salário de seus empregados de forma setorial, departamental, parcial ou na totalidade dos postos de trabalho, por até 90 (noventa) dias, prorrogáveis por prazo determinado em ato do Poder Executivo (art. 7º, *caput*).

A redução da jornada e do salário, temporária, cessará no prazo de dois dias corridos, contados:

- da cessação do estado de calamidade pública;
- da data estabelecida no acordo individual como termo de encerramento do período e redução pactuado;
- ou da data de comunicação do empregador que informe ao empregado sobre a sua decisão de antecipar o fim do período de redução pactuado (parágrafo único do art. 7º da MPV 936, convertida na Lei nº 14.020, de 6 de julho de 2020).

8.5. Suspensão temporária do contrato de trabalho e efeitos no tempo de serviço

Estabelece o art. 8º, *caput*, da MP 936/2020, convertida na Lei nº 14.020, de 6 de julho de 2020, a possibilidade de o empregador ajustar a suspensão temporária do contrato de trabalho de seus empregados, pelo prazo máximo de sessenta dias, que poderá ser fracionado em até dois períodos de trinta dias.

Suspensão do contrato é a paralisação total das cláusulas do contrato: durante o afastamento não presta serviços, não recebe salário e o tempo gasto não é computado como de serviço.

Diferente da suspensão é a interrupção: paralisação de algumas cláusulas do contrato. Durante o afastamento o trabalhador não presta serviços, mas recebe salário e o tempo decorrido é computado como de serviço.

Em tempos normais, a suspensão contratual não causada pelo empregado ou por motivo de doença ou acidente de trabalho após quinze dias de afastamento não elide a obrigação de pagamento do salário pleno, sendo assim denominada de suspensão parcial ou interrupção do contrato.

Surge, portanto, a indagação quanto à natureza jurídica da suspensão temporária emergencial: suspende ou apenas interrompe o contrato?

Exceto se as partes ajustarem em sentido inverso (art. 2º, § 2º, I, da Lei nº 14.020/2020), o tempo de suspensão não integrará o tempo de serviço. Tanto assim é que nos termos do art. 8º, § 3º, da Lei nº 14.020/2020, estatui o legislador que *"O contrato de trabalho será restabelecido..."* e no § 2º, II, mesmo art. 8º consta que o empregado fica autorizado a contribuir para o Regime Geral de Previdência Social na qualidade de segurado facultativo.

Note-se que em relação à redução de jornada com redução salarial, caso de interrupção do contrato e não de suspensão, o legislador não se refere ao restabelecimento do contrato após o encerramento do período e sim que *"A jornada de trabalho e o salário pago anteriormente serão restabelecidos ..."* (art. 7º, § 1º, da Lei nº 14.020/2020), estabelecendo no § 2º que a contribuição previdenciária poderá ser complementada.

A suspensão pode estar relacionada à paralisação da atividade do empregador ou apenas de forma setorial, departamental, parcial ou da totalidade dos postos de trabalho.

Durante o período de suspensão temporária do contrato, o empregado fará jus a todos os benefícios concedidos pelo empregador (§ 2º, I da Lei nº 14.020, de 6 de julho de 2020). Trata-se de aplicação análoga à prevista no art. 476-A, § 4º, da CLT: *"Durante o período de suspensão contratual para participação em curso ou programa de qualificação profissional, o empregado fará jus aos benefícios voluntariamente concedidos pelo empregador"*.

A hipótese não se confunde com a prevista no art. 471, da CLT, decorrente dos ajustes coletivos categoriais: *"Ao empregado afastado do emprego, são asseguradas, por ocasião de sua volta, todas as vantagens que, em sua ausência, tenham sido atribuídas à categoria a que pertencia na empresa"*.

O art. 503, da CLT menciona redução salarial de até 25% por motivo de força maior, mas não a condiciona à redução de jornada. Poderia essa solução ter sido aplicada à suspensão do contrato, mas o legislador optou pela substituição do salário pelo pagamento ao trabalhador por meio do BEM, nos percentuais de 70 ou 100% do seguro-desemprego.

Para as empresas com receita bruta inferior a R$ 4.800.000,00 no ano-calendário de 2019, o benefício será devido em montante equivalente a cem por cento do valor mensal do seguro-desemprego a que o empregado teria direito se despedido fosse (art.6º, II, da MPV 936, convertida na Lei nº 14.020, de 6 de julho de 2020).

Todavia, em se tratando de empresa que tiver auferido, no ano-calendário de 2019, receita bruta superior a R$ 4.800.000,00 (quatro milhões e oitocentos mil reais), somente poderá suspender o contrato de trabalho de seus empregados mediante o pagamento de ajuda compensatória mensal no valor de trinta por cento do valor do salário do empregado (art. 6º, II, b da MPV 936, convertida na Lei nº 14.020, de 6 de julho de 2020). Daí, portanto, o percentual de 70% a que se refere a lei.

A ajuda compensatória advinda do BEM, num ou noutro caso (de 70 ou 100%) não integra o salário do trabalhador.

Quanto às empresas com receita bruta superior a R$ 4.800.000,00 (quatro milhões e oitocentos mil reais), a ajuda compensatória mensal no valor de 30% (trinta por cento) do valor do salário do empregado que precisará ser por ela custeada do próprio bolso, também não tem caráter salarial.

Para valer-se do expediente da suspensão temporária contratual, o empregador não poderá manter as atividades de trabalho do empregado, ainda que parcialmente, por meio de teletrabalho, trabalho remoto ou trabalho a distância. Se assim o fizer, ficará descaracterizada a suspensão temporária do contrato de trabalho, e o empregador estará sujeito: ao pagamento imediato da remuneração e dos encargos sociais referentes a todo o período; às penalidades previstas na legislação em vigor; e às sanções previstas em convenção ou em acordo coletivo (art. 8º, § 4º, I a III da MPV 936, convertida na Lei nº 14.020, de 6 de julho de 2020).

Independentemente do prazo previsto para a suspensão do contrato, ele será restabelecido no prazo de dois dias corridos, contados: da cessação do estado de calamidade pública; da data estabelecida no acordo individual como termo de encerramento do período e suspensão pactuado; ou da data de comunicação do empregador que informe ao empregado sobre a sua decisão de antecipar o fim do período de suspensão pactuado (art. 8º, § 3º, I a III da MPV 936, convertida na Lei nº 14.020, de 6 de julho de 2020).

8.6. *Jus variandi* entre redução e suspensão e entre a MP 927 e 936, convertida na Lei nº 14.020/2020

Nos termos do art. 16 da MPV 936/2020, convertida na Lei nº 14.020/2020, o empregador pode substituir o sistema de redução de jornada com redução salarial proporcional pela suspensão do contrato, ou vice-versa.

Assim o faz para dar liberdade ao empresário de ajustar o funcionamento ou o tempo e efeitos da paralisação temporária parcial ou total do seu negócio ao desenvolvimento da pandemia COVID-19.

Outrossim, tendo optado por conceder antecipação de férias individuais ou pela concessão de férias coletivas, poderá, findo o prazo respectivo de fruição, optar pela redução da jornada com redução do salário, se a empresa estiver em funcionamento parcial ou até mesmo pela suspensão do contrato, se estiver com a atividade paralisada ou paralisados apenas setores do estabelecimento.

O que não pode, em princípio, é misturar os institutos previstos na Medida Provisória nº 927 com os da Lei nº 14.020/2020, ou seja, conceder férias antecipadas com salário reduzido ou suspenso.

8.7. Redução com suspensão

Não foi prevista pelo legislador, mas quem pode o mais, o *jus variandi* entre redução e suspensão ou vice-versa, pode o menos: nos casos de suspensão parcial de algum ou alguns setores da empresa, nada impede que o empregador, cumulativamente, acerte com os trabalhadores dos demais setores a redução das jornadas com redução proporcional dos salários.

8.8. Garantia provisória de emprego, despedida sem justa causa e efeitos

A empresa que diante da COVID-19 imediatamente precisou encerrar as suas atividades ou diminuir o quadro de pessoal, deve aos trabalhadores a indenização por metade, prevista no art. 503, da CLT, sem incidência de aviso prévio.

Todavia, se optou por uma das alternativas previstas na MP nº 927/2020 e vem posteriormente a despedir trabalhador, se verificada a impossibilidade de mantê-lo, também pagará ao empregado a indenização prevista no art. 503, II, da CLT, mas agora com incidência do aviso prévio, por ter criado a expectativa da continuidade do contrato.

Todavia, se em seguida a uma das opções previstas na MP 927 a empresa optar pelas soluções previstas na Medida Provisória nº 936, convertida na Lei nº 14.020/2020 (suspensão ou redução salarial), fica impedida de despedir o empregado no prazo legal por ela criado como de garantia de emprego.

Estabelecia o art. 10 da MPV nº 936/2020 o reconhecimento da garantia provisória no emprego ao empregado que recebesse o Benefício Emergencial de Preservação do Emprego e da Renda, em decorrência da redução da jornada de trabalho e do salário ou da suspensão temporária do contrato de trabalho, nos seguintes termos:

> I – durante o período acordado de redução da jornada de trabalho e do salário ou de suspensão temporária do contrato de trabalho;
>
> II – após o restabelecimento da jornada de trabalho e do salário ou do encerramento da suspensão temporária do contrato de trabalho, por período equivalente ao acordado para a redução ou a suspensão.

A Lei nº 14.020/2020 acrescentou o inciso III, que estatui:

> III – no caso da empregada gestante, por período equivalente ao acordado para a redução da jornada de trabalho e do salário ou para a suspensão temporária do contrato de trabalho, contado a partir do término do período da garantia estabelecida na alínea "b" do inciso II do caput do art. 10 do Ato das Disposições Constitucionais Transitórias.

Logo, a gestante tem após cinco meses após o parto, mais 60 (sessenta) dias ou 90 (noventa) dias de garantia, conforme se trate de redução ou de suspensão.

Nos termos do art. 10, § 1º, I a III da MPV 936, convertida na Lei nº 14.020, de 6 de julho de 2020, caso o empregador venha a despedir o trabalhador durante o prazo de garantia de emprego, sem prejuízo da indenização substitutiva do aviso prévio, precisará pagar, além das parcelas rescisórias, indenização de:

a. 50% do salário normal pelo tempo restante de garantia de emprego na hipótese de redução de jornada de trabalho e de salário igual ou superior a 25% (vinte e cinco por cento) e inferior a 50% (cinquenta por cento);

b. 75% do salário normal pelo tempo restante de garantia de emprego na hipótese de redução de jornada de trabalho e de salário igual ou superior a 50% (cinquenta por cento) e inferior a 70% (setenta por cento);

c. 100% do salário normal pelo tempo restante de garantia de emprego nas hipóteses de redução de jornada de trabalho e de salário em percentual igual ou superior a 70% (setenta por cento) ou de suspensão temporária do contrato de trabalho.

No caso, é inaplicável o disposto no art. 503, da CLT, porque ao adotar a alternativa prevista na MP 936, convertida em lei, o empregador abre mão do poder de despedir arbitrariamente, adquirindo o trabalhador garantia de emprego.

Evidentemente, essa indenização não é devida nas hipóteses de pedido de demissão ou dispensa por justa causa do empregado.

Quanto aos contratos por prazo determinado, a garantia de emprego restringe-se ao tempo de sua vigência, pelo que o encerramento no prazo não dá direito à referida indenização, que sempre será calculada sobre os salários do tempo restante de garantia de emprego.

9. TRABALHADOR INTERMITENTE

O empregado com contrato de trabalho intermitente formalizado até a data de publicação da Medida Provisória 936/2020 faz jus ao benefício emergencial mensal no valor de R$ 600,00 (seiscentos reais), pelo período de três meses (art. 18 da MPV 936, convertida na Lei nº 14.020, de 6 de julho de 2020).

A Lei nº 14.020, de 6 de julho de 2020, acrescentou ao artigo 18 que constava da MPV 936 o § 6º, dispondo que "durante o período de recebimento do benefício emergencial mensal de que trata este artigo, o empregado com contrato de trabalho intermitente fica autorizado a contribuir facultativamente para o Regime Geral de Previdência Social, na forma do art. 20 desta Lei".

10. APOSENTADOS E BENEFÍCIO EMERGENCIAL

A repercussão da decisão do STF, de que a aposentadoria não encerra o contrato de trabalho, vem até hoje causando surpresas e problemas. O aposentado concorre com o trabalhador que ingressa no mercado de trabalho.

A MP 936/2020, convertida na Lei nº 14.020/2020, veda a percepção do benefício emergencial ao empregado que esteja em gozo de benefício de prestação continuada do Regime Geral de Previdência Social ou dos Regimes Próprios de Previdência Social, o que alcança o aposentado (art. 6º, § 2º, II). O fundamento é o de que, se já recebe aposentadoria, haveria acúmulo de benefícios, se considerado o emergencial.

Não recebe benefício, porque já recebe aposentadoria, mas ainda assim é admissível a redução de jornada e a suspensão temporária. No último caso nada receberia, exceto 30% do salário se a empresa auferir de receita anual valor superior a R$ 4.800.000,00.

Das duas, uma: ou a MP 936 não se aplicava ao aposentado, ou então o empregador podia reduzir a jornada ou suspender o contrato do aposentado, mas precisaria custeá-lo às suas expensas.

A Portaria nº 10.486, art. 4º, § 2º, regulamentadora da MP, convertida na Lei nº 14.020/2020, exorbitou no § 2º do art. 4º, ao vedar a suspensão e redução em relação ao aposentado.

Para resolver a questão, o novel § 2º do art. 12 da Lei nº 14.020/2020 estabelece que:

> Para os empregados que se encontrem em gozo do benefício de aposentadoria, a implementação das medidas de redução proporcional de jornada de trabalho e de salário ou suspensão temporária do contrato de trabalho por acordo individual escrito somente será admitida quando, além do enquadramento em alguma das hipóteses de autorização do acordo individual de trabalho previstas no caput ou no § 1º deste artigo, houver o pagamento, pelo empregador, de ajuda compensatória mensal, observado o disposto no art. 9º desta Lei e as seguintes condições:
>
> I – o valor da ajuda compensatória mensal deverá ser, no mínimo, equivalente ao do benefício que o empregado receberia se não houvesse a vedação prevista na alínea "a" do inciso II do § 2º do art. 6º da Lei 14.020/2020; e

II – na hipótese de empresa que se enquadre no § 5º do art. 8º desta Lei, o total pago a título de ajuda compensatória mensal deverá ser, no mínimo, igual à soma do valor previsto naquele dispositivo com o valor mínimo previsto no inciso I deste parágrafo.

11. NOVOS DISPOSITIVOS

Foi introduzido ao art. 10 o inciso III, atribuindo à empregada gestante garantia de emprego, por período equivalente ao acordado para a redução da jornada de trabalho e do salário ou para a suspensão temporária do contrato de trabalho, contado a partir do término do período da garantia estabelecida na alínea "b" do inciso II do *caput* do art. 10 do Ato das Disposições Constitucionais Transitórias.

Logo, a gestante tem após cinco meses após o parto, mais 60 (sessenta) dias ou 90 (noventa) dias de garantia, conforme se trate de redução ou de suspensão.

O art.12 teve a redação alterada, com a introdução de uma nova faixa salarial, inferior à então prevista na MP nº 936, para possibilitar o acordo individual.

Em síntese, passou o acordo individual a ser admitido em relação aos empregados que recebem salário igual ou inferior a R$ 2.090,00 (dois mil e noventa reais), desde que vinculados a empresas com receita anual bruta igual ou inferior a R$ 4.800.000,00 (quatro milhões e oitocentos mil reais). E para os trabalhadores que auferem salário igual ou inferior a R$ 3.150,00 (três mil cento e cinquenta reais), passou a ser exigido acordo ou convenção coletiva se vinculados a empresas com receita anual bruta igual ou inferior a R$ 4.800.000,00 (quatro milhões e oitocentos mil reais).

O novel § 2º do art. 12, já comentado, resolve como aplicar a redução de jornada com redução proporcional do salário e a suspensão do contrato ao aposentado, que por já receber benefício, não pode acumular com outro, o BEM.

O novel § 3º do art. 12 estabelece os meios de pactuação do acordo individual; o § 4º, a necessidade de comunicação ao sindicato da categoria e o prazo correspondente; o § 5º, como resolver conflitos entre acordos individuais e acordos ou convenções coletivas sobre redução e suspensão firmados durante a pandemia; e o § 6º, pelo princípio da norma mais benéfica, ainda que hierarquicamente inferior, que o acordo individual mais favorável ao trabalhador, prevalecerá sobre o que for ajustado por negociação coletiva.

O novel art. 18, § 6º estabelece que durante o período de recebimento do benefício emergencial mensal de que trata este artigo, o empregado com contrato de trabalho intermitente fica autorizado a contribuir facultativamente para o Regime Geral de Previdência Social, na forma do art. 20.

O art.19 não autoriza, em relação à MP 927/2020, o descumprimento das normas regulamentadoras de segurança e saúde no trabalho pelo empregador, aplicadas as ressalvas ali previstas apenas nas hipóteses excepcionadas.

O art. 20 estabelece as alíquotas das contribuições facultativas durante o período de pandemia e o art. 21 fixa o valor do salário de contribuição para recolhimento pelo segurado no período.

O art. 22 autoriza à empregada gestante, inclusive a doméstica, participar do Programa Emergencial de Manutenção do Emprego e da Renda.

O art. 23 esclarece que empregador e empregado podem, em comum acordo, optar pelo cancelamento de aviso prévio em curso. E que em caso de cancelamento do aviso prévio nos termos deste artigo, as partes podem, na forma desta Lei, adotar as medidas do Programa Emergencial de Manutenção do Emprego e da Renda.

O art. 24 estabelece que os acordos de redução proporcional de jornada de trabalho e de salário e de suspensão temporária do contrato de trabalho celebrados entre empregadores e empregados, em negociação coletiva ou individual, com base na Medida Provisória nº 936, de 1º de abril de 2020, serão regidos pelas disposições da referida Medida Provisória.

E que a norma interpretativa expressa no § 5º do art. 12 aplica-se, inclusive, aos acordos firmados na vigência da Medida Provisória nº 936, de 1º de abril de 2020.

O art. 25 estabelece, durante a vigência do estado de calamidade pública, o direito de repactuação das operações de empréstimos, de financiamentos, de cartões de crédito e de arrendamento mercantil concedidas por instituições financeiras e sociedades de arrendamento mercantil e contraídas com o desconto em folha de pagamento ou na remuneração disponível.

O art. 26 garante aos empregados que forem dispensados até 31 de dezembro de 2020 o direito de novação em relação às mesmas operações.

Finalmente, o art. 29 exclui o fato do príncipe como motivo ensejador da despedida de trabalhadores durante a pandemia.

Os artigos 27, 28, 30 e 32 a 37 da Lei nº 14.020/2020 foram vetados.

12. DIREITO INTERTEMPORAL

Nos termos do art. 12 da MPV nº 936/2020, o acordo individual alcançava os empregados com salário igual ou inferior a R$ 3.135,00 (três mil cento e trinta e cinco reais) e os portadores de diploma de nível superior e que percebam salário mensal igual ou superior a duas vezes o limite máximo dos benefícios do Regime Geral de Previdência Social.

No entanto, a Lei nº 14.020/2020, de conversão da MP, passou a admitir o acordo individual também em relação aos empregados com salário igual ou inferior a R$ 2.090,00 (dois mil e noventa reais), com a restrição de o empregador ter auferido, no ano-calendário de 2019, receita bruta superior a R$ 4.800.000,00 (quatro milhões e oitocentos mil reais), estabelecendo assim duas restrições em relação à normatividade anterior.

Quanto aos empregados com salário igual ou inferior a R$ 3.135,00 (três mil, cento e trinta e cinco reais), restringiu a possibilidade de acordo individual ao empregador ter auferido, no ano-calendário de 2019, receita bruta igual ou inferior a R$ 4.800.000,00 (quatro milhões e oitocentos mil reais).

Assim, surgem como questão de direito intertemporal as indagações a partir de quando: a) se torna possível fazer acordo individual com quem aufere salário igual ou inferior a R$ 2.090,00 (dois mil e noventa reais) em relação ao empregador que teve no ano-calendário de 2019, receita bruta superior a R$ 4.800.000,00 (quatro milhões e oitocentos mil reais); e b) passa a haver a restrição, para os empregados que recebem salário igual ou inferior a R$ 3.135,00 (três mil cento e trinta e cinco reais), da percepção de receita bruta igual ou inferior a R$ 4.800.000,00 (quatro milhões e oitocentos mil reais).

O art. 24 da nova lei responde à indagação, preservando o ato jurídico perfeito: os acordos de redução proporcional de jornada de trabalho e de salário, e de suspensão temporária do contrato de trabalho celebrados entre empregadores e empregados, em negociação coletiva ou individual, com base na Medida Provisória nº 936, de 1º de abril de 2020, regem-se pelas disposições da referida Medida Provisória.

Assim, é nulo o acordo individual celebrado anteriormente à vigência da Lei nº 14.020 de 6 de julho de 2020, que não tenha observado o limite de R$ 3.135,00 (três mil, cento e trinta e cinco reais), como também serão nulos, a partir da nova lei, os acordos que não observem os requisitos necessários para a pactuação.

Por outro lado, é válido esse acordo anterior em relação aos empregados que auferiam salário igual ou inferior a R$ 3.135,00 (três mil, cento e trinta e cinco reais), em que não havia a exigência da receita bruta empresarial igual ou inferior a R$ 4.800.000,00 (quatro milhões e oitocentos mil reais).

Como os efeitos da pandemia permanecem em muitos setores, ainda atingidos por paralisações totais ou parciais de funcionamento, certamente as normas legais de enfrentamento serão prorrogadas.

13. PRESCRIÇÃO, DECADÊNCIA E SUSPENSÃO DE PRAZOS PROCESSUAIS

Nem todos os prazos extintivos para o exercício de pretensões são de igual natureza. No plano do direito material, uns são prescricionais e outros são decadenciais (incluindo o direito de exercício da preferência).

Prescrição é a perda do poder de exigir, no plano jurídico, o cumprimento de um dever jurídico, pelo não exercício dessa pretensão, num determinado prazo, estabelecido pelo legislador.

A prescrição atinge a pretensão. São atingidas pela prescrição pretensões patrimoniais e extrapatrimoniais.

Há hipóteses, previstas em lei, de impedimento de contagem do prazo prescricional em relação a certas pessoas ou diante de determinadas circunstâncias: a) contra os absolutamente incapazes; b) pendendo condição suspensiva; c) não estando vencido o prazo; d) pendendo ação de evicção (art. 199, I a III, CC); e, e) pendendo sentença definitiva de fato apurável no juízo criminal (art. 200, CC).

No plano do Direito do Trabalho, além dos casos mencionadas, também não corre a prescrição contra os menores de 18 anos (art. 440, da CLT).

O prazo prescricional também admite interrupção (nova contagem) e suspensão (sustação da contagem).

Na Justiça do Trabalho, contudo, não se aplica o pronunciamento da prescrição de ofício, entendendo-se que a regra é incompatível com os princípios que regem as relações de trabalho. Ou seja, depende sempre de provocação da parte a quem aproveita.

Por sua vez, decadência é a perda de um direito potestativo de sujeitar outrem à constituição, desconstituição, modificação ou extinção de uma relação jurídica, pela inércia do titular em exercitá-lo, num determinado prazo, legal ou convencional.

O exercício de um direito potestativo não decorre de violação de dever jurídico: a potestatividade está em que depende ele, para o seu exercício, única e exclusivamente da vontade do seu titular em constituir, desconstituir, modificar ou extinguir uma relação jurídica, sujeitando o sujeito passivo, de forma irrecusável, a essa vontade.

Pelo Código Civil, salvo nos casos especificados em lei, o prazo decadencial, uma vez iniciado, não se interrompe e não se suspende (art. 207, CC), somente cessando quando exercitado o direito potestativo.

Conforme art. 11, § 3º, CLT, a interrupção da prescrição somente ocorrerá pelo ajuizamento de reclamação trabalhista, mesmo que em juízo incompetente, ainda que venha a ser extinta sem resolução do mérito, produzindo efeitos apenas em relação aos pedidos idênticos.

Tem-se, portanto, que o ajuizamento demonstra a intenção autoral de cobrança, interrompendo assim a prescrição. Mas essa demonstração precisa ser efetivada em relação à parte contrária. Pelo que a interrupção da prescrição está condicionada à citação válida, não bastando o fato do ajuizamento para retroagir ao momento do aforamento (art. 202, I, CC).

A Lei nº 14.010/2020 dispõe, em caráter geral, sobre o Regime Jurídico Emergencial e Transitório das relações jurídicas de Direito Privado (RJET) no período da pandemia do coronavírus (Covid-19).

Nos termos do art. 3º, "Os prazos prescricionais consideram-se impedidos ou suspensos, conforme o caso, a partir da entrada em vigor desta Lei até 30 de outubro de 2020".

Os prazos não serão interrompidos, porque isso importaria em nova contagem de prazos já iniciados. Ou não é contado (impedimento) ou fica paralisado (suspenso), com aproveitamento do tempo decorrido antes da suspensão quando da retomada do curso do prazo prescricional.

Relativamente às relações de trabalho, a norma precisa ser interpretada segundo a *mens legis,* a *occasio legis* e a *ratio legis* e de forma lógica e sistemática, que supere a sua literalidade.

Com efeito, a Medida Provisória nº 927 data de 22 de março de 2020 e tem por finalidade o enfrentamento do estado de calamidade pública reconhecido pelo Decreto Legislativo nº 6, de 20 de março de 2020, e da emergência de saúde pública de importância internacional decorrente do coronavírus (covid-19), decretada pelo Ministro de Estado da Saúde, em 3 de fevereiro de 2020, nos termos do disposto na Lei nº 13.979, de 6 de fevereiro de 2020 (art. 1º).

Assim, é evidente que para os efeitos trabalhistas o prazo inicial de impedimento e suspensão da prescrição tem início a partir da paralisação das atividades empresariais, nas datas dos vários decretos estaduais e municipais e de suas prorrogações.

Afinal, quem está confinado e com órgãos do judiciário com atividades externas suspensas, não tem como praticar atos.

Outrossim, a data de 30 de outubro de 2020, como previsto na própria lei em comento, não se aplicará enquanto perdurarem as hipóteses específicas de impedimento, suspensão e interrupção dos prazos prescricionais previstas no ordenamento jurídico nacional (§ 1º).

Aqui também cabe interpretação, posto que houve liberação para a retomada dos prazos judiciais em relação aos tribunais que passaram a adotar funcionamento por meio remoto.

Assim ocorrendo, cessa o impedimento para o exercício de direitos subjetivos ao menos em relação às medidas judiciais nos tribunais que passaram a funcionar remotamente a partir de 15 de maio do corrente ano.

Nada impede, no entanto, que o óbice ao exercício de direitos subjetivos dependa de providências que não possam ser tomadas durante o período de pandemia. Neste caso, o prazo permanecerá com impedimento ou suspensão até o esgotamento da data prevista.

Finalmente, considerando como exceção, em relação ao Código Civil, o disposto no § 2º, o legislador emergencial estende aos prazos decadenciais os impedimentos e suspensões.

As normas atinentes à decadência vêm, como já exposto, sofrendo alterações ao longo do tempo, e diante dos efeitos do coronavirus o caso é mesmo de excepcionar, para admitir impedimento e suspensão dessa espécie de prazo de direito cujo exercício depende apenas do titular, quando cabível.

14. CUMPRIMENTO DOS ACORDOS JUDICIAIS ANTERIORES À COVID-19

Bares, restaurantes, cinemas, teatros, casas de shows, agências de viagens, empresas de eventos presenciais e muitas outras atividades estão ou estiveram paralisadas durante a pandemia da COVID-19, e sem percepção de receita.

Como irão, sem receita, cumprir acordos judiciais firmados anteriormente à pandemia?

De um lado, está a imutabilidade da coisa julgada advinda de um ato jurídico perfeito e gerador de direito adquirido. De outro, a sobrevivência da empresa.

Vive-se um momento em que as circunstâncias que ditaram um ajuste foram substancialmente alteradas. Assim como quem paga pensão alimentícia, é despedido e não encontra emprego, não tem como arcar com o valor a que se obrigou judicialmente.

Para casos como esse, é preciso flexibilizar a coisa julgada, quer para suspender a execução, quer para estabelecer novas condições de pagamento. E são vários os dispositivos legais, civis, trabalhistas e processuais que, com base na imprevisão, dão suporte a essa conclusão: arts. 317, 413 e 478 a 480 do Código Civil; 873, da CLT; e 505, I, do CPC.

Nada impede que cuidando-se de problema relacionado à execução, possa o devedor buscar uma solução negociada para efeito de novação da dívida.

Se ineficaz se tornar esse procedimento, a questão deverá ser submetida a juízo mediante ação revisional, com fundamento em alteração significativa das circunstâncias originárias devendo o credor ser chamado à manifestação e produzidas as provas, se não houver conciliação, ser objeto de decisão judicial. A decisão deverá manter o valor ajustado e atualizado, com estabelecimento de novos prazos, sujeitos a incidência de acréscimo nos mesmos moldes da cláusula penal originária em caso de descumprimento, e juros a partir do ajuizamento.

15. A CADUCIDADE DA MP Nº 927 E SEUS EFEITOS JURÍDICOS

Medida Provisória é o ato normativo do Presidente da República, para a regulação, por motivos de relevância e urgência, de matérias que não digam respeito às previstas no § 1º do art. 62, da CRFB.

A Medida Provisória não pode versar sobre nacionalidade, cidadania, direitos políticos, partidos políticos, direito eleitoral, direito penal, processual penal e processual civil, organização do Poder Judiciário e do Ministério Público, a carreira e a garantia de seus membros; sobre planos plurianuais, diretrizes orçamentárias, orçamento e créditos adicionais e suplementares (ressalvado o previsto no art. 167, § 3º, da CF); sobre a detenção ou sequestro de bens, de poupança popular ou qualquer outro ativo financeiro, reservada a lei complementar já disciplinada em projeto de lei aprovado pelo Congresso Nacional e pendente de sanção ou veto do Presidente da República (art. 62, *caput* e § 1º, da CRFB).

Embora produza efeitos imediatos, depende de aprovação do Congresso Nacional para a sua transformação definitiva em lei no prazo de 60 (sessenta) dias após a sua publicação, podendo ser prorrogada uma única vez e ainda assim, se a votação não tiver sido encerrada nas duas Casas do Congresso Nacional (art. 62, §§ 3º e 7º, da CRFB).

Caso não venha a ser convertida em lei pelo Congresso Nacional, perde a eficácia desde a edição, hipótese em que caberá ao Poder Legislativo regular as relações jurídicas dela decorrentes (art. 62, § 3º, CF).

A MP nº 927/2020 definiu como de força maior os efeitos do estado de calamidade pública que atingiu os setores produtivos e, consequentemente, as relações de trabalho. E as soluções nela trazidas para o enfrentamento, flexibilizando os institutos jurídicos constantes da CLT (antecipação e cumulação de férias, banco de horas, prorrogação com compensação, antecipação de feriados, direcionamento para qualificação, determinação de direcionamento a teletrabalho) por acordo individual ou *jus variandi*, além do diferimento do prazo para recolhimento do FGTS decorreram desse fato.

Ficam apagados os efeitos jurídicos dos atos empresariais de utilização das alternativas previstas na medida provisória durante a sua vigência, ainda que para obtenção posterior de efeitos, por exemplo, comunicou a antecipação de férias, para fruição que acabará se realizando posteriormente à caducidade da MP?

Nos termos previstos no art. 62 da Constituição Federal, *verbis*: "§ 11. Não editado o decreto legislativo a que se refere o § 3º até sessenta dias após a rejeição ou perda de eficácia de medida provisória, as relações jurídicas constituídas e decorrentes de atos praticados durante sua vigência conservar-se-ão por ela regidas".

Portanto, as soluções previstas na MP nº 927 conservarão a sua eficácia, quer quanto à perfeição dos atos praticados em conformidade com a MP, quer quanto aos efeitos deles decorrentes, pelos que os acordos individuais e coletivos firmados no período são válidos e produzirão os efeitos previstos independentemente da caducidade da MP.

Enfim, perda da vigência é uma coisa e perda da eficácia é outra. São situações inconfundíveis.

16. CONCLUSÃO

As teorias do fortuito, da imprevisão, da lesão, do estado de perigo, das bases do negócio, do prejuízo financeiro empresarial e da onerosidade excessiva são distintas, ainda que possam eventualmente se interpenetrar. Cada uma dessas teorias tem embasamento e finalidades específicas, o que pode levar à adoção de soluções diferentes. Pode haver onerosidade excessiva sem imprevisão e a imprevisão não se restringe aos fortuitos naturais e humanos.

Nas relações de trabalho, os princípios da continuidade do contrato e do risco empresarial levam, no caso de força maior, a solução peculiar em relação à que seria aplicada nas relações civis. Pelo princípio da continuidade o contrato não é automaticamente rompido e pela assunção do risco previsto no art. 2º, *caput*, da CLT, o empregador não fica liberado de indenizar, embora por metade, se precisar despedir o trabalhador. E pela simplicidade e informalidade da CLT, pode ocorrer alteração do contrato inclusive por motivo de força maior, aproximando esse instituto do da imprevisão.

Frente às paralisações e reduções empresariais de atividades, foi preciso a intervenção do governo para evitar quebras de empresas e desemprego em massa. As soluções apresentadas foram as que constam das Medidas Provisórias números 927, 936 (convertida na Lei nº 14.020/2020) e 944, todas de 2020. Ofereceram aos empresários e trabalhadores alternativas para o enfrentamento do estado de emergência e de saúde pública, por meio da criação do BEM e de medidas que flexibilizaram a CLT, entre elas a antecipação de férias individuais e coletivas, o direcionamento do trabalhador para curso de qualificação com prazo inferior ao previsto na CLT, a redução da jornada de trabalho, com redução salarial e a suspensão do contrato de trabalho.

Quanto à redução da jornada de trabalho, com redução salarial e a suspensão do contrato de trabalho ajustada por meio de acordo individual ou negociação coletiva, o trabalhador adquire garantia de emprego durante a pandemia, cuidando-se assim de alternativas justificáveis e válidas, porque visam evitar o despedimento. Dos males, o menor.

Como toda lei que visa prevenir e solucionar as questões jurídicas decorrentes de determinado fato apresenta falhas e omissões que a jurisprudência irá dirimir, sendo que duas delas já o foram: o STF considerou constitucional o acordo individual para ajuste das medidas de enfrentamento da pandemia e inconstitucional a exclusão da possibilidade de caracterização de doença ocupacional contraída durante a pandemia, mormente e por motivos óbvios de exposição a risco acentuado, em se tratando de pessoal da saúde.

17. BIBLIOGRAFIA CONSULTADA

ALVIM, Agostinho Neves de Arruda. *A inexecução das obrigações e suas consequências*, 5ª edição, Saraiva, São Paulo, 1980.

BELMONTE, Alexandre Agra. *Instituições Civis no Direito do Trabalho*, 5ª edição, Jus Podium, Salvador, 2020.

BRASIL, Decreto-lei nº 5.452, de 1º de maio de 1943 (CLT), in http://www.planalto.gov.br/ccivil_03/decreto-lei/del5452.htm

BRASIL, Constituição da República Federativa do Brasil de 1988, in http://www.planalto.gov.br/ccivil_03/constituicao/constituicao.htm

BRASIL, Lei nº 9.615, de 24 de março de 1988, in http://www.planalto.gov.br/ccivil_03/leis/l9615compilada.htm

BRASIL, Lei nº 14.406, de 10 de janeiro de 2002 (Código Civil), in http://www.planalto.gov.br/ccivil_03/leis/2002/L10406compilada.htm

BRASIL, Lei nº 13.105, de 16 de março de 2015 (Código de Processo Civil), in http://www.planalto.gov.br/ccivil_03/_ato2015-2018/2015/lei/l13105.htm

BRASIL, Lei nº 14.020, de 6 de julho de 2020, in http://www.planalto.gov.br/ccivil_03/_ato2019-2022/2020/Lei/L14020.htm

BRASIL, Medida Provisória nº 927, de 22 de março de 2020, in http://www.planalto.gov.br/ccivil_03/_ato2019-2022/2020/Mpv/mpv927.htm

De CUPIS, Adriano. *El daño: teoría general de la responsabilidad civil.* 2ª edição, Bosch, Barcelona, 1975.

CAVALLIERI FILHO, Sérgio. *Programa de Responsabilidade Civil*, 6ª edição, Malheiros, São Paulo, 2005.

COELHO, FÁBIO ULHÔA. *Curso de Direito Civil*, vol. 2, 2ª edição, Saraiva, 2004.

COUTO E SILVA, Clóvis do. *A obrigação como processo.* São Paulo: FGV, 2006.

FONSECA, Arnoldo Medeiros da. *Caso Fortuito e Teoria da Imprevisão*, 3ª edição revista e atualizada, Forense, Rio Janeiro, 1958.

MARTINS-COSTA, Judith. "Os avatares do abuso do direito e o rumo indicado pela boa-fé". In: Tepedino, Gustavo (coord.). *Direito civil contemporâneo — Novos problemas à luz da legalidade constitucional.* Atlas, São Paulo, 2008.

VARELA, Antunes. *Direito das obrigações.* Rio de Janeiro: Forense, 1977. vols. I e II — Forense, Rio de Janeiro: Forense, 1979.

4. MEDIDAS PROVISÓRIAS TRABALHISTAS E O ENFRENTAMENTO DA CRISE. CONSTITUCIONALIDADES E INCONSTITUCIONALIDADES.

Marcelo Chaim Chohfi[1]

Sumário: 1. Uma breve contextualização das principais medidas provisórias editadas em meio à pandemia; 2. As medidas provisórias diante da Constituição Federal. 3. Das ações diretas de inconstitucionalidade já apreciadas pelo E. Supremo Tribunal Federal. 4. Da necessária interpretação, conforme a Constituição, dos novos parâmetros trazidos pelas medidas provisórias. 5. Consequências concretas da inconstitucionalidade do artigo 29 da Medida Provisória 927/20. 6. Limites da flexibilização autorizada no artigo 2º da Medida Provisória 927/20. 7. Dispositivos relacionados à segurança e saúde no trabalho (artigos 3º, VI, 15, 16 e 26 da Medida Provisória 927/20). 8. A redução salarial por acordo individual prevista no artigo 7º, II da Medida Provisória 936/20 e, depois, no artigo 7º, II da Lei 14.020/20. 9. Ponderações finais.

1. UMA BREVE CONTEXTUALIZAÇÃO DAS PRINCIPAIS MEDIDAS PROVISÓRIAS EDITADAS EM MEIO À PANDEMIA

A proposta deste estudo é a análise das Medidas Provisórias editadas em meio à pandemia provocada pelo coronavírus (covid-19), visando à apreciação específica de alguns de seus pontos mais polêmicos, tendo como norte, principalmente, o filtro do controle de constitucionalidade e os respectivos limites hermenêuticos.

1 Marcelo Chaim Chohfi é juiz do trabalho do TRT da 15ª Região, mestre em Direito, professor universitário na Unisal, PUC-Campinas e Mackenzie, bem como do curso jurídico Lacier.

Assim, num primeiro momento, cumpre delimitar o período excepcional das Medidas Provisórias que serão analisadas. E esse interregno pode ser extraído do artigo 1º do Decreto Legislativo 6/20, que reconheceu o estado de calamidade pública em razão da pandemia já referida:

> Art. 1º Fica reconhecida, exclusivamente para os fins do art. 65 da Lei Complementar nº 101, de 4 de maio de 2000, notadamente para as dispensas do atingimento dos resultados fiscais previstos no art. 2º da Lei nº 13.898, de 11 de novembro de 2019, e da limitação de empenho de que trata o art. 9º da Lei Complementar nº 101, de 4 de maio de 2000, a ocorrência do estado de calamidade pública, com efeitos até 31 de dezembro de 2020, nos termos da solicitação do Presidente da República encaminhada por meio da Mensagem nº 93, de 18 de março de 2020.

Durante o referido estado de calamidade pública, várias foram as Medidas Provisórias editadas pelo Executivo, voltadas basicamente ao atendimento de algumas frentes de necessidade social e empresarial, quais sejam, a garantia da permanência do vínculo de emprego e da renda, a instituição de programas de manutenção da renda básica de subsistência, além do acesso a operações de crédito visando preservar a atividade empresarial também abalada pelas restrições do período. Os destaques foram as Medidas Provisórias 927, de 22 de março de 2020; a 936 de 1º de abril de 2020 (convertida posteriormente na Lei 14.020/20); e a 944, de 3 de abril de 2020.

A Medida Provisória 927/20 instituiu medidas trabalhistas para o enfrentamento do estado de calamidade pública decorrente do coronavírus (covid-19), visando à preservação do emprego e da renda. Adotando como premissa o reconhecimento do instituto da força maior durante o período da pandemia, na forma do artigo 501 da CLT, a nova normativa viabilizou uma flexibilização muito ampla (e polêmica, diga-se) das condições contratuais. Assim, mediante a celebração de acordo individual escrito – "que terá preponderância sobre os demais instrumentos normativos, legais e negociais, respeitados os limites estabelecidos na Constituição" – foi autorizada a adoção das várias medidas ali indicadas, como o teletrabalho, a antecipação de férias individuais, a concessão de férias coletivas, o aproveitamento e antecipação de feriados, o banco de horas, a suspensão das exigências administrativas em segurança e saúde no trabalho, o direcionamento do trabalhador para qualificação e o diferimento do recolhimento do FGTS.

É importante ressalvar que várias previsões autorizadas na Medida Provisória 927/20 dispensaram até mesmo o acordo individual escrito, como ocorreu com a antecipação de férias (artigo 6º), que pode ser simplesmente comunicada pelo empregador ao empregado, consubstanciando verdadeiro direito potestativo autorizado nesse momento de exceção.

Já a Medida Provisória 936/00, em complementação à anterior, instituiu o chamado "Programa Emergencial de Manutenção do Emprego e da Renda", tendo previsto, como medidas efetivas ao atingimento de seus objetivos, o pagamento de Benefício Emergencial de Preservação do Emprego e da Renda, a redução proporcional da jornada de trabalho e de salários, e a suspensão temporária do contrato de trabalho. Tal ato normativo do Executivo foi, depois, convertido na Lei 14.020/20, com pequenos ajustes em seu texto.

Por fim, no que tange à Medida Provisória 944/20, foi a responsável pela implementação do "Programa Emergencial de Suporte a Empregos", voltado à realização de operações de créditos destinados ao pagamento da folha salarial dos empregados. O registro desse ato normativo do executivo é feito para contextualização, já que as duas primeiras medidas provisórias editadas guardam discussões de constitucionalidade mais relevantes e que serão priorizadas neste arrazoado.

2. AS MEDIDAS PROVISÓRIAS DIANTE DA CONSTITUIÇÃO FEDERAL

Observado tal cenário, é necessário retomar o instituto da medida provisória em seus diversos aspectos e limites, já que foi essa a espécie normativa que viabilizou as inúmeras alterações das regras trabalhistas em meio à pandemia, efetivamente adotadas e implementadas pelos empregadores em todos os cantos do país.

É natural que algumas de tais alterações contratuais sejam questionadas perante a Justiça do Trabalho (controle difuso de constitucionalidade), ou ainda diretamente perante nossa Corte Constitucional Suprema (controle concentrado de constitucionalidade). Daí por que se faz oportuna a análise, de forma detida, dos argumentos jurídicos passíveis de utilização para a solução dos referidos questionamentos de ordem constitucional.

Retomemos, pois, a autorização de sua edição pelo Poder Executivo, dada pelo artigo 62 da Constituição Federal:

> Art. 62. Em caso de relevância e urgência, o Presidente da República poderá adotar medidas provisórias, com força de lei, devendo submetê-las de imediato ao Congresso Nacional.
>
> § 1º É vedada a edição de medidas provisórias sobre matéria:
>
> I - relativa a:
>
> a) nacionalidade, cidadania, direitos políticos, partidos políticos e direito eleitoral;
>
> b) direito penal, processual penal e processual civil;
>
> c) organização do Poder Judiciário e do Ministério Público, a carreira e a garantia de seus membros;
>
> d) planos plurianuais, diretrizes orçamentárias, orçamento e créditos adicionais e suplementares, ressalvado o previsto no art. 167, § 3º;
>
> II - que vise a detenção ou seqüestro de bens, de poupança popular ou qualquer outro ativo financeiro;
>
> III - reservada a lei complementar;
>
> IV - já disciplinada em projeto de lei aprovado pelo Congresso Nacional e pendente de sanção ou veto do Presidente da República.
>
> § 2º Medida provisória que implique instituição ou majoração de impostos, exceto os previstos nos arts. 153, I, II, IV, V, e 154, II, só produzirá efeitos no exercício financeiro seguinte se houver sido convertida em lei até o último dia daquele em que foi editada.
>
> § 3º As medidas provisórias, ressalvado o disposto nos §§ 11 e 12 perderão eficácia, desde a edição, se não forem convertidas em lei no prazo de sessenta dias, prorrogável, nos termos do § 7º, uma vez por igual período, devendo o Congresso Nacional disciplinar, por decreto legislativo, as relações jurídicas delas decorrentes.
>
> § 4º O prazo a que se refere o § 3º contar-se-á da publicação da medida provisória, suspendendo-se durante os períodos de recesso do Congresso Nacional.
>
> § 5º A deliberação de cada uma das Casas do Congresso Nacional sobre o mérito das medidas provisórias dependerá de juízo prévio sobre o atendimento de seus pressupostos constitucionais.

§ 6º Se a medida provisória não for apreciada em até quarenta e cinco dias contados de sua publicação, entrará em regime de urgência, subsequentemente, em cada uma das Casas do Congresso Nacional, ficando sobrestadas, até que se ultime a votação, todas as demais deliberações legislativas da Casa em que estiver tramitando.

§ 7º Prorrogar-se-á uma única vez por igual período a vigência de medida provisória que, no prazo de sessenta dias, contado de sua publicação, não tiver a sua votação encerrada nas duas Casas do Congresso Nacional.

§ 8º As medidas provisórias terão sua votação iniciada na Câmara dos Deputados.

§ 9º Caberá à comissão mista de Deputados e Senadores examinar as medidas provisórias e sobre elas emitir parecer, antes de serem apreciadas, em sessão separada, pelo plenário de cada uma das Casas do Congresso Nacional.

§ 10. É vedada a reedição, na mesma sessão legislativa, de medida provisória que tenha sido rejeitada ou que tenha perdido sua eficácia por decurso de prazo.

§ 11. Não editado o decreto legislativo a que se refere o § 3º até sessenta dias após a rejeição ou perda de eficácia de medida provisória, as relações jurídicas constituídas e decorrentes de atos praticados durante sua vigência conservar-se-ão por ela regidas.

§ 12. Aprovado projeto de lei de conversão alterando o texto original da medida provisória, esta manter-se-á integralmente em vigor até que seja sancionado ou vetado o projeto.

No aspecto formal, salta aos olhos a possibilidade e a pertinência da adoção de medidas provisórias durante o período de calamidade pública. A excepcionalidade da pandemia decorre das proporções – até então inimagináveis – de malefício social e econômico causado pelo coronavírus, o que ganhou notoriedade nos noticiários e foram sentidos, diretamente, por praticamente todos os cidadãos, com maior ou menor intensidade.

O requisito da relevância e urgência (exigido pelo artigo 62 da Constituição Federal, acima transcrito), bem como o princípio da separação dos poderes (positivado no artigo 2º da Constituição Federal), tão vilipendiados em tempos anteriores, diante da edição – exagerada e contumaz – de outras medidas provisórias, agora parece ter sido finalmente respeitado com inequívoca adequação, proporcionalidade e razoabilidade.

Neste contexto, destacamos as oportunas lições do doutrinador Uadi Lammêgo Bulos (2014, p. 1208), sobre a contextualização constitucional das medidas provisórias, em nosso ordenamento jurídico:

> Como se pode observar, a posição da medida provisória, na ordem constitucional brasileira, é bastante complexa, suscitando, dentre outras, questões de:

- relacionamento entre os três Poderes;
- alcance da relevância e urgência para sua edição (CF, art. 62);
- necessidade, ou não, de legislação específica para regulá-las;
- limites da discricionariedade presidencial;
- enquadramento hierárquico da categoria em face das leis ordinárias;
- perda da eficácia em razão do decurso do prazo constitucional; e
- convalidação dos atos praticados com fundamento em medida provisória não convertida em lei.

Assim, dada a menor contestação atual (no meio jurídico) dos aspectos formais das medidas provisórias editadas, centraremos a análise dessas novas normativas do Executivo, à luz do controle de constitucionalidade em seu sentido material ou substancial, já que é nessa quadra que se concentram as polêmicas geradas nas relações de trabalho.

3. Das ações diretas de inconstitucionalidade já apreciadas pelo E. Supremo Tribunal Federal

Em julgamento das ADI's 6342, 6344, 6346, 6348, 6352, 6354 e 6375, o E. STF, por meio de seu Tribunal Pleno, decidiu, por maioria de votos, suspender a eficácia dos artigos 29 e 31 da Medida Provisória 927/20, de seguinte redação originária:

> Art. 29. Os casos de contaminação pelo coronavírus (covid-19) não serão considerados ocupacionais, exceto mediante comprovação do nexo causal.
>
> Art. 31. Durante o período de cento e oitenta dias, contado da data de entrada em vigor desta Medida Provisória, os Auditores Fiscais do Trabalho do Ministério da Economia atuarão de maneira orientadora, exceto quanto às seguintes irregularidades: I - falta de registro de empregado, a partir de denúncias; II - situações de grave e iminente risco, somente para as irregularidades imediatamente relacionadas à configu-

ração da situação; III - ocorrência de acidente de trabalho fatal apurado por meio de procedimento fiscal de análise de acidente, somente para as irregularidades imediatamente relacionadas às causas do acidente; e IV - trabalho em condições análogas às de escravo ou trabalho infantil.

Em relação aos demais dispositivos atacados nas ações de controle concentrado de constitucionalidade citadas, tiveram os respectivos pedidos liminares indeferidos (não houve reconhecimento de afronta à Constituição, até o momento).

De outro lado, no que pertine à Medida Provisória 936/20, o Plenário do E. STF apreciou a ADI 6.363 e, negando referendo à liminar antes concedida pelo ministro Ricardo Lewandowski, reconheceu a constitucionalidade dos dispositivos relacionados à redução de jornada, salários e suspensão dos contratos de trabalho, além de afastar a necessidade de anuência sindical para tais ajustes. A demanda colocou em xeque os seguintes dispositivos do referido ato normativo do Executivo: artigo 7º, II; artigo 8º, §1º e §3º, inciso II; artigo 9º, §1º, inciso I; artigo 11, §4º; e artigo 12, parágrafo único e *caput*.

De qualquer sorte, não obstante o pronunciamento do E. STF – que, até agora, filtrou como inconstitucionais apenas dispositivos pontuais e isolados citados – as novas previsões trazidas pelas recentes medidas provisórias (que foram e vêm sendo aplicadas largamente nos contratos de trabalho) ainda carecem de cauteloso estudo, sob o prisma da hermenêutica constitucional, da forma mais adequada de sua aplicação e, também, de concretização dos respectivos preceitos fundamentais.

É esta a abordagem, centrada nos melhores critérios doutrinários de hermenêutica constitucional, que será feita adiante.

4. DA NECESSÁRIA INTERPRETAÇÃO CONFORME A CONSTITUIÇÃO DOS NOVOS PARÂMETROS TRAZIDOS PELAS MEDIDAS PROVISÓRIAS

É noção corrente que, de um único texto legal, é possível extrair diferentes normas jurídicas, por esforço hermenêutico do aplicador do Direito. Nesse contexto, a doutrina nos aponta vários métodos e técnicas voltadas à melhor interpretação do ordenamento jurídico, evitando-se, assim, a discricionariedade (e até a subjetividade) do hermeneuta.

Importante, portanto, recordar a diferenciação entre texto e norma, de acordo com a lição clássica de lavra do renomado jurista Humberto Ávila (2019, p. 50), nos seguintes termos:

> Normas não são textos nem o conjunto deles, mas os sentidos reconstruídos a partir da interpretação sistemática de textos normativos. Daí se afirmar que os dispositivos se constituem no objeto da interpretação; e as normas, no seu resultado. O importante é que não existe correspondência entre norma e dispositivo, no sentido de que sempre que houver um dispositivo, haverá uma norma, ou sempre que houver uma norma deverá haver um dispositivo que lhe sirva de suporte.

E a referida construção de normas, a partir dos textos de lei, conforme já dito alhures, não autoriza subjetivismo ou exercício hermenêutico discricionário. Mais do que isso, como bem observou o professor Eros Roberto Grau (2014, p. 209), que já ocupou a cadeira de Ministro do E. Supremo Tribunal Federal, a interpretação é ato de prudência, que não tem o condão de atingir o conceito de "exato", mas sim o de "correto":

> A interpretação (interpretação/aplicação), consubstanciando prudência, que não conhece o exato, porém apenas o correto, supõe a faculdade, do intérprete, de escolher uma entre várias interpretações possíveis, em cada caso, de modo que essa escolha seja apresentada como adequada - sempre, em cada caso, inexiste uma interpretação verdadeira (única correta).

Percebe-se, pois, que apesar de não existir certeza ou exatidão hermenêutica, tal fato não enseja também uma liberdade de interpretação, ou mesmo a falta de regras jurídicas para o exercício de tal mister.

Outro ponto que merece ser lembrado é o desejo de que as normas em geral (e também, naturalmente, os novos dispositivos trazidos pelas medidas provisórias editadas em meio à pandemia do coronavírus) sejam interpretadas e aplicadas sempre em consonância com a melhor concretização dos diversos preceitos fundamentais positivados em nossa Constituição Federal.

É a chamada constitucionalização do Direito, tão bem abordada por Virgílio Afonso da Silva, em sua obra sobre esse tema específico

(2011, p. 17/18), merecendo destaque a abordagem feita pelo referido doutrinador sobre a hierarquia do ordenamento jurídico e a irradiação dos efeitos da Constituição, diante dos demais ramos do direito:

> Para o constitucionalista, ciente da hierarquização do ordenamento jurídico, em cujo topo figura o documento constitucional escrito, parece não haver nenhum problema na subordinação de todo o ordenamento jurídico à constituição. Mas não é a esse fenômeno que se quer fazer referência quando se fala em constitucionalização do direito, título deste trabalho.
>
> Com constitucionalização do direito quer-se aqui fazer menção, em linhas gerais, que serão devolvidas no decorrer do trabalho, à irradiação dos efeitos das normas (ou valores) constitucionais aos outros ramos do direito.

É natural, portanto, que também no direito do trabalho e, de forma específica, na análise das novas (e polêmicas) previsões das Medidas Provisórias aqui abordadas, façamos a dita interpretação conforme a Constituição. Isso nos servirá não só para o exercício hermenêutico típico e ordinário, mas também para a implementação de controle de constitucionalidade, com a exclusão das vertentes normativas que lhe são incompatíveis.

O renomado jurista J. J. Canotilho (2003, p. 1226) aponta que o princípio da interpretação das leis, em conformidade com a Lei Maior, tem como função central assegurar a própria constitucionalidade da interpretação dos respectivos textos, em suas várias dimensões:

> O princípio da interpretação das leis em conformidade com a constituição é fundamentalmente um princípio de controlo (tem como função assegurar a constitucionalidade da interpretação) e ganha relevância autônoma quando a utilização dos vários elementos interpretativos não permite a obtenção de um sentido inequívoco entre dentre os vários significados da norma. Daí a sua formulação básica: no caso de normas polissémicas ou plurissignificativas deve dar-se preferência à interpretação que lhe dê um sentido de conformidade com a constituição.

Aliás, para a análise que buscaremos fazer sobre a correta interpretação das previsões emergenciais editadas pelo Poder Executivo, será importante a consideração dos princípios específicos da correta hermenêutica constitucional, assim indicados na doutrina de Uadi Lammêgo Bulos (2014, p. 459/461):

a) *unidade da constituição*, que nos remete à análise do todo constitucional e não de preceitos isolados;

b) *correção funcional*, que orienta a atividade interpretativa, para que não se deturpe o sistema de distribuição de competências entre as esferas da federação ou entre os poderes constituídos;

c) *concordância prática ou harmonização*, que indica, ao se buscar a máxima efetividade da norma constitucional no caso concreto, que não se pode sacrificar outras normas e preceitos do mesmo sistema;

d) *eficácia integradora (ou efeito integrador)*, que é uma releitura do método sistemático, para atingir a verdadeira finalidade das normas constitucionais;

e) *força normativa da constituição*, que direciona o intérprete a dar primazia às soluções hermenêuticas que possibilitem a atualização normativa da constituição e, ao mesmo tempo, garantam sua eficácia e permanência;

f) *máxima efetividade*, que é princípio de ampla aplicação, principalmente nas normas programáticas, lembrando-se que as normas definidoras de direitos e garantias fundamentais (artigo 5º, § 1º, CRFB) ratifica a importância deste princípio de hermenêutica constitucional;

g) *razoabilidade (ou da proporcionalidade)*, que reflete a conduta hermenêutica pautada por bom senso, prudência e moderação; e

h) *conformidade (ou justeza constitucional)*, que sintetiza a necessidade de interpretação de normas infraconstitucionais, conforme a Constituição.

Com base em tais parâmetros doutrinários de interpretação, devemos rechaçar, de imediato, teses radicais que concluem, com certa facilidade, pela inconstitucionalidade de dispositivos das novas Medidas Provisórias, mediante confrontação com um único preceito da Constituição Federal (desprezando-se sua análise sistemática e harmônica).

Tais fórmulas singelas e apressadas de filtragem constitucional ignoram que, numa situação excepcional e complexa (como ocorre nesta fase de pandemia decorrente do coronavírus), qualquer controvérsia estará vinculada a inúmeros preceitos constitucionais, que não se excluem, mas devem ser harmonizados e considerados – todos – em sua máxima efetividade e respeitando a unidade da Carta Constitucional.

Apenas para exemplificar, será equivocada e incompleta a análise de uma norma flexibilizadora, apenas com base em suposto desrespeito à valorização social do trabalho ou na proibição de retrocesso social. Isso, pois, estarão em jogo outros princípios igualmente relevantes (e também previstos na Constituição Federal), que não podem ser desconsiderados, como a livre iniciativa e a preservação, ao máximo possível, do pleno emprego.

Devemos lembrar que os princípios fundamentais da Constituição Federal complementam-se e devem atuar em harmonia para concretizar os objetivos da nossa república. Haverá, assim, de forma não rara, a colisão de interesses antagônicos, baseados (ambos) em preceitos fundamentais de igual envergadura constitucional. Nesses casos, os princípios podem – e devem – ser restringidos no âmbito da eficácia, para que nenhum deles seja excluído ou ignorado na análise hermenêutica.

Deverá haver – também – critérios e limites para tal restrição de direitos fundamentais, dentre os quais, o necessário respeito ao seu conteúdo essencial e ao chamado mínimo existencial. É o que nos ensina o doutrinador Virgílio Afonso da Silva, em sua obra *Direitos Fundamentais: conteúdo essencial, restrições e eficácia*, ao tratar especificamente dos direitos sociais (2011, p. 205):

> O conteúdo essencial de um direito social, portanto, está intimamente ligado, a partir da teoria relativa, a um complexo de fundamentações necessárias para a justificação de eventuais não-realizações desse direito. Em outras palavras: tanto quanto qualquer outro direito, um direito social também deve ser realizado na maior medida possível, diante das condições fáticas e jurídicas presentes. O conteúdo essencial, portanto, é aquilo realizável nessas condições. Recursos a conceitos como "mínimo existencial" ou a "reserva do possível" só fazem sentido diante desse arcabouço teórico. Ou seja, o mínimo existencial é aquilo que é possível realizar diante das condições fáticas ou jurídicas, que, por sua vez, expressam a noção, utilizadas às vezes de forma extremamente vaga, de reserva do possível.

Mediante tais premissas hermenêuticas, passaremos a analisar as diversas previsões das recentes medidas provisórias (que já vêm sendo aplicadas em larga escala nos contratos de trabalho durante o período da pandemia), de modo que concretize os preceitos fundamentais da Constituição Federal, em sua máxima e melhor eficácia.

5. CONSEQUÊNCIAS CONCRETAS DA INCONSTITUCIONALIDADE DO ARTIGO 29 DA MEDIDA PROVISÓRIA 927/20

Não cabe, aqui, a discussão sobre os fundamentos da decisão de inconstitucionalidade do artigo 29 da Medida Provisória 927/20, mas sim a análise das repercussões jurídicas proporcionadas a partir do julgamento providenciado pelo E. STF. É o que faremos adiante.

O artigo 29 citado tinha a clara intenção de proteger os empregadores de uma potencial configuração (em massa) de nexo causal, entre os trabalhadores adoentados por covid-19 e o ambiente laboral. Isso atrairia, de forma inevitável, as respectivas consequências previdenciárias, trabalhistas e, também, de responsabilidade civil, que acompanham a configuração de doença ocupacional.

Porém, a redação que prevaleceu não foi compatível com essa intenção. Em verdade, o dispositivo indicava uma excludente da configuração das doenças ocupacionais – presumida – nos casos de contaminação pelo coronavírus, com evidentes prejuízos a direitos fundamentais dos trabalhadores, que seriam remetidos, sempre, ao ônus de comprovação inequívoca do nexo causal, para a caracterização de doença ocupacional.

Basta imaginar os impactos negativos da aplicação do referido artigo 29 para os profissionais da saúde e, de forma ainda mais perniciosa, para os da "linha de frente" do combate ao covid-19 nos hospitais e unidades de saúde.

A inconstitucionalidade, bem reconhecida pelo E. STF, fez prevalecer a antiga – e mais adequada – regra já inserida no artigo 20, § 1º da Lei 8.213/91, que não só traz a caracterização das doenças profissionais e das doenças do trabalho, mas também fixa as respectivas excludentes da caracterização, dentre as quais, a hipótese de doença endêmica regional:

> Art. 20. Consideram-se acidente do trabalho, nos termos do artigo anterior, as seguintes entidades mórbidas:
>
> I – doença profissional, assim entendida a produzida ou desencadeada pelo exercício do trabalho peculiar a determinada atividade e constante da respectiva relação elaborada pelo Ministério do Trabalho e da Previdência Social;

> II – doença do trabalho, assim entendida a adquirida ou desencadeada em função de condições especiais em que o trabalho é realizado e com ele se relacione diretamente, constante da relação mencionada no inciso I.
>
> § 1º Não são consideradas como doença do trabalho:
>
> a) a doença degenerativa;
>
> b) a inerente a grupo etário;
>
> c) a que não produza incapacidade laborativa;
>
> d) a doença endêmica adquirida por segurado habitante de região em que ela se desenvolva, salvo comprovação de que é resultante de exposição ou contato direto determinado pela natureza do trabalho.

Não resta dúvida que a "pandemia" de covid-19, com proporções globalizadas, engloba e suplanta o conceito de endemia previsto no dispositivo acima transcrito, atraindo a aplicação de tal norma previdenciária excludente de nexo.

É bom que se reitere que, em qualquer caso, a constatação específica e inequívoca do nexo causal entre a enfermidade e o trabalho, independentemente de presunções legais (de configuração ou exclusão), trará a necessária configuração da doença ocupacional.

É o que nos lembra o jurista José Affonso Dallegrave Neto (2014, p. 335), ao comentar as excludentes do artigo 20, § 1º da Lei 8.213/91:

> Observa-se, contudo, que mesmo nesses casos arrolados pelo legislador, o magistrado deve analisar cada situação em particular. Constatando que o trabalho contribuiu como um dos fatores diretos da caracterização da doença, estar-se-á configurada a concausa de que trata o art. 21, I, da Lei n. 8.213/91.

Temos, assim, que um empregado da área da saúde, exposto no ambiente de trabalho à infecção por covid-19, estará enquadrado na parte final da alínea "d" do artigo 20, § 1º da Lei 8.213/91 e terá o nexo causal caracterizado, dada a exposição e o contato direto com o vírus determinado pela natureza de seu trabalho. O referido quadro poderá ser diverso (ausência de nexo), diante da comprovação inequívoca de contaminação fora do ambiente de trabalho, o que, em termos práticos, será de difícil verificação.

De outra parte, um trabalhador que não têm em seu ambiente de trabalho risco biológico relacionado ao covid-19, não terá, como regra, o nexo causal reconhecido. Isso, pois, o meio ambiente de trabalho será apenas mais um, dentre vários outros frequentados pelo trabalhador, com potencial de contaminação. Será aplicada a excludente de configuração acidentária da lei de benefícios previdenciários já referida.

6. LIMITES DA FLEXIBILIZAÇÃO AUTORIZADA NO ARTIGO 2º DA MEDIDA PROVISÓRIA 927/20

Logo de início, a Medida Provisória 927/20 traz uma previsão absolutamente polêmica, na medida em que viabiliza, em seu artigo 2º, a celebração de acordo individual escrito para implementação de alterações diversas nos contratos individuais de trabalho e, por expressa previsão, com prevalência sobre outras fontes normativas, legais e negociais. Vejamos o respectivo texto legal:

> Art. 2º. Durante o estado de calamidade pública a que se refere o art. 1º, o empregado e o empregador poderão celebrar acordo individual escrito, a fim de garantir a permanência do vínculo empregatício, que terá preponderância sobre os demais instrumentos normativos, legais e negociais, respeitados os limites estabelecidos na Constituição.

É bom lembrar, tal como já abordado no início, que a Medida Provisória em comento traz, em outros de seus dispositivos, a possibilidade de alteração das condições contratuais de forma unilateral, como verdadeiro direito potestativo do empregador, dispensando até mesmo o dito acordo individual escrito.

Porém, em relação ao referido artigo 2º, numa primeira leitura de seu texto, é possível que se vislumbre um permissivo para uma flexibilização gigantesca das normas e das condições de trabalho, de forma muito distante de qualquer negociação coletiva ou controle sindical. Porém, a expressão "respeitados os limites estabelecidos na Constituição", que está disposta na parte final de seu texto, apesar de desnecessária (dada a inafastável hierarquia normativa do nosso sistema jurídico), supre o papel de enfatizar e dar destaque expresso da necessária aplicação hermenêutica compatível com os princípios fundamentais da Lei Maior.

A intenção da Medida Provisória 927/20 foi, sem dúvida alguma, autorizar flexibilização de temas até então inacessíveis ao ajuste particular dos contratantes laborais, porém apenas durante o período de excepcionalidade decorrente da pandemia e, também, visando promover outro importante preceito fundamental da Constituição Federal, o pleno emprego.

O referido artigo 2º deve ser analisado em conjunto com o artigo 3º da Medida Provisória 927/20, que fixa as medidas acessíveis, aos empregadores, para o enfrentamento do estado de calamidade pública. Dentre tais previsões, podemos visualizar potencial retrocesso social proporcionado pela flexibilização – sem participação sindical – de temas como férias (individuais e coletivas), banco de horas, bem como o recolhimento do FGTS, que são direitos sociais protegidos pelo artigo 7º III, XIII e XVII da Constituição Federal.

Porém, não obstante as críticas de constitucionalidades surgidas (todas pautadas em respeitosos fundamentos), não nos parece que haverá ofensa à Constituição Federal na implementação das medidas excepcionais criadas pela Medida Provisória 927/20, por vários motivos. Primeiro porque a possível restrição da abrangência dos direitos trabalhistas constitucionalmente assegurados não chega a atingir o chamado núcleo essencial (ou núcleo duro) de tais preceitos fundamentais. Além disso, a restrição desses direitos trabalhistas decorre, pura e simplesmente, da necessária preservação do pleno emprego, que é princípio da ordem econômica, também positivado na Constituição Federal (artigo 170, VIII). A compatibilização dos diversos interesses antagônicos é medida de rigor, até pela proteção e envergadura constituição que lhes é comum.

Não há, assim, espaço para a análise isolada das restrições dos direitos assegurados nos vários incisos do artigo 7º da Constituição Federal, mas sim sua análise conjunta, mediante necessária ponderação e compatibilização com outros preceitos fundamentais de igual importância, mormente quando guardam inequívoca proporcionalidade e razoabilidade dada a situação concreta de enfrentamento da pandemia.

Sobre o sopesamento dos interesses constitucionais em jogo, o renomado jurista Robert Alexy (2008, p. 613) comenta sobre a margem que é dada ao legislador para conformar os interesses contrapostos, sempre com a preservação de uma proteção mínima exigida pela Constituição Federal:

> O Tribunal Constitucional Federal exige uma otimização: "As posições de direitos fundamentais colidentes devem ser compreendidas em seu efeito recíproco e devem ser limitadas para que sejam eficazes ao máximo para todos os envolvidos".
>
> Mas, neste ponto, o Tribunal reconhece ao legislador "uma ampla margem de conformação", que engloba não apenas prognósticos empíricos, mas também "a avaliação do complexo de interesses, ou seja, a quantificação dos interesses contrapostos e a determinação da necessidade de sua proteção".
>
> Isso significa que a violação do dever de proteção aos trabalhadores só ocorre se os limites dessa discricionariedade forem extrapolados. O Tribunal nega a existência dessa extrapolação ao observar que "a proteção mínima exigida constitucionalmente" pode ser garantida ao trabalhador por meio das prescrições gerais do direito civil. Para resolver uma colisão entre os direitos fundamentais é possível ou garantir aquilo que é minimamente exigido pela constituição ou garantir mais que isso. Se a nenhuma das partes é garantido menos que o mínimo, então, a constituição não foi violada.

Percebe-se, portanto, que a Medida Provisória 927/20, em seu artigo 2º, aplicado em consonância com os seus demais dispositivos, não viola nenhum preceito da Constituição Federal. Há, sim, uma restrição momentânea e justificada de direitos sociais específicos, sem mácula aos respectivos núcleos essenciais e, ao mesmo tempo, preservando outros interesses e preceitos fundamentais também previstos na Lei Maior.

A doutrina de Vólia Bomfim Cassar (2016, p. 32) é oportuna em sua contextualização do tema flexibilização, numa visão pós-positivista, de equilíbrio entre o princípio da proteção ao trabalhador e a necessidade de manutenção da saúde da empresa:

> Através de uma visão pós positivista dos princípios, como espécie do gênero norma constitucional, necessário é localizar alguma solução no Direito do Trabalho que sirva de ponto de equilíbrio entre o princípio da proteção ao trabalhador, implícito e explícito em diversas normas imperativas de ordem pública, os direitos garantidores da dignidade humana e a necessidade atual de manutenção da saúde da empresa. Esses interesses são ao mesmo tempo, conflitantes e harmônicos.

E não se trata de mera teorização constitucional distanciada da realidade. Empresários e empregados, logo que se depararam com as restrições impostas pelo Estado às atividades em geral, tiveram uma perspectiva muito concreta de perda de emprego, inadimplemento de obrigações de todas as ordens (inclusive trabalhistas) e, até, fechamento do estabelecimento ou negócio. Esse quadro, que se concretizou (infelizmente, em larga escala), teria proporções ainda mais desastrosas, não fosse a adesão a medidas flexibilizadoras das Medidas Provisórias em comento.

Houve, enfim, uma via razoável e proporcional de preservação, ao máximo, dos diversos preceitos fundamentais da Constituição, que estavam em rota de colisão e que precisavam ser harmonizados.

7. DISPOSITIVOS RELACIONADOS À SEGURANÇA E SAÚDE NO TRABALHO (ARTIGOS 3º, VI, 15, 16 E 26 DA MEDIDA PROVISÓRIA 927/20)

É noção corrente que há uma cautela enorme diante da preservação das normas que tutelam a segurança e a saúde do trabalho, pelas naturais repercussões em direitos fundamentais dos trabalhadores e, também, em questões de ordem pública, como a previdência social e o próprio SUS.

Daí surgiram, naturalmente, questionamentos sobre a constitucionalidade das previsões da Medida provisória 927/20 que suspendem as exigências administrativas em segurança e saúde do trabalho, a obrigatoriedade de realização de alguns exames médicos, bem como de treinamentos periódicos, tal como previsto nos seus artigos 3º, VI, 15, 16 e 26, de seguinte teor:

> Art. 3º Para enfrentamento dos efeitos econômicos decorrentes do estado de calamidade pública e para preservação do emprego e da renda, poderão ser adotadas pelos empregadores, dentre outras, as seguintes medidas: (...)
>
> VI – a suspensão de exigências administrativas em segurança e saúde no trabalho;
>
> Art. 15. Durante o estado de calamidade pública a que se refere o art. 1º, fica suspensa a obrigatoriedade de realização dos exames médicos ocupacionais, clínicos e complementares, exceto dos exames demissionais.
>
> § 1º. Os exames a que se refere o *caput* serão realizados no prazo de sessenta dias, contado da data de encerramento do estado de calamidade pública.

> § 2º. Na hipótese de o médico coordenador de programa de controle médico e saúde ocupacional considerar que a prorrogação representa risco para a saúde do empregado, o médico indicará ao empregador a necessidade de sua realização.
>
> § 3º. O exame demissional poderá ser dispensado caso o exame médico ocupacional mais recente tenha sido realizado há menos de cento e oitenta dias.
>
> Art. 16. Durante o estado de calamidade pública a que se refere o art. 1º, fica suspensa a obrigatoriedade de realização de treinamentos periódicos e eventuais dos atuais empregados, previstos em normas regulamentadoras de segurança e saúde no trabalho.
>
> Art. 26. Durante o estado de calamidade pública a que se refere o art. 1º, é permitido aos estabelecimentos de saúde, mediante acordo individual escrito, mesmo para as atividades insalubres e para a jornada de doze horas de trabalho por trinta e seis horas de descanso:
>
> I – prorrogar a jornada de trabalho, nos termos do disposto no art. 61 da Consolidação das Leis do Trabalho, aprovada pelo Decreto-Lei nº 5.452, de 1943; e
>
> II – adotar escalas de horas suplementares entre a décima terceira e a vigésima quarta hora do intervalo interjornada, sem que haja penalidade administrativa, garantido o repouso semanal remunerado nos termos do disposto no art. 67 da Consolidação das Leis do Trabalho, aprovada pelo Decreto-Lei nº 5.452, de 1943.

Em relação ao artigo 26 da Medida Provisória 927/20, transcrito por último, sua ligação com o tema da saúde e segurança do trabalho é direta, já que, ao tratar da jornada de trabalho, trouxe previsões polêmicas que, em termos práticos, viabilizam uma sobrejornada exaustiva, com a supressão de períodos mínimos de descanso, desafiando os limites garantidores da dignidade, da higidez física do trabalhador e, no limite, da própria vida do trabalhador.

Porém, mais uma vez o suposto vício de constitucionalidade é apenas aparente. As medidas que, numa impressão inicial, poderiam prejudicar a saúde e segurança dos trabalhadores, em verdade, contribuem – de forma razoável e proporcional – para evitar a exposição destes à contaminação pelo coronavírus. É que o cumprimento das exigências ordinárias de medicina ocupacional implicaria deslocamento, exame presencial clínico e até aglomeração de funcionários para treinamentos e reuniões.

Tais previsões, considerada a excepcionalidade vivenciada por empresários, empregados e os cidadãos em geral, guardam razoabilidade e proporcionalidade para a preservação e justificação dos importantes preceitos fundamentais da nossa Constituição Federal, nos termos do que defende o magistrado e professor Guilherme Guimarães Feliciano (2013, p. 236):

> A ideia de justificação teleológica liga-se à noção de que as restrições de direitos e liberdades só se justificam quando orientadas a um fim legítimo e desde que os meios empregados para alcancá-lo sejam adequados, proporcionais e – na expressão da Comissão Europeia de Direitos Humanos – "necessários em uma sociedade democrática". Se o fim a que se destinam as medidas restritivas não é legítimo, ou se é irrelevante, ou se as restrições a direitos fundamentais não são necessárias para a consecução daquele fim, ou ainda se não é razoável sacrificá-los em vista do fim visado, então o juízo de proporcionalidade há de ser negativo.

É importante ressaltar que o elastecimento da sobrejornada, autorizada de forma específica para os profissionais da saúde, invadindo o labor em ambiente insalubre (que normalmente lhe é peculiar) e os períodos de descanso garantidos em parâmetros trabalhistas ordinários, também decorre do esforço excepcional que os profissionais da saúde tiveram que empreender para salvar vidas e preservar, ao máximo, a saúde dos pacientes contaminados pelo covid-19.

Não por isso, os empregadores dessa área (hospitais e assemelhados) estarão desonerados da integral obrigação de tutela da saúde de seus empregados, dentro dos mais rigorosos preceitos de prevenção e precaução ambiental, englobados aí os deveres de tutela da higidez física, evitando-se situações de exaustão ou de risco exacerbado para o trabalhador.

Novamente estamos diante de previsões constitucionalmente compatíveis, mas que devem ter sua extensão de eficácia, na aplicação concreta dos contratos de trabalho, ladeados e limitados pelos postulados da razoabilidade e proporcionalidade.

Não é demais lembrar que o abuso do direito (no caso, da aplicação de qualquer permissivo legal das novas medidas provisórias) configura ato ilícito, na forma do artigo 187 do Código Civil, sujeitando o empregador à responsabilidade civil que lhe é correlata (artigo 927 do Código Civil).

8. A REDUÇÃO SALARIAL POR ACORDO INDIVIDUAL PREVISTA NO ARTIGO 7º, II DA MEDIDA PROVISÓRIA 936/200 E, DEPOIS, NO ARTIGO 7º, II DA LEI 14.020/20

O artigo 7º da Medida Provisória 936/20 visou regulamentar a hipótese de redução de salários e, também, de forma proporcional, da jornada de trabalho, estabelecendo, em seu inciso II, a possibilidade de implementação de tal medida mediante acordo individual escrito entre empregado e empregador:

> Art. 7º Durante o estado de calamidade pública a que se refere o art. 1º, o empregador poderá acordar a redução proporcional da jornada de trabalho e de salário de seus empregados, por até noventa dias, observados os seguintes requisitos:
>
> I – preservação do valor do salário-hora de trabalho;
>
> II – pactuação por acordo individual escrito entre empregador e empregado, que será encaminhado ao empregado com antecedência de, no mínimo, dois dias corridos; e
>
> III – redução da jornada de trabalho e de salário, exclusivamente, nos seguintes percentuais:
>
> a) vinte e cinco por cento;
>
> b) cinquenta por cento; ou
>
> c) setenta por cento.
>
> Parágrafo único. A jornada de trabalho e o salário pago anteriormente serão restabelecidos no prazo de dois dias corridos, contado:
>
> I – da cessação do estado de calamidade pública;
>
> II – da data estabelecida no acordo individual como termo de encerramento do período e redução pactuado; ou
>
> III – da data de comunicação do empregador que informe ao empregado sobre a sua decisão de antecipar o fim do período de redução pactuado.

Com a conversão da referida medida provisória, na Lei 14.020/20, a mesma previsão, também no artigo 7º, passou a ter a seguinte redação:

> Art. 7º Durante o estado de calamidade pública a que se refere o art. 1º desta Lei, o empregador poderá acordar a redução proporcional de jornada de trabalho e de salário de seus empregados, de forma setorial, departamental, parcial ou na totalidade dos postos de trabalho, por até 90 (noventa) dias, prorrogáveis por prazo determinado em ato do Poder Executivo, observados os seguintes requisitos:

I – preservação do valor do salário-hora de trabalho;

II – pactuação, conforme o disposto nos arts. 11 e 12 desta Lei, por convenção coletiva de trabalho, acordo coletivo de trabalho ou acordo individual escrito entre empregador e empregado; e

III – na hipótese de pactuação por acordo individual escrito, encaminhamento da proposta de acordo ao empregado com antecedência de, no mínimo, 2 (dois) dias corridos, e redução da jornada de trabalho e do salário exclusivamente nos seguintes percentuais:

a) 25% (vinte e cinco por cento);

b) 50% (cinquenta por cento);

c) 70% (setenta por cento).

§ 1º A jornada de trabalho e o salário pago anteriormente serão restabelecidos no prazo de 2 (dois) dias corridos, contado da:

I – cessação do estado de calamidade pública;

II – data estabelecida como termo de encerramento do período de redução pactuado; ou

III – data de comunicação do empregador que informe ao empregado sua decisão de antecipar o fim do período de redução pactuado.

Como se pode observar, as alterações no dispositivo em comento, trazidas com a Lei 14.020/10, foram basicamente as seguintes: a) no *caput* do artigo 7º foi incluída a expressão "de forma setorial, departamental, parcial ou na totalidade dos postos de trabalho", além da autorização para prorrogação indeterminada, por ato do executivo, do prazo de 90 dias; b) no inciso II, além da possibilidade de acordo individual prevista na medida provisória (e mantida), foram inseridas as hipóteses de convenção coletiva de trabalho e acordo coletivo de trabalho; c) houve ajuste terminológico em relação à data do encerramento da redução salarial e restabelecimento do padrão anterior, para adequação às alterações anteriores; d) foram inseridos os parágrafos 2º e 3º, disciplinando, respectivamente, as contribuições previdenciárias em decorrência da redução salarial e a forma de prorrogação do prazo de redução salarial e jornada pelo Poder Executivo.

Considerando que foi mantida a via do acordo individual para a redução salarial e de jornada, a primeira tarefa para a análise dos referidos dispositivos (tanto da Medida Provisória 936/20, quanto da Lei 14.020/20) está em identificar se, efetivamente, sua implementação implica redução salarial potencialmente ofensiva ao artigo 7º, VI e XXVI da Constituição Federal. Isso, pois, formalmente, o empregado sofre uma redução de seus vencimentos, sem negociação coletiva.

Porém, quando a redução salarial é providenciada, com a proporcional redução de jornada, mantém-se o valor do salário hora e, substancialmente, é possível que a situação contratual seja encarada como mera alteração da jornada laboral, com preservação do valor nominal de seu salário hora. Analisando por esse prisma, a aplicação dos artigos 7º da Medida Provisória 936/20 e da Lei 14.020/20 deveria ser discutida apenas na esfera infraconstitucional, de potencial antinomia com a regra do artigo 468 da CLT.

Maurício Godinho Delgado e Gabriela Neves Delgado (2012, p. 51) abordaram a temática da irredutibilidade salarial garantida pela Constituição Federal e, também, da possibilidade de atenuação de sua tutela, em situações específicas e devidamente justificadas:

> Tais casos excepcionais podem estar previstos no próprio Texto Máximo (incisos VI, XIII e XIV do artigo 7º, por exemplo).
>
> Claro que nesses dispositivos a Constituição apenas firma um comando, o qual, muitas vezes (hipótese do artigo 7º, VI – irredutibilidade de salário, salvo o disposto em convenção ou acordo coletivo), tem que ser especificado em lei (casos de redução salarial por conjuntura econômica adversa: Lei n. 4.923, de 1965, em seu artigo 2º).
>
> Outras vezes, esse comando tem de ser atenuado, em vista da necessária interpretação sistemática do Texto Máximo, feita em face de outros preceitos constitucionais (a redução não prevalece, por exemplo, em se tratando de matéria de saúde e segurança do trabalhador, diante do imperativo específico vindo da própria Constituição – art. 7º, XXII: redução dos riscos inerentes ao trabalho, por meio de normas de saúde, higiene e segurança).

Assim, além de restar contemplada uma hipótese de efetiva redução salarial (diante da proporcionalidade da jornada também limitada), tal retração do aspecto protetivo salarial estaria justificada pela necessidade de tutela de outros preceitos fundamentais da própria Constituição Federal, como o princípio do pleno emprego (artigo 170, VIII), inerente à preservação da ordem econômica, da valorização social do trabalho e, ainda, como meio de garantia de dignidade ao trabalhador e sua família.

Necessário, por fim, lembrar que a situação de excepcionalidade – que traz à baila uma gama de interesses constitucionais que devem ser harmonizados e, para tanto, estão sujeitos à restrições – não autoriza que uma alteração contratual dessa ordem seja mantida de forma perene, perpetuando-se para depois da superação do período de crise.

Este importante aspecto da provisoriedade da aplicação das medidas de exceção deve sempre ser observados pelos interlocutores dos contratos de trabalho e, também, pelos profissionais do Direito Laboral.

9. PONDERAÇÕES FINAIS

Em meio a tantas e tão polêmicas normativas editadas recentemente pelo Executivo, a palavra de ordem é cautela. Não é aconselhável que se façam juízos de inconstitucionalidade precipitados, diante de expedientes legais que foram adotados em larga escala pelos empregadores de todo o país, em momento excepcional e, sem dúvida, de justificada necessidade.

Preferimos, aqui, a adoção e aplicação, em relação aos direitos fundamentais, de uma "teoria geral constitucionalmente adequada" (Ingo Wolfgang Sarlet, 2012, p. 247), que se projeta na tutela das relações interpessoais de forma razoável e proporcional.

Sem prejuízo do corte constitucional restrito àquilo que é efetivamente necessário, em homenagem à segurança jurídica e à estabilização das relações sociais, não nos cabe a defesa de posições de interpretação constitucional extremamente formais e rigorosas.

A intenção é – e sempre será – de compatibilização e aplicação máxima de todos os direitos fundamentais envolvidos em cada situação concreta, para prestígio do próprio texto constitucional, como um conjunto harmônico.

10. BIBLIOGRAFIA

ÁVILA, Humberto. **Teoria dos princípios: da definição à aplicação dos princípios jurídicos.** 19ª ed. rev. e atual. São Paulo: Malheiros, 2019.

ALEXY, Robert. **Teoria dos direitos fundamentais.** Tradução de Virgílio Afonso da Silva da 5ª edição alemã. São Paulo: Malheiros, 2008.

BOMFIM, Vólia. **Direito do Trabalho.** 12ª ed. rev. atual. e ampl. Rio de Janeiro: Método, 2016.

CANOTILHO, J. J. Gomes. **Direito constitucional e teoria da constituição.** 7ª ed., 11ª reimp. Coimbra: Almedina, 2003.

DALLEGRAVE NETO, José Affonso. **Responsabilidade civil no direito do trabalho.** 5ª ed. São Paulo: LTr, 2014.

DELGADO, Maurício Godinho. DELGADO, Gabriela Neves. **Constituição da república e direitos fundamentais: dignidade da pessoa humana, justiça social e direito do trabalho.** São Paulo: LTr, 2012.

FELICIANO, Guilherme Guimarães. **Curso crítico de direito do trabalho: teoria geral do direito do trabalho.** São Paulo: Saraiva, 2013.

GRAU, Eros Roberto. **O direito posto e o direito pressuposto.** 9ª ed. rev. e ampl. São Paulo: Malheiros, 2014.

SARLET, Ingo Wolfgang. MARINONI, Luiz Guilherme. MITIDIERO, Daniel. **Curso de direito constitucional.** São Paulo: Revista dos Tribunais, 2012.

SILVA, Virgílio Afonso da. **A constitucionalização do direito: os direitos fundamentais nas relações entre particulares.** 1ª ed., 3ª tiragem. São Paulo: Malheiros, 2011.

SILVA, Virgílio Afonso da. **Direitos fundamentais: conteúdo essencial, restrições e eficácia.** 2ª ed., 2ª tiragem. São Paulo: Malheiros, 2011.

5. O TRABALHO A DISTÂNCIA (TELETRABALHO E *HOME OFFICE*) EM TEMPOS DE PANDEMIA

Pedro Henrique Godinho Faccioli[1]

Paula Bueno Ravena[2]

Palavras-chave: Trabalho a distância – teletrabalho – *home office* – Lei 13.467/17 – Pandemia - COVID-19 - Medida Provisória 927/2020.

Sumário: 1. Introdução; 1.1. Origem e breve histórico; 1.2. Utilização de tecnologias da informação e de comunicação; 1.3. Natureza da atividade; 1.4. Labor preponderantemente fora do estabelecimento; 1.5. A definição de *home office*; 1.6. Conclusões; 2. Características do teletrabalho à luz da Lei 13.467/17; 2.1. Exclusão do capítulo da CLT sobre duração de jornada; 2.2. Formalidades do contrato de teletrabalho; 2.3. Fornecimento, aquisição e manutenção de equipamentos e infraestrutura e reembolso de despesas; 2.4. Meio ambiente do trabalho; 2.5. Negociação coletiva; 3. O teletrabalho na Medida Provisória 927/2020; 3.1. Aspectos introdutórios; 3.2. Alteração do regime de trabalho; 3.2.1. Responsabilidade pela aquisição, fornecimento e manutenção de equipamentos e infraestrutura e reembolso de despesas; 3.2.2. Trabalho de aprendizes e estagiários; 3.3. Jornada de trabalho; 3.4. Normas de saúde e segurança do trabalho; 3.5. Teleatendimento e *telemarketing;* 4. Conclusão; 5. Bibliografia.

Resumo: O presente estudo busca analisar o papel do trabalho a distância, em especial do teletrabalho e do *home office*, diante do contexto do atual estado de calamidade pública decorrente do COVID-19, tendo em vista especialmente a Medida Provisória 927/2020, a qual, embora tenha caducado em 19/07/2020, regulará as relações jurí-

1 Especialista em Direito Processual do Trabalho. Professor do curso de especialização em Direito e Processo do Trabalho da UNIFEOB (Centro Universitário da Fundação de Ensino Octávio Bastos). Analista judiciário – Área Judiciária do Tribunal Regional do Trabalho da 15ª Região. Chefe de Gabinete de Desembargador do Trabalho.

2 Especialista em Direito e Processo do Trabalho pela UNIDERP e pós-graduanda em Direito do Trabalho pela Faculdade de Direito da USP. Professora de graduação e pós-graduação do curso de Direito da UNIFEOB (Centro Universitário da Fundação de Ensino Octávio Bastos). Advogada e ex-procuradora jurídica municipal.

dicas constituídas e decorrentes de atos praticados durante sua vigência. Consideradas as recentes alterações legislativas trazidas pela Lei 13.467/2017 – que incluiu os artigos 62, III e 75-A a 75-E à Consolidação das Leis do Trabalho –, a insuficiente normatização e o desenvolvimento jurisprudencial ainda incipiente sobre o tema, verificou-se a necessidade de uma prévia e profunda análise dos diferentes aspectos do teletrabalho e de figuras análogas, à luz da Constituição Federal, dos tratados internacionais, da jurisprudência do C. TST e do E. STF e do direito comparado, com o escopo de fixar premissas conceituais e regras gerais sobre a matéria, com destaque para as controvérsias atinentes à jornada de trabalho, à forma de pactuação e à alteração do regime de prestação de serviços, à responsabilidade por despesas e pela garantia de um meio ambiente laboral hígido e às possibilidades de regulação por norma coletiva. Diversas questões foram levantadas com a tentativa de apresentação de respostas adequadas, procurando-se instigar o debate produtivo. Posteriormente, foram analisadas as repercussões da Medida Provisória 927/2020, com enfoque na prática do teletrabalho durante o período da pandemia, observando-se o tratamento jurídico distinto que o instituto exige neste momento de acentuada excepcionalidade. Ao final, apontamos soluções interpretativas, com o intuito de harmonizar a proteção dos trabalhadores e as providências diferenciadas adotadas pelos empregadores na forma da MP 927/2020. Neste quadro, reputa-se essencial que os direitos dos empregados que atuam neste regime sejam analisados com cautela e ponderação, evitando-se a precarização do trabalho humano, inclusive porque se mostra provável que, em razão de suas potenciais vantagens, seja maximizada a utilização do teletrabalho após o término deste período excepcional.

1. INTRODUÇÃO

1.1. Origem e breve histórico

O conceito jurídico de teletrabalho deve ir além da etimologia da palavra. Embora o prefixo "*tele*", de origem grega, signifique "*a distância*" ou "*longe de*", as peculiaridades do direito brasileiro sobre a matéria não permitem que se confunda o teletrabalho com o trabalho a distância. Vejamos.

A Consolidação das Leis do Trabalho, em sua redação originária, já previa a figura do trabalho executado no domicílio do empregado, equiparando-o ao labor realizado no estabelecimento do empregador, desde que caracterizada a relação de emprego (art. 6º, *caput*, da CLT). O objetivo era assegurar os direitos trabalhistas básicos a trabalhadores subordinados que exerciam suas atividades em suas residências (como, por exemplo, costureiros), porque submetidos a grau de subordinação muitas vezes até mesmo mais intenso do que aquele existente nas dependências da empresa.

Passadas algumas décadas, a Lei 12.551/2011 inovou: trouxe a figura do trabalho a distância, fazendo consignar, na nova redação do *caput* do art. 6º da CLT, que ele também não se distingue do trabalho no estabelecimento.

Além disso, introduziu no dispositivo o seu parágrafo único: "Os meios telemáticos e informatizados de comando, controle e supervisão se equiparam, para fins de subordinação jurídica, aos meios pessoais e diretos de comando, controle e supervisão do trabalho alheio". Ou seja, como reforço ao disposto no *caput*, previu-se, expressamente, que novos meios de comando, controle e supervisão, não presenciais e viabilizados pela tecnologia, não apresentam diferença em relação àqueles tradicionais, pessoais e diretos, ao menos sob a ótica justrabalhista, pois todos se prestam ao mesmo fim e configuram a subordinação jurídica, na medida em que, da mesma forma, tolhem substancialmente a autonomia do obreiro na prestação de serviços.

Já a Lei 13.467/2017 buscou regulamentar o labor em regime de teletrabalho, definindo-o, no *caput* do art. 75-B da CLT, como "*a prestação de serviços preponderantemente fora das dependências do empregador, com a utilização de tecnologias de informação e de comunicação que, por sua natureza, não se constituam como trabalho externo*". Também fixou, no parágrafo único, que "*O comparecimento às dependências do empregador para a realização de atividades específicas que exijam a presença do empregado no estabelecimento não descaracteriza o regime de teletrabalho*".

Como se vê, a definição de teletrabalho é complexa e traz consigo elementos pouco objetivos, que demandam intenso trabalho hermenêutico.

Para facilitar a compreensão, optou-se por dividir a análise do conceito em três partes extraídas da redação do *caput* do art. 75-B da CLT: a) "com a utilização de tecnologias de informação e de comunicação"; b) serviços que, "por sua natureza, não se constituam como trabalho externo"; c) "prestação de serviços preponderantemente fora das dependências do empregador".

1.2. Utilização de tecnologias da informação e de comunicação

De início, observe-se que, para a legislação brasileira, a caracterização do teletrabalho exige "a utilização de tecnologias de informação e de comunicação". Desse modo, considerando o teor do art. 6º da CLT, entende-se que deve ser adotado um conceito mais amplo, de trabalho a distância, nos termos do art. 1º da Convenção 177 da OIT (a qual, alerta-se, faz uso do termo "*trabalho a domicílio*", que não será aqui adotado, em virtude das peculiaridades do direito trabalhista brasileiro), para cuja configuração basta que se constate o labor não ocasional fora das dependências do empregador (o que, saliente-se, não se confunde com a preponderância a que se refere o art. 75-B da CLT, e que se destina, especificamente, ao teletrabalho).

Esclareça-se, pois, que o teletrabalho constitui, apenas, uma das espécies de trabalho a distância, em que, dentre outras particularidades que serão oportunamente analisadas, há a necessidade de uso de tecnologias de informação e comunicação. Outra espécie de trabalho a distância é o externo, aquele cuja natureza impõe a prestação de serviços fora do estabelecimento do empregador (como, por exemplo, vendedores de porta em porta).

Também existem casos em que o trabalho a distância não se amolda nem à figura do trabalho externo nem ao conceito de teletrabalho. Isso se verifica nas situações em que, embora a execução das atividades não precise, necessariamente, ocorrer fora do local de trabalho (não é externo, portanto), não existe a utilização de tecnologias de informação e de comunicação (o que afasta a caracterização como teletrabalho). Usualmente, isso ocorre em trabalhos manuais, como de costura, em que há controle por produtividade.

Logo, tratando-se de uma dessas outras espécies de trabalho a distância, não se aplicam os arts. 62, III, e 75-A a 75-E da CLT, incluídos pela Lei 13.467/2017, incidindo, por outro lado, o art. 6º do texto celetista.

A premissa da legislação (nem sempre verdadeira, como se verá) é que a utilização de meios telemáticos e informatizados de controle (em vez dos presenciais, pessoais e diretos) ensejaria maior liberdade ao empregado, a justificar, via de regra, a exclusão das regras celetistas de duração de jornada (art. 62, III, da CLT), bem como uma regulamentação específica (arts. 75-C a 75-E), inclusive, diante da possibilidade de alteração do regime presencial para o de teletrabalho e vice-versa (o que não se aplica para o trabalho externo, visto que, pela natureza da atividade, é inviável laborar internamente).

1.3. Natureza da atividade

Sob outra ótica, excetuando-se o trabalho externo, a natureza da atividade se mostra irrelevante para a configuração do teletrabalho. O que importa é que, ocorrendo a prestação de serviços fora das dependências do empregador, haja o controle por tecnologia de informação, sendo impertinente analisar se há o uso de meios telemáticos para o labor em si mesmo.

Por corolário, o teletrabalho pode ocorrer em atividade intelectual (como elaboração de planilhas em computador) ou manual (como costura), ressaltando-se que, neste último caso, embora aparentemente de difícil visualização, há como vislumbrar hipótese em que a máquina de costura é diretamente conectada à *internet* e à rede do empregador (circunstâncias que tendem a se tornar, paulatinamente, mais comuns, diante da evolução tecnológica e da "*internet das coisas*"), ou situações atualmente menos raras, em que o costureiro permanece conectado ao sistema do empregador (por telefone celular, computador, *tablet* ou equipamento similar), para prestar contas a cada peça que termina. Entendimento em sentido contrário implicaria violação do princípio da isonomia (art. 5º da CF), especialmente da proibição de distinção entre trabalho manual e intelectual (art. 7º, XXXII, da CF).

Como se observa, a configuração do teletrabalho tem como fundamento a existência de diferenças de local de trabalho e de forma de controle, não tendo relação com a natureza manual ou intelectual da atividade. Dessa forma, não há motivo legítimo a amparar eventual diferenciação, que exclua o trabalho manual, só por essa circunstância, da caracterização como teletrabalho.

Aliás, o art. 2º do Acordo Quadro Europeu sobre Teletrabalho traça os seguintes pressupostos para o conceito: a) organização e/ou execução do trabalho por meio da utilização de tecnologia da informação (dito de outro modo, é suficiente que a organização do trabalho ocorra pelo uso de tecnologia da informação, não havendo a necessidade de que a sua execução o seja, o que corrobora a conclusão no sentido de ser irrelevante a natureza manual ou intelectual da atividade exercida); b) o trabalho deve também poder ser desempenhado nas dependências do empregador (o que confirma a distinção em relação ao trabalho externo); c) o labor deve ocorrer regularmente fora da empresa (questão que será adiante abordada, ainda neste tópico).

1.4. Labor preponderantemente fora do estabelecimento

Outro aspecto relevante da definição legal de teletrabalho se refere à exigência de "prestação de serviços preponderantemente fora das dependências do empregador", o que deve ser visto em conjunto com a previsão de que o comparecimento "para a realização de atividades específicas que exijam a presença do empregado no estabelecimento não descaracteriza o regime de teletrabalho" (art. 75-B, *caput* e parágrafo único, da CLT).

A princípio, o termo preponderante pode soar vago e pouco objetivo. Na língua portuguesa, contudo, o que prepondera é o majoritário, dominante ou superior (no mínimo, mais da metade, portanto). Daí se extrai que o *caput* do art. 75-B da CLT exige que o teletrabalho envolva mais de 50% da jornada de trabalho prestada fora das dependências do empregador. Essa conclusão está em sintonia com o art. 2º do Acordo Quadro Europeu sobre Teletrabalho, o qual se mostra, ainda, menos protetivo, pois prevê a mera regularidade do trabalho fora do estabelecimento (o que, em tese, poderia abarcar situações em que não há preponderância). De forma bastante similar dispõe o art. 165 do Código do Trabalho Português, o qual, neste aspecto, estabelece que a prestação laboral ocorra "*habitualmente fora da empresa*".

Todavia, há de atentar-se para a restrição contida no parágrafo único do art. 75-B da CLT: somente não descaracteriza o regime de teletrabalho o comparecimento às dependências do empregador para desempenho de atividades específicas que exijam a presença do obreiro no local. Ou seja, não sendo eventual ou episódico, o empregador pode requisitar o labor presencial do teletrabalhador, exclusivamente, quando for imprescindível.

Destarte, a fim de estabelecer balizas objetivas para a definição do teletrabalho, podem ser fixados três requisitos cumulativos, neste particular: a) mais da metade da jornada de trabalho mensal deve ocorrer fora das dependências do empregador (uma vez que, normalmente, o salário é pago mensalmente, e se admite, inclusive, acordo tácito para compensação de horas no mesmo mês, conforme o § 6º do art. 59 da CLT); b) embora respeitada a regra prevista na letra "*a*", deve ser exigido o comparecimento presencial do empregado, apenas, quando efetivamente necessário (ou seja, quando for inviável o cumprimento da tarefa a distância); c) à luz dos princípios da razoabilidade e da proporcionalidade, ressalvam-se da letra "*b*" situações excepcionais e eventuais, isto é, sem repetição periódica previsível.

Assim, hipoteticamente, um empregado pode cumprir mais de 50% da jornada mensal em sua residência, mas, se comparece na empresa, de forma habitual (por exemplo, uma vez por semana), para executar tarefa que poderia ser realizada em outro local, fica descaracterizado o regime de teletrabalho. O mesmo não ocorre se isso se verifica de modo episódico (exemplificativamente, poucas vezes por ano), ou se, diferentemente, ainda que habituais, essas atividades exercidas no estabelecimento não teriam como ser desempenhadas em outro local (por exemplo, se dependem do uso de equipamento específico, que não é móvel e se encontra nas dependências do empregador).

1.5. A definição de *home office*

Ante o contexto acima delineado e o que prevê a ordem justrabalhista nacional, não obstante se admita a falta de consenso doutrinário também a respeito do conceito de *home office*, deve ser definido como um tipo específico de trabalho a distância, exercido necessariamente no domicílio do empregado.

Dessa maneira, quanto ao local de prestação de serviços, tem-se um conceito mais estrito do que o de teletrabalho, pois este alude a qualquer local fora das dependências do empregador, não se restringindo ao domicílio do trabalhador; no mais, porém, evidencia-se como uma definição mais ampla, uma vez que não se submete aos demais requisitos do teletrabalho, sendo suficiente, apenas, o labor não ocasional fora do estabelecimento.

É dizer, o *home office* pode ocorrer, ou não, em regime de teletrabalho (a depender do uso de tecnologia de informação e comunicação e do preenchimento dos demais requisitos do teletrabalho), mas, em razão do local específico do labor, envolverá discussões comuns, por exemplo, quanto ao meio ambiente de trabalho e à inviolabilidade do domicílio, que merecem tratamento uniforme. É o trabalho em domicílio a que se refere o art. 6º da CLT.

1.6. Conclusões

Diante disso, eis as premissas metodológico-conceituais acima explanadas e que servirão de base para a compreensão dos demais tópicos:

a) Trabalho a distância é gênero, cuja caracterização ocorre pela constatação de uma única circunstância: labor não ocasional (art. 1º, "*b*", da Convenção 177 da OIT) fora das dependências do empregador (o que, frise-se, é bastante diferente da noção de preponderância, exigida para o teletrabalho). Subdivide-se em: (i) trabalho externo (atividades cuja natureza não permite a execução no estabelecimento do empregador), (ii) teletrabalho e (iii) outras espécies que não se amoldam a nenhuma dessas duas primeiras.

b) A par dessa classificação, existe tipo específico de trabalho a distância que é exercido, apenas, no domicílio do empregado. Denomina-se *home office*. Essa definição se justifica, pois, independentemente de ser teletrabalho, o local da prestação de serviços envolve discussões comuns que merecem tratamento uniforme, atinentes, especialmente, ao meio ambiente laboral. Logo, pode haver o *home office* dentro ou fora do regime de teletrabalho.

c) Para a conceituação do teletrabalho, devem ser observados os seguintes requisitos e premissas fáticas e jurídicas:

> c.1.) É essencial a utilização de tecnologia de informação e comunicação, mas basta que se verifique no controle ou prestação de contas do labor do empregado, sendo desnecessário o uso na atividade em si mesma.

c.2.) A natureza da atividade propriamente dita, portanto, mostra-se irrelevante para a configuração do teletrabalho, o qual pode verificar-se tanto em atividade intelectual, quanto manual, indistintamente.

c.3.) Não pode ser o caso de trabalho externo, isto é, deve haver a possibilidade de a atividade ser executada dentro ou fora das dependências do empregador, conforme o art. 2º do Acordo Quadro Europeu sobre Teletrabalho.

c.4.) O trabalho fora das dependências do empregador deve ser preponderante, o que corresponde a mais de 50% da jornada mensal. Cumulativamente, o comparecimento presencial somente pode ocorrer eventualmente ou para atividades que exijam a presença física do obreiro.

Consequentemente, não observado nenhum dos requisitos acima (inclusive, sendo hipótese de alguma das outras espécies de trabalho a distância, como o externo), não incidem os arts. 62, III, e 75-A a 75-E da CLT.

Saliente-se, por fim, que o enquadramento na definição de teletrabalho implica, de forma inafastável, apenas, a incidência dos arts. 75-A a 75-E da CLT. Já quanto ao inciso III do art. 62 da CLT (exclusão das regras celetistas de duração de jornada), poderá, ou não, atingir o teletrabalhador, sem que isso, obrigatoriamente, descaracterize o regime de teletrabalho. A análise a esse respeito, que será aprofundada em tópico específico, dependerá da intensidade do controle do trabalho pelo empregador em cada caso concreto, e ao fato de revelar-se capaz, ou não, de justificar esse tratamento diferenciado.

2. CARACTERÍSTICAS DO TELETRABALHO À LUZ DA LEI 13.467/17

2.1. Exclusão do capítulo da CLT sobre duração de jornada

O empregado faz jus à desconexão do trabalho, não podendo ser mantido constantemente sob controle do empregador, pois essa conduta inviabiliza a vida pessoal e familiar e o exercício dos direitos fundamentais ao lazer, à saúde e à busca pela felicidade, os quais devem ser interpretados em vista do postulado central da dignidade da pessoa humana (arts. 1º, III, 6º e 196 da CF).

A propósito, o desrespeito a esse direito pode, inclusive, causar dano extrapatrimonial classificado como existencial (art. 223-B da CLT).

Portanto, deve ser resguardado por meio da limitação razoável das horas de trabalho e da concessão de férias, dias de repouso e pausas (art. 7º, "*e*", "*g*" e "*h*" do Protocolo de *San Salvador* e art. 7º, "*d*" do Pacto Internacional de Direitos Econômicos Sociais e Culturais). Nesse aspecto, a *Carta Magna* de 1988 garantiu, expressamente, os direitos à limitação de jornada de trabalho, repouso semanal remunerado, férias anuais remuneradas e redução dos riscos inerentes ao labor, por meio de normas de saúde, higiene e segurança (art. 7º, XIII, XIV, XV, XVI, XVII e XXII), o que exige, inclusive, a fruição de intervalos.

Nesse contexto, o Código do Trabalho Francês prevê, de forma explícita, o direito à desconexão (artigo L2242-17, item 7º), [3] estabelecendo a necessidade da regulação de uma utilização razoável das ferramentas digitais de controle, a fim de assegurar o respeito aos períodos de descanso dos empregados. No mesmo sentido, o item 23 da Recomendação 184 da OIT[4] veda que seja fixado, especificamente para o trabalhador a distância, tempo para a execução das tarefas cuja exiguidade o prive de desfrutar de descansos diário e semanal equivalentes àqueles concedidos aos demais trabalhadores.

Observe-se, que, em relatório divulgado em 2017, resultado de pesquisa da OIT e do *Eurofund* ("*Trabalhando a qualquer hora, em qualquer lugar: os efeitos no mundo do trabalho*"), [5] também se destaca a neces-

---

3 https://www.legifrance.gouv.fr/affichCodeArticle.do?idArticle=LEGIARTI000039785096&cidTexte=LEGITEXT000006072050&dateTexte=20200621. Acesso em 27.6.2020.

4 https://www.ilo.org/dyn/normlex/es/f?p=NORMLEXPUB:12100:0::NO::P12100_ILO_CODE:R184. Acesso em 27.6.2020.

5 https://www.ilo.org/wcmsp5/groups/public/---dgreports/---dcomm/---publ/documents/publication/wcms_544138.pdf. Acesso em 27.06.2020. Eurofound and the International Labour Office (2017), Working anytime, anywhere: The effects on the world of work, Publications Office of the European Union, Luxembourg, and the International Labour Office, Geneva, págs. 55 e 56.

sidade de garantia do direito à desconexão, problema que tem sido solucionado por meio de dispositivos de convenções e acordos coletivos de trabalho, notadamente em países como França e Alemanha. Por exemplo, na França, a convenção coletiva sobre o teletrabalho do setor de telecomunicações, de 6/10/2006, prevê que o contrato de emprego deve incluir uma cláusula que especifique os períodos de tempo durante os quais o teletrabalhador pode ser contatado.

Ou seja, o fato de o empregado enquadrar-se como teletrabalhador não lhe retira o direito à desconexão e, tampouco, pode exonerar o empregador, de forma absoluta, quanto a precauções a serem tomadas sobre essa questão.

Feitas essas considerações, deve-se buscar definir o sentido e o alcance do inciso III do art. 62 da CLT, introduzido pela Lei 13.467/2017.

Em primeiro lugar, cabe apontar que a exclusão do capítulo da CLT denominado "*DA DURAÇÃO DO TRABALHO*" (arts. 57 a 75) significa a retirada dos direitos a horas extraordinárias (art. 59, § 1º), ao intervalo interjornada (art. 66) e ao intervalo intrajornada (art. 71). Já quanto às horas de prontidão e de sobreaviso (destinadas aos ferroviários, mas aplicáveis, por analogia, aos demais trabalhadores, consoante o disposto no art. 8º da CLT), malgrado estejam previstas fora do aludido capítulo celetista (art. 244, §§ 2º e 3º), a SbDI-1 da Corte Superior Trabalhista, empreendendo interpretação sistemática e teleológica, pacificou o entendimento (ainda mantido) de que o regime excetivo do art. 62 da CLT afasta o direito a horas de sobreaviso (assim, sob os mesmos fundamentos, também o faz quanto às horas de prontidão).[6]

Por outro lado, restam preservados aos empregados submetidos ao art. 62 da CLT os direitos aos feriados e ao descanso semanal remunerado, porque ambos estão assegurados pela Lei 605/1949 (e não pela CLT), sendo que, quanto ao repouso semanal de 24 horas, há respaldo consti-

---

6 E-RR – 677800-52.2001.5.12.0037, Relatora Ministra: Maria Cristina Irigoyen Peduzzi, Subseção I Especializada em Dissídios Individuais, DJ 29/06/2007; ARR – 197-56.2012.5.01.0009, Relator Ministro: Douglas Alencar Rodrigues, 5ª Turma, 13/12/2019.

tucional (art. 7º, XV) e nos arts. 2º da Convenção 14, e 6º da Convenção 106, ambas da OIT e ratificadas pelo Brasil. Em 2016, esse posicionamento foi cristalizado em julgado da SbDI-1 do C. TST.[7]

Além disso, o novel inciso III se refere aos "*empregados em regime de teletrabalho*", sem nenhuma ressalva. Na literalidade, pois, difere do inciso I, relativo ao labor externo, que condiciona esse enquadramento excepcional à incompatibilidade da atividade com a fixação de jornada de trabalho.

Contudo, tendo em vista o raciocínio principiado no tópico anterior, não há como enquadrar todo teletrabalhador na exceção do art. 62, III, da CLT.

Sob o filtro constitucional (notadamente, do princípio da igualdade, consagrado no art. 5º da CF), o tratamento diferenciado ali estabelecido deve pautar-se por um motivo legítimo que justifique esse menor grau de proteção. Ora, esse motivo seria, justamente, um controle menos intenso pelo empregador (supostamente, em razão de o trabalho ocorrer a distância e da falta de fiscalização direta e pessoal), por permitir, em regra, maior liberdade do empregado para gestão de seu tempo de trabalho e de sua vida extralaboral.

Assim, em um caso concreto, verificando-se que o controle, ainda que por meios telemáticos e informatizados, detém intensidade similar (ou maior) do que o controle exercido presencialmente, seria inconstitucional a aplicação do inciso III do art. 62. Dessarte, com o objetivo de preservar a vigência de legislação e com inspiração no princípio democrático, deve-se buscar preservar a constitucionalidade do dispositivo, atribuindo-lhe, para tanto, interpretação que, embora não seja a mais intuitiva, não fira a sua literalidade e, sobretudo, seja compatível com a ordem inaugurada pela CF/1988 e seus princípios.

Porém, antes da apresentação dos parâmetros propostos para a interpretação conforme a Constituição Federal do inciso III do art. 62 da CLT,

7 E-RR – 3453300-61.2008.5.09.0013, Relator Ministro: José Roberto Freire Pimenta, Subseção I Especializada em Dissídios Individuais, DEJT 25/11/2016.

revela-se pertinente trazer um histórico jurisprudencial do C. TST e do E. STF acerca da recepção pela CF dos outros dois incisos desse dispositivo.

A respeito do inciso II do art. 62 da CLT, o E. STF já decidiu que "*Não afronta o art. 7º, XIII, da Constituição da República, a decisão que excepciona os ocupantes de cargos de gestão do controle de jornada de trabalho*".[8] Também há julgados da Suprema Corte nos quais, ainda que indiretamente, reconheceu-se a compatibilidade do art. 62, I, da CLT com a *Carta Magna* de 1988,[9] admitindo-se, por outro lado, o afastamento desse regramento excepcional, a depender das circunstâncias fáticas peculiares do caso.

Do mesmo modo, vem entendendo a Corte Superior Trabalhista, há muitos anos, quanto aos incisos I e II do art. 62 da CLT.[10] Em ementa bastante didática, pontuou o Ministro Relator, Luiz Philippe Vieira de Mello Filho:

> [...] HORAS EXTRAORDINÁRIAS - CARGO DE CONFIANÇA GERENCIAL - RECEPÇÃO DO ART. 62 DA CLT PELA CONSTITUIÇÃO FEDERAL DE 1988. **O art. 7º, XIII, da Constituição Federal é norma constitucional de eficácia contida, que pode ser mitigada pela legislação comum especial, respeitando-se o princípio da proporcionalidade. O citado preceito constitucional não afastou a vigência das regras especiais ou de exceção já existentes sobre a duração do trabalho nas situações não sujeitas ou incompatíveis com o controle e fiscalização de jornada laboral. Logo, o art. 62 da CLT foi recepcionado pela Constituição da República de 1988 e é plenamente aplicável.** Agravo de instrumento desprovido. (AIRR-1199-79.2011.5.09.0007, 7ª Turma, Relator Ministro Luiz Philippe Vieira de Mello Filho, DEJT 20/05/2016 – g.n.)

---

8 RE 563851 AgR, Relator: CEZAR PELUSO, Segunda Turma, julgado em 26/2/2008, DJe-055 DIVULG 27-03-2008 PUBLIC 28-03-2008 EMENT VOL-02312-11 PP-01999 LEXSTF v. 30, n. 355, 2008, p. 314-318.

9 Rcl 27645 AgR, Relatora: ROSA WEBER, Primeira Turma, julgado em 5/2/2018, PROCESSO ELETRÔNICO DJe-029 DIVULG 16-2-2018 PUBLIC 19-2-2018; Rcl 24368 AgR, Relator: LUIZ FUX, Primeira Turma, julgado em 21/10/2016, PROCESSO ELETRÔNICO DJe-239 DIVULG 9-11-2016 PUBLIC 10-11-2016; Rcl 25614 AgR, Relator: TEORI ZAVASCKI, Relator p/ Acórdão: DIAS TOFFOLI, Segunda Turma, julgado em 6/2/2017, PROCESSO ELETRÔNICO DJe-058 DIVULG 24-3-2017 PUBLIC 27-3-2017.

10 ROAR-226300-72.2006.5.04.0000, Subseção II Especializada em Dissídios Individuais, Relator Ministro Emmanoel Pereira, DEJT 27/5/2011; AIRR-64300-87.2000.5.05.0007, 4ª Turma, Relator Ministro Ives Gandra Martins Filho, DEJT 6/8/2004; RR-400267-57.1997.5.09.5555, 2ª Turma, Relator Juiz Convocado Marcio Ribeiro do Valle, DEJT 7/12/2000.

Como se vê, o posicionamento dos Tribunais Superiores é o seguinte: embora o inciso XIII do art. 7º da Constituição Federal preveja limitações diária e semanal da jornada de trabalho, à luz dos princípios da proporcionalidade e da isonomia material, havendo situação diferenciada mais benéfica ao empregado, a legislação ordinária pode fixar exceções menos protetivas, como a exclusão das regras do capítulo da CLT referente à duração do trabalho.

Pelos mesmos fundamentos, portanto, não há como afastar a constitucionalidade do inciso III do art. 62 da CLT. Entretanto, considerando as diferentes leituras possíveis do dispositivo, deve ser fixada uma interpretação conforme a CF, de acordo com os parâmetros adiante tratados.

Como já dito, para que sejam observados os princípios constitucionais da proporcionalidade e da igualdade material, não há como admitir a incidência do inciso III do art. 62 da CLT quando o controle pelo empregador possui intensidade similar ou maior do que aquele exercido presencialmente, sob pena de conferir-se tratamento desigual a situação análoga, sem distinção (maior liberdade na gestão do tempo) que justifique menor proteção ao empregado.

Com o escopo de assegurar maior segurança jurídica, propõe-se a seguinte regra geral: para ensejar a aplicação da exceção contida no inciso III do art. 62 da CLT, o empregado, submetido ao regime de teletrabalho, deve ter grau de autonomia suficiente para que, no mínimo, em cada jornada, durante todo o período em que se ativa fora das dependências do empregador, possa administrar livremente o seu tempo, sem obrigatoriedade de executar tarefas ou responder a chamados ou mensagens em horários específicos, podendo fazê-lo em qualquer momento, à sua escolha, até o final do dia de trabalho.

Por exemplo, se na segunda-feira o empregado labora exclusivamente fora do estabelecimento do empregador, no mínimo, durante todo o dia, deve ter a liberdade de realizar suas atividades nos horários em que desejar, o que lhe permite organizar melhor a sua vida pessoal e familiar; mas o empregador poderá exigir que, até o final do dia, o serviço correspondente seja entregue.

Ressalte-se que essa liberdade, referente a cada dia trabalhado fora das dependências do empregador, corresponde a um patamar mínimo que, em regra (mas, não, necessariamente), justifica o tratamento diferenciado do art. 62, III, da CLT. Isso porque devem ser analisadas, conjuntamente, as particularidades de cada situação concreta, como o tempo à disposição, a forma da prestação de contas e o número de comparecimentos presenciais, dentre outros fatores. Em essência, pois, a análise é casuística.

Semelhantemente, quanto ao trabalho externo, o C. TST tem decidido, de forma análoga, que "o comparecimento do empregado no início e ao final do labor diário, possibilita o controle ainda que indireto da jornada de trabalho, o que impede o enquadramento do regime de trabalho no disposto no art. 62, I, da CLT",[11] o mesmo resultando do rastreamento via satélite de veículo,[12] ou mesmo da "obrigatoriedade de realização de ao menos 10 visitas diárias a clientes, de segunda a sexta-feira, com 1 hora de duração cada uma".[13]

Já em outras situações, a Corte Superior Trabalhista tem admitido a aplicação do inciso I do art. 62 da CLT, quando não há viabilidade concreta de controle de jornada típico do labor presencial (diante dos meios de fiscalização disponíveis ao empregador), por exemplo, em caso no qual "*os registros de vendas não incluíam os horários de início e de encerramento de cada atendimento nem continham informações sobre o tempo despendido entre uma venda e outra*", "*não havia necessidade de comparecimento dos vendedores às dependências da ré*", "*havia plena autonomia dos empregados quanto ao início e término da jornada*" e, "*caso não conseguisse atender todos clientes em um dia, o vendedor poderia readequar o itinerário nos dias seguintes*"[14].

11 E-RR – 877-25.2010.5.05.0195, Relator Ministro: Walmir Oliveira da Costa, Subseção I Especializada em Dissídios Individuais, DEJT 22/11/2019.

12 Ag-E-ED-ARR – 1429-93.2014.5.06.0171, Relator Ministro: Cláudio Mascarenhas Brandão, Subseção I Especializada em Dissídios Individuais, DEJT 21/6/2019.

13 Ag-AIRR – 20216-83.2013.5.04.0003, Relator Ministro: Evandro Pereira Valadão Lopes, 7ª Turma, DEJT 24/4/2020.

14 ARR – 493-51.2014.5.12.0058, Relator Ministro: Guilherme Augusto Caputo Bastos, 4ª Turma, DEJT 20/03/2020.

Mas não é só. Incontornável é a observância de outro aspecto. De acordo com o art. 9º do Acordo Quadro Europeu sobre Teletrabalho,[15] "*La carga de trabajo y los criterios de resultados del teletrabajador son equivalentes a los de los trabajadores comparables en los locales de la empresa*". Tal dispositivo se limita, em verdade, a trazer uma feição concreta de direitos fundamentais básicos de nosso ordenamento jurídico, cuja aplicabilidade é imediata (art. 5º, § 1º, da CF) e que já foram mencionados no início deste tópico.

Em outras palavras, sob o risco de incorrer em discriminação, não pode ser exigido do empregado sob o regime de teletrabalho produtividade que lhe imponha tempo de serviço maior do que a sua jornada contratual ou, também, do que aquele que seria despendido em caso de labor presencial. Logo, considerando, em especial (mas, não, exclusivamente) os incisos XIII e XXII do art. 7º da Constituição Federal, o empregador tem o dever de estipular metas compatíveis com a jornada pactuada e com as condições do empregado, de caráter pessoal (como, por exemplo, idade, experiência profissional, responsabilidades familiares, saúde e fase gravídica ou lactante) ou estrutural (atinente aos instrumentos de trabalho disponíveis e à sua eficácia).

Nesse quadro, como reforço argumentativo, vale lembrar que o item 5.10 do Anexo II da NR 17 (que incide por analogia, conforme o art. 8º da CLT) dispõe que os programas preventivos devem considerar, inclusive, a "compatibilização de metas com as condições de trabalho e tempo oferecidas" (item "*a*") e "períodos para adaptação ao trabalho" (item "*e*").

Caso a controvérsia seja judicializada, caberá à reclamada comprovar a meta exigida e todas as suas especificidades, e que, em princípio, ela é compatível com o trabalhador médio e sua jornada normal. Se o empregador se desincumbir desse ônus, o autor da demanda terá de demonstrar que, apesar disso, as suas condições específicas (das quais a reclamada tinha ou deveria ter conhecimento), faziam com que tivesse de extrapolar essa jornada normal, para cumprir a meta ordinariamente imposta a todos os exercentes da mesma função. Exemplificativamente, pode-se citar situação de uma em-

15 https://www.uned.ac.cr/viplan/images/acuerdo-marco-europeo-sobre-teletrabajo.pdf.

presa em que todos os funcionários possuem mais de cinco anos de experiência na função, e é contratado um novo empregado, com poucos meses de experiência, sendo-lhe, mesmo assim, exigida a mesma meta (de modo que, possivelmente, ele não conseguirá cumpri-la no mesmo período de tempo).

Frise-se que essas conclusões, quanto ao ônus da prova, encontram amparo na teoria da distribuição dinâmica, positivada no art. 818, §1º, da CLT, e que já possuía respaldo legal no §1º do art. 373 do CPC de 2015.

Portanto, malgrado os arts. 75-A a 75-E da CLT se apliquem para todos os empregados sob o regime de teletrabalho, a incidência do inciso III do art. 62 da CLT depende da observância de requisitos cumulativos, extraídos de uma interpretação sistemática, teleológica e à luz da Constituição Federal, da legislação internacional pertinente e do direito comparado, sendo os seguintes:

a) Existência de grau de autonomia de gestão de tempo substancialmente maior, observadas as particularidades de cada caso, devendo haver a possibilidade de que, no mínimo, em cada jornada, durante todo o período em que se ativa fora das dependências do empregador, o obreiro possa administrar livremente o seu tempo, sem obrigatoriedade de executar tarefas ou responder a chamados ou mensagens em horários específicos, podendo fazê-lo em qualquer momento, à sua escolha, até o final do dia de trabalho.

b) Estipulação de metas de produtividade compatíveis com a jornada pactuada e com as condições do empregado, de caráter pessoal e estrutural.

2.2. Formalidades do contrato de teletrabalho

Conforme já tecido em linhas passadas, o trabalho a distância corresponde ao labor não ocasional fora das dependências do empregador, compreendendo o *home office* (trabalho a distância realizado especificamente no domicílio do empregado), o teletrabalho (para o qual se exigem os requisitos do art. 75-B da CLT) e outras espécies.

A depender da situação concreta, a adoção dessa modalidade poderá ensejar benefícios ao empregado ou, apenas, precarizar seu trabalho, o que não se pode admitir.

De fato, não se desconsidera a existência de diversas vantagens decorrentes da utilização do trabalho a distância, a exemplo da redução ou supressão de tempo despendido em deslocamento e a possibilidade de melhor conciliação entre atividades laborativas, pessoais e familiares. Entretanto, efeitos negativos também podem advir, como a dificuldade de fiscalização do meio ambiente de trabalho, o isolamento dos empregados, a perda da consciência coletiva e a redução do salário real.

Especificamente em relação à pactuação do teletrabalho, o art. 75-C da CLT elenca requisitos essenciais: (i) existência de previsão contratual expressa; (ii) especificação das atividades realizadas pelo trabalhador; (iii) voluntariedade; (iv) alteração do regime presencial para o teletrabalho por meio de aditivo contratual; (v) retorno à modalidade presencial por determinação do empregador, desde que observado o prazo mínimo de 15 (quinze) dias; (vi) previsão de fornecimento de equipamentos, infraestrutura e reembolso de despesas pelo empregador.

A primeira condição (expressa previsão contratual) não representa mero formalismo injustificado, superável pelo princípio da primazia da realidade. Trata-se, em verdade, de mecanismo de proteção ao trabalhador, capaz de garantir-lhe o mínimo de previsibilidade quanto ao exercício de suas atividades laborais. Tal requisito assegura que o empregado tenha o mínimo de segurança jurídica, notadamente quanto às tarefas e metas exigidas, à realização do serviço, à forma de cobrança e prestação de contas e à obrigatoriedade, ou não, de cumprimento de horários ou jornada fixa, fatores esses que se relacionam diretamente com o direito à desconexão, tratado no capítulo anterior.

Aliás, como bem ensina Manoel Carlos Toledo Filho, é ineficaz a pactuação ajustada mediante acordo verbal ou tácito, sendo essencial a forma escrita, sob pena de descaracterização do teletrabalho (e consequente afastamento da aplicação do art. 62, III, da CLT). Ressalta, ainda, que referida exigência é expressamente prevista por outros ordenamentos jurídicos, a exemplo da Lei Federal do Trabalho do México, o Código do Trabalho Português e o Estatuto dos Trabalhadores da Espanha:

> Deste dispositivo se extrai que a validade do regime de teletrabalho estará condicionada a sua pactuação *mediante a forma escrita*. Não terá

eficácia, por conseguinte, o ajuste apenas verbal ou tácito. A forma escrita, aliás, é igualmente a adotada pelos ordenamentos mexicano (Lei Federal do Trabalho, artigo 318),[22] português (Código do Trabalho, art. 166.5)[23] e espanhol (Estatuto dos Trabalhadores, artigo 13.2).[24] E não bastará a mera previsão de que o trabalho será desempenhado em tal modalidade: mister outrossim se fará a *especificação consistente* das atividades ou tarefas que por meio dele se objetivará atingir. *Não sendo as mesmas devidamente identificadas, nulo será o ajuste, com a consequente submissão do empregado ao regime geral de duração do trabalho.* Igual efeito ocorrerá se, na prática, as atividades executadas forem outras que não aquelas prévia e formalmente estipuladas (TOLEDO FILHO, p. 187)

Vale realçar que, segundo Diretiva da Comunidade Econômica Europeia (91/533) datada de 14.10.1991, atribui-se à entidade patronal o dever de esclarecimento ao trabalhador acerca das condições aplicáveis ao contrato de teletrabalho. Em que pese não se tratar de norma internalizada ao ordenamento jurídico pátrio, diante de sua pertinência e relevância, deve ser utilizada para suplementar a novel e lacunosa legislação, sendo analogicamente aplicável, na forma do art. 8º da CLT.

Outro aspecto essencial, a voluntariedade, é extraído do teor do art. 75-C (*caput* e parágrafos) da CLT – também previsto pelo Acordo Quadro Europeu sobre Teletrabalho –,[16] podendo ser inferido no ato da admissão (diante da descrição do cargo) ou em momento posterior. Trata-

---

16 **3) Carácter voluntario.** El teletrabajo es voluntario para el trabajador y el empresario afectados. El teletrabajo puede formar parte de la descripción inicial del puesto de trabajo o puede incorporarse de forma voluntaria más tarde. En ambos casos, el empresario entregará al teletrabajador las informaciones escritas pertinentes conforme a la directiva 91/533/CEE, que comprende informaciones relativas a los convenios colectivos aplicables, una descripción del trabajo a realizar, etc. Las especificidades del teletrabajo normalmente requieren informaciones escritas complementarias sobre cuestiones tales como el departamento al que está adscrito el teletrabajador, su inmediato superior u otras personas a las que puede dirigirse para informarse sobre temas profesionales o personales, modalidades de entrega de informes, etc. Si el teletrabajo no forma parte de la descripción inicial del puesto, y si el empresario hace una oferta de teletrabajo, el trabajador puede aceptarla o rechazarla. Si es el trabajador quien expresa su deseo de teletrabajar el empresario puede aceptarla o rechazarla. El paso al teletrabajo en tanto que tal, puesto que modifica únicamente la manera en que se efectúa el trabajo, no afecta al estatus laboral del trabajador. La negativa de un empleado a teletrabajar no es, en sí, un motivo de rescisión de la relación laboral ni de modificación de las condiciones de trabajo de este trabajador. Si el teletrabajo no forma parte de la descripción inicial del puesto, la decisión de pasar a teletrabajo es reversible por acuerdo individual o colectivo. La reversibilidad puede implicar una vuelta al trabajo en los locales de la empresa a demanda del trabajador o del empresario. Las modalidades de esta reversibilidad se establecerán por acuerdo individual o colectivo.

se de requisito de validade do negócio, tendo em vista que a alteração da modalidade de labor implica mudanças profundas na forma de prestação do serviço, podendo caracterizar-se como alteração contratual lesiva, vedada pelo art. 468 da CLT, especialmente no caso de enquadramento no art. 62, III, da CLT.

Todavia, há exceção à exigência de mútuo acordo: pode o empregador exigir o retorno à atividade presencial pelo regular exercício de seu poder diretivo (art. 75, §2º, da CLT). Essa autorização se ampara no fato de o trabalho presencial ser considerado a regra, sendo o trabalho a distância modalidade excepcional de prestação de serviços. Não obstante, Manoel Carlos Toledo Filho alerta que essa determinação unilateral deverá estar escorada "em razões de ordem fática organizacional, sob pena de cometimento de ato ilícito na modalidade de abuso de direito (Código Civil, art. 187), passível, por conseguinte, de correção pela via judicial" (TOLEDO FILHO, p. 188).

Outras duas discussões decorrem dessa situação: a alteração de regime de trabalho por razões discriminatórias e a contratação originária para o exercício do teletrabalho.

A determinação de retorno ao labor presencial por motivos discriminatórios é nula (por exemplo, se ela destinar-se a um grupo específico de trabalhadores que possui um número maior de afastamentos por problemas de saúde, a fim de estimular que peçam demissão), em razão da caracterização de abuso de direito e violação à isonomia material, sendo contrária à função social da empresa e ao valor social do trabalho (arts. 1º, III, IV; 3º, I, IV; 5º, *caput*, XXIII; 7º, XXX, XXXI e XXXII; 170, *caput*, III; 173, § 1º, I e 193 da CF/88; arts. 3º, parágrafo único, 6º, *caput* e 9º, da CLT; arts. 166, VI, e 187 do Código Civil e Lei 9.029/1995). No mesmo sentido, diversos diplomas internacionais sobre o tema, em especial, o art. XXIII da Declaração Universal de Direitos Humanos; os arts. 2.2 e 7º do Pacto Internacional sobre Direitos Econômicos, Sociais e Culturais; os arts. 3º e 7º do Protocolo de *San Salvador*; e as Convenções 100 e 111 da OIT.

Ademais, mostra-se simples consentir com a aplicação do § 2º do art. 75-C da CLT no caso de contratação originária para o regime presencial, visto ser possível, inclusive, tratar-se de natural decorrência da não adaptação ao novo regime (teletrabalho). No entanto, sendo hipótese de admissão originariamente celebrada para a modalidade de teletrabalho, a exigência pode caracterizar-se como alteração contratual lesiva (art. 468 da CLT), respaldando a rescisão indireta do contrato de trabalho (art. 483, "*d*", da CLT), se não tiver havido consentimento válido do empregado (aliás, seu interesse no emprego pode ter ocorrido, apenas, em razão do regime de teletrabalho).

Sobre o tema da rescisão indireta, invocam-se os ensinamentos de Américo Plá Rodriguez, os quais se amoldam à situação examinada: "O trabalhador pode entender que a situação se tornou intolerável e arguir violação do contrato pelo empregador. Em outras palavras, o trabalhador conserva sempre a ação para rescindir o contrato, invocando a culpa patronal e aduzindo que configurou uma despedida indireta". (PLÁ RODRIGUEZ, p. 263)

A par das discussões acima, fato é que, conforme a literalidade do dispositivo legal, o empregador não poderá exigir o retorno ao regime presencial em prazo inferior a 15 (quinze) dias. A inobservância de tal regra viola o dever patronal de pautar sua conduta pela previsibilidade e pela boa-fé objetiva (art. 422 do Código Civil), especialmente diante da parte hipossuficiente e que lhe é subordinada (o empregado).

2.3. Fornecimento, aquisição e manutenção de equipamentos e infraestrutura e reembolso de despesas

A assunção dos riscos da atividade econômica é atribuída ao empregador, conforme previsão expressa do art. 2º da CLT, ainda que não haja exploração de atividade lucrativa. Conforme lição de Maurício Godinho Delgado, referido conceito encampa a ideia da responsabilização patronal pelos custos do trabalho prestado:

> Na verdade, o que ocorre é que a letra do enunciado celetista (*riscos da atividade econômica*) não corresponde à específica intenção da norma, nem a plena noção jurídica dos riscos que pertinem à posição jurídica do empregador no âmbito da relação de emprego. *Ao se referir à ideia de riscos, o que pretende a ordem justrabalhista é traduzir a ideia de responsabilização do*

empregador pelos custos e resultados do trabalho prestado, além da responsabilização pela sorte de seu próprio empreendimento (se se tratar de empregador vinculado à atividade econômica). Desse modo, o princípio da assunção dos riscos efetivamente aplica-se mesmo àqueles empregadores que não exerçam atividade econômica, para os quais o trabalho não emerge como fator de produção (empregador doméstico; empregador público; entidades beneficentes, etc). (DELGADO, p. 462)

Nesse quadro, a teor do art. 75-D da CLT, deve ser firmado acordo escrito destinado a regular, expressamente, a responsabilidade pela aquisição, fornecimento e manutenção de equipamentos e infraestrutura, bem como o reembolso com despesas suportadas pelo empregado no desempenho de sua função em teletrabalho. Previsões semelhantes encontram correspondência no art. 166.5, "*e*", do Código do Trabalho Português,[17] no item 16 da Recomendação 184 da OIT[18] e no item 7 do Acordo Quadro Europeu sobre Teletrabalho,[19] reconhecidos como fonte material de direito trabalhista (art. 8º da CLT).

Note-se que esse acordo entabulado entre as partes não pode constituir-se como instrumento para mera redução de direitos e transferência do custo empresarial para o teletrabalhador. Logo, ainda que a modalidade possa conferir determinados benefícios ao empregado, essa circunstância é insuficiente para validar o compartilhamento de despesas operacio-

17 e) Propriedade dos instrumentos de trabalho bem como o responsável pela respetiva instalação e manutenção e pelo pagamento das inerentes despesas de consumo e de utilização;

18 VI. Remuneración. 16. Los trabajadores a domicilio deberían percibir una compensación por: (a) los gastos relacionados con su trabajo, como los relativos al consumo de energía y de agua, las comunicaciones y el mantenimiento de máquinas y equipos; (b) el tiempo dedicado al mantenimiento de máquinas y equipos, al cambio de herramientas, a la clasificación, al embalaje y desembalaje y a otras operaciones similares.

19 **7) Equipamientos.** Todas las cuestiones relativas a los equipamientos de trabajo, a la responsabilidad y a los costos son definidos claramente antes de iniciar el teletrabajo. Como regla general, el empresario está encargado de facilitar, instalar y mantener los equipamentos necesarios para el teletrabajo regular, salvo si el teletrabajador utiliza su propio equipo. Si el teletrabajo se realiza regularmente, el empresario cubre los costos directamente originados por este trabajo, en particular los ligados a las comunicaciones. El empresario dotará al teletrabajador de un servicio adecuado de apoyo técnico. El empresario tiene la responsabilidad, conforme a la legislación nacional y a los convenios colectivos, em lo referente a los costes ligados a la pérdida o a los desperfectos de los equipos y de los datos utilizados por el teletrabajador. El teletrabajador cuidará los equipamientos que le han confiado; no recogerá ni difundirá material ilícito vía internet.

nais, havendo nulidade do ajuste em razão da flagrante ilicitude do objeto da pactuação (art. 166, II, do Código Civil), que viola o art. 2º da CLT.

Ora, a ausência de reembolso integral fere princípios juslaborais básicos constitucionalmente protegidos (art. 7º, *caput*, VI, X da CF e art. 462, *caput* da CLT) – proteção, irrenunciabilidade de direitos trabalhistas, intangibilidade e irredutibilidade salarial –, pois faz com que parte da remuneração passe a ser indevidamente direcionada para custeio da atividade econômica. Outrossim, vislumbra-se ofensa ao art. 14 da Convenção 95 da OIT (ratificada pelo Brasil), que trata da proteção do salário, pois ali se prevê, de modo explícito, a obrigatoriedade de prévia informação sobre as condições de salário antes da admissão ou em caso de mudança dessas condições.[20]

Cabe assinalar que é devida a restituição, apenas, de despesas estritamente vinculadas à prestação de serviços fora das dependências do empregador, como, por exemplo, relativas à depreciação de computador, *tablet* ou equipamento similar (se forem de propriedade do empregado), ao uso de impressora e a gastos adicionais com água e energia elétrica (citados expressamente no item 16 da Recomendação 184 da OIT), bem como serviços de *internet*. Em situações análogas, em que há o uso para o trabalho de veículo particular do empregado, o C. TST adota esse mesmo posicionamento, condenando o empregador a restituir todas as despesas relacionadas à sua utilização, como aquelas referentes à sua depreciação, combustível e seguro.[21]

Saliente-se que a inexistência de ajuste escrito – seja no caso de admissão ou de alteração contratual superveniente – não pode resultar em prejuízo ao empregado, devendo-se reconhecer, na esteira do que dispõe o

---

20 Art. 14 — Se for o caso, serão tomadas medidas eficazes com o fim de informar os trabalhadores de maneira apropriada e facilmente compreensível: a) das condições de salário que lhes serão aplicáveis, antes que eles sejam admitidos em um emprego, ou quando houver quaisquer mudanças nessas condições; b) quando do pagamento do salário, dos elementos que constituem seu salário pelo período de paga considerado, na medida em que esses elementos são suscetíveis de variar.

21 FACCIOLI, Pedro Henrique Godinho. RAVENA, Paula Bueno. *Direito do Trabalho na Jurisprudência do TST – Comentários sobre temas atuais e polêmicos*. Salvador: Editora JusPodivm, 2019, p. 572/574.

art. 168.1 do Código do Trabalho Português,[22] uma presunção relativa de que as despesas atinentes a instrumentos de trabalho (como a aquisição de computador) se originaram, em sua plenitude, das exigências do serviço, incumbindo, pois, exclusivamente, ao empregador.

Nesse sentido são Enunciados 70 da 2ª Jornada de Direito Material e Processual do Trabalho e 25 do XIX Congresso Nacional dos Magistrados da Justiça do Trabalho.[23]

Apesar disso, nada impede que, ao ser demandado em juízo, o empregador comprove, por exemplo, que o empregado adquiriu o computador voluntariamente, antes de ser transferido para o regime de teletrabalho, para uso exclusivamente privado, sendo indevida, portanto, a devolução do valor da compra, havendo, porém, o direito à compensação pecuniária pela natural depreciação do equipamento.

Sobre o tema, merece destaque notícia veiculada pelo SWI swissinfo.ch (unidade internacional da Sociedade Suíça de Radiodifusão e Televisão – SRG SSR), relatando que o Tribunal Federal da Suíça, ao interpretar o art. 327 do Código do Trabalho daquele país, decidiu que, não havendo prévia pactuação entre as partes, o empregador tem o dever de pagar parte do aluguel do empregado sob regime de teletrabalho.[24]

---

22 Artigo 168 – Instrumentos de trabalho em prestação subordinada de teletrabalho 1 - Na falta de estipulação no contrato, presume-se que os instrumentos de trabalho respeitantes a tecnologias de informação e de comunicação utilizados pelo trabalhador pertencem ao empregador, que deve assegurar as respetivas instalação e manutenção e o pagamento das inerentes despesas. 2 - O trabalhador deve observar as regras de utilização e funcionamento dos instrumentos de trabalho que lhe forem disponibilizados.

23 70. TELETRABALHO: CUSTEIO DE EQUIPAMENTOS O contrato de trabalho deve dispor sobre a estrutura e sobre a forma de reembolso de despesas do teletrabalho, mas não pode transferir para o empregado seus custos, que devem ser suportados exclusivamente pelo empregador. Interpretação sistemática dos artigos 75-D e 2º da CLT à luz dos artigos 1º, IV, 5º, XIII e 170 da Constituição da República e do artigo 21 da Convenção 155 da OIT.
25. TELETRABALHO: DESCABIMENTO DA MERA TRANSFERÊNCIA DE CUSTOS PATRONAIS A interpretação do artigo 75-D da CLT deve ser feita de forma sistemática, sendo que o contrato escrito pode dispor sobre a forma de custeio dos equipamentos e da infraestrutura necessários ao labor pelo empregador, bem como sobre a forma de reembolso das despesas eventualmente feitas pelo empregado, não sendo possível transferir ao empregado os custos do labor realizado em regime de teletrabalho, em atenção ao disposto no artigo 2º, *caput*, da CLT.

24 https://www.swissinfo.ch/por/lei-trabalhista_pandemia-suscita-debate-sobre-regras-do-teletrabalho/45806486. Acesso em 24.06.2020. Pandemia suscita debate sobre regras do teletrabalho.

Exemplificativamente, seria o caso em que o empregado desocupa inquilino de quarto de seu imóvel, para destiná-lo ao uso profissional, deixando de receber o aluguel.

Sob outra ótica, é indispensável o custeio das despesas efetuadas pelo empregado, independentemente da motivação que justificou o exercício do teletrabalho –, sob pena de alteração contratual lesiva, vedada pelos arts. 7º, VI da CF/88 e 468 da CLT.

Por todo o exposto, verifica-se que a elaboração de contrato escrito sobre a matéria corresponde a interesse não só do obreiro, mas, sim, de ambas as partes, na medida em que, além de trazer previsibilidade e segurança jurídica, a sua falta enseja presunção *juris tantum* de que os dispêndios referentes a instrumentos de trabalho decorreram da prestação de serviços e, por isso, devem ser atribuídos ao empregador.

Frise-se, por derradeiro, que o mesmo entendimento deve ser aplicado, de forma analógica, às demais espécies de trabalho a distância (art. 8º da CLT), notadamente porque tem suporte em princípios basilares do direito do trabalho, em disposição celetista expressa a respeito da assunção dos riscos da atividade pelo empregador (art. 2º) e na função social da empresa (art. 5º, XXIII, 170, III e 173, §1º, I, da CF).

2.4. Meio ambiente do trabalho

O direito ao meio ambiente do trabalho hígido e saudável classifica-se como direito fundamental e relaciona-se diretamente com o princípio da dignidade da pessoa humana – fundamento republicano brasileiro norteador de nossa ordem jurídica – e com os direitos à vida, à saúde e à integridade física do trabalhador (arts. 1º, III; 3º, IV; 5º, *caput*, 6º, 196, 200, VIII e 225 da CF). Assim é que, em respeito ao valor social do trabalho e à função social da empresa, o empregador tem o dever de respeitar as normas de saúde e segurança do trabalho, com o intuito de reduzir os riscos inerentes ao trabalho (arts. 1º, IV; 5º, XXIII; 7º, XXII; 170, *caput* e III; 173, § 1º, I e 193 da CF).

Na seara internacional, a proteção ao meio ambiente do trabalho representa direito humano respaldado por diversos instrumentos internacionais, inclusive o Pacto Internacional sobre Direitos Econômicos, Sociais e Culturais (art. 7, "*a*", "*ii*" e "*b*"), o Protocolo de *San Salvador* (art. 7º, "e") e a Declaração de Estocolmo (Princípio 8). No âmbito da Organização Internacional do Trabalho, o trabalho decente pressupõe o direito do trabalhador ao meio ambiente hígido, o que é consagrado por vários diplomas, destacando-se, em especial, as Convenções 136 (benzeno); 148 (contaminação do ar, ruído e vibrações), 155 (segurança e saúde dos trabalhadores) e 187 (quadro promocional para a saúde e segurança do trabalho), sendo apenas esta última não ratificada pelo Brasil.

Da mesma forma, o ordenamento jurídico interno é farto no que se refere à existência de normas protetivas, ressaltando-se os artigos 154 a 201 da CLT, Normas Regulamentadoras do extinto Ministério do Trabalho e as Leis 8.080/90 e 6.938/81. Nesse ponto, aliás, vale realçar que, em decorrência de interpretação sistemática conferida aos artigos 200, VIII e 225, §3º, da CF; 4º, VII e 14, §1º, da Lei 6.938/81; 927, parágrafo único, do Código Civil e Princípios 15 e 16 da Declaração do Rio de Janeiro sobre Meio Ambiente de 1992, não obstante a literalidade do art. 7º, XXVIII, da CF/88, é possível a responsabilização objetiva do empregador em decorrência do exercício de atividade de risco, bem como a aplicação dos princípios da precaução, da prevenção, do poluidor pagador e da internalização das externalidades negativas.

Quanto à aplicação específica da responsabilidade objetiva por tratar-se de meio ambiente de trabalho, ensina o jurista Sebastião Geraldo de Oliveira:

> Vale dizer, a propósito, que não faz sentido a norma ambiental proteger todos os seres vivos e deixar apenas o trabalhador, o produtor direto dos bens de consumo, que, muitas vezes, consome-se no processo produtivo, sem a proteção legal adequada. Ora, não se pode esquecer – *apesar de óbvio, deve ser dito* – que o trabalhador também faz parte da população e é um terceiro em relação ao empregador poluidor. Além disso, não há dúvida de que o ruído, poeira, gases e vapores, os resíduos, os agentes biológicos e vários produtos químicos degradam a qualidade do ambiente de trabalho, gerando consequências nefastas para a saúde do empregado. (OLIVEIRA, p. 118)

No mesmo sentido, em 12/3/2020, no julgamento do Tema 932 de repercussão geral, o E. STF decidiu pela possibilidade de aplicação da teoria da responsabilidade objetiva em virtude da aplicação do parágrafo único do art. 927 do Código Civil:

> O artigo 927, parágrafo único, do Código Civil é compatível com o artigo 7º, XXVIII, da Constituição Federal, sendo constitucional a responsabilização objetiva do empregador por danos decorrentes de acidentes de trabalho, nos casos especificados em lei, ou quando a atividade normalmente desenvolvida, por sua natureza, apresentar exposição habitual a risco especial, com potencialidade lesiva e implicar ao trabalhador ônus maior do que aos demais membros da coletividade.

Além disso, tem-se que a observância das normas acima invocadas independe do local de exercício do labor, razão pela qual possuem plena aplicabilidade ao trabalho em domicílio ou em qualquer local fora das dependências do empregador. Esse raciocínio é confirmado pela Recomendação 184 da OIT,[25] que enuncia os deveres do empregador de informação, garantia e facilitação, referentes à saúde e segurança, e os do trabalhador, sobretudo de respeito e obediência às medidas protetivas correspondentes. Importante ressaltar que o mesmo instrumento garante ao obreiro a possibilidade de paralisação de atividades que exponham o empregado a risco grave e iminente, sem prejuízo da remuneração (proteção também garantida pela Convenção 155 da OIT).[26]

---

25 20. Los empleadores deberían tener la obligación de: (a) informar a los trabajadores a domicilio acerca de cualquier riesgo relacionado con su trabajo, que conozca o debería conocer el empleador, señalarles las precauciones que fuese necesario adoptar y, según proceda, facilitarles la formación necesaria; (b) garantizar que las máquinas, herramientas u otros equipos que faciliten a los trabajadores a domicilio estén provistos de los dispositivos de seguridad adecuados y adoptar medidas razonables con el fin de velar por que sean objeto del debido mantenimiento; (c) facilitar gratuitamente a los trabajadores a domicilio el equipo de protección personal necesario.
21. Los trabajadores a domicilio deberían tener la obligación de: (a) respetar las medidas prescritas en materia de seguridad y salud;
(b) cuidar razonablemente de su seguridad y su salud, así como de las de otras personas que pudieran verse afectadas por sus actos u omisiones en el trabajo, incluida la correcta utilización de los materiales, máquinas, herramientas y otros equipos puestos a su disposición.
22. (1) El trabajador a domicilio que se niegue a realizar un trabajo respecto del cual tenga motivos razonables para considerar que presenta un peligro inminente y grave para su seguridad o su salud, debería ser protegido de las consecuencias indebidas de un modo compatible con la legislación y las condiciones nacionales. El trabajador debería informar cuanto antes al empleador acerca de la situación. (2) En caso de peligro inminente y grave para la seguridad o la salud del trabajador a domicilio, de su familia o del público, constatado por un inspector del trabajo u otro funcionario encargado de la seguridad, debería prohibirse la continuación del trabajo hasta que se adopten las medidas apropiadas para remediar la situación.

26 Art. 13 — Em conformidade com a prática e as condições nacionais deverá ser protegido, de consequências injustificadas, todo trabalhador que julgar necessário interromper uma situação de

Já com relação ao teletrabalho regulado pelo direito pátrio, o art. 75-E da CLT impôs expressamente ao empregador o encargo de instrução e, ao empregado, a obrigação de assinatura de termo de responsabilidade e comprometimento, devendo observância às instruções recebidas. Diante de toda a normatização tecida, a interpretação a ser conferida ao dispositivo deve ser feita no sentido de que referida obrigação formal, caso descumprida, gera presunção relativa de responsabilização do empregador, que não adotou a cautela mínima estabelecida pela legislação vigente.

Todavia, a apresentação de documentação comprovando o cumprimento das formalidades legais não afasta, por si só, a responsabilidade do contratante, posto que, conforme já analisado, a este é imposto o dever de zelar pela manutenção de um meio ambiente do trabalho hígido e sadio. Normas relativas à saúde e segurança do trabalhador exigem, exemplificativamente, a implementação de Programa de Prevenção de Riscos Ambientais (NR 9), Programa de Controle Médico de Saúde Ocupacional (NR 7), Fornecimento de Equipamentos de Proteção Individual (NR 6), manutenção de Comissão Interna de Prevenção de Acidentes (NR 5) e Serviços Especializados em Engenharia de Saúde e Medicina do Trabalho (NR 4), implementação de adequadas condições ergonômicas de trabalho (NR 17), realização de treinamentos, observância de pausas, todos abarcando o trabalho realizado a distância – inclusive, o teletrabalho.

Esse é o posicionamento adotado pelos enunciados 72[27] e 83[28] da 2ª Jornada de Direito Material e Processual do Trabalho.

---

trabalho por considerar, por motivos razoáveis, que ela envolve um perigo iminente e grave para sua vida ou sua saúde.

27 72. TELETRABALHO: RESPONSABILIDADE CIVIL DO EMPREGADOR POR DANOS A mera subscrição, pelo trabalhador, de termo de responsabilidade em que se compromete a seguir as instruções fornecidas pelo empregador, previsto no art. 75-E, parágrafo único, da CLT, não exime o empregador de eventual responsabilidade por danos decorrentes dos riscos ambientais do teletrabalho. Aplicação do art. 7º, XXII da Constituição c/c art. 927, parágrafo único, do Código Civil.

28 83. TELETRABALHO: CONTROLE DOS RISCOS LABOR-AMBIENTAIS O regime de teletrabalho não exime o empregador de adequar o ambiente de trabalho às regras da NR-7 (PCMSO), da NR-9 (PPRA) e do artigo 58, § 1º, da Lei 8.213/91 (LTCAT), nem de fiscalizar o ambiente de trabalho, inclusive com a realização de treinamentos, exigência dos artigos 16 a 19 da Convenção 155 da OIT.

Questão delicada envolve o poder de fiscalização do empregador no trabalho em domicílio. Isso porque também estão envolvidos os direitos do empregado à inviolabilidade de domicílio e à vida privada (art. 5º, X, XI e XII, da CF; art. XII da Declaração Universal de Direitos Humanos; art. XI do *Pacto de San Jose da Costa Rica*), de modo que a fiscalização ao posto de trabalho encontra limites, a saber: (i) a autorização e acompanhamento do empregado; (ii) a limitação aos estritos locais da prestação do serviço; (iii) horário comercial; (iv) respeito à intimidade e privacidade do empregado. Esse foi o entendimento cristalizado no Enunciado 23 do XIX Congresso Nacional dos Magistrados da Justiça do Trabalho (CONAMAT).[29]

Ocorre que, a teor do art. 21, II, da Lei 8.213/91[30] e do enunciado 24 do referido congresso,[31] presume-se a ocorrência de acidente do trabalho (incluindo-se a doença ocupacional) sofrido no local e horário da prestação de serviços (ou, simplesmente, durante o labor, se não houver horário fixo, sujeito a controle), ainda que em domicílio.

Tal assertiva enseja os seguintes questionamentos: (i) caso o empregado não permita a fiscalização em seu domicílio, caracterizar-se-á acidente do trabalho?; (ii) ele poderá ter seu contrato de trabalho rescindido em razão da falta de autorização?; (iii) a negativa caracteriza falta grave apta a justificar a resolução por justa causa?

Quanto à primeira indagação, se o empregado não autorizar a entrada em sua residência para o exercício do poder fiscalizatório, deve-se aplicar a inversão do ônus da prova acerca da ocorrência de acidente la-

---

29 23. TELETRABALHO. FISCALIZAÇÃO DO MEIO AMBIENTE LABORAL. OBRIGAÇÃO DO EMPREGADOR. LIMITES Sempre que o teletrabalho seja realizado no domicílio do trabalhador, a visita ao local de trabalho para fins de fiscalização do meio ambiente laboral deverá se dar: (i) com a anuência e presença do empregado ou de alguém por ele indicado; (ii) a visita ao local de trabalho só deve ter por objeto o controle da atividade laboral, bem como dos instrumentos de trabalho; (iii) em horário comercial, segundo os usos e costumes do local; (iv) com respeito aos direitos fundamentais – intimidade e vida privada – do empregado.

30 Art. 21. Equiparam-se também ao acidente do trabalho, para efeitos desta Lei: [...] II - o acidente sofrido pelo segurado no local e no horário do trabalho, em consequência de: [...]

31 24. TELETRABALHO. ACIDENTE DE TRABALHO. PRESUNÇÃO RELATIVA DE OCORRÊNCIA NO LOCAL ONDE O TRABALHO É EXERCIDO O acidente ocorrido no local onde o teletrabalho é exercido durante a atividade profissional do teletrabalhador é presumido como acidente de trabalho (art. 8º da CLT c/c artigo L1222-9 do Código do Trabalho francês).

boral (art. 6º, VIII, do CDC; art. 818, § 1º, da CLT e art. 373, § 1º, do CPC), atribuindo-se a este a comprovação dos fatos alegados, pois se está a retirar do empregador a aptidão para demonstrar a higidez ambiental.

Já tocante ao segundo questionamento, cabe analisar duas situações distintas: (i) o contrato iniciado em teletrabalho/*home office* e (ii) uma posterior modificação contratual (alteração do regime presencial para o teletrabalho).

Na primeira hipótese, a exigência de fiscalização haverá de constar como cláusula contratual expressa e, portanto, a negativa de fiscalização poderá dar ensejo à recusa patronal à contratação, com base no art. 422 do Código Civil. Observe-se, porém, que a omissão do empregador pressupõe que aceitou submeter-se à autorização obreira em cada fiscalização. Nessa situação específica, se a dispensa sem justa causa fundar-se na recusa do empregado, revelar-se-á discriminatória, nos termos da Lei 9.029/1995, por conferir tratamento desigual sem motivo legítimo, visto que a conduta do trabalhador possui respaldo legal e constitucional. Situação diversa é aquela em que o empregado concede a autorização expressa, mas, sem justificativa consistente e pautado por questões supervenientes, posteriormente nega o acesso do empregador à sua residência, pois tal atitude implica violação de cláusula contratual e da boa-fé objetiva, com repercussão quanto à responsabilização em caso de acidente ou doença ocupacional; daí sendo possível que o empregador opte pela dispensa imotivada.

E, na hipótese de alteração contratual (art. 75-C, § 1º, da CLT), por depender de comum acordo e pactuação escrita, caso ausente previsão expressa, o trabalhador não poderá ser sofrer nenhuma penalidade se não concordar com a fiscalização.

Quanto ao último tema proposto, parece-nos ser inviável a aplicação da justa causa. Isso porque, ao adotar, voluntariamente, uma modalidade excepcional de prestação de serviços, a parte contratante assume os riscos da atividade econômica (art. 2º da CLT), a ser desempenhada da forma por ela escolhida, não se podendo, assim, enquadrar como falta grave o mero exercício regular pelo trabalhador de seus direitos fundamentais à inviolabilidade de domicílio e à vida privada.

Como se observa, são discussões de grande relevância, inerentes à prática do trabalho a distância e não solucionadas pela singela aplicação da literalidade do dispositivo legal correspondente ao teletrabalho (art. 75-E da CLT). Ousa-se dizer que se referem a temas sensíveis, polêmicos e complexos, os quais demandarão um amadurecimento do debate no âmbito doutrinário e jurisprudencial.

2.5. Negociação coletiva

Os instrumentos resultantes da negociação coletiva (convenções e acordos coletivos de trabalho) foram alçados a patamar constitucional e de direitos fundamentais dos trabalhadores (art. 7º, XXVI). À luz das Convenções 98 e 154 da OIT, ambas ratificadas pelo Brasil, não resta dúvida de que, além de regular questões atinentes aos entes pactuantes (sindicatos, federações, confederações e empregadores), a negociação coletiva se presta a ampliar a proteção destinada aos empregados, adaptar as normas trabalhistas à evolução da sociedade ou a peculiaridades de cada estabelecimento, empregador ou setor econômico, ou, ainda, a suprir eventuais lacunas da legislação, com o objetivo de trazer maior segurança jurídica e previsibilidade para as partes.

Aliás, tendo em vista a natural disparidade entre empregado e empregador (que decorre, fundamentalmente, da subordinação inerente ao vínculo de emprego), a Constituição Federal assegurou, como regra, a participação obrigatória dos entes sindicais representativos dos trabalhadores na negociação coletiva (art. 8º, III), ressalvadas situações excepcionais, como a recusa em assumir a direção dos entendimentos, o que autoriza a negociação direta com os trabalhadores, na forma do § 1º do art. 617 da CLT, o qual, segundo a SbDI-1 do C. TST, foi recepcionado pela CF.[32]

A Lei 13.467/2017 inovou sobre a matéria. O novo art. 611-B da CLT busca estabelecer um rol exaustivo de matérias infensas à negociação

32 E-ED-RR - 1134676-43.2003.5.04.0900, Redator Ministro: João Oreste Dalazen, Subseção I Especializada em Dissídios Individuais, DEJT 19/5/2017.

coletiva. Já o novel art. 611-A contém um rol meramente exemplificativo de matérias, em relação às quais os acordos e convenções coletivas de trabalho teriam prevalência sobre a lei.

De início, a negociação coletiva não poderá reduzir ou suprimir direito expressamente previsto na Constituição Federal ou em tratados internacionais de direitos humanos (como o são os trabalhistas) internalizados ao direito brasileiro, pois, ainda que não recepcionados com equivalência às emendas constitucionais (art. 5º, § 3º, da CF), possuem *status* supralegal (abaixo da Constituição Federal, mas acima das Leis).[33]

Ademais, considerando ainda o caráter híbrido dos instrumentos resultantes da negociação coletiva (normativo, mas, também, negocial), não há como admitir que a norma coletiva implique, exclusivamente, a supressão ou redução de direitos dos trabalhadores, pois tal fato evidencia ter havido simples renúncia (e, inclusive, possível fraude). Dito de outro modo, deve ter havido concessões recíprocas, ainda que não haja a necessidade de indicação explícita, é dizer, de qual benefício foi concedido em troca da redução de determinado direito. A propósito, não é outra a conclusão que há de ser extraída do § 2º do art. 611-A da CLT e de julgados do E. STF.[34]

Ressalte-se que, embora não caiba ao Poder Judiciário debruçar-se sobre a existência de uma plena equivalência entre as concessões recíprocas pactuadas, poderá analisar se houve uma contrapartida minimamente razoável, a revelar uma efetiva transação. Nesse sentido, a SbDI-1 do C. TST já decidiu pela validade da "*norma coletiva que estipula o pagamento de adicional, referente a 1 (um) dia de salário, a título de compensação por*

33 RE 466.343, rel. min. Cezar Peluso, voto do min. Gilmar Mendes, j. 3-12-2008, P, *DJE* de 5-6-2009, Tema 60; HC 97.256, rel. min. Ayres Britto, j. 1º-9-2010, P, *DJE* de 16-12-2010; ADI 5.240, rel. min. Luiz Fux, j. 20-8-2015, P, *DJE* de 1º-2-2016 – http://www.stf.jus.br/portal/constituicao/artigoBd.asp?item=31. Acesso em 26.6.2020.

34 RE 590415, Relator: Min. Roberto Barroso, Tribunal Pleno, julgado em 30/4/2015, Dje-101 PUBLIC 29/5/2015; RE 895759 AgR-segundo, Relator: Min. Teoria Zavascki, julgado em 9/12/2016, Dje-107 PUBLIC 23/5/2017. Neste último precedente, a Suprema Corte admitiu a validade da norma coletiva que transacionava o direito a horas *in itinere*, justamente, porque, em troca, havia a concessão de vantagens de natureza pecuniária e de outras utilidades.

eventuais horas extras prestadas em viagem", exatamente "*por não se tratar de supressão ou renúncia de direitos sem a devida contraprestação*".[35]

Esclareça-se que, de forma absolutamente excepcional, poderá não haver contrapartida patronal que envolva o dispêndio de recursos (como seria o caso de reajuste de salários ou de melhoria da estrutura de local do trabalho), destinando-se a norma coletiva, apenas, à preservação da empresa e dos empregos, como na hipótese em que, comprovadamente, sem redução salarial (com proporcional diminuição da jornada), a empresa irá falir ou terá de demitir trabalhadores. Eventual negociação coletiva nesses termos deverá figurar como *ultima ratio*, devendo ocorrer somente depois de esgotadas vias alternativas menos gravosas, e essa análise deverá envolver amplo e transparente diálogo com as entidades sindicais (Convenções 98 e 135 e Recomendação 163 da OIT). Além disso, a redução de direito deverá perdurar, exclusivamente, enquanto subsistir a circunstância que a motivou; e o instrumento coletivo terá de conter, ao menos, a previsão de garantia provisória de emprego durante o seu período de vigência (o que foi positivado no § 3º do art. 611-A da CLT).

Logicamente, também se mostra ilícita a redução de patamar protetivo legalmente previsto, por negociação coletiva, quando, malgrado haja contrapartida razoável, a própria natureza da previsão normativa evidencia o objetivo precípuo de fraudar direitos trabalhistas (art. 9º da CLT). Exemplificativamente, seria o caso de cláusula que autoriza o empregador a pagar mensalmente absolutamente todas as verbas remuneratórias sob uma única rubrica, não apenas contrariando a vedação de salário complessivo (Súmula 91 do C. TST), mas, também, inviabilizando que o empregado ou o sindicato possa analisar se cada uma das parcelas está sendo devidamente apurada.

Alerta-se, porém, para o fato de que, em qualquer hipótese, deverá ser assegurado ao empregado o mínimo existencial, isto é, o "complexo de prerrogativas cuja concretização revela-se capaz de garantir condições ade-

35 E-RR – 20600-52.2014.5.04.0022, Relator Ministro: Walmir Oliveira da Costa, SbDI-1, DEJT 2/8/2019.

quadas de existência digna (...) viabilizadoras da plena fruição de direitos sociais básicos",[36] como o direito ao trabalho decente, o que abrange uma remuneração capaz de garantir a subsistência, um meio ambiente e condições laborativas seguras e sadias, dentre outros fatores. Havendo redução salarial por norma coletiva, por exemplo, não se pode colocar o obreiro em situação na qual não possa custear os direitos básicos para uma vida digna.

Assinale-se, ainda, que as normas coletivas podem promover incremento protetivo sem contrapartidas, o que encontra amparo nos princípios da progressividade dos direitos humanos (art. 1º do Protocolo de *San Salvador* e art. 2º do Pacto Internacional de Direitos Econômicos, Sociais e Culturais) e da norma mais favorável, no *caput* do art. 7º da Constituição Federal e, sobretudo, na dignidade humana, fundamento da República (art. 1º, III, da CF). Nesse caso, evidentemente, não se aplicam disposições menos benéficas, ainda que contidas em normas hierarquicamente superiores.

Nessa esteira de ideias, em 2018, a Seção Especializada em Dissídios Coletivos do C. TST entendeu pela validade de cláusulas normativas que vedavam a terceirização dos serviços referentes à atividade-fim dos condomínios, uma vez que a força constitucional atribuída às normas coletivas permite que sejam fixadas condições mais protetivas dos trabalhadores, mesmo que contrárias à lei em sentido estrito, inclusive porque a pactuação é voluntária, não havendo vício de consentimento.[37]

Nessa mesma linha, já em 2019, a SDC da Corte Superior Trabalhista também decidiu que, não obstante a Lei 13.467/2017 tenha retirado exigência similar da redação do art. 477 da CLT, não há ilicitude na obrigatoriedade, estabelecida por norma coletiva, de que sejam feitas por delegado sindical as homologações das rescisões de contratos de trabalho.[38]

---

36 **ARE 639.337 AgR**, rel. min. Celso de Mello, j. 23-8-2011, 2ª T, *DJE* de 15-9-2011. – http://www.stf.jus.br/portal/constituicao/artigoBd.asp?item=10). Acesso em 29.6.2020.

37 RO – 332-46.2012.5.10.0000, Relatora Ministra: Kátia Magalhães Arruda, Seção Especializada em Dissídios Coletivos, DEJT 22/6/2018.

38 RO – 585-78.2018.5.08.0000, Relator Ministro: Guilherme Augusto Caputo Bastos, Especializada em Dissídios Coletivos, DEJT 16/8/2019.

Sob essas premissas, é possível concluir, especificamente, quanto ao teletrabalho:

a) Em tese, pode ser entabulada, via negociação coletiva, a proibição do teletrabalho, como opção voluntária da categoria, na medida em que, como regra geral, a medida terá consequências protetivas, evitando as complexas situações que envolvem o teletrabalho e que têm o potencial de ensejar a precarização do labor. Esse posicionamento pode ser extraído do teor do Enunciado 40 da 2ª Jornada de Direito Material e Processual do Trabalho: "É válida cláusula de instrumento coletivo que restringe terceirização, teletrabalho ou trabalho intermitente".

b) As normas coletivas podem condicionar a autorização do teletrabalho à negociação coletiva ou à anuência sindical, como forma de buscar um tratamento mais isonômico e a pactuação de condições mais favoráveis. Aliás, é medida que enaltece a negociação coletiva e está em consonância com preceitos constitucionais e normas internacionais (ex: art. 7º, XXVI, da CF e Convenções 98 e 154 da OIT). É o que se verifica na cláusula 20ª da Convenção Coletiva de Trabalho de 2019/2021, firmada pelo Sindicato do Comércio Varejista de Carnes Frescas do Estado de Goiás.[39]

c) A autonomia privada coletiva tem o condão de estabelecer condições mais protetivas da prestação de serviços em teletrabalho, como seria o caso de incentivos pecuniários adicionais aos empregados que se submetam a esse regime de labor. Como exemplo, traz-se a cláusula 28ª, parágrafo segundo, da Convenção Coletiva de Trabalho de 2019/2020, pactuada pelo Sindicato da Indústria Audiovisual do Estado de São Paulo, a qual dispõe que a jornada dos empregados sob o regime de teletrabalho não poderá ultrapassar os limites de oito horas diárias e quarenta e quatro semanais.[40]

d) Não podem ser mitigadas ou suprimidas, por acordo coletivo ou convenção coletiva, medidas protetivas asseguradas por lei em sentido estrito, salvo se:

---

39 http://www.seceg.com.br/images/default/convencoes/5d10aaf2e14ba.pdf. Acesso em 29.6.2020.

40 http://www.sindcine.com.br/Store/Arquivos/cct-2019-2020-site.pdf. Acesso em 29.6.2020.

(i) não possuírem respaldo constitucional ou em tratado internacional de direitos humanos (internalizado pelo Brasil), e também não estiverem abrangidas por um dos incisos do art. 611-B da CLT, o que já afasta, por exemplo, a possibilidade de restrições atinentes à saúde, higiene e segurança do trabalho (arts. 7º, XXII, 200, VIII, e 225 da *Carta Magna*, Convenção 155 da OIT e art. 611-B, XVII, da CLT);

(ii) cumulativamente, se houver contrapartida minimamente razoável e não estiver revelado nítido intuito fraudulento; ou, alternativamente, se for o caso de situação excepcional e temporária de imperiosa necessidade de resguardo dos postos de trabalho, nos termos acima delineados, assegurada a garantia de emprego durante a vigência da norma coletiva; devendo ser observado, em ambos os casos, o mínimo existencial.

3. O TELETRABALHO NA MEDIDA PROVISÓRIA 927/2020

3.1. Aspectos introdutórios

A Lei 13.979, de 6 de fevereiro de 2020, dispôs sobre medidas a serem adotadas para enfrentamento da emergência de saúde pública de importância internacional decorrente do coronavírus (COVID-19). Posteriormente, agravada a situação, o Congresso Nacional aprovou o Decreto Legislativo n.º 6/2020, o qual reconheceu o correspondente estado de calamidade pública no país, entre 20 de março e 31 de dezembro de 2020.

Nesse contexto, foi editada a Medida Provisória 927/2020, que buscou estabelecer medidas trabalhistas de preservação do emprego e da renda (art. 1º, *caput*), para serem adotadas, exclusivamente, "durante o estado de calamidade pública reconhecido pelo Decreto Legislativo nº 6, de 2020" (art. 1º, parágrafo único), ou seja, em princípio, entre os dias 20 de março e 31 de dezembro de 2020.

Contudo, a MP 927/2020 caducou em 19/7/2020, de modo que, quanto ao lapso posterior, não mais pode ser aplicada. Além disso, não publicado decreto legislativo regulando as relações jurídicas constituídas e decorrentes de atos praticados durante sua vigência, estas conservar-se-ão por ela regidas (art. 62, § 11, da CF), pois devem ser preservados os atos jurídicos perfeitos e os direitos adquiridos (art. 5, XXXVI, da CF).

Foram elencadas, de maneira explícita, oito medidas trabalhistas, figurando, como a primeira delas, o teletrabalho (art. 3º, I). Tratava-se, porém, de rol meramente exemplificativo, o que se revela pelo uso da expressão "*dentre outras*".

Saliente-se que, além de observar a referida limitação temporal, era necessário que a adoção de qualquer dessas medidas se destinasse, cumulativamente: (i) ao combate dos efeitos econômicos do estado de calamidade pública; (ii) e à preservação dos empregos e da renda. Desse modo, o empregador tinha de fazer uso das medidas, tão somente, para atenuar prejuízos econômicos, ainda que indiretos, de natureza operacional, como a necessidade de súbita realocação em teletrabalho de número considerável de trabalhadores, em razão de determinação de autoridades públicas. Ainda, essa mitigação de prejuízos devia ter reflexos na manutenção do emprego, sendo fraudulenta sua utilização com o escopo único ou precípuo de maximização dos lucros.

O fato é que as medidas trabalhistas previstas na MP 927/2020 ostentavam caráter flexibilizante, sendo incontornável a afirmação de que a redução de patamar protetivo deve ser absolutamente excepcional e estar amparada por valores constitucionais imbuídos de elevado grau de fundamentalidade, como a preservação do emprego e a proteção da saúde pública. Sem essa motivação – expressamente positivada na redação do *caput* do art. 3º, diga-se de passagem –, não se podia admitir o uso das medidas ali previstas, sob pena de se respaldar a simples precarização do trabalho de viés fraudulento (art. 9º da CLT). Entendimento em sentido contrário contribuiria para a quebra de isonomia material entre os empregadores e a para a concorrência desleal (arts. 5º, *caput*, e 170, IV, da Constituição Federal), pois o empregador não afetado poderia aproveitar-se indevidamente das medidas para reduzir seus custos e lograr vantagem competitiva.

Outra questão da primeira parte da MP 927/2020 que ensejou controvérsias se refere ao seu art. 2º, o qual, portanto, vale ser transcrito na íntegra:

> Art. 2º Durante o estado de calamidade pública a que se refere o art. 1º, o empregado e o empregador poderão celebrar acordo individual escrito, a fim de garantir a permanência do vínculo empregatício, que terá preponderância sobre os demais instrumentos normativos, legais e negociais, respeitados os limites estabelecidos na Constituição.

De acordo com a singela literalidade do dispositivo, extrai-se que as partes da relação de emprego podiam firmar acordo individual, com prevalência sobre qualquer outro instrumento normativo, legal (como leis ordinárias, leis complementares etc.) ou negocial (como acordos e convenções coletivas de trabalho), sendo suficiente que (i) observasse a forma escrita, (ii) tivesse por finalidade garantir a manutenção do pacto laboral e (iii) respeitasse os limites fixados pela CF.

Malgrado se compreenda a gravidade da situação, não resta dúvida de que o dispositivo ampliava as possibilidades de negociação individual em uma relação inerentemente desigual, em que uma das partes (o empregado) se encontra vulnerável, temendo a perda de seu emprego, essencial para garantir-lhe a renda necessária à subsistência, o que se acentua ainda mais em situação de crise econômica.

Diante de sua motivação excepcional, não há como rechaçar, de plano, a constitucionalidade do art. 2º da Medida Provisória 927/2020. Entretanto, a interpretação sistemática da ordem jurídica impõe a fixação de outras restrições a esse acordo individual, além daquelas ali mencionadas de forma explícita.

Em primeiro lugar, não se pode admitir que, em acordo individual, haja maior liberdade para redução de patamar protetivo do que aquele que se reconhece, em circunstâncias normais, para as normas coletivas. Isso porque, se alguns direitos não podem ser mitigados nem mesmo em um diálogo mais simétrico (a negociação coletiva), tal fato significa que eles detêm caráter de indisponibilidade, de modo que não podem ser afastados em nenhuma hipótese, ainda que em momentos excepcionais.

Assim, nos termos do que constou do tópico pertinente, além da observância aos preceitos constitucionais (e à forma escrita e específica finalidade, conforme o art. 2º), o referido acordo individual estava limitado: a) pelas vedações previstas no art. 611-B da CLT; b) pelos tratados internacionais de direitos humanos internalizados pelo Brasil; c) pela garantia do mínimo existencial; d) pela proibição da pactuação de caráter fraudulento; e) pela necessidade de contrapartida minimamente razoável, a implicar, como regra, o dispêndio de recursos (não bastando, pois, o compromisso de se abster de descumprir direitos, por exemplo), admitindo-se, excepcionalmente, que corresponda, apenas, à garantia provisória de emprego durante a vigência do acordo individual (por aplicação analógica do § 3º do art. 611-A da CLT), se for constatada como a única contrapartida possível de ser cumprida no momento, sob pena de se colocarem empregos em risco, ante a situação econômica precária da empresa. Não observado nenhum desses requisitos, o acordo é nulo (art. 166, II, IV e VI, do CC).

Além do mais, tendo em vista o princípio da boa-fé objetiva (art. 422 do Código Civil), em nenhuma hipótese o acordo individual podia estabelecer condições menos protetivas do que aquelas constantes de acordos coletivos, especificamente, firmados a partir da data da entrada em vigor da Medida Provisória 927/2020 (DOU 22/3/2020).

Também sempre há de atentar-se para eventual vício de consentimento do obreiro, já que, tratando-se de relação naturalmente desigual, a parte hipossuficiente podia facilmente ser ilicitamente forçada a concordar com o acordo individual. Sendo negócio jurídico, a presença de qualquer vício de consentimento pode conduzir à sua invalidação, nos termos do art. 171, II, do Código Civil.

Destarte, aplicam-se essas restrições ao acordo individual pactuado na forma do art. 2º da MP 927/2020, inclusive quanto ao teletrabalho, como na situação em que se procurou regular matérias específicas a ele pertinentes, como a restituição de despesas.

Relevante notar, exemplificativamente, como alguns direitos, embora não assegurados direta e expressamente pela Constituição Federal, não podiam ser suprimidos: no caso do intervalo intrajornada, a sua garantia está amparada na ideia de mínimo existencial, uma vez que, sem pausas razoáveis para descanso, o trabalho pode gerar nefastos efeitos à saúde obreira, sendo a sua concessão aspecto imprescindível de um meio ambiente de trabalho hígido (arts. 6º, 7º, XXII, 200, VIII e 225, todos da *Carta Magna* de 1988); além disso, há previsão não apenas no art. 71 da CLT, mas, também, no item "*g*" do art. 7º do Protocolo de *San Salvador* e no art. 5º, "*b*", da Convenção 155 da OIT, sendo ambos os diplomas internacionais ratificados pelo Brasil. Por isso, aliás, o próprio art. 611-A permite a supressão intervalar meramente parcial (inciso III).

Nesse tema, conforme raciocínio exaustivamente desenvolvido no tópico 2.1, vale realçar que, havendo exigência de produtividade que inviabilize a fruição de pausas razoáveis e compatíveis com a jornada aplicável e a atividade exercida, fica afastado o enquadramento do teletrabalhador à hipótese do art. 62, III, da CLT, em razão do abuso de direito (art. 187 do Código Civil) e da forte intensidade de controle patronal, incapaz de justificar a exclusão das regras celetistas de duração do trabalho. Esse raciocínio se aplica, também, para o período de vigência da MP 927/20.

3.2. Alteração do regime de trabalho

Conforme tratado no tópico 2.2 do presente estudo, o art. 75-C da CLT elenca requisitos de observância obrigatória para contratação na modalidade de teletrabalho. Entretanto, diante da necessidade de adequação imediata das relações empregatícias à pandemia, algumas destas exigências foram atenuadas por meio do art. 4º da Medida Provisória 927/2020, notadamente: (i) desnecessidade de mútuo acordo; (ii) dispensa de acordo (individual ou coletivo) e de registro prévio da alteração contratual; (iii) notificação ao empregado com antecedência mínima de 48 horas; (iv) celebração de contrato escrito, no prazo máximo de 30 dias a contar da mudança de regime, dispondo sobre aquisição, manutenção e fornecimento de equipamentos e infraestrutura.

Em situações de normalidade, a voluntariedade caracteriza-se como elemento essencial à validade da contratação, de modo que somente em caso de retorno da modalidade de teletrabalho para presencial é que o empregador poderá determinar a alteração de forma discricionária (art. 75-C, § 2º, CLT). Todavia, considerando a excepcionalidade do momento vivenciado, o *caput* do art. 4º da MP autorizava o empregador a promover, unilateralmente, a alteração de regime de trabalho, como meio de garantir a manutenção da atividade econômica e do emprego.

Nesse sentido, é a Portaria Conjunta 20/2020, expedida pela Secretaria Especial de Previdência e Trabalho e pelo Ministério da Saúde,[41] que "estabelece as medidas a serem observadas visando à prevenção, controle e mitigação dos riscos de transmissão da COVID-19 nos ambientes de trabalho" e determina ao empregador a implementação do teletrabalho (ou qualquer modalidade de trabalho a distância) para: a) atividades viáveis; b) ou no caso de trabalhadores em condições clínicas de risco (itens 4.10 e 6.1).

Referida providência encontra-se em consonância com os deveres de manutenção de ambiente de trabalho hígido e sadio e redução dos riscos laborais, além de cumprir com a função social da empresa (arts. 5º, XXIII; 6º; 7º, XXII, 170, III; 173, § 1º, I e 196 da CF) no auxílio ao combate à pandemia, por meio da diminuição de aglomerações no estabelecimento e no uso do transporte público, ampliando o isolamento social.

Vale ressaltar, aliás, que o trabalho em domicílio, em momento de significativa vulnerabilidade dos trabalhadores – que, além de zelarem pela saúde própria, muitas vezes devem resguardar familiares em grupo de risco, adequarem-se à suspensão escolar dos filhos, dentre tantas outras intempéries características deste período – possibilita que os teletrabalhadores possam compatibilizar os encargos familiares com sua vida profissional, indo ao encontro do que estabelece a Convenção 156 da OIT,[42] ainda não ratificada pelo Brasil, mas aplicável, nos termos do art. 8º da CLT.

Nesse sentido, o artigo L1222-11 do Código de Trabalho Francês dispõe que, em circunstâncias excepcionais, incluindo a ameaça de uma epidemia, ou em caso de força maior, a implantação do teletrabalho pode

41 http://www.in.gov.br/en/web/dou/-/portaria-conjunta-n-20-de-18-de-junho-de-2020-262408085. Acesso em 29/6/2020.

42 1. Esta Convenção aplica-se a homens e mulheres com responsabilidades com relação a seus filhos dependentes, quando estas responsabilidades restringem a possibilidade de se prepararem para uma atividade econômica e nela ingressar, participar ou progredir.

ser considerada uma adaptação ambiental necessária à continuidade da atividade da empresa e à proteção dos empregados.[43]

Nada obstante os inegáveis benefícios decorrentes do *home office* no período de pandemia, não se pode ignorar a necessidade de adaptações para o exercício da atividade laboral no domicílio do empregado. Enquanto, para alguns, elas podem restringir-se a aspectos simples (como a adequação pessoal em relação à disciplina), para outros, poderá envolver questões muito mais complexas (como a necessidade de compatibilização de cômodo da residência, instalação de equipamentos, familiarização com tecnologia, cuidado com crianças, pessoas idosas, etc.).

Por esse motivo, embora o § 2º do art. 4º da MP 927/2020 estabelecesse o prazo mínimo de 48 horas para notificação ao empregado da modificação de regime de teletrabalho (por meio eletrônico ou escrito), era recomendável que o empregador, tão logo decidisse pela alteração da modalidade contratual, informasse aos trabalhadores, analisando casuisticamente as dificuldades envolvidas.

Da mesma forma, assim também se devia proceder no momento do retorno ao trabalho presencial. A suspensão das aulas presenciais nas escolas públicas e privadas (e a consequente necessidade de providências quanto ao cuidado com as crianças), a inviabilidade de contratação de cuidadores para idosos, doentes ou pessoas de grupo de risco e a necessidade de utilização de transporte particular são exemplos de adversidades a serem solucionadas para a retomada das atividades normais.

Nesse contexto, a transparência e a boa-fé (art. 422 do Código Civil) são vetores axiológicos que devem nortear as relações de emprego, inclusive e, sobretudo, em um momento de excepcionalidade, como o presente, em que o diálogo se mostra essencial.

Outra relevante questão a ser tratada é a previsão de dispensa de acordo individual ou coletivo para modificação contratual, nos termos da

---

43 https://www.legifrance.gouv.fr/affichCode.do;jsessionid=DBAA6D50BA1204A9B960BC7457119275.tplgfr38s_2?idSectionTA=LEGISCTA000025558058&cidTexte=LEGITEXT000006072050&dateTexte=20200702. Acesso em 1.7.2020.

parte final do *caput* do art. 4º da MP 927/2020. Não se pode interpretar o dispositivo sob a ótica de dispensa de formalização do registro, mas sim, como já dito, de inexistência de voluntariedade, conforme se depreende da leitura do dispositivo, o qual previa a possibilidade de a alteração ser efetuada "independentemente da existência de acordos individuais ou coletivos, dispensado o registro prévio da alteração no contrato individual de trabalho". *A contrario sensu*, verifica-se que o registro contratual tinha de ser feito, sendo dispensada, apenas, a *prévia* anotação, o que se justificava pela urgência da ade8quação. Daí exsurge a seguinte indagação: qual era o prazo para a formalização da alteração?

De fato, a Medida Provisória 927/2020 não positivou, de forma explícita, um período para registro, o que, a rigor, podia ensejar a utilização do prazo de cinco dias úteis, por incidência analógica do *caput* do art. 29 da CLT.[44] Todavia, constata-se que o § 3º do art. 4º da MP previa, expressamente, o razoável prazo de trinta dias para a celebração do acordo escrito acerca das disposições relativas ao fornecimento de infraestrutura, equipamentos e reembolso de despesas (o que será tratado em subtópico específico), de modo que sua aplicação nos parece mais adequada, viabilizando a uniformização do limite temporal para cumprimento das obrigações pelo empregador.

Eis uma última questão interessante a ser debatida: podia o empregador demitir por justa causa o empregado que se recusasse a aderir ao trabalho a distância?

Conforme já se discorreu, a alteração de modalidade podia ser utilizada como técnica de preservação de emprego e continuidade da atividade econômica, atribuída ao empregador, no exercício de seu poder diretivo, neste momento excepcional. Por isso mesmo, não havia necessidade de comum acordo para sua implantação. Entretanto, caso não houvesse interesse em seu exercício pelo empregado, não se configurava hipótese

44 Art. 29. O empregador terá o prazo de 5 (cinco) dias úteis para anotar na CTPS, em relação aos trabalhadores que admitir, a data de admissão, a remuneração e as condições especiais, se houver, facultada a adoção de sistema manual, mecânico ou eletrônico, conforme instruções a serem expedidas pelo Ministério da Economia.

de falta grave, seja em razão da ausência de tipicidade – exigida para sua caracterização, apta a legitimar a justa causa –, seja à luz do princípio da proporcionalidade. Apesar disso, entende-se que, em tese, havia a possibilidade da dispensa imotivada.

Nessas circunstâncias, não se vislumbra a mínima razoabilidade no encerramento do vínculo empregatício por justa causa, em momento de grande vulnerabilidade social, deixando o trabalhador à própria sorte, sem o amparo de verbas rescisórias para enfrentamento de séria crise econômica que assola o país. Tal prática é contrária à função social da empresa, ao valor social do trabalhado e, especialmente, à dignidade da pessoa humana.

3.2.1. Responsabilidade pela aquisição, fornecimento e manutenção de equipamentos e infraestrutura e reembolso de despesas

O § 3º do art. 4º da MP 927/2020 previa que "as disposições relativas à responsabilidade pela aquisição, pela manutenção ou pelo fornecimento dos equipamentos tecnológicos e da infraestrutura necessária e adequada à prestação do teletrabalho, trabalho remoto ou trabalho a distância e ao reembolso de despesas arcadas pelo empregado" deviam ser pactuadas por meio de "contrato escrito, firmado previamente ou no prazo de trinta dias, contado da data da mudança do regime de trabalho". Duas grandes consequências se extraem do referido dispositivo: (i) exigência de oferecimento de adequadas condições de trabalho pelo empregador; (ii) necessidade de celebração de acordo escrito, no máximo, trinta dias após a alteração.

Quanto à pactuação da aquisição, manutenção e fornecimento de equipamentos e infraestrutura e o reembolso de despesas, reporta-se ao tópico 2.3 deste estudo. A assunção dos riscos da atividade econômica pelo empregador, a impossibilidade de transferência dos custos operacionais ao empregado e a inviabilidade de lesão a princípios juslaborais básicos (proteção, irrenunciabilidade de direitos trabalhistas, intangibilidade e irredutibilidade salarial e inalterabilidade contratual lesiva) são fundamentos suficientes a respaldar a atribuição desses ônus ao contratante.

Nem mesmo a imediata necessidade de adequação em um contexto pandêmico, como o atual, pode justificar a violação de preceitos basilares regentes da relação empregatícia. Por esse motivo, o acordo firmado não era meio apto a legitimar a supressão ou a redução de tais direitos trabalhistas, especialmente o decréscimo salarial decorrente do custeio de despesas empresariais, tais como energia elétrica, *internet*, aluguéis e aquisição, manutenção e depreciação de equipamentos informáticos.

Interpretação diversa seria capaz de ferir todo o arcabouço jurídico vigente, notadamente os artigos 7º, *caput*, VI e X, da Constituição Federal; 2º, 462 e 468 da Consolidação das Leis do Trabalho; 166, II, do Código Civil; 14 da Convenção 95 e 16 da Recomendação 184, ambas da OIT; 166.5, "*e*" e 168.1 do Código do Trabalho Português; 327 do Código do Trabalho Suíço, dentre outros. No mesmo sentido são os Enunciados 70 da 2ª Jornada de Direito Material e Processual do Trabalho e 25 do XIX Congresso Nacional dos Magistrados da Justiça do Trabalho, transcritos oportunamente.

Neste ponto, vale realçar ter sido fixado um prazo máximo para regulação do custeio das despesas relacionadas ao teletrabalho. É dizer: caso firmado o contrato em até trinta dias da alteração contratual, o empregador tinha de efetuar os reembolsos e as subvenções nos moldes pactuados, de forma retroativa. Entretanto, caso esse acordo fosse firmado por escrito em período posterior ao estabelecido, só daquele momento em diante o empregador podia utilizar-se dos parâmetros então fixados. Quanto ao período pretérito, os valores deviam ser ressarcidos conforme informação prestada pelo empregado (logicamente, sem excessos, com respaldo nos princípios da boa-fé, da alteridade e da vedação do enriquecimento sem causa). Trata-se de um instrumento indispensável e apto a garantir segurança jurídica a ambas as partes.

A par disso, o legislador atribuiu expressamente ao empregador o dever de fornecimento de equipamentos tecnológicos e infraestrutura necessária, prevendo, também, a possibilidade de fazê-lo por meio de comodato, mas excluindo a natureza salarial da contraprestação (§ 4º do art. 4º da MP 927/2020), pois se caracteriza como instrumento de trabalho (e, não, retribuição pelos serviços prestados). Ressaltou, ainda, de forma bastante adequada, que, na impossibilidade de fornecimento, o período da jornada de trabalho era considerado tempo à disposição do empregador.[45]

O motivo é que a assunção dos riscos da atividade econômica inclui a dificuldade ou inviabilidade justificada de adequação do trabalhador ao novo regime de trabalho, de modo que a exigência de maior tempo para adaptação é ônus a ser assumido pela empresa. Destaque-se, por fim, que o descumprimento das obrigações atribuídas ao empregador pode ensejar a rescisão indireta do contrato de trabalho, nos termos do art. 483, "*d*", da CLT.

3.2.2. Trabalho de aprendizes e estagiários

A aprendizagem e o estágio configuram-se como espécies de trabalho educativo, cuja finalidade é garantir o direito à profissionalização, conforme preceituam os arts. 227, *caput*, da CF; 60 a 69 do Estatuto da Criança e Adolescente (Lei 8.069/1990); 428 a 433 da CLT; 42 do Decreto 9.579/2018 e Lei 11.788/2008 (Lei de Estágio). Trata-se de modalidades aptas a viabilizar o ingresso no mercado de trabalho, não sendo restritas ao trabalho infantil, uma vez que o estágio não possui limitação etária e a aprendizagem pode ser exercida até os 24 (vinte e quatro) anos – exceto no caso de pessoa com deficiência, para a qual inexiste esse limite (art. 428, *caput* e § 5º, da CLT).

Diante da necessidade de acompanhamento por supervisor, como meio de assegurar o efetivo aprendizado e desenvolvimento (arts. 3º, § 1º, da Lei 11.788/2008; 65, § 1º, do Decreto 9.579/2018 e art. 68 da lei 8.069/1990), é possível concluir que, em regra, deve-se evitar a realização de programas de aprendizagem e estágio por meio de trabalho a distância. A justificativa é que tal prática pode dificultar o cumprimento adequado

---

45 § 4º Na hipótese de o empregado não possuir os equipamentos tecnológicos e a infraestrutura necessária e adequada à prestação do teletrabalho, do trabalho remoto ou do trabalho a distância: I – o empregador poderá fornecer os equipamentos em regime de comodato e pagar por serviços de infraestrutura, que não caracterizarão verba de natureza salarial; ou II – na impossibilidade do oferecimento do regime de comodato de que trata o inciso I, o período da jornada normal de trabalho será computado como tempo de trabalho à disposição do empregador.

das já mencionadas finalidades do trabalho educativo, bem como a efetiva experimentação da convivência social em um ambiente laboral.

Entretanto, em razão da necessidade de adaptação ao cenário atual, o Ministério Público do Trabalho expediu, em 18/3/2020, Nota Técnica[46] que recomenda o pronto afastamento do trabalho presencial aos trabalhadores menores de 18 anos, com base na proteção à saúde e nos arts. 7º, XXXIII, da CF; 67, III, da Lei 8.069/90; 3º, "*a*", da Convenção 182 da OIT – devidamente ratificada pelo Brasil –, dentre outros. Isso porque o trabalho presencial, neste momento excepcional, não garante que o empregador possa assegurar um meio ambiente plenamente hígido e saudável, em razão do risco de contaminação, durante o deslocamento ou a prestação de serviços, revelando-se como uma das piores formas de trabalho infantil (Decreto 6.481/2008, arts. 2º, § 3º). Para tanto, orientou-se a substituição pela modalidade remota, caso viável, desde que observado o dever de fornecimento de tecnologia e supervisão adequada.

Posteriormente, tal posicionamento foi encampado por meio do § 5º do art. 5º da Medida Provisória 927/2020, sem que, contudo, tenha sido feita nenhuma ressalva quanto aos trabalhadores maiores de 18 anos. Como já tratado, nesta situação atual, a adoção de modalidade do trabalho a distância é medida a ser utilizada sempre que possível, a fim de resguardar a saúde e a integridade do trabalhador e, no caso de estagiários e aprendizes, a continuidade do seu desenvolvimento profissional.

3.3. Jornada de trabalho

Em linhas gerais, o § 1º do art. 4º da Medida Provisória 927/2020 se limitou a prever o enquadramento na exceção contida no inciso III do art. 62 da Consolidação das Leis do Trabalho do empregado que se ativa "*preponderante ou totalmente fora das dependências do empregador, com a utilização de tecnologias da informação e comunicação que, por sua natureza, não configurem trabalho externo*".

46 https://mpt.mp.br/pgt/noticias/nota-tecnica_adolescentes.pdf. Acesso em 29.6.2020.

Embora o dispositivo se referisse, sem distinção, ao teletrabalho, ao trabalho remoto e ao trabalho a distância, em verdade, cuida-se de atecnia, pois, como esclarecido no primeiro tópico deste artigo, trabalho a distância há de ser entendido como gênero (para cuja configuração basta o labor não ocasional fora das dependências do empregador), o qual abarca, além de outras espécies, o trabalho externo (serviços em que é inviável que a prestação ocorra internamente) e o teletrabalho, cuja definição e requisitos se encontram no art. 75-B da CLT, os quais não se diferenciam daqueles fixados pelo § 1º do art. 4º da MP 927/2020. Ou seja, esse diploma legislativo não inovou: restringiu-se a prever a submissão do teletrabalhador ao art. 62, III, da CLT.

A despeito da literalidade, conforme fundamentos invocados no tópico 2.1 deste trabalho, ainda que presentes os requisitos formais previstos expressamente na CLT, não é automática a incidência do inciso III do art. 62 da CLT para todo teletrabalhador, mas depende, ainda, da observância de dois requisitos cumulativos: a) a existência de grau de autonomia de gestão de tempo do empregado substancialmente maior do que aquela correspondente ao labor presencial, devendo ser observados os parâmetros sugeridos alhures (ressalvadas situações diferenciadas, a possibilidade de que, no mínimo, em cada jornada, durante todo o período em que se ativa fora das dependências do empregador, o obreiro possa administrar livremente o seu tempo, sem obrigatoriedade de executar tarefas ou responder a chamados ou mensagens em horários específicos, podendo fazê-lo em qualquer momento, à sua escolha, até o final do dia de trabalho); b) a estipulação de metas de produtividade compatíveis com a jornada aplicável e com as condições do empregado, de caráter pessoal e estrutural.

Portanto, a MP 927/2020 não enseja maiores discussões neste particular.

Já quanto ao § 5º do art. 4º, antes de principiar a análise, vale conferir o seu teor: "*O tempo de uso de aplicativos e programas de comunicação fora da jornada de trabalho normal do empregado não constitui tempo à disposição, regime de prontidão ou de sobreaviso, exceto se houver previsão em acordo individual ou coletivo*".

Tratando-se de tempo à disposição, não se pode olvidar o art. 4º da CLT e seus parágrafos, cuja incidência não se afastou. Além disso, considerando que os locais de descanso e de labor usualmente se confundem no teletrabalho e os momentos de lazer e de atuação profissional podem alternar-se múltiplas vezes em um mesmo dia, o que se deve extrair de tal dispositivo é, apenas, o seguinte: não se caracteriza como tempo à disposição (i) o uso de aplicativos ou programas de comunicação, se for voluntário e sem vinculação direta com o trabalho (ex: para fins estranhos ao labor, como conversas virtuais com colegas de trabalho, mas não relacionadas à prestação de serviços); (ii) ou, ainda, se houver válido enquadramento na hipótese do inciso III do art. 62 da CLT (quando não pode haver a obrigatoriedade de acesso em horário específico), pois, neste caso, o trabalhador tem maior autonomia na gestão do tempo e a produtividade exigida é compatível com a jornada de trabalho aplicável.

Ademais, como dito no tópico 2.1, o C. TST já consolidou o entendimento de que, havendo válida subsunção da hipótese no art. 62 da CLT, o obreiro não faz jus a horas de sobreaviso, o que, logicamente, também se aplica para as horas de prontidão, porque ambas estão previstas no art. 244 da CLT (§§ 2º e 3º), destinadas aos ferroviários e aplicadas aos demais trabalhadores por recurso à analogia (art. 8º da CLT).

Todavia, considerando a possibilidade de não enquadramento na exceção prevista no inciso III do art. 62 da CLT, é de rigor a análise mais detida da matéria.

Pois bem. No tocante às horas de prontidão, cuida-se de situação em que o empregado permanece nas dependências do empregador, exclusivamente, aguardando ordens, sem laborar, sendo remuneradas à razão de 2/3 do salário-hora, observado o limite máximo de 12 horas. Logo, não se vislumbra maior pertinência com o teletrabalho, cuja marca distintiva é ser prestado preponderantemente fora das dependências do empregador, e a prontidão, por seu turno, tem como pressuposto exatamente o contrário: a presença no estabelecimento patronal.

Sendo assim, neste tema, afigurava-se irrelevante a MP 927/2020, pois o uso de aplicativos e programas de comunicação não interfere na configuração da prontidão.

No caso de horas de sobreaviso, o limite máximo é de 24 (vinte e quatro) horas, as quais são remuneradas à razão de 1/3 do salário-hora, sendo a matéria regulada pela Súmula 428 do C. TST, cujo item I dispõe que "*O uso de instrumentos telemáticos ou informatizados fornecidos pela empresa ao empregado, por si só, não caracteriza o regime de sobreaviso*". Isso porque, conforme seu item II, a caracterização do sobreaviso pode envolver o controle patronal por meios telemáticos e informatizados (ou mesmo outros quaisquer, como o telefone), mas exige, necessariamente, a permanência em regime de plantão ou equivalente (o que significa um constante estado de alerta, em que há a obrigatoriedade de resposta), durante o qual o empregado aguarda, a qualquer momento, o chamado para o serviço em seu período de descanso.

O fundamento é que, em tal situação, embora não haja tempo à disposição, existe razoável cerceamento da liberdade de locomoção do trabalhador (o qual, conquanto possa sair de sua residência, poderá fazê-lo de modo limitado, pois terá de estar pronto durante todo o plantão para, em tempo hábil, atender ao chamado e trabalhar).[47]

Aqui, novamente, é questão secundária o uso de aplicativos e programas de comunicação. Explica-se: se, além de sua jornada (ou meta) normal, o empregado é submetido a escalas ou plantões, em que fica aguardando eventuais comandos patronais, os quais tem a obrigatoriedade de responder dentro desse período, não há como afastar a configuração do sobreaviso, seja em regime de teletrabalho ou não.

Compreensão em sentido contrário implicaria discriminar intensamente o teletrabalhador, visto não haver fundamento legítimo a justificar que, em regime de teletrabalho, obrigações adicionais, como permanecer em sobreaviso, possam ser exigidas sem contrapartida. Deve-se prestigiar o princípio da isonomia (art. 5º da Constituição Federal), materializado na Convenção 111 da OIT e na Lei 9.029/1995, que preveem rol aberto de motivos para a discriminação nas relações de trabalho.

---

47 E-ED-RR – 241900-80.2006.5.04.0341, Relator Ministro: José Roberto Freire Pimenta, Subseção I Especializada em Dissídios Individuais, DEJT 14/9/2018.

Pensa-se que, talvez, o objetivo da MP 927/2020 tenha sido o de positivar o já referido entendimento da Corte Superior Trabalhista, no sentido de não reconhecer o direito às horas de sobreaviso na hipótese de enquadramento no art. 62 da CLT. Ou, quiçá, reforçar o disposto no item I da Súmula 428 do C. TST, no sentido de que o mero uso dos aplicativos e programas de comunicação não configura horas de sobreaviso. Fora isso, nesse aspecto, não se verifica outra utilidade prática para o § 5º do art. 4º.

Enfim, a parte final do § 5º do art. 4º trazia possibilidade que se nos afigura óbvia: acordo individual ou coletivo pode expandir, em benefício do empregado, os conceitos de tempo à disposição, de horas de prontidão e de horas de sobreaviso, fixando outras situações em que se configuram, apesar da existência de regra legal distinta.

3.4. Normas de saúde e segurança do trabalho

Ao empregador é atribuído o dever de manutenção do meio ambiente hígido e sadio, ainda que se trate de hipótese em que o trabalho ocorre no domicílio do empregado (*home office*). Diversas discussões exsurgem sobre o tema, muitas delas já tratadas no tópico 2.4 deste estudo. Ao fim e ao cabo, conclui-se que o ônus do empregador, decorrente da assunção dos riscos da atividade econômica (CLT, art. 2º), não pode ser relativizado em razão da alteração do local da prestação do serviço.

Nada obstante o farto arcabouço jurídico tratado, a MP 927/2020 alterou, em caráter provisório, algumas normas relativas à saúde e segurança do trabalhador, a saber: (i) obrigatoriedade da realização de exames médicos; (ii) realização de treinamentos; (iii) manutenção das Comissões Internas de Prevenção de Acidentes e suspensão de seus processos eleitorais; (iv) necessidade de comprovação de nexo causal para reconhecimento de contaminação por COVID-19 como doença ocupacional; (v) restrição da atuação da fiscalização do trabalho à função primordialmente orientadora. Os itens "*i*", "*ii*" e "*iii*" e "*iv*" relacionavam-se diretamente com as questões envolvendo o trabalho a distância.

Isso porque, conforme já tratado em linhas passadas, a alteração da modalidade de prestação do serviço pode ser utilizada como técnica de preservação do emprego e manutenção da atividade econômica, possuindo grande repercussão no resguardo da saúde do trabalhador e de seus familiares, pois evita o deslocamento e a aglomeração na empresa, contribuindo, sobremaneira, para a adesão ao isolamento social.

O art. 15 da MP 927/2020, em tese, encontra-se em consonância com o princípio da prevenção, procurando-se evitar a desnecessária exposição a ambientes com risco de contaminação, notadamente: (i) ao dispensar ou postergar a realização de exames médicos; (ii) viabilizar a utilização de exame demissional efetuado a menos de 180 dias; (iii) atribuir ao médico coordenador o dever de indicar ao empregador a necessidade de exames que não podiam ser postergados em razão de risco ao trabalhador; (iv) tornar obrigatória a regularização destes no prazo de 60 dias a contar do término do estado de calamidade[48] (tendo caducado a MP em 19/7/2020, esse prazo deve ser contado a partir de 20/7/2020).

Quanto aos treinamentos, amplamente exigidos por diversas normas regulamentadoras expedidas pelo extinto Ministério do Trabalho e Emprego, também tiveram sua obrigatoriedade suspensa pelo art. 16 da MP 927/2020, permitindo-se, contudo, a realização por meio de ambiente virtual ou a regularização no prazo máximo de noventa dias, a partir do término do estado de calamidade pública (aqui, também, tendo a MP 927/2020 perdido a vigência em 19/7/2020, o termo inicial do prazo é 20/7/2020). Por seu turno, o art. 17 reconheceu a possibilidade de manutenção das CIPAs (Comissões Internas de Prevenção de Acidentes), independentemente do prazo estabelecido no art. 164, § 3º, da CLT e no item 5.7 da NR 5, buscando-se evitar que ocorram eleições e reuniões capazes de expor os trabalhadores a riscos ambientais.

Vale assinalar que todos esses dispositivos devem ser analisados sob a ótica protetiva, com o objetivo de inibir a desnecessária movimentação e

---

48 Art. 1º Fica reconhecida, exclusivamente para os fins do art. 65 da Lei Complementar nº 101, de 4 de maio de 2000, notadamente para as dispensas do atingimento dos resultados fiscais previstos no art. 2º da Lei nº 13.898, de 11 de novembro de 2019, e da limitação de empenho de que trata o art. 9º da Lei Complementar nº 101, de 4 de maio de 2000, a ocorrência do estado de calamidade pública, com efeitos até 31 de dezembro de 2020, nos termos da solicitação do Presidente da República encaminhada por meio da Mensagem nº 93, de 18 de março de 2020.

aglomeração de trabalhadores. Desse modo, não se pode admitir interpretação prejudicial à saúde dos empregados, atentando-se para o fato de que, a depender do caso concreto: a) a dispensa ou postergação dos exames médicos podia revelar-se inviável, diante da inafastável necessidade de resguardo da saúde obreira, devendo permitir-se a comprovação da urgência por declaração ou atestado médico particular; b) a falta de treinamento podia gerar riscos inaceitáveis ao empregado, situação em que se devia considerar interrompido o pacto laboral até a regularização da capacitação (art. 13 da Convenção 155 da OIT). Além disso, a aplicabilidade das regras provisórias quanto às CIPAs havia de condicionar-se à ausência de prejuízo ao seu regular funcionamento, essencial para a preservação de um meio ambiente de trabalho adequado.

Observadas estas ressalvas, as medidas mostravam-se benéficas, especialmente em relação à modalidade de trabalho a distância, uma vez que o empregado não precisava deslocar-se de sua residência para a realização de tais atividades, o que prevenia riscos à saúde.

O art. 31 também interessa ao tema tratado, porque restringia possibilidades de atuação da atividade fiscalizatória dos auditores do trabalho, excepcionando apenas as situações tratadas em seus incisos (falta de registro, grave e iminente risco, acidente do trabalho fatal e labor infantil ou em condições análogas às de escravo).

Ocorre que, conforme já abordado, cabe ao empregador garantir um ambiente do trabalho adequado, independentemente do local de prestação do serviço. Assim, ainda que se trate de *home office*, remanesce o dever do contratante de oferecer condições de labor que respeitem a saúde, higiene e segurança de seus empregados (Convenção 155 e Recomendação 184 da OIT). Acresça-se, ainda, que referido dispositivo teve sua eficácia suspensa, sob o fundamento de que, além de não auxiliar no combate à pandemia, reduzia a atuação da fiscalização do trabalho em momento durante o qual ela se revelava bastante necessária, ante a ameaça de variados direitos trabalhistas.

Também foi suspensa a eficácia do art. 29 – que exigia a comprovação de nexo de causalidade para reconhecimento de doença ocupacional relacionada à COVID-19, inclusive, porque existem inúmeros trabalhadores em atividades essenciais expostos ao risco em virtude do labor –, tendo sido tomada a decisão pelo Plenário do E. STF, em 29/4/2020, em julgamento de medida liminar de sete Ações Diretas de Inconstitucionalidade (6342, 6344, 6346, 6348, 6349, 6352 e 6354).[49]

3.5. Teleatendimento e *telemarketing*

Originariamente, a Seção II do Capítulo I do Título III da CLT (arts. 227 a 231) buscava regular, apenas, o labor nos serviços de telefonia, telegrafia submarina e subfluvial, radiotelegrafia e radiotelefonia, em razão de suas peculiaridades.

Todavia, havia controvérsia jurisprudencial quanto à possibilidade de aplicação analógica (art. 8º da CLT) da jornada reduzida prevista no art. 227 da CLT – 6 horas diárias e 36 semanais – para o setor de teleatendimento.

A vetusta OJ 273 da SbDI-1 do C. TST proibia essa equiparação, sob o fundamento de que, nesse caso, o obreiro "não exerce suas atividades exclusivamente como telefonista" e "não opera mesa de transmissão, fazendo uso apenas dos telefones comuns para atender e fazer as ligações exigidas no exercício da função". Em maio de 2011, porém, o verbete foi cancelado e a jurisprudência da Corte Superior consolidou entendimento em sentido contrário, admitindo a aplicação analógica aos que se ativam em teleatendimento ou *telemarketing*, em caráter exclusivo ou preponderante.[50]

A Medida Provisória 927/2020, em seu art. 33, procurou afastar a incidência dessas regras mais protetivas atinentes à jornada, quanto ao teleatendimento ou *telemarketing*, especificamente, prestado em regime de teletrabalho.

É razoável supor que se partiu da ideia de que todo teletrabalhador estaria submetido ao disposto no art. 62, III, da CLT (não incidência do Capítulo II, "*DA DURAÇÃO DO TRABALHO*"), raciocínio que, como visto, não procede. Isso porque, para tanto, é necessário constatar, na situação concreta, um menor grau de intensidade de controle pelo emprega-

---

49 http://www.stf.jus.br/portal/cms/verNoticiaDetalhe.asp?idConteudo=442355. Acesso em 21.6.2020.

50 E-ED-ARR – 114900-64.2009.5.04.0221, Relator Ministro: Alberto Luiz Bresciani de Fontan Pereira, Subseção I Especializada em Dissídios Individuais, DEJT 29/11/2019.

dor (e a consequente maior liberdade de gestão de tempo pelo empregado), além da observância de requisitos legais (arts. 75-A a 75-E da CLT).

No caso específico dos serviços em teleatendimento/*telemarketing*, também há uma particularidade: o Anexo II da NR 17 fixa regras específicas sobre a matéria, inclusive, os limites de 6 horas diárias e 36 semanais (itens 5.3 e 5.3.1), além de intervalo intrajornada de 20 minutos (item 5.4.2) e outras duas pausas de 10 minutos cada (item 5.4.1, "*b*"), os quais são computados na jornada. Essa proteção especial se justifica por aspectos diferenciados da atividade, mais gravosos para a saúde dos trabalhadores, notadamente a "sobrecarga psíquica, muscular estática de pescoço, ombros, dorso e membros superiores" (item 5.4).

Ora, a Constituição Federal determina a "redução dos riscos inerentes ao trabalho, por meio de normas de saúde, higiene e segurança" (art. 7º, XXII). Por sua vez, o art. 200 da CLT prevê que cabe ao Ministério do Trabalho (ou órgão equivalente) "estabelecer disposições complementares às normas de que trata este Capítulo, tendo em vista as peculiaridades de cada atividade ou setor de trabalho". Logo, a força normativa das normas regulamentadoras, como a NR 17, decorre da própria CF.

Destarte, mostrou-se inócuo afastar a Seção II do Capítulo I do Título III da CLT, pois o Anexo II da NR 17 possui regras mais benéficas, motivo pelo qual se manteve sua aplicabilidade durante o período de vigência da MP 927/2020.

Ademais, na linha do que já se abordou neste artigo, a produtividade exigida do teletrabalhador há de ser compatível com as regras e limites de jornada estabelecidos no Anexo II da NR 17, sob pena de inibir a aplicação do inciso III do art. 62 da CLT e tornar devidas as horas extraordinárias correspondentes, com adicional e reflexos.

4. CONCLUSÃO

Diante do reconhecimento do teletrabalho como forma de "enfrentamento dos efeitos econômicos decorrentes do estado de calamidade pública e para preservação do emprego e renda" (art. 3º, I, da Medida Provisória 927/2020), procuramos, *ab initio*, fixar premissas estruturantes capazes de guiar a utilização do instituto de uma forma geral, elegendo, assim, seis pilares: (i) a própria definição de teletrabalho e de figuras análogas; (ii) a questão da exclusão das regras celetistas de duração de jornada; (iii) as controvérsias referentes à alteração de regime de trabalho e à forma de pactuação; (iv) a responsabilidade pela aquisição, fornecimento e manutenção de equipamentos e infraestrutura e reembolso de despesas; (v) o meio ambiente do trabalho; (vi) e as possibilidades de regulação do teletrabalho por negociação coletiva.

Com base nas propostas interpretativas de cunho técnico e prático resultantes da análise empreendida em cada um dos primeiros tópicos, estabelecemos aspectos conceituais elementares, bem como regras gerais aplicáveis para o instituto do teletrabalho, em situação de normalidade, à luz da Constituição Federal, dos tratados internacionais, da jurisprudência do E. STF e do C. TST e do direito comparado.

Após, partimos para a apreciação da regulamentação trazida pela Medida Provisória 927/2020, destinada ao atual estado de calamidade pública e que caducou em 19/7/2020, mas que regulará as relações jurídicas constituídas e decorrentes de atos praticados durante sua vigência (art. 62, § 11º, da CF). Verificamos que devem ser observadas as bases jurídicas fundantes do teletrabalho e as regras gerais anteriormente referidas. Apreciamos minuciosamente os dispositivos pertinentes, apresentamos soluções hermenêuticas, concluindo que há de ser conferido, neste momento de crise e observado o período de vigência da MP (resguardados os atos jurídicos perfeitos e os direitos adquiridos correspondentes), um tratamento diferenciado à matéria, sem perder de vista a garantia do mínimo existencial e buscando harmonizar a proteção dos trabalhadores e a preservação do emprego, uma vez que, em tempos de pandemia, o afastamento do labor presencial pode revelar-se imprescindível para o resguardo da saúde obreira.

Destarte, além de consolidar algumas premissas básicas sobre o tema – o qual, vale frisar, ainda demanda amadurecimento, ante a novel positivação pela Lei 13.467/2017 –, nosso objetivo primordial foi fixar parâmetros objetivos, os quais possam ser usados para pautar a atuação do profissional do Direito tanto em condições de normalidade, como em circunstâncias excepcionais, tal como a que ora vivenciamos e que demanda certos ajustes quanto à interpretação das normas aplicáveis.

Assim, o percuciente estudo da temática, nesses termos, mostra-se essencial para direcionar as balizas de utilização dessa nova modalidade de trabalho, a qual tende a expandir, significativamente, após o término deste período de adversidade.

5. REFERÊNCIAS BIBLIOGRÁFICAS

ACORDO QUADRO EUROPEU SOBRE TELETRABALHO. Disponível em: https://www.uned.ac.cr/viplan/images/acuerdo-marco-europeo-sobre-teletrabajo.pdf Acesso em 21.6.2020.

ANAMATRA. Associação Nacional dos Magistrados. Reforma Trabalhista. ENUNCIADOS APROVADOS. Disponível em: https://www.anamatra.org.br/attachments/article/27175/livreto_RT_Jornada_19_Conamat_site.pdf. Acesso em 12.6.2020.

BRASIL. Constituição Federal de 5 de outubro de 1988. Brasília. Disponível em: http://www.planalto.gov.br/ccivil_03/constituicao/constituicao.htm. Acesso em 20.6.2020.

BRASIL. Decreto-lei n. 5.452, de 1º de maio de 1943. Consolidação das Leis do Trabalho. Rio de Janeiro, 1943. Disponível em: http://www.planalto.gov.br/ccivil_03/decreto-lei/del5452.htm. Acesso em: 20.6.2020.

BRASIL. Decreto Legislativo n. 06/2020 de 20 de março de 2020. Brasília. Disponível em: http://www.planalto.gov.br/ccivil_03/portaria/DLG6-2020.htm. Acesso em 29.6.2020.

BRASIL. Medida Provisória n. 927, de 22 de março de 2020. Brasília. Disponível em: http://www.planalto.gov.br/ccivil_03/_ato2019-2022/2020/Mpv/mpv927.htm. Acesso em 20.6.2020.

BRASIL. Ministério da Economia/Secretaria Especial de Previdência e Trabalho. PORTARIA CONJUNTA Nº 20, DE 18 DE JUNHO DE 2020. Disponível em: http://www.in.gov.br/en/web/dou/-/portaria-conjunta-n-20-de-18-de-junho-de-2020-262408085. Acesso em 29.6.2020.

BRASIL. Ministério Público do Trabalho. Nota Técnica Conjunta 05/2020. Disponível em: https://mpt.mp.br/pgt/noticias/nota-tecnica_adolescentes.pdf. Acesso em 29.6.2020.

BRASIL. Norma Regulamentadora nº 05. Disponível em: https://enit.trabalho.gov.br/portal/images/Arquivos_SST/SST_NR/NR-17.pdf. Acesso em: 27.6.2020

BRASIL. Supremo Tribunal Federal. A Constituição e o Supremo. Disponível em: http://www.stf.jus.br/portal/cms/verTexto.asp?servico=publicacaoLegislacaoAnotada. Acesso em: 27.6.2020.

BRASIL. Supremo Tribunal Federal. STF afasta trechos da MP que flexibiliza regras trabalhistas durante pandemia da Covid-19. Disponível em: http://www.stf.jus.br/portal/cms/verNoticiaDetalhe.asp?idConteudo=442355. Acesso em 21.6.2020

CONVENÇÃO COLETIVA DE TRABALHO 2019/2021. Disponível em: http://www.seceg.com.br/images/default/convencoes/5d10aaf2e14ba.pdf. Acesso em 29.6.2020.

CONVENÇÃO COLETIVA DE TRABALHO 2019/2020. http://www.sindcine.com.br/Store/Arquivos/cct-2019-2020-site.pdf. Acesso em: 29.6.2020.

DELGADO, Maurício Godinho. *Curso de Direito do Trabalho*. 16ª ed. e ampl. – São Paulo: LTr, 2017, p. 462.

FACCIOLI, Pedro Henrique Godinho. RAVENA, Paula Bueno. *Direito do Trabalho na Jurisprudência do TST – Comentários sobre temas atuais e polêmicos*. Salvador: Editora JusPodivm, 2019, p. 572/574.

FRANÇA. Código do Trabalho Francês https://www.legifrance.gouv.fr/affichCode.do;jsessionid=844BD9841C6E3D30C2568C08AE93A0C7.tplgfr27s_1?cidTexte=LEGITEXT000006072050&dateTexte=20200621. Acesso em 27.6.2020.

OIT. Organização Internacional do Trabalho. Eurofound and the International Labour Office (2017), Working anytime, anywhere: The effects on the world of work, Publications Office of the European Union, Luxembourg, and the International Labour Office, Geneva, págs. 55 e 56. Disponível em: https://www.ilo.org/wcmsp5/groups/public/---dgreports/---dcomm/---publ/documents/publication/wcms_544138.pdf. Acesso em 27.6.2020.

OIT. Organização Internacional do Trabalho. ORMLEX Information System on International Labour Standards. Disponível em: https://www.ilo.org/dyn/normlex/es/f?p=1000:1:::NO::: Acesso em 27.06.2020. Acesso em 27.6.2020.

OLIVEIRA, Sebastião Geraldo de. *Indenizações por acidente do trabalho ou doença ocupacional – De acordo com a Reforma Trabalhista Lei 13.467/17*. 10ª edição. São Paulo: LTr, 2018, p. 118.

PANDEMIA SUSCITA DEBATE SOBRE REGRAS DO TELETRABALHO. Disponível em: https://www.swissinfo.ch/por/lei-trabalhista_pandemia-suscita-debate-sobre-regras-do-teletrabalho/45806486. Acesso em 24.6.2020.

PLÁ RODRIGUEZ, Américo. *Princípios de Direito do Trabalho: fac-similada*. São Paulo: LTr, 2015, p. 263.

PORTUGAL. Código do Trabalho Português. Disponível em: http://cite.gov.pt/asstscite/downloads/legislacao/CT20032018.pdf#page=66. Acesso em: 21.6.2020

TOLEDO FILHO, Manoel Carlos. O Teletrabalho na perspectiva da Reforma Trabalhista Brasileira e do Direito Comparado. Disponível em: https://juslaboris.tst.jus.br/bitstream/handle/20.500.12178/115874/2017_toledo_filho_manoel_carlos_teletrabalho_reforma.pdf?sequence=1&isAllowed=y. Acesso em 20.6.2020.

6. A SAÚDE DO TRABALHADOR E A COVID-19 COMO DOENÇA DO TRABALHO

Thiago Henrique Ament[1]

Resumo: Em decisão liminar, o Plenário do Supremo Tribunal Federal (STF), em 29/4/2020, suspendeu a eficácia do art. 29 da Medida Provisória (MP) 927/2020 que afastava a origem ocupacional da doença do coronavírus, salvo comprovação em contrário pelo empregado. O legislador não é livre para estabelecer regra que desconsidere o desdobramento natural dos fatos da vida[2] e ofenda direitos constitucionalmente garantidos que devem orientar sua atividade de elaboração de leis. A responsabilidade objetiva daquele que exerce atividade de risco[3] evoluiu para uma definição também objetiva do nexo causal, ainda mais quando não é possível alcançar uma certeza absoluta da relação de causalidade. O princípio constitucional da solidariedade[4] deve orientar a interpretação da legislação ordinária para a solução daqueles casos em que dificultosa a definição do preciso momento da contaminação do empregado.

Sumário: 1 Introdução; 2. Dos limites formais e materiais da Medida Provisória n. 927/2020; 3. Da responsabilidade do empregador: subjetiva ou objetiva; 4. Do nexo de causalidade; 5. Do dano; 6. Considerações finais.

---

1 Juiz do Trabalho Titular da Vara do Trabalho de Registro do TRT da 15ª Região. Pós-graduado em Direito Processual Civil pela Escola Paulista da Magistratura. Mestre em Direito do Trabalho e da Seguridade Social pela Universidade de São Paulo – Faculdade de Direito. Professor do Lacier Cursos Jurídicos e da Pós-Graduação da Universidade Presbiteriana Mackenzie.

2 Por exemplo, não pode o legislador dizer que determinada relação de trabalho pessoal e subordinado não é de emprego, tendo em vista que a existência dessa relação empregatícia é a base do reconhecimento de inúmeros direitos fundamentais previstos na Constituição Federal (no art. 7º, exemplificativamente).

3 Código Civil, art. 927. Parágrafo único. Haverá obrigação de reparar o dano, *independentemente de culpa*, nos casos especificados em lei, ou quando a *atividade* normalmente desenvolvida pelo autor do dano implicar, por sua natureza, *risco* para os direitos de outrem. (Destaquei)

4 Constituição Federal, art. 3º Constituem objetivos fundamentais da República Federativa do Brasil: I – construir uma sociedade livre, justa e solidária.

1. INTRODUÇÃO

O Plenário do Supremo Tribunal Federal (STF), em 29/4/2020, manteve a validade dos principais pontos da Medida Provisória (MP) 927/2020,[5] que autoriza empregadores a adotarem medidas excepcionais na relação de trabalho em decorrência do estado de calamidade pública da pandemia do novo coronavírus. Os argumentos principais dos ministros foram no sentido de que se trata de uma situação emergencial e a medida visou preservar empregos.

Por maioria de votos, todavia, foi suspensa a eficácia de dois dispositivos que fugiriam da finalidade da Medida Provisória: a) artigo 29, que estabelece que a infecção por coronavírus não é doença ocupacional, salvo comprovação pelo empregado do nexo de causalidade; b) artigo 31, que flexibiliza e limita a atuação de auditores fiscais do trabalho à atividade de orientação.[6] A decisão foi proferida no julgamento de medida liminar em sete Ações Diretas de Inconstitucionalidade (ADIs) ajuizadas contra a Medida Provisória.[7]

No presente artigo, investiga-se a primeira parte da decisão do STF,[8] que suspendeu a eficácia do artigo 29 que atribuía a responsabili-

---

5 Também foi mantido o controverso ponto da prevalência do acordo individual sobre instrumentos normativos, legais e negociais, desde que respeitadas as normas constitucionais, conforme estabelecido no art. 2º, da referida Medida Provisória: "Art. 2º Durante o estado de calamidade pública a que se refere o art. 1º, o empregado e o empregador poderão celebrar acordo individual escrito, a fim de garantir a permanência do vínculo empregatício, que terá preponderância sobre os demais instrumentos normativos, legais e negociais, respeitados os limites estabelecidos na Constituição". Nesse ponto, é interessante destacar fundamento do voto vencido do Ministro Fachin no sentido de que "A Constituição e as leis trabalhistas não podem ser desconsideradas nem pelos empregados nem pelos empregadores, mesmo em tempo de situação emergencial de saúde".

6 Estabelecem os dispositivos suspensos: *"Art. 29. Os casos de contaminação pelo coronavírus (covid-19) não serão considerados ocupacionais, exceto mediante comprovação do nexo causal. Art. 31. Durante o período de cento e oitenta dias, contado da data de entrada em vigor desta Medida Provisória, os Auditores Fiscais do Trabalho do Ministério da Economia atuarão de maneira orientadora (...)".*

7 As ações foram ajuizadas pelo Partido Democrático Trabalhista (ADI 6342), pela Rede Sustentabilidade (ADI 6344), pela Confederação Nacional dos Trabalhadores Metalúrgicos (ADI 6346), pelo Partido Socialista Brasileiro (ADI 6348), pelo Partido Comunista do Brasil (PCdoB), pelo Partido Socialismo e Liberdade (PSOL) e pelo Partido dos Trabalhadores (PT) conjuntamente (ADI 6349), pelo partido Solidariedade (ADI 6352) e pela Confederação Nacional dos Trabalhadores da Indústria (ADI 6354).

8 A decisão em controle concentrado de constitucionalidade foi proferida em juízo de cognição sumária. Porém, definir o seu sentido e alcance é fundamental, inclusive por força de seu caráter

dade ao trabalhador da comprovação da origem ocupacional da doença. Discute-se sobre os limites e alcance da decisão do STF. Ao dizer que não pode ser atribuído ao empregado o fardo da comprovação da origem ocupacional da doença, de forma automática, esse encargo seria atribuído ao empregador? Em todos os casos?

Releve-se que a questão do ônus da prova é crucial neste caso, pois é muito difícil a precisa definição do momento exato da contaminação até mesmo para médicos especialistas na matéria. Inúmeras autoridades públicas e sanitárias já declararam a existência de transmissão comunitária em unidades da Federação, de modo que sequer é possível identificar a trajetória de infecção pelo novo coronavírus.[9]

São imensos os impactos decorrentes da definição da responsabilidade ou não do empregador, bem como sobre a relação entre a contaminação do empregado pelo novo coronavírus e suas atividades do contrato de emprego. Inúmeros trabalhadores contaminados, infelizmente, acabam até mesmo falecendo, trazendo graves repercussões jurídicas.

Além da questão humana e da dor causada pela morte, no campo do direito do trabalho, podem ser imaginadas futuras discussões que dependerão, principalmente, da verificação do nexo de causalidade entre a doença e a execução do contrato de emprego. Por exemplo, para a definição de estabilidade no emprego (art. 118, da Lei 8.213/91), direito a depósitos do FGTS durante o período de afastamento (artigo 15 § 5º da Lei 8.036/1990), ação de regresso ajuizada pelo INSS (artigos 120 e 121 da Lei 8.213/91), ressarcimento de despesas médicas e hospitalares, indenização por danos morais e até pensão mensal vitalícia aos dependentes do trabalhador falecido. O descumprimento das normas de segurança, higiene e medicina do trabalho também poderão caracterizar crimes de homicídio, lesões corporais ou de perigo comum (artigos 121, 129 e 132 do Código Penal).

---

vinculante previsto no CPC: "Art. 927. Os juízes e os tribunais observarão: I – as decisões do Supremo Tribunal Federal em controle concentrado de constitucionalidade".

9 A Câmara dos Deputados aprovou a Mensagem Presidencial 93/2020, que reconheceu o estado de calamidade pública no Brasil.

2. DOS LIMITES FORMAIS E MATERIAIS DA MEDIDA PROVISÓRIA N. 327/2020

Dentro do sistema de freios e contrapesos dos Poderes da República (art. 2º), a Constituição Federal autoriza a edição de medidas provisórias com imediata força de lei pelo presidente, restando delimitadas as especiais circunstâncias para o exercício dessa função atípica:

> Art. 62. Em caso de *relevância e urgência*, o Presidente da República poderá adotar medidas provisórias, com força de lei, devendo submetê-las de imediato ao Congresso Nacional, que, estando em recesso, será convocado extraordinariamente para se reunir no prazo de cinco dias.
> Parágrafo único. As medidas provisórias perderão eficácia, desde a edição, se não forem convertidas em lei no prazo de trinta dias, a partir de sua publicação, devendo o Congresso Nacional disciplinar as relações jurídicas delas decorrentes.

A declaração pública de pandemia em relação ao novo Coronavírus pela Organização Mundial da Saúde (OMS), de 11 de março de 2020, bem como a Declaração de Emergência em Saúde Pública de Importância Internacional da OMS, de 30 de janeiro de 2020, não deixam dúvidas quanto ao caráter relevante e urgente do enfrentamento da matéria jamais prevista pelo legislador.

Ainda que a Constituição Federal estabeleça que a proteção contra despedida arbitrária ou sem justa causa é matéria reservada à lei complementar,[10] neste caso, é enfrentada uma situação absolutamente excepcional. O dispositivo do art. 7º, I, da Carta Magna, seria voltado para uma situação geral de normalidade da proteção ao emprego, tal como já reconhecido em julgado do STF.[11]

---

10 Art. 7º São direitos dos trabalhadores urbanos e rurais, além de outros que visem à melhoria de sua condição social: I – relação de emprego protegida contra despedida arbitrária ou sem justa causa, nos termos de lei complementar, que preverá indenização compensatória, dentre outros direitos.

11 "Norma que assegura ao trabalhador a manutenção de contrato de trabalho por doze meses após a cessão do auxílio-doença, independentemente de percepção de auxílio-acidente. Alegação de ofensa à reserva de lei complementar, prevista no art. 7º, I, da CF, para a disciplina da proteção da relação de emprego contra despedida arbitrária ou sem justa causa. Norma que se refere às garantias constitucionais do trabalhador em face de acidentes de trabalho e não guarda pertinência com a proteção da relação de emprego nos termos do art. 7º, I, da Constituição." (ADI 639, rel. min. Joaquim Barbosa, j. 2-6-2005, P, DJ de 21-10-2005.)

Para além desse aspecto, no ordenamento jurídico já existe norma disciplinando a questão do acidente de trabalho e a doença endêmica do trabalhador, conforme art. 20, da Lei n. 8.213/91:

> Art. 20. Consideram-se *acidente do trabalho*, nos termos do artigo anterior, as seguintes entidades mórbidas: I - (...); II – *doença do trabalho*, assim entendida a adquirida ou desencadeada em função de *condições especiais em que o trabalho é realizado e com ele se relacione diretamente*, constante da relação mencionada no inciso I.
>
> §1º *Não* são consideradas como doença do trabalho: [...] d) a doença *endêmica* adquirida por segurado habitante de região em que ela se desenvolva, *salvo comprovação* de que é resultante de *exposição ou contato direto* determinado pela natureza do trabalho. (Destaquei)

O texto suspenso estabelecia que "*os casos de contaminação pelo coronavírus (covid-19) não serão considerados ocupacionais, exceto mediante comprovação do nexo causal" (art. 29, da MP). Neste ponto, indaga-se se a norma suspensa teria estabelecido regramento diferente sobre a matéria já regulada pela Lei de Benefícios em relação a doenças endêmicas? Seria apenas um reforço argumentativo? A redação dos dispositivos normativos parece bastante semelhante, inclusive quanto à atribuição do ônus da prova ao empregado.*

De início, ressalte-se que, considerado o caráter normativo atípico da medida provisória, é vedada sua edição em relação à matéria já disciplinada em projeto de lei aprovado pelo Congresso Nacional.[12] Assim, não seria possível a alteração de critério de acidente de trabalho já definido na Lei de Benefícios em relação a doenças endêmicas. *Mas qual a diferença entre os textos normativos?*

Diariamente, assiste-se à luta de milhares de trabalhadores em atividades essenciais que continuam expostos ao elevado risco de contaminação. A medida provisória em debate não repetiu o texto da parte final da letra "d", do § 1º, do art. 20 da Lei n. 8.213/91 que autoriza o reconhecimento do acidente de trabalho, mesmo nos casos de doença endêmica, quando verificada "exposição ou contato direto determinado pela natureza do trabalho".

---

12 Constituição Federal, Art. 62. § 1º É vedada a edição de medidas provisórias sobre matéria: IV – já disciplinada em projeto de lei aprovado pelo Congresso Nacional e pendente de sanção ou veto do Presidente da República.

Trata-se de noção corrente dos operadores do direito que a lei não contém palavras inúteis. A falta de repetição do trecho legal sobre exposição ou contato direto com pessoas infectadas possui grande repercussão,[13] *ainda mais no contexto em que atribui ao trabalhador o ônus da prova diabólica de demonstrar o preciso momento do contágio.*[14]

Interessante questão é saber se, diante da decisão liminar do STF de suspensão do art. 29 da MP, deverá ser aplicada a antiga regra sobre doenças endêmicas mesmo em relação aos casos de trabalhadores diagnosticados com covid-19 ou se no ordenamento jurídico deve ser procurada outra solução mais adequada, mediante a análise dos pressupostos da responsabilidade civil.

3. DA RESPONSABILIDADE DO EMPREGADOR: SUBJETIVA OU OBJETIVA

A análise de qualquer pedido de indenização deve considerar o disposto no art. 186 do Código Civil que não apenas consagra uma regra universalmente aceita sobre responsabilidade civil, como também traz os seus pressupostos: ação ou omissão, culpa em sentido amplo, dano e nexo causal.

Durante muito tempo discutiu se no âmbito jurídico se a responsabilidade do empregador poderia ser aferida independentemente de cul-

13 Confiram-se, a título de exemplo, julgados do TST que decidiram pela demonstração do nexo causal em casos de trabalho desenvolvido em áreas de contágio: "II – RECURSO DE REVISTA. ACIDENTE DE TRABALHO. LEISHMANIOSE. CONTRAÍDA EM REGIÃO ONDE A DOENÇA É CONSIDERADA ENDÊMICA. ESTABILIDADE PROVISÓRIA. INDENIZAÇÃO SUBSTITUTIVA. A jurisprudência desta Corte entende que são pressupostos para a concessão da estabilidade o afastamento superior a 15 dias e a consequente percepção do auxílio-doença acidentário (artigo 118 da Lei 8.213/91), salvo se constatada, após a despedida, doença ocupacional que guarde relação de causalidade com a execução do contrato de emprego. Destaque-se que, ainda que o empregado seja habitante da região onde a enfermidade é tida como endêmica, o § 1º do art. 20 da Lei 8.213/1991 reputa-a como doença ocupacional, se ficar comprovado que é resultado de exposição ou contato direto determinado pela natureza do trabalho. Consta no acórdão recorrido que o reclamante foi acometido por Leishmaniose, reconhecida como doença profissional por ser designado a trabalhar no desmatamento de florestas no Pará/Norte do país, em região onde essa doença é tida por endêmica. Restou consignado que o empregado esteve em tratamento clínico por um mês, que a doença não causou sequelas e que, apesar de o autor não se afastar do emprego, deixou de atuar nas "frentes de trabalho" e passou a exercer apenas atividades no escritório da empresa.(...)" (RR-2017-84.2012.5.03.0129, 2ª Turma, Relatora Ministra Maria Helena Mallmann, DEJT 24/5/2019).

14 Tome-se como exemplo os milhares de médicos e enfermeiros em contato direto e diário com pacientes infectados.

pa nos casos de exercício de atividade de risco, mediante a aplicação da norma do art. 927, parágrafo único, do Código Civil:

> Art. 927. Aquele que, por ato ilícito (arts. 186 e 187), causar dano a outrem, fica obrigado a repará-lo.
>
> Parágrafo único. Haverá *obrigação* de reparar o dano, *independentemente de culpa*, nos casos especificados em lei, ou quando *a atividade normalmente desenvolvida pelo autor do dano implicar, por sua natureza, risco para os direitos de outrem.* (Destaquei)

O questionamento quanto à aplicação da teoria objetiva da responsabilidade no âmbito das relações trabalhistas é fundamentado principalmente na Constituição Federal que, segundo essa corrente restritiva, estabeleceria a responsabilidade do empregador apenas em casos de culpa, conforme art. 7º, XXII:

> CF Art. 7º São *direitos dos trabalhadores* urbanos e rurais, *além de outros* que visem à melhoria de sua condição social:
>
> XXVIII – seguro contra acidentes de trabalho, a cargo do empregador, sem excluir a indenização a que este está obrigado, quando incorrer em dolo ou culpa. (Destaquei)

De início, verifica-se que a norma constitucional estabelece direitos fundamentais dos trabalhadores e não dos empregadores. É garantido, no mínimo, direito à indenização nos casos de dolo ou culpa do empregador. Em nenhum momento é estabelecido direito dos empregadores de serem responsabilizados apenas nos casos de dolo ou culpa. Além disso, a Constituição estabelece apenas os direitos mínimos dos empregados, "*além de outros*" que podem ser estabelecidos nas leis ordinárias.

No caso extremo de um hospital, imagine-se a contaminação por covid-19 de médicos e enfermeiros que trabalham diretamente no cuidado de pacientes infectados. Seria constitucional ou razoável norma jurídica exigir que o trabalhador, para pleitear eventual indenização, comprovasse a culpa do empregador, por exemplo, quanto à falta de adoção de medidas de segurança? Parece que essa exigência não atenderia os reclamos constitucionais de uma justiça social.[15]

---

15 Para a teoria clássica, regra geral, a verificação da culpa depende da presença de três elementos principais: a) conduta voluntária, com resultado involuntário; b) previsibilidade objetiva, pois se o

Hoje, na diretriz incorporada pelo Código Civil de 2002, o direito não olha apenas para o ofensor e sua conduta, mas principalmente para a vítima e o dano injusto que experimentou.[16] Conforme parágrafo único do art. 927, para a responsabilidade nos casos de atividade de risco basta apenas a comprovação do nexo de causalidade entre a conduta do agente e o resultado danoso. Evolui-se do conceito de culpa para o de risco, podendo ser observada uma tendência de objetivação da responsabilidade civil no ordenamento jurídico brasileiro, principalmente a partir da incorporação de conceitos desenvolvidos no direito ambiental[17] e consumeirista.[18]

Na forma como adverte Caio Mário,[19]

> (...) o conceito de risco que melhor se adapta às condições da vida social é o que se fixa no fato de que, se alguém põe em funcionamento

---

resultado fosse imprevisível estaria fora dos limites da culpa; c) falta de cuidado ou cautela, aferida de acordo com o que ordinariamente acontece, observando-se o fato concreto. Na responsabilidade objetiva, estão presentes os dois primeiros elementos da culpa, sendo *previsível* que determinadas *atividades voluntariamente* exploradas pelo empregador submeta seus trabalhadores a um risco maior de contaminação do que os demais membros da coletividade. Todavia, considerando-se que o dano é um fato normal do desdobramento natural da conduta de risco praticada, a teoria civilista evoluiu para, nesses casos, dispensar prova de falta de cuidado ou cautela pelo ofensor. O eixo da responsabilidade civil deixa de ficar centralizado na investigação sobre a prática ou não de ato ilícito pelo ofensor, de modo que centralize o olhar no dano injusto sofrido pela vítima.

16 Historicamente, a responsabilidade civil surgiu para coibir a prática de atos ilícitos. Atualmente, para atendimento de anseios sociais de justiça, com base no princípio constitucional da solidariedade, assistimos a uma flexibilização dos pressupostos de responsabilidade civil, seja em relação ao nexo causal ou à culpa. A ideia inicial de repressão de condutas individuais ilícitas é substituída pela solidariedade social, aspecto indispensável numa sociedade de riscos.

17 No direito ambiental, diferenciam-se os princípios da precaução e da prevenção. Este busca a prevenção de danos quando já são conhecidas as consequências de determinada conduta, restando comprovado cientificamente o nexo causal ou podendo ser logicamente presumido. O princípio da precaução é mais amplo e exige uma atuação antecipada, não autorizando o prosseguimento de atividade sem informações certas sobre suas consequências. Busca-se evitar riscos de danos ambientais dificilmente recuperáveis. Nos termos da Constituição Federal, "*Art. 225. Todos têm direito ao meio ambiente ecologicamente equilibrado, bem de uso comum do povo e essencial à sadia qualidade de vida, impondo-se ao Poder Público e à coletividade o dever de defendê-lo e preservá- lo para as presentes e futuras gerações. § 1º – Para assegurar a efetividade desse direito, incumbe ao Poder Público: IV – exigir, na forma da lei, para instalação de obra ou atividade* potencialmente causadora de significativa degradação do meio ambiente, estudo prévio de impacto ambiental, *a que se dará publicidade.*" Até porque o trabalhador passa em média 1/3 de sua vida no local do emprego, tem-se o reconhecimento expresso do ambiente de trabalho pela Constituição Federal: "*Art. 200. Ao sistema único de saúde compete, além de outras atribuições, nos termos da lei: VIII – colaborar na proteção do meio ambiente,* nele compreendido o do trabalho". (Destaquei)

18 Doutrinariamente, a terceira dimensão dos direitos humanos inclui a defesa do consumidor e tem como titulares uma coletividade indeterminada de pessoas que podem ser atingidas por danos em grande escala.

19 PEREIRA, Caio Mário da Silva. *Responsabilidade Civil.* 11ª ed. rev. Rio de Janeiro: Forense, 2016, p. 487.

uma qualquer atividade, responde pelos eventos danosos que essa atividade gere para os indivíduos, independentemente de se determinar se em cada caso, isoladamente, o dano é devido à imprudência, a negligência, a um erro de conduta, e assim se configura a teoria do risco criado.[20]

Esse foi o entendimento adotado pelo STF no julgamento do Recurso Extraordinário nº 828.040, quando se discutiu sobre a aplicação e compatibilização dos artigos 7º, inciso XXVIII da Constituição Federal e o parágrafo único do art. 927 do Código Civil:

> O Tribunal, por maioria, fixou a seguinte tese de repercussão geral: "O *artigo 927, parágrafo único, do Código Civil é compatível* com o *artigo 7º, XXVIII, da Constituição Federal*, sendo constitucional a responsabilização *objetiva* do empregador por danos decorrentes de acidentes de trabalho, nos *casos especificados em lei, ou quando a atividade normalmente desenvolvida, por sua natureza, apresentar exposição habitual a risco especial, com potencialidade lesiva e implicar ao trabalhador ônus maior do que aos demais membros da coletividade*", nos termos do voto do Ministro Alexandre de Moraes (Relator), vencido o Ministro Marco Aurélio. Ausente, por motivo de licença médica, o Ministro Celso de Mello. Presidência do Ministro Dias Toffoli. Plenário, 12.3.2020. (Destaquei)

Noutras palavras, ainda que a reclamada tenha agido de forma cautelosa, tendo atuado de maneira extremamente diligente e adotado diversas medidas de segurança, responde pelo evento danoso que o desenvolvimento de sua atividade econômica acarretou ao trabalhador. Nos termos da regra do parágrafo único do art. 927 do Código Civil, a responsabilidade da reclamada nesse caso é objetiva, sendo dispensável a ocorrência de culpa.

Assim, no caso de desenvolvimento de atividade com elevado nível de exposição dos trabalhadores a um risco de contágio pelo covid-19, tem-se a incidência da regra da responsabilidade objetiva do empregador prevista no parágrafo único do art. 927 do Código Civil. Todavia, essa conclusão da responsabilidade, independente de culpa, não dispensa a investigação sobre o nexo causal entre o cumprimento do contrato e a doença do empregado, pressuposto da responsabilidade civil analisado no próximo capítulo.[21]

---

20 Os institutos tradicionais da responsabilidade civil não são mais capazes de impedir e ressarcir muitos danos na sociedade atual. Essas novas hipóteses de danos levam o direito a procurar outras soluções para o cumprimento de sua missão reguladora de forma justa da vida social como nos casos de responsabilidade objetiva.

21 Noutras palavras, em termos de responsabilidade objetiva, é dispensada apenas a verificação do requisito da culpa e não do nexo causal.

4. DO NEXO DE CAUSALIDADE

Dentre os pressupostos da responsabilidade civil, provavelmente o de mais difícil investigação, na maioria dos casos de trabalhadores doentes, é o nexo causal. Trata-se do estabelecimento de uma relação de causa e efeito entre as atividades laborais e a doença sofrida pelo empregado (dano). Em qualquer pedido de indenização, deve ser o primeiro elemento a ser analisado, pois ninguém responde por aquilo que não tenha dado causa.

Como desdobramento natural da conduta, o nexo de causalidade deve ser aferido de forma objetiva.[22] Ausente o nexo causal, não existe o dever de indenizar, seja em caso de responsabilidade subjetiva ou objetiva.[23]

No âmbito jurídico, duas teorias de origem alemã destacam-se em relação ao estudo sobre o nexo de causalidade:

a) Teoria da equivalência dos antecedentes causais: É a teoria adotada no Direito Penal.[24] Não faz diferença entre causa e condição. Também conhecida como *conditio sine qua non*, propõe a realização de um raciocínio com a eliminação mentalmente de determinada circunstância para saber se é ou não a causa do evento investigado. A teoria sofre muitas críticas e não é aplicada no campo da responsabilidade civil, principalmente porque não possui limites e poderia acarretar uma responsabilização generalizada. Por exemplo, no caso de uma regressão infinita do nexo causal, poderia se chegar até mesmo à responsabilização do médico que fez o parto do nascimento do assassino.

---

22 O art. 29 da MP, considerado inconstitucional na decisão do STF, pretendia, como regra geral, afastar a responsabilidade do empregador em relação a doenças de empregados expostos aos riscos da contaminação pelo covid-19, salvo comprovação pelo empregado do preciso momento da contaminação.

23 No sentido da imprescindibilidade do nexo de causalidade, mesmo nos casos de responsabilidade objetiva, estabelece o Código Civil: Art. 927. Aquele que, por ato ilícito (arts. 186 e 187), *causar dano* a outrem, fica obrigado a *repará-lo*. Parágrafo único. Haverá obrigação de reparar o dano, *independentemente de culpa*, nos casos especificados em lei, ou quando a *atividade* normalmente desenvolvida pelo autor do dano implicar, por sua natureza, *risco* para os direitos de outrem. (Destaquei) Releve-se que o parágrafo único da norma exclui apenas a necessidade da prova da culpa, mas não o nexo de causalidade.

24 Código Penal, Art. 13 – O resultado, de que depende a existência do crime, somente é imputável a quem lhe deu causa. Considera-se *causa a ação ou omissão sem a qual o resultado não teria ocorrido*. (Destaquei)

b) Teoria da causalidade adequada: busca definir critérios que possam limitar o nexo causal, pois nem todas as condições concorrem para o evento da mesma forma, devendo ser considerada *causa* apenas aquela mais adequada à produção do resultado. O fato ao qual é atribuído o resultado trata-se de um antecedente não apenas necessário, mas adequado à produção do resultado, devendo a conduta do agente ser avaliada segundo o curso normal das coisas.[25]

O agente causador do dano conhecia ou poderia conhecer a consequência do modo como agiu, tendo em vista um juízo de probabilidade e desencadeamento normal dos fatos. A previsibilidade do evento danoso determinaria a adequação da causalidade que somente poderia ser excluída no caso de uma consequência estranha ou extraordinária em relação ao fato.

Situações existem em que é menos difícil a conclusão sobre o nexo de causalidade entre o tipo de trabalho realizado e a contaminação do empregado, tendo em vista a normal verificação dos fatos da vida. Por exemplo, no trabalho em atividades essenciais, como nos casos de contato direto entre médicos e enfermeiros com pacientes infectados. Nesses casos, o trabalho em hospital é um fato adequado para a produção do resultado e a contaminação do profissional da saúde segue o rumo normal das coisas, não sendo um fato inesperado.

Será que, mesmo nesses casos extremos de trabalho em hospitais, a Medida Provisória seria livre para atribuir ao trabalhador o ônus da comprovação do preciso momento da contaminação, sendo que muitos especialistas e médicos da matéria já disseram que isso é quase impossível?

Além desses casos extremos de trabalho em hospitais, existem inúmeras outras atividades que colocam os trabalhadores em risco de con-

---

25 Conforme norma do Código Civil, "Art. 403. Ainda que a inexecução resulte de dolo do devedor, as perdas e danos só incluem os prejuízos efetivos e os lucros cessantes por efeito dela *direto e imediato*, sem prejuízo do disposto na lei processual." (Destaquei). Para parte da doutrina, o Código Civil teria incorporado uma terceira teoria sobre o nexo causal: do dano direto e imediato. Deve ser verificada não apenas a proximidade da conduta, mas também a necessariedade de uma relação de causa e efeito. Todavia, parece que as teorias da causalidade adequada e do dano direto e imediato complementam-se. Isso porque, no caso de outra conduta contribuir de forma mais direta e imediata para o resultado final, estar-se-ia diante de uma conduta considerada também mais adequada.

tágio muito superior ao verificado em relação às pessoas que, por não exercerem atividades essenciais, conseguem ficar resguardadas em casa durante o período de quarentena.

De acordo com informações dos órgãos de saúde, a transmissão ocorre de uma pessoa para outra mediante gotículas respiratórias ou contato próximo. A proximidade com pessoas que tenha sintomas respiratórios (por exemplo, espirros e tosse) configura risco de exposição a essas gotículas respiratórias potencialmente contagiantes. Estudiosos argumentam que até mesmo pessoas não sintomáticas podem transmitir o vírus, uma vez que o período de incubação desde a exposição ao vírus até o aparecimento dos sintomas pode demorar de 2 a 14 dias.

Nessa zona de penumbra, são enormes as dificuldades para se definir se uma maior exposição do empregado à doença implicaria atividade de risco para caracterização da natureza ocupacional da contaminação. Não existem precedentes judiciais sobre a matéria que possam esclarecer a população sobre quais atividades são de risco na matéria. Além disso, a questão é médica e tem natureza eminentemente técnica, devendo a solução possuir um aspecto multidisciplinar.

Assim, para auxiliar nessa difícil tarefa, deve-se considerar a classificação de risco da Occupational Safety and Health (OSHA), adotada pelo Ministério Público do Trabalho na nota técnica conjunta nº 02/2020 – PGT/CODEMAT/CONA,[26] na qual são elencadas diversas recomendações para que os empregadores, sindicatos patronais e sindicatos profissionais dos setores econômicos colaborem para uma maior efetividade no controle das ações de prevenção à proliferação do CONVID-19:

> i) Risco muito alto de exposição: aqueles com alto potencial de contato com casos confirmados ou suspeitos de COVID-19 durante procedimentos médicos, laboratoriais ou post-mortem, tais como: médicos, enfermeiras, dentistas, paramédicos, técnicos de enfermagem, profissionais que realizam exames ou coletam amostras e aqueles que realizam autopsias;
>
> (ii) Risco alto de exposição: profissionais que entram em contato com casos confirmados ou suspeitos de COVID-19, tais como: fornece-

26 Disponível em: mpt.mp.br › noticias › nota-tecnica-no-4-coronavirus-1. Acesso em 16/6/20.

dores de insumos de saúde, e profissionais de apoio que entrem nos quartos ou ambientes onde estejam ou estiveram presentes pacientes confirmados ou suspeitos, profissionais que realizam o transporte de pacientes, como ambulâncias, profissionais que trabalham no preparo dos corpos para cremação ou enterro;

(iii) Risco mediano de exposição: profissionais que demandam o contato próximo (menos de 2 metros) com pessoas que podem estar infectadas com o novo coronavírus, mas que não são considerados casos suspeitos ou confirmados; que tem contato com viajantes que podem ter retornado de regiões de transmissão da doença (em áreas sem transmissão comunitária); que tem contato com o público em geral (escolas, ambientes de grande concentração de pessoas, grandes lojas de comércio varejista) (em áreas com transmissão comunitária);

(iv) Risco baixo de exposição: aqueles que não requerem contato com casos suspeitos, reconhecidos ou que poderiam vir a contrair o vírus, que não tem contato (a menos de 2 metros) com o público; profissionais com contato mínimo com o público em geral e outros trabalhadores.

De acordo com a classificação da OSHA, pode-se afirmar que existe uma elevada probabilidade de que os trabalhadores tenham sido contaminados durante a realização das atividades dos graus de exposição i) e ii). Nesses casos, não seria razoável exigir uma certeza absoluta de que o cumprimento do contrato de emprego tenha sido a causa da doença (efeito),[27] mesmo porque praticamente impossível. Porém, pode-se afirmar de acordo com o estado de evolução da ciência que nessas duas primeiras situações existe um grau extremamente elevado de risco para a contaminação do empregado durante o trabalho.[28]

---

27 Em relação à facilitação da defesa do consumidor em Juízo, estabelece a Lei n. 8.078/90: Art. 6º São direitos básicos do consumidor: I – a proteção da vida, saúde e segurança contra os *riscos* provocados por práticas no fornecimento de *produtos e serviços considerados perigosos ou nocivos*; VI – *a efetiva prevenção e reparação* de danos patrimoniais e morais, individuais, coletivos e difusos; VIII – a *facilitação da defesa de seus direitos*, inclusive com a *inversão do ônus da prova*, a seu favor, no processo civil, quando, a critério do juiz, for *verossímil a alegação* ou quando for ele *hipossuficiente*, segundo as regras ordinárias de experiências. (Destaquei)
Nesse ponto, é interessante destacar que se verifica uma grande proximidade entre o direito do trabalho e do consumidor, pois ambos têm como eixo central uma relação desigual e assimétrica que acaba transferida para o processo, no qual o trabalhador tem uma hipossuficiência e dificuldade probatória tão acentuada quanto o consumidor.

28 Essa solução sobre o estabelecimento do nexo causal em caso de atividades com exposição ao risco da doença já tinha sido incorporada pela parte final *da letra "d", do §º1, do art. 20 da Lei n.*

A referida conclusão de nexo causal objetivo não pode ser estendida para os casos de atividades com risco mediano (iii) e de baixa exposição (iv). É importante relembrar que a evolução da teoria da equivalência dos antecedentes causais para a teoria da causalidade adequada decorreu justamente da necessidade do estabelecimento de critérios que possam limitar o nexo causal, sob pena de total desconsideração da teoria da responsabilidade civil e da responsabilização generalizada dos indivíduos.

Em casos de atividades não consideradas de risco alto ou muito alto, portanto, a análise do cumprimento pelo empregador das normas de higiene para preservação da saúde de seus empregados será muito importante, não apenas para a definição da culpa, como também para o estabelecimento do nexo de causalidade, verificado a partir da criação de uma situação de risco.[29]

Em resumo, a atividade do empregador pode ser considerada de risco para a configuração do nexo de causalidade em duas situações principais: a) quando a situação de risco decorre da própria natureza e dinâmica da atividade empresarial (por exemplo, no trabalho de enfermeiros em hospitais); b) quando, devido a uma conduta imprudente do empregador que desconsidera as normas de saúde, é criada uma situação potencial de risco antes inexistente ou que poderia ser evitada.

5. DO DANO

Uma vez estabelecido o nexo causal entre a doença e o cumprimento do contrato de emprego, não existem dúvidas quanto ao direito do trabalhador à estabilidade acidentária de 12 meses após a alta previdenciária, no

8.213/91 que autoriza o reconhecimento do acidente de trabalho, mesmo nos casos de doença endêmica, quando verificada "exposição ou contato direto determinado pela natureza do trabalho".

29 Não se desconhece a responsabilidade objetiva do empregador pela integridade do ambiente de trabalho, conforme garantido pelo art. 200, VIII e art. 226 da Constituição Federal. A discussão neste ponto envolve questão anterior, ou seja, se é possível ou não concluir pelo nexo causal entre a doença e o cumprimento do contrato de trabalho. Ausente nexo de causalidade, mesmo em caso de responsabilidade objetiva, não existe o dever de reparar dano que não tenha sido causado pelo agente.

caso de afastamento por prazo superior a 15 dias (arts. 59 e 118, da Lei n. 8.213/91) e aos depósitos do FGTS (artigo 15 § 5º da Lei 8.036/1990).

A parte mais polêmica da questão envolve o tema a ser explorado no presente capítulo e diz respeito às indenizações a serem pagas pelo empregador, a título de danos morais, materiais, despesas médicas[30] ou até mesmo de pensão aos familiares do empregado, nos casos de falecimento.[31] Os sintomas da doença nas pessoas são muito diferentes, podendo ser leves ou muito graves, inclusive podendo levar a óbito em determinadas situações.

O Código Civil tem um capítulo sobre valor da indenização que é iniciado pela seguinte regra geral:

> Art. 944. A indenização mede-se pela extensão do dano.
>
> Parágrafo único. Se houver excessiva desproporção entre a gravidade da culpa e o dano, poderá o juiz reduzir, *eqüitativamente*, a indenização.

Em relação à extensão do dano, muitos questionamentos podem surgir, principalmente nos pedidos de natureza extrapatrimonial. Por exemplo, seria devida indenização por danos morais a um empregado que contraiu a doença do covid-19 no trabalho, mas permaneceu assintomático? Parece que, nesse caso, de menor evolução da doença e baixa gravidade, estar-se-ia diante do que a jurisprudência tem denominado mero dissabor,[32]

---

30 Código Civil, Art. 948. No caso de homicídio, a indenização consiste, sem excluir outras reparações: I – no pagamento das despesas com o tratamento da vítima, seu funeral e o luto da família; II – na prestação de alimentos às pessoas a quem o morto os devia, levando-se em conta a duração provável da vida da vítima. Art. 949. No caso de lesão ou outra ofensa à saúde, o ofensor indenizará o ofendido das despesas do tratamento e dos lucros cessantes até ao fim da convalescença, além de algum outro prejuízo que o ofendido prove haver sofrido. Art. 950. Se da ofensa resultar defeito pelo qual o ofendido não possa exercer o seu ofício ou profissão, ou se lhe diminua a capacidade de trabalho, a indenização, além das despesas do tratamento e lucros cessantes até ao fim da convalescença, incluirá pensão correspondente à importância do trabalho para que se inabilitou, ou da depreciação que ele sofreu. Parágrafo único. O prejudicado, se preferir, poderá exigir que a indenização seja arbitrada e paga de uma só vez.

31 Releve-se que é pacífico o entendimento tanto no Supremo Tribunal Federal como no Superior Tribunal de Justiça que a indenização previdenciária não se confunde com a indenização do direito comum, porquanto têm origens diversas, sendo aquela baseada no direito acidentário e esta no direito comum. Nesse sentido, aliás, a Súmula n. 229 do STF e inciso XXVIII, do art. 7º da Constituição Federal.

32 Nesse sentido, confiram-se julgados do TST: DANOS MORAIS. Muito embora o excessivo calor que os reclamantes estavam expostos durante o corte de cana-de-açúcar possa causar, de fato, desconforto, entende-se, quando não constatada qualquer situação ou circunstância excepcional daí decorrente, que se trata de mero dissabor, não gerando, por si só, resultado grave o suficiente para a caracterização de abalo moral. Recurso de revista não conhecido. (ARR-1209-07.2010.5.15.0100,

sendo indevida qualquer indenização por danos morais. Conforme adverte Sebastião Geraldo de Oliveira:[33]

> Mas ocorrem acidentes do trabalho menores que não geram afastamentos, nem deixam evidências de danos e, portanto, não acarretam indenização, como por exemplo, uma pequena queda, uma torção ou um corte superficial que, após simples atendimento ambulatorial na própria empresa, propicia o retorno do empregado para suas atividades normais, sem outros comprometimentos. Poder-se-ia argumentar que o art. 7.º, XXVIII, da Constituição da República, determina a indenização para todo acidente de trabalho, porque não fez qualquer distinção, não podendo o intérprete fazê-la. Esse argumento, todavia, não vinga porque é incabível determinar a reparação quando não existe prejuízo. É certo que o acidente de pouca gravidade ainda assim pode causar algum desconforto, aborrecimento ou mesmo afetar o bem-estar da vítima, mas o dano, teoricamente existente, é tão diminuto que torna praticamente inviável sua mensuração para fins reparatórios.

8ª Turma, Relator Ministro Marcio Eurico Vitral Amaro, DEJT 22/3/2019). AGRAVO DE INSTRUMENTO DA RECLAMADA. IN 40 DO C. TST. DANO MORAL. AERONAVE EM SOLO - AR CONDICIONADO DESLIGADO. PROVIMENTO. Deve ser provido o agravo de instrumento, por possível violação do artigo 5º, X, da CF. Agravo de instrumento provido. RECURSO DE REVISTA DA RECLAMADA . IN 40 DO C. TST. DANO MORAL. AERONAVE EM SOLO - AR CONDICIONADO DESLIGADO. O mero dissabor do dia a dia não enseja a reparação por danos morais. O fato de o comissário de bordo ter que atender/ouvir as reclamações dos passageiros em face de o ar acondicionado permanecer desligado quando a aeronave está em solo não constitui fato grave a ensejar a reparação moral pelo empregador. O dano moral a ser indenizado é aquele que excede a normalidade, comprometendo o equilíbrio psicológico do indivíduo. Recurso de revista conhecido e provido" (ARR-10199-51.2013.5.01.0009, 6ª Turma, Relator Ministro Aloysio Correa da Veiga, DEJT 18/8/2017). "INDENIZAÇÃO POR DANOS MORAIS. ACIDENTE DE TRABALHO. É entendimento consolidado no âmbito desta Corte Superior o de que o dano moral, nos casos de acidente de trabalho, prescinde da demonstração do efetivo abalo da vítima. Assim, uma vez existente o dano, o nexo causal e a culpa do empregador, é devida a compensação. No entanto, há situações, como a dos autos, em que a gravidade da lesão afasta a aplicação do chamado dano *in re ipsa*. Isso porque, ainda que "o entorse e a distensão do tornozelo" tenham causado desconforto ao reclamante, não houve sequela alguma, e o afastamento do labor se deu por período exíguo. Verifica-se, ademais, a expressa consignação de que o obreiro retornou normalmente para as atividades dantes desempenhadas. Sendo assim, no caso específico dos autos, reitere-se, em que o acidente de trabalho não resultou no deferimento de indenização por danos materiais ou estéticos, já que inexistente a incapacidade laborativa e/ou sequelas, a demonstração do efetivo abalo moral é necessária para fins de deferimento da indenização vindicada. *In casu*, o Regional, examinando o conjunto fático-probatório produzido nos autos, registrou a "inexistência de prova dos fatos constitutivos do direito do autor". Referido elemento fático é insuscetível de análise nesta fase recursal. Exegese da Súmula n.º 126 do TST. Recurso de Revista não conhecido, no tópico" (RR-148500-44.2007.5.17.0008, 1ª Turma, Relator Ministro Luiz Jose Dezena da Silva, DEJT 24/5/2019).

33 OLIVEIRA, Sebastião Geraldo de. *Indenização por acidente do trabalho ou doença ocupacional*. 1ª edição. São Paulo: LTr, 2005. p. 110.

Já no caso de manifestação de sintomas, inclusive com dores, falta de ar e necessidade de internação hospitalar, tem-se que a recuperação posterior não teria o condão de apagar a dor e angústia sofridas pelo empregado. Nessa hipótese, é devida a indenização por danos morais com fundamento no art. 5º, incisos V e X da Constituição Federal, diante da violação inequívoca de direitos da personalidade do trabalhador.

O *caput* da norma do art. 944 do Código Civil é a regra geral sobre o dano em matéria de responsabilidade civil e volta sua atenção para o tamanho do injusto prejuízo experimentado pela vítima, cuja finalidade da indenização sempre foi o retorno de seu patrimônio ao estado anterior à prática do ato lesivo.

Todavia, situações existem de manifesta desproporção entre a gravidade da culpa do agente e o dano causado, e assim o juiz estaria autorizado a reduzir de modo equânime o valor da indenização. A norma do parágrafo único do art. 944 do Código Civil é uma grande inovação e exceção à regra geral do direito à reparação integral da vítima. Assim, até para que seja considerada constitucional sob o prisma da proteção do patrimônio da vítima, a novidade merece interpretação restritiva. Referida norma deve ser utilizada com cautela e sempre de forma fundamentada, configurando importante instrumento para possibilitar a justiça no caso concreto, com a observância de suas peculiaridades.

Na análise de situações de risco mediano (iii) e baixo de exposição (iv), possui grande relevância a demonstração pelo empregador da adoção das medidas de segurança indicadas pelas autoridades de saúde, sob pena de incorrer até mesmo em culpa contra a legalidade. É importante ressaltar que o inciso XXII, do art. 7º da Constituição Federal estabelece como direito fundamental dos trabalhadores a "*redução dos riscos inerentes ao trabalho, por meio de normas de saúde, higiene e segurança*".

No mesmo sentido, estabelece o art. 157 da CLT, que "*cabe às empresas: I – cumprir e fazer cumprir as normas de segurança e medicina do trabalho; II – instruir os empregados, através de ordens de serviço, quanto às precauções a tomar no sentido de evitar acidentes do trabalho ou doenças ocupacionais*".

Quando analisada a questão sob o prisma do exercício de atividade de risco, em tese, seria prescindível até mesmo a verificação da culpa uma vez que o nexo causal seria aferido de forma objetiva nos casos de i) risco muito alto e (ii) risco alto de exposição. Todavia, considerada a determinação legal de redução proporcional do valor da indenização, parece que não seria justo equiparar situações de empregadores diligentes com as normas de segurança e aqueles que submetem seus empregados ao trabalho totalmente desprotegidos.

A finalidade do novo parágrafo único do art. 944 do Código Civil foi justamente possibilitar o exame do grau de culpa da conduta do agente como forma de se alcançar um resultado mais justo na fixação da reparação,[34] o que também deve ser feito em casos de responsabilidade objetiva.[35] A questão é extremamente polêmica,[36] porém a interpretação meramente literal do dispositivo que se refere a "*gravidade da culpa*" não prevalece diante de um argumento teleológico: se o legislador autoriza a redução equitativa do valor da indenização até mesmo em casos de culpa leve, quanto mais em caso de ausência de culpa.

6. CONCLUSÃO

O Plenário do Supremo Tribunal Federal (STF), em 29/4/2020, suspendeu a eficácia do artigo 29 da Medida Provisória (MP) 927/2020 que estabelece que o coronavírus não é doença ocupacional. Isso não sig-

34 Releve-se que no caso de responsabilidade objetiva afasta-se a ideia de caráter pedagógico da condenação em indenização por danos morais. Porém, isso não significa que a avaliação da conduta de um empregador diligente com as normas de saúde deva ser a mesma de um empresário improbo.

35 Inicialmente, o enunciado 46 da I Jornada de Direito Civil estabelecia "*a possibilidade de redução do montante da indenização em face do grau de culpa do agente, estabelecida no parágrafo único do art. 944 do novo Código Civil, deve ser interpretada restritivamente, por representar uma exceção ao princípio da reparação integral do dano, não se aplicando às hipóteses de responsabilidade objetiva*". Posteriormente, foi aprovado o enunciado 380, na IV Jornada de Direito Civil, o qual suprimiu a parte final do enunciado 46, "*não se aplicando às hipóteses de responsabilidade objetiva*".

36 Muitos argumentam que a aplicação da redução equitativa do valor do dano em casos de atividade de risco acabaria por representar uma objeção à finalidade pretendida pela responsabilização objetiva, além de trazer para o debate uma discussão desnecessária sobre a culpa do agente.

nifica que toda contaminação por covid-19 será considerada de origem ocupacional. Diante da natureza técnica e médica da matéria, tem-se que a classificação de risco da Occupational Safety and Health (OSHA) fornece importantes elementos para a definição do nexo de causalidade e não apenas do tipo de responsabilidade subjetiva ou objetiva do empregador.[37]

7. REFERÊNCIAS BIBLIOGRÁFICAS

OLIVEIRA, Sebastião Geraldo de. *Indenização por acidente do trabalho ou doença ocupacional*. 1ª edição. São Paulo: LTr, 2005. p. 110.

PEREIRA, Caio Mário da Silva. *Responsabilidade Civil*. 11ª ed. rev. Rio de Janeiro: Forense, 2016.

37 Isso para aqueles que não adotam a tese da responsabilidade objetiva do empregador pela integridade do ambiente de trabalho, conforme garantido pelo art. 200, VIII e art. 226 da Constituição Federal.

7. A REVISÃO DAS CLÁUSULAS OU SUSPENSÃO DE UM ACORDO TRABALHISTA POR MOTIVO DE FORÇA MAIOR DECORRENTE DA PANDEMIA

César Reinaldo Offa Basile

Resumo: O presente ensaio tem como objetivo perquirir a natureza jurídica de uma composição que soluciona um litígio em matéria trabalhista e os impactos da crise sanitária e econômica decorrentes da pandemia da COVID-19 (deflagrada pelo coronavírus) sobre suas cláusulas, notadamente a possibilidade de se reclamar revisão ou mesmo de suspender sua exigibilidade diante da força maior que afeta substancialmente a situação financeira do devedor, assim como os meios processuais adequados para se deduzir essa pretensão.

1. INTRODUÇÃO

Em que pese o grande temor trazido pela pandemia da COVID-19, com vítimas fatais na casa das centenas de milhares, e da absoluta mudança de hábitos, submetendo pessoas a medidas restritivas de suas liberdades pessoais em prol da saúde pública, com significativas implicações na produção e no consumo, qualquer situação de anormalidade ou de urgência precisa encontrar solução no ordenamento jurídico pátrio, pois o Estado de Direito não pode apenas existir para situações de normalidade. Ignorar o direito posto e agir conforme o que se entende por "bom senso diante das circunstâncias" apenas faz sentido em um estado de exceção.

Nas palavras do filósofo italiano Giorgio Agamben

> (...) o estado de exceção, na concepção schmittiana, é a abertura de um espaço em que a aplicação e a norma mostram sua separação e em que uma pura força de lei realiza (isto é, aplica, desaplicando) uma norma cuja aplicação foi suspensa. Desse modo, a união impossível entre norma e realidade e a consequente constituição do âmbito da norma, é operada sob a forma da exceção, (...) marca um patamar onde lógica e práxis se

indeterminam e onde uma pura violência sem logos pretende realizar um enunciado sem nenhuma referência real.[1]

Sendo certo que a pandemia não inaugura um estado de exceção, o desafio passa a ser encontrar no Direito a sua melhor aplicação diante da situação imprevisível e das condições extraordinárias vivenciadas.

2. A NATUREZA JURÍDICA DE UMA COMPOSIÇÃO DE VONTADES QUE SOLUCIONA UM LITÍGIO EM MATÉRIA TRABALHISTA

Para uma melhor compreensão da possibilidade de revisão das cláusulas ou da suspensão de uma avença que solucione um litígio em matéria trabalhista, é importante se definir qual a natureza jurídica dessa composição de vontades.

Isso porque, com texto original datado de 1942 e submetida a diversas alterações legislativas não sistemáticas ao longo de décadas, e mais substancialmente em 2017, pela Lei n. 13.467 (conhecida como reformadora), a Consolidação das Leis do Trabalho não apresenta uma redação coesa, utilizando muitas vezes, de forma indistinta e sem rigor técnico, as expressões acordo e conciliação como sinônimas.

A despeito de tal fato, a composição de vontades entre sujeitos que, mediante concessões mútuas, solucionam um litígio oriundo de uma relação de trabalho possui natureza jurídica de transação, instituto introduzido em nosso ordenamento jurídico no Código Civil de 1916 (artigo 1.025) e atualmente previsto nos artigos 840 e seguintes do Código Civil vigente.

Consoante corrente doutrinária amplamente majoritária, a transação, como tipo especial de contrato que é, constitui negócio jurídico, ato bilateral de vontade que reúne elementos essenciais (condicionantes da existência e da validade) e acidentais (condicionantes da eficácia), passíveis de anulabilidade por algum defeito, ou de nulidade quando assim identificada em qualquer de suas cláusulas (inteligência do artigo 848 do Código Civil).

---

1 AGAMBEN, Giorgio. *Estado de Exceção.* Tradução Iraci D. Poleti, 2ª Edição, São Paulo. Boitempo, 2008

Esse entendimento, no entanto, não é pacífico. Parte da doutrina, ainda que minoritária, não reconhece a natureza jurídica contratual da transação, na medida em que não tem por fim gerar obrigações e se consubstancia em um mero meio extintivo de obrigações anteriormente assumidas.

O Código Civil, em seu artigo 849, se encarrega de esclarecer que, dentre os possíveis defeitos, a transação somente se anula por dolo, coação, ou erro essencial quanto à pessoa ou coisa controversa. Contudo, a transação não se anula por erro de direito a respeito das questões que foram objeto de controvérsia entre as partes.

Em suma, o fato de um dos sujeitos (agente capaz), em um primeiro momento, mediante manifestação livre e consciente, entender ter condição financeira para honrar com uma obrigação lícita e, após uma melhor reflexão, verificar que não tem, não permite, por ato unilateral, a anulação da transação havida. A simples eficácia decorrente do negócio jurídico celebrado de forma válida (ato jurídico perfeito) impede tal anulação.

3. AS PROTEÇÕES EFICACIAIS DAS TRANSAÇÕES E A FORÇA MAIOR

Qualquer transação, ainda que apenas fruto de uma autocomposição dos interessados no âmbito extrajudicial, possui uma proteção eficacial ínsita e uma consequente garantia constitucional, como ato jurídico perfeito que é.

Isso também vale para as composições celebradas e atermadas perante as Comissões de Conciliação Prévia, no procedimento previsto nos artigos 625-A e seguintes da CLT, que, por constituírem títulos executivos – CLT, art. 625-E, parágrafo único, não são submetidas a uma homologação judicial.

E, assim como em qualquer contrato, na transação deve prevalecer o princípio da intervenção estatal mínima e da excepcionalidade da revisão unilateral (CC, artigo 421, parágrafo único).

Equivale dizer, portanto, que em uma transação envolvendo o pagamento de um crédito trabalhista, da mesma forma que em um contrato de locação, não se permite, diante da simples alteração da posição subjetiva (decorrente de uma descapitalização, por exemplo) sejam revistas cláusulas e condições.

Contudo, a situação emergencial decorrente de um estado de calamidade pública (reconhecido como tal pelo Decreto Legislativo nº 6, de 2.020), exige que façamos um exame prévio da ocorrência ou não de um caso fortuito ou um motivo de força maior, pois retira a aplicação do direito de seu estado de normalidade.

A Consolidação das Leis do Trabalho não estabelece um diferencial entre caso fortuito e força maior, entendendo esta como sendo "todo acontecimento inevitável, em relação à vontade do empregador, e para a realização do qual este não concorreu, direta ou indiretamente" (CLT, art. 501, *caput*). E acrescenta que "a imprevidência do empregador exclui a razão de força maior" (CLT, artigo 501, § 1º).

Não há dúvidas de que a pandemia é um acontecimento inevitável à vontade e para a realização do qual o devedor não concorreu, direta ou indiretamente. Não se cogita, da mesma forma, que tenha havido imprevidência.

Mas o mesmo dispositivo legal ainda preceitua que "a ocorrência do motivo maior que não afetar substancialmente, nem for suscetível de afetar, em tais condições, a situação econômica e financeira da empresa, não se aplicam as restrições (...)" (CLT, artigo 501, § 2º).

Identificamos, pois, a imprescindibilidade da modificação da posição subjetiva do devedor para que a força maior, na seara trabalhista, surta efeitos jurídicos.

Disciplina o Código Civil, em seu artigo 393, parágrafo único, que "o caso fortuito ou de força maior verifica-se no fato necessário, cujos efeitos não era possível evitar ou impedir".

Assim, também pela perspectiva civilista, temos a pandemia como motivo de força maior, por constituir fato necessário, com efeitos impossíveis de se evitar ou impedir.

Apenas por amor à argumentação, embora disponha o artigo 486 da Consolidação das Leis do Trabalho que, "no caso de paralisação temporária ou definitiva do trabalho, motivada por ato de autoridade municipal, estadual ou federal, ou pela promulgação de lei ou resolução que impossibilite a continuação da atividade, prevalecerá o pagamento da indenização, a cargo do governo responsável", é importante salientar que a COVID-19 é um evento inevitável, porém oriundo de um fato natural (vírus). Não é, portanto, um fato do príncipe (*factum principis*). Dizer que a pandemia decorre de um *factum principis* seria o mesmo que dizer que uma autoridade governamental foi responsável pela criação ou disseminação do vírus.

Fato do príncipe existiria se uma autoridade governamental impedisse determinada atividade (como aconteceu com a proibição dos bingos) ou desapropriasse, por interesse público, o prédio onde funcionasse a filial empregadora do trabalhador. A suspensão temporária das atividades (ex. fechamento do comércio), no caso da pandemia, se dá por questão sanitária.

O art. 29 da Lei n. 14.020/2020, inclusive, é expresso ao disciplinar que não se aplica o disposto no art. 486 da CLT, na hipótese de paralisação ou suspensão de atividades empresariais determinada por ato de autoridade municipal, estadual ou federal "para enfrentamento de calamidade pública reconhecido pelo Decreto Legislativo nº 6, de 20 de março de 2020 e da emergência de saúde pública de importância internacional decorrente do coronavírus, de que trata a Lei nº 13.979, de 6 de fevereiro de 2020" (*sic*).

Trata-se mesmo de motivo de força maior (inevitável em relação à vontade do empregador, e para a realização do qual este não concorreu, direta ou indiretamente – art. 501, "*caput*" da CLT), que, quando determina a extinção da empresa, ou de um dos estabelecimentos em que trabalhe o empregado, assegura uma indenização pela metade do que seria devida em caso de rescisão sem justa causa, inteligência do art. 502, II da CLT.

Passamos, então, a analisar o que disciplina o art. 503, da Consolidação das Leis do Trabalho para os casos de força maior: "É licita, em caso de força maior ou prejuízos devidamente comprovados, a redução geral dos salários dos empregados da empresa, proporcionalmente aos salários de cada um, não podendo, entretanto, ser superior a 25% (vinte e cinco por cento), respeitado, em qualquer caso, o salário mínimo da região" (CLT, artigo 503, *caput*).

E, ainda, que: "Cessados os efeitos decorrentes do motivo de força maior, é garantido o restabelecimento dos salários reduzidos" (CLT, artigos 503, parágrafo único).

Embora sejam muito comuns os entendimentos no sentido de que o artigo 503, *caput*, foi revogado pela Lei n. 4.923/1965 ou não foi recepcionado pela Constituição Federal de 1988, na perspectiva de que o artigo 7º, inciso VI, da Carta Magna exige disposição em convenção ou acordo coletivo para a redução dos salários, o caráter genérico da lei citada e a compreensão literal do aludido dispositivo constitucional embora se amoldem para as hipóteses de modificação da posição subjetiva da empresa em situação de normalidade, ou seja, previsíveis (ex. dificuldade financeira decorrente de uma crise econômica, ainda que oriunda de um quadro inflacionário acentuado, ou acarretada por uma má administração dos negócios ou imprevidência), não se harmoniza com a anormalidade decorrente da ocorrência de um motivo de força maior e com os impactos que lhe são correlatos.

Fosse assim, o artigo 12 da Lei n. 14.020/2020 (conversão da Medida Provisória n. 936/2020) seria inconstitucional ao reconhecer o acordo individual escrito como instrumento válido para a redução salarial em até 70% (setenta por cento) ou suspensão temporária do contrato de trabalho, por exemplo, dos não vulneráreis (portadores de diploma de nível superior e que percebam salário mensal igual ou superior a duas vezes o limite máximo dos regimes do Regime Geral de Previdência Social) e, ainda mais especialmente, ao prever a possibilidade de que determinados trabalhadores pactuem individualmente, por meio de instrumento escrito, a redução proporcional de jornada de trabalho e do salário em 25% (vinte e cinco por cento), nos termos do §1º, inciso I, do referido artigo de lei.

O que ocorre, portanto, é uma hermenêutica constitucional no sentido de serem a convenção e o acordo coletivo indispensáveis para a redução salarial desde que vivenciado um período de normalidade (interpretação conforme da Constituição Federal), sendo permitido à lei disciplinar as situações de anormalidade, como é a ocorrência de motivo de força maior.

Dentro do tema do presente ensaio, o raciocínio é válido justamente para se compreender que, na perspectiva da preservação do emprego e da renda dos trabalhadores, o motivo de força maior justifica, de forma válida, a mitigação de cláusulas contratuais.

Pela especificidade da Lei n. 14.020, de 2020, a pandemia exige a existência de acordo individual escrito (ato bilateral) quando se pretenda a suspensão temporária do pacto ou a redução da obrigação pecuniária mensal a partir de 25% de seu valor, vigorando o genérico artigo 503, *caput*, da CLT, que dispensa a vontade bilateral, para as reduções inferiores a 25%.

Nessa linha, é razoável concluir que, afetada substancialmente a situação econômica e financeira do devedor por conta da pandemia (inteligência do art. 501, § 2º, da CLT) qualquer acordo por ele celebrado, desde que não submetido à homologação judicial, não poderia ser considerado descumprido se, no intuito de se manter o *animus solvendi* e ainda que sem o consentimento do credor, reduzisse em menos de 25% o valor nominal das parcelas mensais.

Isso porque, se àquele que assumiu uma obrigação de pagar no pacto laborativo foi conferida a possiblidade de reduzir unilateralmente seu compromisso, desde que abaixo de 25%, diante de um motivo de força maior é natural se entender que àquele que assumiu a obrigação de pagar em uma transação também se permita reduzir unilateralmente o seu compromisso mensal (parcelas), durante a pandemia, no mesmo importe. Não se quer dizer, no entanto, que a dívida ficará reduzida, mas que, cessados os efeitos decorrentes do motivo de força maior, além de serem restabelecidos os valores originalmente convencionados das parcelas (inteligência do artigo 503, parágrafo único, da CLT), o montante extraído das prestações mensais durante a pandemia deverá ser adimplido ao final, mediante acréscimo de parcelas.

Todavia, a transação celebrada no curso de uma ação judicial contenciosa ou submetida à homologação judicial, na jurisdição voluntária e nos termos dos artigos 855-B e seguintes da Consolidação das Leis do Trabalho, receberá uma segunda proteção eficacial, decorrente da coisa julgada formal e material.

Entende-se por coisa julgada formal a autoridade que torna inalterável uma decisão, posto que não mais sujeita a recurso naquele processo; ao passo que se denomina coisa julgada material a autoridade que torna imutável e indiscutível o mérito de uma decisão (inteligência do art. 502 do CPC).

Haverá resolução de mérito quando o juiz homologar uma transação extrajudicial ou uma composição das partes no curso de uma ação judicial, em sede de conciliação ou mediação, na fase de conhecimento ou de execução (CPC, art. 487, III, "a"), conformando a coisa julgada formal e material.

Uma vez protegida pela eficácia da coisa julgada formal e material, a revisão unilateral do pacto precisará estar ancorada ou na teoria da onerosidade excessiva ou teoria da imprevisão, que serão estudadas a seguir.

4. A TEORIA DA ONEROSIDADE EXCESSIVA E TEORIA DA IMPREVISÃO

Estabelece o Código Civil, em seu artigo 478, que "nos contratos de execução continuada ou diferida, se a prestação de uma das partes se tornar excessivamente onerosa, com extrema vantagem para a outra, em virtude de acontecimentos extraordinários e imprevisíveis, poderá o devedor pedir a resolução do contrato".

Muito embora a pandemia seja um acontecimento extraordinário e imprevisível, afetando a posição subjetiva de uma das partes, não confere uma vantagem para a outra, razão pela qual não permite a resolução (rescisão unilateral), modificação ou mesmo mitigação do pacto por esse fundamento.

5. A TEORIA DA IMPREVISÃO

Historicamente, a revisão dos contratos e, consequentemente, das transações, em vista de um acontecimento superveniente extraordinário e imprevisível, revela traços embrionários na Antiguidade romana, ganha visibilidade graças ao Direito Canônico, alcança *status* normativo nos Códigos Bávaro de 1756 (§ 12, Título IV do Capítulo 15) e Prussiano de 1794 (§§ 377 e 388, Título I do Capítulo V) e, mais precisamente no ano de 1918, quando editada da Lei Faillot, na França, se consolida e irradia sua aplicação nos sistemas jurídicos de diversos países por mais de um século.

A Lei Faillot, de 21 de janeiro de 1918, prorrogou as locações que terminaram durante a 1ª Guerra Mundial e criou, no Direito Francês, ao arrepio do Código Napoleônico e em complemento à maxima *pacta sunt servanda*, uma revisão contratual baseada na imprevisão (*rebus sic stanti-*

bus), ou seja, na ocorrência de um fato superveniente e extraordinário que pudesse trazer desequilíbrio à relação contratual. Seu precedente imediato foi o reconhecimento, pelo Conselho de Estado, que a alta do preço do carvão no país teria um caráter excepcional que implicava um aumento no custo da fabricação do gás, sobrepondo todos os cálculos e limites máximos que poderiam ser previstos pelas partes ao celebrar o contrato. A Companhia de Gás Bordeaux foi indenizada pela Municipalidade.

De volta à atualidade e ao ordenamento jurídico pátrio, disciplina o Código Civil, em seu artigo 317 que "quando, por motivos imprevisíveis, sobrevier desproporção manifesta entre o valor da prestação devida e o momento de sua execução, poderá o juiz corrigi-lo, a pedido da parte, de modo que assegure, quando possível, o valor real da prestação".

É necessário distinguir, contudo, a imprevisão da impossibilidade de cumprimento da prestação, destacando que apenas a primeira hipótese permite a revisão do pacto a partir da alteração da base objetiva do negócio jurídico. Problemas individuais, na esfera particular de um dos pactuantes (a já abordada posição subjetiva), não comporta revisão contratual pela aplicação da teoria da imprevisão.

Karl Larenz define como base objetiva do negócio jurídico o conjunto de circunstâncias e o estado geral das coisas cuja existência ou subsistência é objetivamente necessária para que o pacto, a partir do significado das intenções de ambos os envolvidos, possa subsistir como regulamento dotado de sentido: "*Por base del negocio objetiva há de entenderse el conjunto de circunstancias y estado general de cosas cuja existência o subsistencia es objetivamente necesaria para que el contrato, según el significado de las intenciones de ambos os contatantes pueda subsistir como regulación dotada de sentido*".[2]

Assim, embora um devedor possa não dispor dos recursos financeiros (posição subjetiva), não existe uma obrigação em dinheiro que não possa ser paga. Para tanto, seria necessário coexistir a falta de papel moeda e a indisponibilidade do sistema bancário de transferência eletrônica

2 LARENZ, Karl. *Base del negocio jurídico y cumplimiento de los contratos*. Ed. Revista de Derecho Privado: Madrid. 1956.

(TED), o que é impensável. Uma obrigação de fazer (base objetiva), no entanto, pode se tornar inexequível de maneira muito mais comum.

5.1. A imprevisão na jurisprudência dos tribunais superiores e na doutrina

A impossibilidade de se invocar a imprevisibilidade nas obrigações de pagar, notadamente quando a alteração do quadro fático afete unicamente a posição subjetiva do devedor, foi amplamente abordada pelas nossas Cortes Superiores, especialmente pelo Superior Tribunal de Justiça em casos de variação cambial decorrente de desvalorização do real em face do dólar americano:

> A intervenção do Poder Judiciário nos contratos, à luz da teoria da imprevisão ou da teoria da onerosidade excessiva, exige a demonstração de mudanças superveniente das circunstâncias iniciais vigentes à época da realização do negócio, oriundas do evento imprevisível (teoria de imprevisão) e de evento imprevisível e extraordinário (teoria da onerosidade excessiva), que comprometa o valor da prestação, demandando tutela jurisdicional específica. (...) O histórico inflacionário e as sucessivas modificações no padrão monetário experimentados pelo país desde longa data até julho de 1994, quando sobreveio o Plano Real, seguido de período de relativa estabilidade até a maxidesvalorização do real em face do dólar americano, ocorrida a partir de janeiro de 1999, não autorizam concluir pela imprevisibilidade desse fato nos contratos firmados com base na cotação da moeda norte-americana, em se tratando de relação contratual paritária.[3]

A jurisprudência que prepondera, portanto, apenas autoriza a revisão de cláusulas e suspensão de um pacto na alteração de sua base econômica:

> A teoria da imprevisão – corolário dos princípios da boa-fé e da função social do contrato –, a qual autoriza a revisão das obrigações contratuais apenas se afigura quando há onerosidade excessiva decorrente da superveniência de um evento imprevisível, alterador da base econômica objetiva do contrato, hipótese inocorrente no caso (...) A teoria da base objetiva difere da teoria da imprevisão por prescindir da previsibilidade. No entanto, ambas as teorias demandam fato novo superveniente que seja

3 Superior Tribunal de Justiça, REsp 1.321.614/SP, 3ª Turma.

extraordinário e afete diretamente a base objetiva do contrato, circunstâncias não verificadas nesta demanda.[4]

No mesmo sentido, a corrente doutrinária majoritária, representada pelo entendimento do jurista André Araújo Molina:

> (...) a crise econômica, que tenha gerado para um dos contratantes a situação de desemprego, perda da renda, não autoriza que os contratos por ele celebrados sejam revisados, assim como, da parte dos outros contratantes, pessoas jurídicas, a crise econômica, a falta de capital de giro e até mesmo a suspensão das suas atividades produtivas, também não autorizam a revisão ou resolução contratual. O caminho indicado pelo nosso sistema jurídico, por opção político-legislativa expressa, é a recuperação judicial e a falência.[5]

6. O MEIO PROCESSUAL ADEQUADO PARA A REVISÃO DE CLÁUSULAS OU SUSPENSÃO DE UMA TRANSAÇÃO HOMOLOGADA PELA JUSTIÇA DO TRABALHO

Conforme já estudado, são raras as hipóteses em que uma transação homologada pela Justiça do Trabalho, ou seja, composta por duas proteções eficaciais, consegue ter suas cláusulas revistas ou ser integralmente suspensa por manifestação unilateral do devedor, restringindo-se às hipóteses de incidência da teoria da imprevisão, quando afetada a base objetiva do pacto.

Ainda assim, a pretensão da aludida revisão ou suspensão deve ser deduzida pela via adequada.

Dispunha a Súmula 259 do C. TST que somente por ação rescisória seria impugnável o termo de conciliação previsto no parágrafo único do art. 831 da CLT.

Contudo, a partir de 2016, diante do permissivo contido na Instrução Normativa n. 39 do TST, de 15 de março (artigo 3º, XXVI), os atos de disposição de direitos, praticados pelas partes ou por outros participantes do processo e homologados pelo juízo, bem como os atos homologatórios

---

4 Superior Tribunal de Justiça. REsp 1.514.093-CE, 4ª Turma.

5 MOLINA, André Araújo. *Suspensão, Revisão e Resolução dos Acordos Trabalhistas*. Revista de Direito do Trabalho – vol. 213/2020.

praticados no curso da execução, ficaram sujeitos à anulação, nos termos da lei (inteligência do art. 966, § 4º, do CPC).

Em relação à citada Súmula 259 do C. TST operou-se o chamado *"overruling"*, ou seja, a superação de um entendimento jurisprudencial em face de uma lei nova.

Já a ação anulatória prevista no artigo 966, § 4º do diploma processual civil e aplicada no âmbito trabalhista para revisão de cláusulas ou suspensão da transação, nos casos permitidos por lei, tem natureza de ação autônoma de conhecimento, comportando, portanto, pedido de tutela provisória (de urgência ou da evidência), com competência material da Justiça do Trabalho e funcional do 1º grau de jurisdição, distribuída por dependência e prevenção para o mesmo Juízo que homologou a transação.

A decisão que, porventura, conceder ou negar uma tutela provisória, em razão de sua natureza interlocutória, será combatível através de mandado de segurança.

Em contrapartida, da sentença que extinguir a ação anulatória, resolvendo ou não o seu mérito, caberá agravo de petição dirigido ao Tribunal Regional do Trabalho competente.

6.1. A simples petição apresentada de forma incidental nos autos da ação principal

Até por não representar o meio processual adequado, uma simples petição apresentada nos autos da ação principal em que foi homologada a transação não poderá comportar um pronunciamento judicial capaz de resolver questões de mérito e, ainda que este conceda ao devedor uma redução no valor mensal das prestações ou suspenda temporariamente o cumprimento do acordo, não extinguirá a execução, razão pela qual a medida judicial cabível para impugná-lo será o mandado de segurança.

6.2. A coisa julgada *rebus sic stantibus*

Prevê o art. 505, I do Código de Processo Civil que "nenhum juiz decidirá novamente as questões já decididas relativas à mesma lide salvo (...) se, tratando-se de relação jurídica de trato continuado, sobreveio modificação de estado de fato ou de direito, caso em que poderá a parte pedir revisão do que foi estatuído em sentença".

A denominada coisa julgada *rebus sic stantibus* envolve situações continuativas que geram obrigações de fazer ou pagar suscetíveis de extinção ou alteração (para reduzir ou majorar) diante de um diferente quadro fático ou jurídico superveniente.

Para tais casos revela-se cabível o ajuizamento de uma ação revisional.

Costuma acontecer com mais frequência na seara trabalhista quando o pronunciamento judicial condena a empregadora no pagamento de algum adicional de remuneração condicionado a uma determinada condição de trabalho, como por exemplo o direito ao recebimento do adicional de insalubridade pela exposição do trabalhador a um agente nocivo à saúde que, posteriormente, deixa de existir.

Também comporta ação revisional a tutela jurisdicional que determina o pagamento de pensão mensal, diante do falecimento do beneficiário.

A pandemia promove, em regra, uma modificação do estado de fato ou de direito na posição subjetiva do devedor, afetando suas condições financeiras, o que não se coaduna com a hipótese do art. 505, I do Código de Processo Civil. Contudo, se a alteração de fato e de direito envolve a base objetiva da transação homologada judicial (portanto, coisa julgada), matornando inexequível uma obrigação de fazer, como por exemplo a manutenção do credor em um determinado plano de saúde coletivo (*rebus sic stantibus*), que deixa de existir, encontra cabimento a ação revisional.

7. O EFEITO DA FORÇA MAIOR SOBRE A PENALIDADE PREVISTA PARA O DESCUMPRIMENTO DE UMA TRANSAÇÃO HOMOLOGADA PELA JUSTIÇA DO TRABALHO

Diante do descumprimento do originalmente avençado e em não havendo tutela judicial que permita ao devedor revisar as cláusulas ou suspender a transação homologada, ter-se-á a configuração do inadimplemento e, consequentemente, suas implicações, o que inclui a incidência da cláusula penal convencionada.

A penalidade nela contida, no entanto, consoante permissivo disposto no art. 413 do Código Civil, "deve ser reduzida equitativamente pelo juiz se a obrigação principal tiver sido cumprida em parte, ou se o montante da penalidade for manifestamente excessivo, tendo em vista a natureza e a finalidade do negócio".

A partir de uma interpretação literal do citado dispositivo legal, seria possível se alegar que não se encontra prevista a força maior como hipótese de redução equitativa da penalidade. Entretanto, é necessário se ter em mente que o diploma civil prevê em seu artigo 393, *caput*, que "o devedor não responde pelos prejuízos resultantes de caso fortuito ou força maior, se expressamente não se houver por eles responsabilizado", o que não se coaduna com a principiologia do Direito Material do Trabalho.

Destarte, enquanto em uma relação jurídica de natureza civil, a força maior (ou seja, "*o fato necessário, cujos efeitos não se era possível evitar ou impedir*" – art. 393, parágrafo único do Código Civil) será liberatória de responsabilidade se o pactuante não tiver por ela se responsabilizado (o que vale dizer, consequentemente, que não se pode penalizar o devedor), em uma relação jurídica de natureza trabalhista a força maior ("*acontecimento inevitável, em relação à vontade do empregador, e para realização do qual este não concorreu, direta ou indiretamente*" – art. 501, *caput*, da CLT), até por conta da responsabilidade decorrente da assunção dos riscos da atividade econômica do tomador dos serviços (que, inclusive, exclui a imprevidência – art. 501, § 1º da CLT), enseja apenas a mitigação do ônus indenizatório do devedor e, consequentemente, por meio de uma interpretação extensiva, da carga punitiva, ou seja, do percentual de multa aplicável, das prestações sobre as quais incidirá a citada multa e do vencimento antecipado das prestações vincendas.

O magistrado poderá, portanto, isentar um devedor dos efeitos da cláusula penal prevista em um acordo civil judicialmente homologado se o descumprimento revelar nexo de causalidade com um motivo de força maior, ao passo que somente poderá agir com equidade (relativização dos efeitos da cláusula penal) se o acordo homologado tiver natureza trabalhista, mesmo diante da boa-fé objetiva (cláusula implícita nas transações, que impõe o dever de se tomar todas as medidas cabíveis para se minimizar os impactos de um fator externo), da vontade de se cumprir a obrigação (*animus solvendi*) e da comprovada alteração na posição subjetiva do devedor (como a que decorre de crise financeira pela paralisação ou suspensão das atividades empresariais), o que nos conduz à conclusão de que o citado art. 413 do Código Civil tem aplicação subsidiária no âmbito trabalhista e estende suas hipóteses de incidência para também contemplar o motivo de força maior.

Na mesma linha a jurisprudência construída no Colendo Tribunal Superior do Trabalho:

> (...) não obstante a coisa julgada (acordo homologado judicialmente) goze de proteção constitucional, a aplicação da cláusula penal exige a avaliação das circunstâncias do caso concreto. Na situação, houve o atraso de somente um dia no pagamento da primeira parcela do acordo, tendo as demais sido pagas tempestivamente, o que evidencia o animus solvendi da executada. Assim, a incidência da multa moratória de 30% somente sobre a primeira parcela do acordo, e não sobre o saldo devedor total (como estabelecido no acordo homologado), atende aos princípios da equidade, da boa-fé objetiva, da proporcionalidade e da razoabilidade. Não se divisa desrespeito à coisa julgada, estando intacto o art. 5º, XXXVI, da Constituição Federal.[6]

7.1. O devedor em mora no início da pandemia

É importante destacar que, mesmo nas transações de natureza civil, "o devedor em mora responde pela impossibilidade da prestação, embora essa impossibilidade resulte de caso fortuito ou de força maior, se estes ocorrerem durante o atraso; salvo se provar isenção de culpa, ou que o dano sobreviria ainda quando a obrigação fosse oportunamente desempenhada" (CPC, art. 399). No mesmo sentido, consoante entendimento pacificado pela Súmula n. 380 do C. Superior Tribunal de Justiça, a simples propositura da ação de revisão não inibe a caracterização da mora o autor.

6 Tribunal Superior do Trabalho. RR 209-04.2011.5.04.0662. 7ª Turma.

7.2. O parcelamento da execução

Dentro da perspectiva das interpretações extensivas, temos o artigo 916 do Código de Processo Civil que permite ao devedor, diante da comprovação de um depósito de 30% (trinta por cento) do valor da execução, acrescido de custas e honorários advocatícios, requerer seja permitido pagar o restante da sua dívida em até seis parcelas mensais, acrescidas de correção monetária e de juros de 1% (um por cento) ao mês.

Na hipótese de inadimplemento de um acordo e do consequente vencimento antecipado das prestações vincendas, será inaugurada uma fase executiva que certamente comportará a aplicação subsidiária do aludido art. 916 do Código de Processo Civil no âmbito trabalhista.

Nesse quadro, embora o valor exequendo possa ser majorado pela aplicação da multa prevista na cláusula penal (ainda que reduzida equitativamente pelo motivo de força maior), certo é que o parcelamento da execução em até seis novas prestações, mediante entrada no montante de 30% do valor da execução, revela-se uma interessante opção de requerimento unilateral que o juízo pode, independentemente da vontade do credor, deferir em benefício da satisfação do crédito.

8. A NOVAÇÃO COMO O MEIO MAIS CÉLERE E EFICAZ PARA A REVISÃO DAS CLÁUSULAS OU SUSPENSÃO DE UM ACORDO TRABALHISTA POR MOTIVO DE FORÇA MAIOR DECORRENTE DA PANDEMIA

Diante de tudo o que foi exposto e por ser perfeitamente adequada para qualquer situação, a repactuação em forma de novação, extinguindo a obrigação anterior e criando uma nova (CC, artigo 360, I), revela-se como a solução mais célere e eficaz e menos onerosa para a revisão das cláusulas ou suspensão de um acordo trabalhista por motivo de força maior decorrente da pandemia.

O novo pacto permite ao devedor ajustar obrigações à sua atual capacidade financeira em vista da nova realidade de produção e consumo, e ao credor o restabelecimento de uma regularidade e constância no recebimento das prestações, evitando frustrar expectativas (que geralmente comprometem a economia doméstica) e, eventualmente, submeter a empresa a um plano de recuperação judicial, com todos os burocráticos e demorados trâmites que lhe são inerentes para satisfação do débito trabalhista.

Podemos concluir, portanto, que o melhor caminho é, sem dúvida, aquele construído pelos próprios envolvidos e baseado na cultura da paz.

8. JORNADA DE TRABALHO EM TEMPOS DE PANDEMIA

Vinícius de Miranda Taveira[1]

1. INTRODUÇÃO

Em poucos meses, a pandemia da COVID-19 impôs mudanças completamente inesperadas em nossa rotina: distanciamento e isolamento social; necessidade de utilização de máscaras e adoção de cuidados especiais de higiene; empresas com suas atividades reduzidas, paralisadas ou encerradas; escolas fechadas; ensino a distância para crianças e adultos; *home office*; fronteiras dos países cerradas; voos reduzidos; suspensão do atendimento presencial nos órgãos do Poder Judiciário.

No Brasil, declarou-se o estado de emergência da saúde pública em 7/2/2020 por meio da Lei 13.979/2020, e, em 20/3/2020, por meio do Decreto Legislativo 6/2020, reconheceu-se o estado de calamidade pública.

A partir de então, diversas leis e medidas provisórias foram editadas na tentativa de reduzir os impactos negativos sociais e econômicos no país, especialmente na seara das relações de trabalho, destacando-se as Medidas Provisórias 927[2] e 936, esta última já convertida na Lei 14.020/2020.

---

1 Juiz do trabalho substituto do TRT da 15ª Região. Mestrando em Direito. Especialista em Direito Público.

2 A Medida Provisória 927 não foi convertida em lei e teve sua vigência encerrada em 19/7/2020.

A primeira delas, visando facilitar a manutenção dos postos de trabalho, versava sobre variados institutos de flexibilização e desregulamentação do trabalho, tais como teletrabalho e trabalho remoto; férias individuais e coletivas; aproveitamento de feriados; banco de horas e outros pontos atinentes à jornada; diferimento de recolhimento de FGTS; suspensão de exigências administrativas em saúde e segurança do trabalho; desregulamentação (artigo 2º); força maior para fins trabalhistas (501 e 502 da CLT); nexo causal de doença ocupacional.

Por sua vez, a Medida Provisória 936 (convertida na Lei 14.020/2020), seguindo a mesma diretriz de preservação de empresas e postos de trabalho, foi além, regulamentou a suspensão do contrato de emprego, bem como a redução de jornada com diminuição proporcional de salário, instituindo, ainda, o benefício emergencial de preservação de emprego e renda.

No presente ensaio, sem qualquer pretensão de esgotar o tema, analisaremos as regras emergenciais relacionadas à jornada de trabalho prescritas pelas Medidas Provisórias 927 e 936 (convertida na Lei 14.020/20).

2. UM OLHAR CRÍTICO ÀS HIPÓTESES DE FLEXIBILIZAÇÃO DE JORNADA PREVISTAS NA MEDIDA PROVISÓRIA 927 DE 2020

Uma das primeiras medidas governamentais com o propósito de amenizar os efeitos econômicos e sociais catastróficos decorrentes da estagnação econômica, a Medida Provisória 927, de 22 de março de 2020, alterou temporariamente alguns institutos relacionados à jornada de trabalho, flexibilizando regras protetivas para viabilizar a adaptação das relações de trabalho à realidade pandêmica.

A Medida Provisória dispunha sobre assuntos diversos, em especial: desregulamentação (artigo 2º); teletrabalho e trabalho remoto; férias individuais e coletivas; aproveitamento de feriados; banco de horas e outros pontos atinentes à jornada; diferimento de recolhimento de FGTS; suspensão de exigências administrativas em saúde e segurança do trabalho; desregulamentação (artigo 2º); força maior para fins trabalhistas (501 e 502 da CLT); nexo causal de doença ocupacional.

As alternativas da Medida Provisória 927 tinham alcance limitado, porquanto a adoção de seus instrumentos de flexibilização demandavam gastos pelos empregadores, sendo certo que, no atual período de pandemia, as empresas, sobretudo as pequenas e médias, encontram-se em situação financeira calamitosa, muitas delas sem nenhuma receita.

Naquele momento, o governo brasileiro ainda não acreditava na dimensão da crise e na amplitude dos efeitos socioeconômicos, adotando uma postura cética, de não intervenção estatal nas relações de trabalho e estímulo das soluções individuais entre empregados e empregadores, negando-se a promover gastos públicos nesse escopo. Não por outra razão, o texto original da Medida Provisória 927 trazia, no artigo 18, a teratológica possibilidade de suspensão contratual por acordo individual sem pagamento de qualquer benefício por parte da União durante a paralisação do contrato, o que possibilitaria o afastamento de incontáveis trabalhadores sem nenhuma renda mínima garantida. O disparate era tamanho que, no dia imediatamente seguinte, o artigo foi revogado pela Medida Provisória 928.

As regras prescritas na Medida Provisória 927 fundavam-se, basicamente, na autonomia privada individual, ignorando os princípios basilares do Direito do Trabalho, notadamente os princípios da proteção, da irrenunciabilidade, da condição mais benéfica e da autonomia da vontade coletiva. Desconsidera, também, o princípio da solidariedade, consagrados constitucionalmente nos artigos 1º, 3º, 4º, 6º, 7º, 170, 193 e 195 da Constituição.

A propósito, vale destacar que o artigo 2º da Medida Provisória 927 previa regra de prevalência de acordo individual escrito sobre a lei e a negociação coletiva, a fim de garantir a permanência do emprego, ainda que prejudicial ao empregado, criando espaço para desregulamentação trabalhista durante a pandemia, contrariando por completo todos os princípios e regras do Direito Laboral:

> Art. 2º Durante o estado de calamidade pública a que se refere o art. 1º, o empregado e o empregador poderão celebrar acordo individual escrito, a fim de garantir a permanência do vínculo empregatício, que terá preponderância sobre os demais instrumentos normativos, legais e negociais, respeitados os limites estabelecidos na Constituição.

No que se refere às matérias afetas à jornada de trabalho, o artigo 14 autorizava a instituição de banco de horas especial por meio de acordo individual formal, contrariando o disposto no artigo 7º, VIII, da Constituição da República, sobretudo porque o artigo possibilitava um sistema de compensação de jornada extremamente prejudicial ao trabalhador.

Ao franquear a alteração contratual lesiva por acordo individual durante momento de grave crise, em que a hipossuficiência do obreiro e o temor pelo desemprego se potencializam, o artigo 2º e outras regras da Medida Provisória afrontavam o princípio da autonomia privada coletiva, consagrado como garantia fundamental no artigo 7º, *caput*, e XXVI, bem como artigo 8º, III, da Constituição Federal.

Igualmente, o artigo 26 da Medida Provisória 927 autorizava que os estabelecimentos de saúde prorrogassem a jornada dos trabalhadores que atuavam em escala de 12 por 36, ainda que exercessem atividades insalubres. Permitia que se adotassem "escalas de horas suplementares entre a décima terceira e a vigésima quarta hora do intervalo interjornada", sem que houvesse penalidade administrativa, facultando, ainda, a compensação das horas extras em banco de horas até 30/6/2022. E tudo isso por acordo individual, sem participação obrigatória dos sindicatos e sem contrapartida, colocando em sério risco a saúde dos trabalhadores do setor de saúde e, de modo reflexo, da população que é por eles atendida.

Vale lembrar que o diálogo social, ignorado na Medida Provisória 927, é expressamente reconhecido como instrumento imprescindível para superação de momentos de crise, como se vê nos artigos 7º, "k", 24 e 25 da Recomendação n. 205 da OIT,[3] de 2017, sobre Emprego e Trabalho Decente para a Paz e a Resiliência, a seguir transcritos (grifos nossos):

> 7. Al adoptar medidas relativas al empleo y al trabajo decente para responder a las situaciones de crisis provocadas por los conflictos y los desastres y con miras a la prevención, los Miembros deberían tener en cuenta lo siguiente:
>
> [...]

3 Disponível em <https://www.ilo.org/dyn/normlex/es/f?p=NORMLEXPUB:12100:0::NO::P12100_INSTRUMENT_ID:3330503 > Acesso em 30 de junho de 2020.

> k) la importancia del diálogo social;
>
> [...]
>
> 24. En sus respuestas a las situaciones de crisis, los Miembros deberían, en consulta con las organizaciones de empleadores y de trabajadores más representativas:
>
> a) velar por que todas las medidas previstas en la presente Recomendación se desarrollen o promuevan mediante un diálogo social que incluya a las mujeres, teniendo en cuenta el Convenio sobre la consulta tripartita (normas internacionales del trabajo), 1976 (núm. 144);
>
> *b) crear un entorno propicio para el establecimiento, el restablecimiento o el fortalecimiento de las organizaciones de empleadores y de trabajadores,* y
>
> c) alentar, cuando proceda, una estrecha cooperación con las organizaciones de la sociedad civil.
>
> 25. *Los Miembros deberían reconocer la función esencial que incumbe a las organizaciones de empleadores y de trabajadores en las respuestas a las crisis,* teniendo en cuenta el Convenio sobre la libertad sindical y la protección del derecho de sindicación, 1948 (núm. 87), y el Convenio sobre el derecho de sindicación y de negociación colectiva, 1949 (núm. 98), y en particular:
>
> a) asistir a las empresas sostenibles, en especial a las pequeñas y medianas empresas, para que emprendan la planificación de la continuidad de sus actividades y se recuperen de las crisis, a través de formación, asesoramiento y apoyo material, y facilitar el acceso a la financiación;
>
> b) asistir a los trabajadores, en particular a aquellos a los que la crisis ha hecho vulnerables, para que se sobrepongan a la crisis, a través de formación, asesoramiento y apoyo material, y
>
> *c) adoptar medidas para los fines antes indicados a través de la negociación colectiva y de otras formas de diálogo social.*

O desestímulo à negociação coletiva pela Medida Provisória 927 também não condizia com a norma do artigo 4º da Convenção n. 98 da OIT, ratificada pelo Brasil e promulgada pelo Decreto 33.196 de 1953:

> Artigo 4º – Deverão ser tomadas, se necessário for, medidas apropriadas às condições nacionais para fomentar e promover o pleno desenvolvimento e utilização de meios de negociação voluntária entre empregadores ou organizações de empregadores e organizações de trabalhadores, com o objetivo de regular, por meio de convenções coletivas, os termos e condições de emprego.

Ao examinarem a Medida Provisória 927, a Ordem dos Advogados do Brasil e a Associação Brasileira dos Advogados Trabalhistas

(ABRAT) publicaram nota técnica, destacando, entre outros pontos, a afronta a diversos princípios do Direito do Trabalho, merecendo destaque o trecho a seguir colacionado:

> 2. A MP 927, em desarmonia com os princípios elementares do Direito do Trabalho e com o texto da Constituição da República, passa a fomentar a celebração de acordos de trabalho individuais, de maneira exagerada e prejudicial aos trabalhadores (art. 2º). Além disso, o empregador passa a ter poder exclusivo sobre matérias tipicamente coletivas, como a prorrogação de convenções e acordos coletivos de trabalho (art. 30). Nesses dois aspectos, resultam transgressões evidentes a comandos constitucionais que caminham no sentido de condicionar excepcionalidades que possam resultar em redução salarial, aumento exaustivo da jornada de trabalho ou extensão de normas coletivas sem entendimento prévio entre empregadores e trabalhadores, representados por seus sindicatos representativos (art. 7º, IV, X, XIII, XIV e XXVI; art. 8º, III e VIII, da Constituição brasileira). Um dos elementos centrais do Direito do Trabalho se extrai precisamente da irrenunciabilidade, razão pela qual não se pode admitir medidas prejudiciais ao trabalhador que venham a ser impostas ao alvedrio do empregador ou concretizadas em acordos individuais nos quais não haja o necessário equilíbrio entre as partes (art. 468 da CLT). Não fosse por todas essas inegáveis transgressões do sistema constitucional brasileiro, o art. 2º da MP 927 viola também o disposto no art. 4 da Convenção nº 98 da Organização Internacional do Trabalho (OIT), cujo texto busca privilegiar a utilização dos meios de negociação voluntária entre empregadores ou organizações de empregadores e organizações de trabalhadores, com o objetivo de regular, por meio de convenções, os termos e condições de emprego.[4]

Entretanto, ao ter sua constitucionalidade questionada, os pedidos liminares de suspensão de eficácia de normas da Medida Provisória 927 foram indeferidos, exceto no tocante aos artigos 29 e 31, os quais versam, respectivamente, sobre nexo causal e fiscalização do trabalho.

Nesse contexto, diante da não suspensão da eficácia das normas que se relacionam à jornada de trabalho prescritas na Medida Provisória 927 e sua vigência até 19/7/2020, analisaremos tais regras nos tópicos a seguir.

---

4 Disponível em <http://s.oab.org.br/arquivos/2020/03/b48d1ee4-5455-4d43-a894-15baf489ca87.pdf>. Acesso em 29 de junho de 2020.

3. BANCO DE HORAS DA MEDIDA PROVISÓRIA 927

O artigo 14 da Medida Provisória 927 regulamentava nova modalidade especial de banco de horas, com características bastante peculiares:

> Art. 14. Durante o estado de calamidade pública a que se refere o art. 1º, ficam autorizadas a interrupção das atividades pelo empregador e a constituição de regime especial de compensação de jornada, por meio de banco de horas, em favor do empregador ou do empregado, estabelecido por meio de acordo coletivo ou individual formal, para a compensação no prazo de até dezoito meses, contado da data de encerramento do estado de calamidade pública.
>
> § 1º A compensação de tempo para recuperação do período interrompido poderá ser feita mediante prorrogação de jornada em até duas horas, que não poderá exceder dez horas diárias.
>
> § 2º A compensação do saldo de horas poderá ser determinada pelo empregador independentemente de convenção coletiva ou acordo individual ou coletivo.[5]

Vale lembrar que o § 3º do artigo 61 da CLT[6] já previa uma hipótese bem restrita de compensação (como uma espécie de banco de horas às avessas), aplicável aos casos de paralisações por acidente ou força maior, que, em certa medida, tem algumas semelhanças pontuais com o novo sistema de compensação do artigo 14 da Medida Provisória.

---

5 Até a conclusão do presente trabalho, a Medida Provisória não foi convertida em Lei, porém já foi votada na Câmara dos Deputados, sendo que, no texto do projeto de lei de conversão 18/2020, alteraram-se os parágrafos 1º e 2º, incluindo-se, ainda, o novo parágrafo 3º ao artigo 14, a seguir transcritos: "§ 1º A compensação de tempo para recuperação do período interrompido poderá ser feita mediante prorrogação de jornada em até 2 (duas) horas, a qual não poderá exceder 10 (dez) horas diárias, e poderá ser realizada aos finais de semana, observado o disposto no art. 68 da CLT, aprovada pelo Decreto-Lei nº 5.452, de 1º de maio de 1943. § 2º A compensação do saldo de horas poderá ser determinada pelo empregador independentemente de convenção coletiva ou de acordo individual ou coletivo. § 3º Durante o estado de calamidade pública a que se refere o art. 1º desta Lei, as empresas que desempenham atividades essenciais poderão constituir regime especial de compensação de jornada por meio de banco de horas independentemente de interrupção de suas atividades".

6 "Art. 61. Ocorrendo necessidade imperiosa, poderá a duração do trabalho exceder do limite legal ou convencionado, seja para fazer face a motivo de força maior, seja para atender à realização ou conclusão de serviços inadiáveis ou cuja inexecução possa acarretar prejuízo manifesto. [...] § 3º – Sempre que ocorrer interrupção do trabalho, resultante de causas acidentais, ou de força maior, que determinem a impossibilidade de sua realização, a duração do trabalho poderá ser prorrogada pelo tempo necessário até o máximo de 2 (duas) horas, durante o número de dias indispensáveis à recuperação do tempo perdido, desde que não exceda de 10 (dez) horas diárias, em período não superior a 45 (quarenta e cinco) dias por ano, sujeita essa recuperação à prévia autorização da autoridade competente."

Contudo, como se verá a seguir, o regime do banco de horas da Medida Provisória era diferente de todas as compensações de jornada permitidas até então no ordenamento brasileiro, especialmente por sua dinâmica, tanto no ajuste quanto na execução, sem falar de sua longa duração.

3.1. Regras básicas do banco de horas da Medida Provisória 927

A Medida Provisória 927 autorizava a interrupção do trabalho, com adoção do denominado regime especial de compensação de jornada.

De fato, tratava-se de um modelo deveras peculiar de banco de horas, com uma sistemática dissonante em relação ao banco de horas tradicional do artigo 59 da CLT. Isso porque o sistema de compensação da Medida Provisória 927 pressupunha, num primeiro momento, o afastamento do empregado de suas atividades devido à paralisação ou redução das atividades empresariais durante a pandemia, para, posteriormente, exigir-se a compensação desse saldo negativo de horas por meio de cumprimento e futuro labor extraordinário.

Diversamente do modelo da Medida Provisória, no banco de horas do artigo 59 da CLT, o empregado, normalmente, cumpre horas extras para, depois, folgar ou reduzir sua jornada, abatendo, com isso, as horas existentes no saldo positivo da conta-corrente.

Seguindo a lógica da priorização do acordo individual adotada pela Medida Provisória, o banco de horas do artigo 14 podia ser ajustado por norma coletiva ou acordo individual formal, prescindindo, mais uma vez, da negociação coletiva.

Assim, no regime especial de compensação da Medida Provisória, facultava-se a interrupção do contrato de trabalho para viabilizar o afastamento do trabalhador sem prejuízo do salário, para, no futuro, cumprir horas extras como meio de compensação.

Salta aos olhos o longo prazo fixado na norma para futura compensação das horas acumuladas: dezoito meses após o término no estado de calamidade pública. Assim sendo, a "dívida" de horas contraída em razão do necessário afastamento poderá ser "paga" com horas trabalhadas até 30/6/2022.

De acordo com os §§ 1º e 2º do artigo 14, o momento do labor extraordinário para compensação do saldo do banco de horas poderia ser escolhido unilateralmente pelo empregador, independentemente de acordo individual ou norma coletiva. Entretanto, vedava ultrapassar duas horas extras diárias e exceder a jornada máxima de dez horas diárias, replicando os parâmetros do artigo 59 da CLT.

Diante dos limites impostos para compensação (duas horas extras por dia e jornada máxima de dez horas), em princípio, não nos parece admissível do banco de horas da Medida Provisória 927 em relação aos trabalhadores com escala de 12 por 36, por conta da impossibilidade de se compensar eventual saldo acumulado de horas. Somente seria possível a compensação futura caso se alterasse a dinâmica de trabalho, de 12 por 36, para jornada semanal de quarenta e quatro horas, desde que haja previsão contratual prévia.[7]

Ainda quanto à discricionariedade prescrita no § 2º, cumpre registrar que, caso houvesse norma coletiva com outros parâmetros e limites para tal compensação que fossem mais benéficos ao trabalhador, deveria o empregador observar tais normas negociadas, sob pena de afronta à força normativa dos acordos coletivos e convenções coletivas.[8]

3.2. Eficácia da lei no tempo e banco de horas

Como já mencionado, a Medida Provisória 927 perdeu sua eficácia em 19/7/2020, não tendo sido convertida em lei, o que tem causado importante discussão doutrinária sobre a validade e eficácia dos bancos de horas especiais adotados durante sua vigência.

7 SILVA, Homero Batista Mateus da. *Legislação Trabalhista em Tempos de Pandemia: Comentários às Medidas Provisórias 927 e 936*. São Paulo: Thomson Reuters, 2020, pp. 62-63.

8 FONSECA, Rodrigo Dias da; SALES, Cleber Martins. *Comentários à Medida Provisória 927, de 22 de março de 2020: Análise Artigo por Artigo*. São Paulo: Tirant lo Blanch , 2020, p. 36. Disponível em <https://editorial.tirant.com/free_ebooks/E000020005098.pdf>. Acesso em 30 de junho de 2020.

No nosso sentir, embora a Medida Provisória 927 não tenha sido convertida em lei, analisando a questão à luz dos princípios do ato jurídico perfeito e do direito adquirido – artigo 5º, XXXVI, da Constituição e artigo 6º da Lei de Introdução ao Direito Brasileiro –, os acordos de compensação firmados no período compreendido entre a data da publicação (22/3/2020) e a data do término da vigência (19/7/2020), regulam-se pelas normas então vigentes, inclusive aquelas estabelecidas na referida MP.

Ademais, temos que, por força da mesma garantia fundamental, eventual saldo positivo ou negativo de horas pode ser compensado mesmo após o fim da vigência da Medida Provisória 927, desde que isso ocorra dentro do prazo delimitado no caput do artigo 14, ou seja, até dezoito meses a partir do encerramento do estado de calamidade pública.

Destarte, não restam dúvidas de que os bancos de horas especiais firmados de entre 22/3/2020 e 19/7/2020 são plenamente válidos, devendo eles ser analisados à luz das regras vigentes no referido interregno[9].

3.3. Requisitos de validade do banco de horas

A validade do ajuste do modelo especial de banco de horas depende da observância dos seguintes requisitos: (i) ajuste por acordo individual formal ou negociação coletiva; (ii) trabalho não insalubre, nos termos do *caput* do artigo 60 da CLT[10] e em consonância com o item VI da súmula 85 do TST.[11]

---

9 "Art. 62. [...] § 3º As medidas provisórias, ressalvado o disposto nos §§ 11 e 12 perderão eficácia, desde a edição, se não forem convertidas em lei no prazo de sessenta dias, prorrogável, nos termos do § 7º, uma vez por igual período, devendo o Congresso Nacional disciplinar, por decreto legislativo, as relações jurídicas delas decorrentes. § 4º O prazo a que se refere o § 3º contar-se-á da publicação da medida provisória, suspendendo-se durante os períodos de recesso do Congresso Nacional."

10 "Art. 60 - Nas atividades insalubres, assim consideradas as constantes dos quadros mencionados no capítulo "Da Segurança e da Medicina do Trabalho", ou que neles venham a ser incluídas por ato do Ministro do Trabalho, Indústria e Comércio, quaisquer prorrogações só poderão ser acordadas mediante licença prévia das autoridades competentes em matéria de higiene do trabalho, as quais, para esse efeito, procederão aos necessários exames locais e à verificação dos métodos e processos de trabalho, quer diretamente, quer por intermédio de autoridades sanitárias federais, estaduais e municipais, com quem entrarão em entendimento para tal fim."

11 Súmula 85, "VI - Não é válido acordo de compensação de jornada em atividade insalubre, ainda que estipulado em norma coletiva, sem a necessária inspeção prévia e permissão da autoridade competente, na forma do art. 60 da CLT."

Em relação ao primeiro requisito de validade – acordo individual formal –, denota-se que a norma desautorizava a instituição do banco de horas por ato unilateral do empregado, exigindo-se o ajuste de vontades entre as partes. Outrossim, cabe asseverar que a declaração da vontade das partes pressupõe isenção de qualquer vício do negócio jurídico.

Ademais, o artigo 14, ao se referir a acordo formal, não obrigava que o acordo fosse escrito, adequando-se, assim, à realidade de isolamento social na pandemia, especialmente porque uma das finalidades do instituto era viabilizar que os trabalhadores permanecessem em casa.

Etimologicamente, a palavra "formal" significa relativo à forma, evidente, manifesto.[12]

Percebe-se, pois, que acordo formal não é sinônimo de acordo escrito, podendo ele se dar por meios diversos, inclusive telemáticos, desde que haja registro quanto à forma. Como exemplo, é razoável conceber um acordo formal por meio do aplicativo whatsapp, em que o empregador encaminha fotografias do termo contendo todas as cláusulas e o empregado responde com envio de áudio, confirmando sua ciência e manifestando sua expressa aceitação. No exemplo dado, o ajuste de vontades é expresso (pois ambas as partes declararam explicitamente suas intenções) e formal (uma vez que a avença pode ser registrada por meio do arquivamento da comunicação e das declarações).

Outro aspecto relevante é a necessidade de transparência do banco de horas. O empregado tem direito ao acesso às informações de sua "conta-corrente", as quais devem ser claras e inteligíveis, sob pena de violação ao dever anexo de boa-fé e, eventualmente, até mesmo se reconhecer a nulidade do banco de horas.

Caso descumpridos os requisitos de validade, o banco de horas deve ser completamente desconsiderado, e o tempo de permanência em casa é tido como licença remunerada, sem direito à futura compensação. Essa é a inteligência do item V da Súmula 85, do TST, de acordo com

---

12 FERREIRA, Aurélio Buarque de Holanda. *Mini Aurélio: O Dicionário da Língua Portuguesa*. 7ª ed. Curitiba: Positivo, 2010, p. 357.

o qual o entendimento do item III[13] da mesma súmula não se aplica ao banco de horas.

Assim, se descaracterizado o banco de horas, aquelas horas extras futuramente cumpridas para compensação do saldo devem ser pagas acrescidas do adicional mínimo de 50% e reflexos.

3.4. Questões polêmicas acerca do banco de horas da Medida Provisória 927

A Medida Provisória não traz solução para uma situação que certamente afeta inúmeros empregadores e trabalhadores que optaramm pelo regime especial de compensação do artigo 14, qual seja, a coexistência de dois modelos de banco de horas: um nos moldes do artigo 59 da CLT e o novo modelo, sob a égide da Medida Provisória.

Nessa hipótese, caso o trabalhador tivesse saldo positivo no banco de horas anterior, parece-nos que a solução mais viável era zerar a conta-corrente de horas com dias de afastamento, para, depois disso, iniciar o cômputo do saldo no novo banco de horas. Se assim não fosse, tornar-se-ia muito árduo, senão impossível, apurar e controlar as compensações das duas contas-correntes de horas concomitantemente ou em alternância, gerando risco de se reconhecer a nulidade de um dos bancos de horas ou de ambos, por violação dos deveres anexos de transparência e informação inerentes à boa-fé objetiva.

É o que também defendem Souza Junior *et al.* (2020):

> A questão não ostenta interesse meramente acadêmico, mas suscita questões práticas relevantes: conviverão os dois bancos de horas, simultaneamente? Se a resposta for afirmativa, como ficarão os saldos de horas positivos ou negativos no termo final do módulo compensatório quando este coincida com o período de vigência do banco de hora extraordinário?
>
> Sem respostas na lei é de se buscar na equidade a solução para tais indagações (CLT, art. 8º, *caput*).

---

13 Item III da súmula 85 do TST: "O mero não atendimento das exigências legais para a compensação de jornada, inclusive quando encetada mediante acordo tácito, não implica a repetição do pagamento das horas excedentes à jornada normal diária, se não dilatada a jornada máxima semanal, sendo devido apenas o respectivo adicional".

> Parece-nos que o banco de horas será único, porém com um prazo mais elastecido (18 meses, reitere-se) para os excessos de jornadas ou folgas concedidas no período de vigência do Decreto Legislativo nº 6/2020. Consequentemente, na gestão do banco de horas deverá o empregador utilizar os saldos a seu favor, referentes ao período pretérito ao início da vigência da MP 927, até o termo final do banco de horas anterior, convertendo-os, se não houver atividade que justifique, no pagamento de horas extras.[14]

Questão que tem gerado debates acalorados refere-se às consequências jurídicas da extinção contratual de empregado com saldo de horas "a pagar".

Para responder à indagação, deve-se levar em consideração a modalidade de término contratual.

Entendemos que somente é juridicamente válido o desconto quando o término contratual ocorrer por justa causa do empregado, visto que a inviabilidade de compensação decorre, na hipótese, por prática de ato ilícito do empregado. Todavia, o desconto fica limitado ao montante equivalente a um mês de remuneração por força do artigo 477, § 5º, da CLT.

Nas demais espécies de extinção contratual, temos que o empregador não pode efetuar nenhum desconto sobre as verbas rescisórias, relativamente ao saldo negativo na conta-corrente do banco de horas por falta de amparo jurídico, destacando-se que as verbas rescisórias têm natureza alimentar e qualquer hipótese de desconto deve ser interpretada restritivamente.

Ademais, na dispensa sem justa causa, a resilição se dá por iniciativa do empregador, não podendo, portanto, o empregado ser prejudicado por conta disso.

Do mesmo modo, nos casos de força maior, fato do príncipe e morte de uma das partes ou extinção da empresa, o fim da relação contratual ocorre por motivos estranhos à vontade do empregado, não podendo

---

14 SOUZA JUNIOR, Antonio Humberto de *et al. Medida Provisória 927/2020: Comentada Artigo por Artigo.* São Paulo: Revista dos Tribunais, 2020, p. 84. Disponível em <http://escola.mpu.mp.br/publicacoes/obras-avulsas/acervo-compartilhado/covid-19-e-os-impactos-da-area-trabalhista/view/++widget++form.widgets.arquivo/@@download/E-book+-+MP+927+comentada+artigo+por+artigo+-+R+MIZIARA%2C+D+GASPAR%2C+A+UMBERTO%2C+F+COELHO.pdf.pdf>. Acesso em 29 de junho de 2020.

tais fatos prejudicar no recebimento das verbas rescisórias. Inteligência do artigo 2º da CLT, que atribui ao empregador os riscos do negócio.

Quanto ao término contratual por acordo entre as partes, regulamentado no artigo 484-A da CLT, não cabe o desconto em debate uma vez que o encerramento da relação jurídica é fruto de consenso entre os contratantes, sendo certo, ainda, que o inciso II do mesmo artigo[15] estabelece que todas as verbas trabalhistas devem ser pagas na integralidade, com exceção do aviso prévio e da indenização sobre o saldo do FGTS, que são devidas pela pela metade.

A maior dúvida recai sobre a demissão, ou seja, resilição contratual por iniciativa unilateral do empregado.

Pode-se argumentar que o trabalhador merece sofrer o desconto uma vez que, ao pôr fim à relação empregatícia antes da compensação, inviabiliza a compensação oportuna, cometendo, assim, abuso de direito, devendo se sujeitar ao dever de indenizar o empregador, observando-se o limite do artigo 477, § 5º, da CLT.

Porém, na análise, não se pode perder de vista que o desconto do montante referente ao saldo negativo do banco de horas equivale a exigir que o empregado devolva o salário que lhe foi pago durante o período em que permaneceu em casa. E, como se sabe, o afastamento dos trabalhadores durante a pandemia ocorre por necessidade imperiosa do isolamento social e suspensão das atividades empresariais, não por opção do empregado.

Logo, no final das contas, admitir esse desconto do saldo de horas – o que, como acima asseverado, corresponde à devolução do salário recebido – transformaria o período de isolamento social em nova hipótese de suspensão contratual (sem trabalho e sem salário).

Ocorre que o artigo 3º, § 3º, da Lei 13.979/2020 diz que o isolamento social é hipótese de interrupção contratual, ao prescrever que "será

---

15 "Art. 484-A. O contrato de trabalho poderá ser extinto por acordo entre empregado e empregador, caso em que serão devidas as seguintes verbas trabalhistas [...] II – na integralidade, as demais verbas trabalhistas."

considerado falta justificada ao serviço público ou à atividade laboral privada o período de ausência decorrente das medidas previstas neste artigo".

Não se pode deixar de lembrar que o prazo para compensação do novo banco de horas é bastante extenso (até 30/6/2022), não sendo razoável que o empregado tenha restringido seu direito potestativo de extinguir o contrato por tanto tempo em razão da necessidade de permanecer em casa por força maior.

Deduzimos, portanto, que, também na demissão, é vedado o desconto de eventual saldo negativo no banco de horas da Medida Provisória 927 sobre os valores rescisórios.

Outro tema que merece ser tratado é a absoluta incompatibilidade lógica de qualquer banco de horas com determinados grupos de trabalhadores. Considerando que a adoção do banco de horas pressupõe controle de jornada, não é viável utilização em relação aos empregados regidos pelo artigo 62 da CLT, quais sejam, aqueles que exercem atividade externa incompatível com a fixação de horário de trabalho, os ocupantes de cargos de gestão com gratificação de 40% e os teletrabalhadores.[16]

4. REGIME EXCEPCIONAL DE PRORROGAÇÃO DE JORNADA DOS PROFISSIONAIS DOS ESTABELECIMENTOS DE SAÚDE

Os artigos 26 e 27 da Medida Provisória 927 traziam regras sobre jornada dos profissionais de estabelecimentos de saúde, merecendo ser estudadas com especial atenção:

> Art. 26. Durante o estado de calamidade pública a que se refere o art. 1º, é permitido aos estabelecimentos de saúde, mediante acordo individual escrito, mesmo para as atividades insalubres e para a jornada de doze horas de trabalho por trinta e seis horas de descanso:
>
> I – prorrogar a jornada de trabalho, nos termos do disposto no art. 61 da Consolidação das Leis do Trabalho, aprovada pelo Decreto-Lei nº 5.452, de 1943; e

16 SILVA, Homero Batista Mateus da. *Legislação Trabalhista em Tempos de Pandemia: Comentários às Medidas Provisórias 927 e 936.* São Paulo: Thomson Reuters, 2020, p. 67.

> II – adotar escalas de horas suplementares entre a décima terceira e a vigésima quarta hora do intervalo interjornada, sem que haja penalidade administrativa, garantido o repouso semanal remunerado nos termos do disposto no art. 67 da Consolidação das Leis do Trabalho, aprovada pelo Decreto-Lei nº 5.452, de 1943.
>
> Art. 27. As horas suplementares computadas em decorrência da adoção das medidas previstas nos incisos I e II do *caput* do art. 26 poderão ser compensadas, no prazo de dezoito meses, contado da data de encerramento do estado de calamidade pública, por meio de banco de horas ou remuneradas como hora extra.

Sob o fundamento de que o labor dos profissionais dos estabelecimentos de saúde se inserem em atividades absolutamente imprescindíveis durante crise sanitária pandêmica, os artigos 26 e 27 da Medida Provisória 927 instituíram regras de flexibilização tão prejudiciais aos trabalhadores que beiram o absurdo, contrariando toda a lógica de proteção à saúde e segurança que tangencia o regime jurídico de jornada de trabalho.

De início, importante pontuar que a aplicação das normas dos artigos 26 e 27 não se restringiam aos profissionais de saúde. Conforme expressamente disposto no *caput* do artigo 26, as normas em comento aplicavam-se a todos os empregados dos estabelecimentos de saúde, ou seja, abrangiam também os que exercem profissões que não são típicas da área de saúde, tais como empregados de recepção, limpeza, setores administrativos, entre outros.

Surge, então, uma primeira indagação: as regras dos artigos 26 e 27 albergavam os trabalhadores de prestadoras de serviços terceirizadas?

Entendemos que a resposta é negativa, porquanto o artigo 26 explicitamente prescrevia que as normas se destinavam aos *estabelecimentos de saúde*, ou seja, às empresas e outras organizações cujos objetos sociais estejam inseridos em serviços de saúde, lembrando que, por se tratar de normas excepcionais, não se admite interpretação extensiva.

Destarte, excluíam-se das hipóteses normativas os trabalhadores cujos empregadores não atuavam no ramo específico de serviços de saúde. Podemos citar como exemplos corriqueiros os trabalhadores de prestadoras de serviços terceirizados em serviços gerais, administrativos e logísticos, tais como limpeza, vigilância, portaria e recepção, além de outros.

O artigo 26, I, permitia que, por ajuste individual, se convencionasse prorrogação de jornada nos termos do artigo 61 da CLT, inclusive para os empregados que já trabalhavam em escala de 12 por 36, ainda que atuassem em atividade insalubre.

Perceba que, ao franquear as horas extraordinárias aos empregados que atuavam em escala de 12 por 36, nos termos do artigo 61 da CLT, a intenção do Poder Executivo, ao que nos parece, foi autorizar que tais trabalhadores pudessem se ativar além da extensa jornada a que já se submetem.

Norma esta que contradizia frontalmente a inteligência da Súmula 444 do Tribunal Superior do Trabalho, segundo a qual a escala de 12 por 36 tem caráter excepcional, não admitindo, portanto, horas extras habituais:

> Súmula nº 444 do TST: Jornada de trabalho. NORMA COLETIVA. LEI. Escala de 12 por 36. Validade. É valida, em caráter excepcional, a jornada de doze horas de trabalho por trinta e seis de descanso, prevista em lei ou ajustada exclusivamente mediante acordo coletivo de trabalho ou convenção coletiva de trabalho, assegurada a remuneração em dobro dos feriados trabalhados. O empregado não tem direito ao pagamento de adicional referente ao labor prestado na décima primeira e décima segunda horas.

A propósito, até mesmo o artigo 59-A, instituído pela Reforma Trabalhista, com viés desregulamentador, reconhece o caráter excepcional da escala de 12 por 36, afastando a possibilidade de banco de horas e de compensação mensal regulamentados pelo artigo 59 da CLT (grifo nosso):

Art. 59-A. *Em exceção ao disposto no art. 59* desta Consolidação, é facultado às partes, mediante acordo individual escrito, convenção coletiva ou acordo coletivo de trabalho, estabelecer horário de trabalho de doze horas seguidas por trinta e seis horas ininterruptas de descanso, observados ou indenizados os intervalos para repouso e alimentação.

Não bastasse isso, o inciso II do mesmo artigo 26 preceituava que, além das horas extras do inciso I, os estabelecimentos de saúde podiam implementar escalas de horas extras entre a décima terceira e a vigésima quarta hora do intervalo interjornada.

Ao menos duas correntes se formaram acerca da exegese do inciso II.

Uma primeira vertente defende que o inciso II, na prática, autorizava a adoção de escala de 12 por 12. Nesse sentido, Fonseca e Sales (2020) explicam:

Por outro lado, o inciso II acaba por autorizar a adoção de escalas invadindo o intervalo interjornada, mais exatamente entre a 13ª e a 24ª horas seguintes, ou seja, podendo chegar mesmo à transmudação do regime 12 x 36 para um 12 x 12, por exemplo, sem que isto atraia penalidade administrativa.[17]

Diversamente, há quem defenda que o inciso II permitia a escala de 24 por 24, conforme aduz Souza Junior *et al* (2020):

> Também autoriza o estafante trabalho extraordinário de tais empregados com jornada por até 24 horas sem que se possa invocar a inobservância do intervalo interjornadas de que trata o art. 66 da CLT, em clara contrariedade às disposições mínimas da CLT em matéria de limitação horária.[18]

No mesmo sentido, Silva (2020): "[...] nada se compara ao arrojo do art. 26, II, que parece realmente admitir a jornada de 24h por plantão".[19]

Além das regras danosas do artigo 26, já debatidas, o artigo 27 ainda tornava possível o banco de horas para futura compensação das horas extras trabalhadas, em até dezoito meses a contar de término do estado de calamidade pública, ou seja, até 30/6/2022.

Em suma, os artigos 26 e 27 da Medida Provisória autorizavam que os empregados dos estabelecimentos de saúde – mesmo aqueles que trabalhavam em ambientes insalubres – se submetessem, por acordo individual, a regimes extenuantes de escalas de 12 por 12 ou até mesmo 24 por 24, sem receber nenhuma contraprestação adicional, nem mesmo pelas horas extras cumpridas, as quais poderiam ser compensadas até junho de 2022.

---

17 FONSECA, Rodrigo Dias da; SALES, Cleber Martins. *Comentários à Medida Provisória 927, de 22 de março de 2020: Análise Artigo por Artigo.* São Paulo: Tirant lo Blanch, 2020, p. 36. <https://editorial.tirant.com/free_ebooks/E000020005098.pdf>. Acesso em 30 de junho de 2020. Disponível em <https://editorial.tirant.com/free_ebooks/E000020005098.pdf>. Acesso em 30 de junho de 2020.

18 SOUZA JUNIOR, Antonio Humberto de *et al. Medida Provisória 927/2020: Comentada Artigo por Artigo.* São Paulo: Revista dos Tribunais, 2020, p. 102. Disponível em <http://escola.mpu.mp.br/publicacoes/obras-avulsas/acervo-compartilhado/covid-19-e-os-impactos-da-area-trabalhista/view/++widget++form.widgets.arquivo/@@download/E-book+-+MP+927+comentada+artigo+por+artigo+-+R+MIZIARA%2C+D+GASPAR%2C+A+UMBERTO%2C+F+COELHO.pdf.pdf>. Acesso em 29 de junho de 2020.

19 SILVA, Homero Batista Mateus da. *Legislação Trabalhista em Tempos de Pandemia: Comentários às Medidas Provisórias 927 e 936.* São Paulo: Thomson Reuters, 2020, p. 94.

Na nossa concepção, as regras em comento ultrapassavam qualquer limite razoável de harmonização entre direitos fundamentais, pois sujeitavam os empregados dos estabelecimentos de saúde a um fardo absolutamente desproporcional e sem nenhuma contraprestação. Simplesmente retiravam direitos fundamentais, precarizando as condições laborais, revelando-se evidentemente inconstitucionais por afronta à indispensabilidade de negociação coletiva com a criação de regimes de compensações tão danosas (artigos 7º, XIII e XXII, e 8º, III e VI, da Constituição Federal). Violavam, ainda, os direitos fundamentais à saúde, à vida e à redução dos riscos inerentes ao trabalho, consagrados no artigo 6º e 7º, XXII, da Carta Maior.

4. REDUÇÃO PROPORCIONAL DE JORNADA E DE SALÁRIO. LEI 14.020 DE 2020 (MEDIDA PROVISÓRIA 936 DE 2020)

A Medida Provisória 936, convertida com modificações na Lei 14.020/2020,regulamentou dois mecanismos jurídicos de flexibilização com o propósito de contribuir para a manutenção dos postos de trabalho e das empresas durante a crise pandêmica: suspensão contratual e redução da jornada com correspondente redução de salário. Em complemento, instituiu o benefício emergencial de preservação do emprego e da renda, denominado de BEm pela Portaria 10.486/2020, pago pela União, destinado como contrapartida aos trabalhadores que se submetem à suspensão contratual ou redução de jornada e salário.

A redução proporcional de jornada e salário está regulamentada nos artigos 7º e 9º a 16 da Medida Provisória 936 e da Lei 14.020/2020, bem como na Portaria 10.486/2020, pautando-se pelas seguintes regras:

(i) a redução salarial pode se dar por até noventa dias durante o estado de calamidade pública, preservando-se o salário-hora; a Lei 14.020/2020 possibilitou a prorrogação do referido prazo por ato do Poder Executivo[20];

20 O Decreto 10.422/2020 prorrogou os prazos de suspensão contratual e redução proporcional de jornada e salário para cento e vinte dias.

(ii) pode ser ajustada por acordo individual em relação aos empregados com salário que se encontram nas faixas salariais indicadas no artigo 12 da Medida Provisória 936 e no artigo 12 da Lei 14.020/20;[21]

(iii) nos demais casos não mencionados no item ii, a redução de jornada e salário somente pode ser convencionada por negociação coletiva;

(iv) quando firmada por acordos individuais, a redução de jornada e de salário somente pode ser fixada nos patamares de 25%, 50% ou 70%.

(v) a redução por negociação coletiva pode adotar quaisquer percentuais de diminuição proporcional;

(vi) como forma de minimizar as perdas salariais decorrentes da redução salarial, a Medida Provisória prevê o pagamento do benefício emergencial que, quando devido, é pago nas proporções de 25%, 50% e 70% do importe que seria pago a título de seguro-desemprego;

(vii) o benefício emergencial pode ser cumulado com o pagamento de ajuda compensatória mensal pelo empregador, com natureza indenizatória, não integrando o salário de contribuição e a base de cálculo do imposto de renda, nem mesmo refletindo em verbas trabalhistas.

(viii) os empregados submetidos à diminuição proporcional de jornada e salário e que recebem o benefício emergencial adquirem direito a garantia de emprego durante o período de redução e, também, pelo mesmo período, após o restabelecimento da jornada normal.

(ix) a redução proporcional cessa-se caso qualquer das três seguintes hipóteses ocorra: cessação do estado de calamidade pública; termo final do ajuste de redução; opção unilateral pelo empregador de retomada da jornada normal.

Desde a publicação da Medida Provisória 936, muito se debateu acerca da constitucionalidade das normas que possibilitam a redução proporcional de jornada e salário, bem como a suspensão contratual, por acordo individual, tendo em vista o princípio da irredutibilidade salarial,

21 A Lei 14.020/2020 ampliou significativamente as hipóteses em que se pode estabelecer redução salarial por acordo individual.

salvo negociação coletiva, consagrado no artigo 7º, VI, da Constituição como direito fundamental dos trabalhadores.

Nesse contexto de profundas críticas à Medida Provisória 936, foi proposta a ADI 6363 questionando sua constitucionalidade, sendo que, num primeiro momento, o relator, Ministro Ricardo Lewandowski, deferiu parcialmente a medida cautelar, reconhecendo a necessidade de ratificação dos acordos individuais pelos sindicatos, expressa ou tácita, sob pena de nulidade.

Contudo, ao reapreciar a matéria, o plenário da Corte Constitucional negou referendo à medida cautelar, prevalecendo o posicionamento de que, a partir de uma análise introdutória, as normas impugnadas não feriam a Constituição, sobretudo por conta da excepcionalidade do momento da crise vivenciada e da necessidade premente de efetivação das medidas de preservação de emprego.

4.1. Redução proporcional de jornada dos trabalhadores do artigo 62 da CLT

Uma das grandes controvérsias práticas relacionadas à Medida Provisória 936 e à Lei 14.020 de 2020 diz respeito aos empregados elencados no artigo 62 da CLT, os quais, de acordo com a norma e em razão de suas peculiaridades, não se sujeitam ao capítulo da duração da jornada.

> Art. 62 – Não são abrangidos pelo regime previsto neste capítulo:
>
> I – os empregados que exercem atividade externa incompatível com a fixação de horário de trabalho, devendo tal condição ser anotada na Carteira de Trabalho e Previdência Social e no registro de empregados;
>
> II – os gerentes, assim considerados os exercentes de cargos de gestão, aos quais se equiparam, para efeito do disposto neste artigo, os diretores e chefes de departamento ou filial.
>
> III – os empregados em regime de teletrabalho.

A divergência cinge-se em saber se aqueles empregados, que, de fato, se enquadram no rol do artigo 62 da CLT, podem ter sua jornada reduzida proporcionalmente.

Muito se tem discutido sobre o tema e, para acalorar ainda mais o debate, foi editada a Portaria 10.486/2020 do Ministério da Economia, que, em seu artigo 4º, §§ 2º e 3º, prescreve:

§ 2º É vedada a celebração de acordo individual para redução proporcional de jornada de trabalho e de salário ou para suspensão temporária do contrato de trabalho com empregado que se enquadre em alguma das vedações à percepção do BEm previstas neste artigo.

§ 3º O BEm não será devido caso verificada a manutenção do mesmo nível de exigência de produtividade ou de efetivo desempenho do trabalho existente durante a prestação de serviço em período anterior à redução proporcional de jornada de trabalho e de salário para os seguintes trabalhadores:

I – os empregados não sujeitos a controle de jornada; e

II – os empregados que percebam remuneração variável.

De um lado, desde a publicação da Medida Provisória 936, já havia quem sustentasse a absoluta impossibilidade de se reduzir a jornada de trabalho de quem não se submete ao controle. Por todos, Silva, Lucena Jr. e Pinheiro argumentam:

> Assim, desde que observados fielmente os requisitos para configuração das exceções, entendemos que não seria adequada a aplicação da redução de jornada aos referidos trabalhadores, uma vez que esses não se submetem ao mencionado regime.[22]

Em contraponto, há vozes defendendo que, se a Medida Provisória 936 não excluiu os trabalhadores do artigo 62 da CLT de seu regramento, não cabe ao intérprete fazê-lo, sob pena de impor a tais empregados o pesado fardo do desemprego durante a crise.

Nesse sentido, Prata e Pragmácio Filho (2020) defendem que:

> Noutro giro, muito embora seja praticamente impossível verificar redução proporcional da jornada não fiscalizável (art. 62 da CLT), não se pode *tout court* relegar aos excluídos da proteção quanto à duração da jornada a novo exílio jurídico, capaz de deixá-los completamente vulneráveis diante da pandemia. Vale dizer, se a MP não cuidou de sua situação peculiar, não pode a Portaria respectiva *sic et simpliciter* excluí-los, desbordando de sua função meramente regulatória.[23]

---

22 SILVA, Fabrício Lima; LUCENA JUNIOR, Hamilton N.; PINHEIRO, Iuri. *Medida Provisória 936/2020 Esquematizada: Com Perguntas e Respostas.*, p. 52. Disponível em https://dicastrabalhistas.com.br/wp-content/uploads/2020/04/MP-936-_-2020_Atualizada.pdf . Acesso em 28 de junho de 2020.

23 PRATA, Marcelo Rodrigues; PRAGMÁCIO FILHO, Eduardo. "Incidência do art. 62 da CLT em tempos de coronavírus". In: BELMONTE, Alexandre Agra; MARTINEZ, Luciano;

Igualmente, Cassar (2020) defende a aplicação nos termos da Portaria 10.486/2020:

> Mesmo excluídos do Capítulo "Da Duração do Trabalho", os empregados de confiança, os externos sem fiscalização e os teletrabalhadores podem firmar termo de compromisso de redução do trabalho ou da produtividade proporcional ou equivalente à redução do trabalho. Aliás, o parágrafo único do artigo 75-E da CLT transfere para o teletrabalhador o ônus de fiscalizar seu meio ambiente de trabalho e de cumprir as medidas de segurança e medicina de trabalho. Ora, se o teletrabalhador pode, para questões da saúde ocupacional (direito de indisponibilidade absoluta) firmar termo de responsabilidade de cumprimento das regras de segurança e medicina do trabalho, por que os demais trabalhadores abrangidos pelo artigo 62 da CLT não podem fazer o menos, isto é, autodeclarar seu compromisso em reduzir seu trabalho? Negar a estes trabalhadores o direito de manutenção de seus empregos pelo ajuste de redução salarial é empurrá-los para a despedida imotivada, principalmente os gestores, que têm salários mais altos.
>
> O artigo 4º, parágrafo 3º da Portaria 10.486/2020 do Ministério da Economia explicitamente autorizou o pagamento do BEm aos empregados inseridos no artigo 62 da CLT, desde que haja redução "nível de exigência de produtividade ou de efetivo desemprenho do trabalho" durante a redução do salário proporcional à jornada.[24]

Em que pesem os empregados elencados no artigo 62 da CLT não se submetam à fixação de jornada, parece-nos que obstar que eles se beneficiem de um instrumento salutar de combate ao desemprego, no atual momento de grave crise econômico-financeira, não se afigura a solução mais razoável. Entendemos que, apesar da incontestável dificuldade de operacionalização, é factível aplicar a redução proporcional de jornada e salário aos trabalhadores do artigo 62 da CLT, desde que se estabeleça a diminuição proporcional de carga de trabalho, conforme previsto na Portaria 10.486/2020, assim como a redução proporcional de dias de labor. Podemos pensar no seguinte exemplo: um gerente, que ocupa cargo de

---

MARANHÃO, Ney. *Direito do Trabalho na crise da covid-19*. Salvador: Editora JusPodivm, 2020, P. 336. Disponível em <https://especial.editorajuspodivm.com.br/ebook-direito-trabalho-covid19>. Acesso em 30 de junho de 2020.

24 CASSAR, Vólia Bomfim. *Comentários à Medida Provisória 936/20*. Disponível em <http://genjuridico.com.br/2020/05/04/comentarios-medida-provisoria-936-20/>. Acesso em 30 de junho de 2020

confiança, com redução de salário de 50%, com quantidade de trabalho diminuída na mesma proporção e que passa a se ativar somente em 50% dos dias úteis do mês (dias alternados ou semanas alternadas, por exemplo).

Não se pode olvidar que, caso não haja efetiva redução da carga de trabalho e do número de dias em atividade, o acordo de redução de jornada perde seu efeito e, consequentemente, o empregador ficará obrigado a pagar a diferença salarial devida.

Em relação aos teletrabalhadores do artigo 62, III, da CLT, concordamos com Silva, Lucena Jr. e Pinheiro (2020),[25] admitindo que a redução da proporcional jornada é plenamente viável. Basta que o empregador passe a controlar efetivamente os horários de trabalho, modificando o regime para trabalho remoto durante o interregno de redução da jornada, por meio de aditivo contratual, conforme admitido pelo § 2º do artigo 75-C da CLT.

4.2. Redução de jornada e horas extras

Como meio de minimizar os impactos financeiros aos trabalhadores com jornada e salários diminuídos, a Media Provisória 936 e a Lei 14.020/2020 prescrevem que tais empregados têm direito ao benefício emergencial (Bem), pago pela União, complementando o salário reduzido.

Em outras palavras, como contrapartida pela sustação parcial do contrato implementada com a redução da jornada e do salário, o empregado tem direito a receber o BEm, custeado com dinheiro público.

Nesse cenário, caso o empregado com jornada reduzida cumpra horas extras eventuais, não vemos outra consequência que não o pagamento acrescido do adicional, sendo que, se houver banco de horas, é possível inserir as horas extraordinárias em tal regime de compensação. Importante salientar que essas horas extras não compensadas, na espécie, são calculadas com base na jornada e no salário reduzidos proporcionalmente.

---

25 SILVA, Fabrício Lima; LUCENA JUNIOR, Hamilton N.; PINHEIRO, Iuri. *Medida Provisória 936/2020 Esquematizada: Com Perguntas e Respostas.*, p. 53. Disponível em https://dicastrabalhistas.com.br/wp-content/uploads/2020/04/MP-936-_-2020_Atualizada.pdf . Acesso em 28 de junho de 2020.

O cenário altera-se significativamente quando as horas extras forem habituais. Em tais hipóteses, duas conclusões são sustentáveis: pagamento das horas extras acrescidas do adicional, apuradas com base na jornada e na remuneração reduzidas; ou reconhecimento da ineficácia absoluta do acordo de redução de jornada, com restabelecimento do valor integral do salário.

Vejamos o que os artigos 15, II, VII e VIII, e 16, *caput*, da Portaria 10.486/2020 preceituam:

> Art. 15.O pagamento do BEm será cessado nas seguintes situações:
>
> [...]
>
> II – retomada da jornada normal de trabalho ou encerramento da suspensão do contrato de trabalho antes do prazo pactuado;
>
> [...]
>
> VII – por comprovação da falsidade na prestação de informações necessárias à habilitação;
>
> VIII – por comprovação de fraude visando à percepção indevida do BEm;
>
> [...]
>
> Art. 16. As parcelas ou valores do BEm recebidos indevidamente, ou além do devido pelos empregados, serão restituídos mediante depósito na Conta Única do Tesouro Nacional, mediante Guia de Recolhimento da União – GRU, em até 30 (trinta) dias contados da data do recebimento de notificação.

Ainda sobre o tema, o artigo 8º, § 4º, da Medida Provisória 936, aplicável por analogia, assim estabelece (grifos nossos):

> § 4º Se durante o período de suspensão temporária do contrato de trabalho o empregado *mantiver as atividades de trabalho, ainda que parcialmente, por meio de teletrabalho, trabalho remoto ou trabalho à distância, ficará descaracterizada a suspensão temporária do contrato de trabalho, e o empregador estará sujeito*:
>
> I – *ao pagamento imediato da remuneração e dos encargos sociais referentes a todo o período*;
>
> II – às penalidades previstas na legislação em vigor; e
>
> III – às sanções previstas em convenção ou em acordo coletivo.

Como registrado anteriormente, parece-nos que ambas as conclusões são razoáveis, sendo que, em eventual reclamação trabalhista, é possível a formulação de pedidos de horas extras ou de descaracterização do acordo de redução (alternativa ou subsidiariamente). Isso porque o pagamento de horas extras acrescidas de adicional pode se revelar, em determinadas situações, mais benéfico ao trabalhador do que a descaracterização do ajuste, sendo as duas possibilidades juridicamente válidas.

Contudo, embora as soluções sejam legítimas, sustentamos que a mais adequada é o reconhecimento da descaracterização da redução da jornada e o consequente pagamento do valor integral do salário. Nessa esteira, apenas seriam devidas horas extras se ultrapassados os limites de jornada completa.

Por fim, não se pode deixar de registrar que, na hipótese de simulação com conluio do trabalhador e intenção de fraude ao erário, o pedido deve ser julgado improcedente, com expedição de ofícios ao Ministério Público e à Superintendência Regional do Trabalho para as medidas cabíveis em relação aos eventuais ilícitos criminais e administrativos, sem prejuízo de eventual sanção processual por litigância de má-fé.

4.3. Garantia de emprego decorrente da redução da jornada e salário

De acordo com os artigos 10, I e II, da Medida Provisória 936 e da Lei 14.020/2020,os empregados que se submetem à suspensão contratual ou redução de salário e de jornada e que, como contrapartida, recebem o BEm, adquirem garantia de emprego durante a suspensão ou redução e, também pelo mesmo prazo subsequente, após o fim da suspensão ou da redução da jornada.

Importante frisar que a Lei 14.020/2020 inseriu o inciso III no artigo 10, nos seguintes termos:

> III – no caso da empregada gestante, por período equivalente ao acordado para a redução da jornada de trabalho e do salário ou para a suspensão temporária do contrato de trabalho, contado a partir do término do período da garantia estabelecida na alínea b do inciso II do caput do art. 10 do Ato das Disposições Constitucionais Transitórias.

Por sua vez, os §§ 1º e 2º do artigo 10 preceituam que, caso o empregado detentor da garantia de emprego venha a ser dispensado sem justa causa, terá direito a uma indenização compensatória, que varia entre 50%, 70% e 100% dos salários aos quais o trabalhador faria jus até o término do período da garantia.

> § 1º A dispensa sem justa causa que ocorrer durante o período de garantia provisória no emprego previsto no *caput* sujeitará o empregador ao pagamento, além das parcelas rescisórias previstas na legislação em vigor, de indenização no valor de:
>
> I – cinquenta por cento do salário a que o empregado teria direito no período de garantia provisória no emprego, na hipótese de redução de jornada de trabalho e de salário igual ou superior a vinte e cinco por cento e inferior a cinquenta por cento;
>
> II – setenta e cinco por cento do salário a que o empregado teria direito no período de garantia provisória no emprego, na hipótese de redução de jornada de trabalho e de salário igual ou superior a cinquenta por cento e inferior a setenta por cento; ou
>
> III – cem por cento do salário a que o empregado teria direito no período de garantia provisória no emprego, nas hipóteses de redução de jornada de trabalho e de salário em percentual superior a setenta por cento ou de suspensão temporária do contrato de trabalho.
>
> § 2º O disposto neste artigo não se aplica às hipóteses de dispensa a pedido ou por justa causa do empregado.[26]

Como se verá a seguir, o artigo 10 da Medida Provisória 936 cria algumas dúvidas acerca de sua constitucionalidade e interpretação, que se mantiveram com a conversão na Lei 14.020/20.

O primeiro questionamento que surge tange a constitucionalidade do § 1º do artigo 10, pois, ao mesmo tempo em que o *caput* do mesmo artigo cria a garantia de emprego, o § 1º estranhamente permite a dispensa sem justa causa do empregado detentor de tal direito, prevendo, ainda, indenizações inferiores à remuneração do período da garantia de emprego nas hipóteses dos incisos I e II.

---

26 A Lei 14.020/2020 modificou no § 2º, mas apenas para substituir a expressão "dispensa a pedido" por "pedido de demissão", sem nenhuma consequência prática.

Discorrendo acerca da Medida Provisória em análise, Pritsch (2020) defende que a Medida Provisória 936 não traz propriamente uma garantia de emprego típica sujeita a reintegração, mas uma *garantia mitigada*, que, se violada, teria como única consequência uma indenização escalonada:

> No primeiro caso (Medida Provisória 936), o trabalhador demitido no período de garantia, após ter sofrido suspensão, terá uma indenização análoga ao que receberia se convertida o período estabilitário em pecúnia, ou proporcionalizada, caso fosse uma redução salarial.
>
> [...]
>
> Assim, tem-se que não se trata de uma estabilidade típica, sujeita à reintegração no emprego, mas sim de uma medida dissuasória de dispensas imotivadas, ou garantia de emprego mitigada [...].[27]

Em que pesem os argumentos do respeitado jurista, entendemos que o artigo 10 institui típica garantia provisória de emprego, pois o dispositivo normativo assim a denomina textualmente: "Fica reconhecida a garantia provisória no emprego ao empregado que receber o Benefício Emergencial de Preservação do Emprego e da Renda, de que trata o art. 5º [...]".

É o que também pondera Bruxel (2020):

> Nesse panorama, a prevalecer uma interpretação literal do § 1º do art. 10, a Medida Provisória 936, aparentemente o dispositivo estaria estipulando uma garantia provisória que não garante nada, já que apenas traria um custo adicional para a dispensa sem justa causa no período estabilitário, cujo valor é previsto nos incisos do § 1º do art. 10 da Medida Provisória, mas não proibiria a dispensa imotivada ou sem justa causa.
>
> Ocorre que tal conclusão não faz sentido, pois implicaria em uma completa desnaturação do termo "garantia de emprego", razão pela qual se compreende que o art. 10, §1º, da Medida Provisória, estaria apenas prevendo a indenização que seria devida pelo empregador nas hipóteses em que a dispensa, ainda que equivocadamente, se der, no mundo fático, sem justa causa.[28]

---

27 PRITSCH, Cesar Zucatti. *Medida Provisória 944, Artigo por Artigo - Financiamento Emergencial da Folha de Pagamento.* Disponível em <https://www.migalhas.com.br/depeso/324326/mp-944-artigo-por-artigo-financiamento-emergencial-da-folha-de-pagamento>. Acesso em 27 de maio de 2020.

28 BRUXEL, Charles da Costa. *A garantia provisória de emprego prevista na Medida Provisória nº 936 de 2020.* Disponível em <http://ostrabalhistas.com.br/a-garantia-provisoria-de-emprego-

Não podemos deixar de lembrar que o artigo 7º, I, da Constituição Federal consagra como direito fundamental a proteção contra dispensa arbitrária e sem justa causa. Outrossim, vale rememorar que, muito embora a norma constitucional remeta sua regulamentação à lei complementar – que até hoje não foi promulgada – a doutrina[29] já há muito tempo entende que, mesmo as normas de eficácia limitada (com aplicabilidade mediata ou diferida), são dotadas de eficácia negativa, impedindo que o legislador crie normas infraconstitucionais violadoras da inteligência da norma constitucional.

Assim, qualquer exegese do § 1º do artigo 10 que atribua à norma o sentido de que tal garantia de emprego autoriza a dispensa abusiva ou sem justa causa, nos parece, infringe o artigo 7º, I, da Carta Maior, afrontando a lógica protetiva insculpida pelo constituinte.

Logo, por todos os fundamentos acima expostos, afirmamos que o § 1º do artigo 10 deve ser interpretado conforme com a Constituição, no sentido de se compreender como ilícita a dispensa sem justa causa dos empregados titulares da garantia de emprego, possibilitando, inclusive, a reintegração ao emprego, quando esta se mostra viável ou recomendável por aplicação analógica do artigo 496 da CLT.

No que se refere aos valores das indenizações em patamares menores – 50% e 70% – a análise deve ser pautada pelo princípio da restituição integral, consagrado como direito fundamental no artigo 5º, V, da Constituição. Trilhando essa toada, forçoso concluir que as indenizações de 50% e 70% são inconstitucionais, pois não restituem o empregado dispensado ilicitamente pelo dano material por ele sofrido, de modo que a indenização compensatória deve sempre ser no importe equivalente à totalidade dos salários devidos no interregno desde a dispensa até o término da garantia de emprego.

---

prevista-na-mp-no-936-de-2020/>. Acesso em 27 de maio de 2020.

29 Por todos, BULOS, Uadi Lammêgo, *Curso de Direito Constitucional.* 8ª ed. rev. e atual. São Paulo: Saraiva, 2014, p. 482.

Destarte, entendemos que o incisos I e II do § 1º do artigo 10 da Medida Provisória 936 (mantidos pela Lei 14.020/20), os quais estabelecem indenizações equivalentes a 50% e 70% da soma dos salários, são totalmente inconstitucionais. Por seu turno, o inciso III é parcialmente inconstitucional, no que se refere ao trecho que delimita os casos em que a indenização de 100% é devida.

Consequentemente, posicionamo-nos no sentido de ser devida a indenização de 100% dos salários do interregno compreendido entre a data da comunicação da dispensa e o término da garantia de emprego em todas as extinções contratuais sem justa causa dos empregados com a garantia de emprego em exame, quando não for viável ou recomendável a reintegração.

Ainda acerca do importe indenizatório, não se pode deixar de salientar que a expressão do inciso III, *cem por cento do salário a que o empregado teria direito no período da garantia provisória de emprego,* também deve ser interpretada teleologicamente e à luz dos princípios da restituição integral e do *in dubio pro misero*, o que nos leva a concluir que o valor compensatório deve ter como base de apuração a remuneração a que faria jus o empregado em condições normais. Ou seja, a indenização deve ser apurada com base no valor integral anterior à suspensão ou redução salarial (excetuadas as parcelas salariais condicionadas, tais como horas extras, adicionais de insalubridade e periculosidade). Igualmente, são devidos os reflexos sobre férias com terços, décimos terceiros salários, FGTS, aviso prévio e indenização de 40% do FGTS. No mesmo sentido é a Súmula 244, II, do Tribunal Superior do Trabalho.

5. CONSIDERAÇÕES FINAIS

Diante dos imensuráveis impactos da crise social, econômica e financeira, decorrentes da pandemia, foram publicadas diversas leis e medidas provisórias, muitas das quais versam sobre temas trabalhistas.

Entre tantas previsões normativas emergenciais, diversas delas se relacionam à jornada de trabalho, destacando-se as Medidas Provisórias 927 e 936. A primeira perdeu a vigência em 19/7/2020 e esta última foi convertida na Lei 14.02/2020.

O artigo 14 da Medida Provisória 927 autorizava a interrupção do trabalho, instituindo um modelo especial de banco de horas durante o período do estado de calamidade pública, por meio do qual o empregado pode acumular um saldo negativo de horas, para ulterior compensação até 30/6/2022.

Já os artigos 26 e 27 da Medida Provisória 927 regulamentavam o regime excepcional de prorrogação de jornada dos profissionais dos estabelecimentos de saúde, autorizando que tais empregados – mesmo os que atuavam em ambientes insalubres – se submetessem a extenuantes escalas de 12 por 12 ou até mesmo 24 por 24, por acordo individual, sem receber nenhuma contraprestação adicional, nem mesmo pelas horas extras prestadas, as quais podem ser compensadas até junho de 2022.

Argumentamos que os artigos 26 e 27 ultrapassavam qualquer limite razoável de harmonização entre os direitos fundamentais, pois submetiam os empregados dos estabelecimentos de saúde a um fardo absolutamente desproporcional e sem qualquer contrapartida. Simplesmente retiravam direitos fundamentais, revelando-se evidentemente inconstitucionais por afronta à indispensabilidade de negociação coletiva com a criação de regimes de compensações tão danosas (artigos 7º, XIII e XXII, e 8º, III e VI, da Constituição Federal). Violavam, ainda, os direitos fundamentais à saúde, à vida e à redução dos riscos inerentes ao trabalho, consagrados no artigo 6º e 7º, XXII, da Carta Maior.

Por sua vez, a Medida Provisória 936 (convertida na Lei 14.020/2020) e a Portaria 10.486/2020 regulamentam a redução proporcional de jornada e salário, pautando-se pelas seguintes regras:

(i) a redução salarial pode se dar por até noventa dias durante o estado de calamidade pública, preservando-se o salário-hora; a Lei 14.020/2020 possibilitou a prorrogação do prazo por ato do Poder Executivo, sendo que o Decreto 10.422/2020 prorrogou tal prazo para cento e vinte dias;

(ii) pode ser ajustada por acordo individual em relação aos empregados com salário que se encontram nas faixas salariais indicadas no artigo 12 da Medida Provisória 936 e no artigo 12 da Lei 14.020/20;

(iii) nos demais casos não mencionados no item ii, somente pode ser convencionada por negociação coletiva;

(iv) quando firmada por acordos individuais, a redução de jornada e de salário somente pode ser fixada nos patamares de 25%, 50% ou 70%.

(v) a redução por negociação coletiva pode adotar quaisquer percentuais de diminuição proporcional;

(vi) como forma de minimizar as perdas salariais decorrentes da redução salarial, a Medida Provisória prevê o pagamento do benefício emergencial que, quando devido, é pago nas proporções de 25%, 50% e 70% do importe que seria pago a título de seguro-desemprego;

(vii) o benefício emergencial pode ser cumulado com o pagamento de ajuda compensatória mensal pelo empregador, com natureza indenizatória, não integrando o salário de contribuição e a base de cálculo do imposto de renda, nem mesmo refletindo em verbas trabalhistas.

(viii) os empregados submetidos à diminuição proporcional de jornada e salário e que recebem o benefício emergencial adquirem direito a garantia de emprego durante o período de redução e, também, pelo mesmo período, após o restabelecimento da jornada normal.

(ix) a redução proporcional cessa-se caso qualquer das três seguintes hipóteses ocorra: cessação do estado de calamidade pública; termo final do ajuste de redução; opção unilateral pelo empregador de retomada da jornada normal.

Desde a publicação da Medida Provisória 936, muito se debateu acerca da constitucionalidade das normas que possibilitam a redução proporcional de jornada e salário, bem como a suspensão contratual.

Ao reapreciar a matéria, o plenário da Corte Constitucional negou referendo à medida cautelar, prevalecendo o posicionamento de que, a partir de uma análise inicial, as normas impugnadas não feriam a Constituição, sobretudo por conta da excepcionalidade do momento da crise vivenciada e da necessidade premente de efetivação das medidas de preservação de emprego e das empresas.

Não obstante os empregados elencados no artigo 62 da CLT não se submeterem a controle de jornada, parece-nos que, no atual momento de grave crise econômico-financeira, obstar que tais trabalhadores se beneficiem de um instrumento salutar de manutenção de postos de trabalho não se mostra a solução mais razoável, sob pena de impor-lhes o fardo do desemprego. Apesar da incontestável dificuldade de operacionalização, entendemos que a adoção do instituto é factível, desde que se ajuste a redução proporcional de carga de trabalho, conforme previsto na Portaria 10.486/2020, assim como a redução proporcional de dias de labor.

Caso o empregado com redução proporcional de jornada e de salário cumpra horas extras eventuais, não vemos outra consequência, que não o pagamento acrescido do adicional, sendo que, se houver banco de horas, é possível inserir as horas extraordinárias em tal regime de compensação. Importante salientar que essas horas extras não compensadas, na espécie, são calculadas com base na jornada e no salário, reduzidos proporcionalmente.

Diferentemente, quando as horas extras forem habituais, duas conclusões são sustentáveis: pagamento das horas extras acrescidas do adicional, apuradas com base na jornada e na remuneração reduzidas; ou reconhecimento da ineficácia absoluta do acordo de redução de jornada, com restabelecimento do valor integral do salário.

Embora ambas as soluções sejam legítimas, sustentamos que a mais adequada é o reconhecimento da descaracterização da redução da jornada e o consequente pagamento do valor integral do salário. Nessa esteira, apenas seriam devidas horas extras se ultrapassados os limites de jornada completa.

Diante de tantos desafios e incertezas, certamente a profusão de novas regras trabalhistas durante o período de crise sanitária acarretará inúmeras controvérsias acerca da jornada laboral, demandando atenção especial dos operadores do Direito do Trabalho.

6. REFERÊNCIAS BIBLIOGRÁFICAS

BRUXEL, Charles da Costa. **A garantia provisória de emprego prevista na Medida Provisória nº 936 de 2020**. Disponível em <http://ostrabalhistas.com.br/a-garantia-provisoria-de-emprego-prevista-na-mp-no-936-de-2020/>. Acesso em 27 de maio de 2020.

BULOS, Uadi Lammêgo. **Curso de Direito Constitucional**. 8ª ed. rev. e atual. São Paulo: Saraiva, 2014.

CASSAR, Vólia Bomfim. **Comentários à Medida Provisória 936/20.** Disponível em <http://genjuridico.com.br/2020/05/04/comentarios-medida-provisoria-936-20/>. Acesso em 27 de maio de 2020.

CASSAR, Vólia Bomfim. **Direito do Trabalho.** 14ª ed. rev. e atual. Rio de Janeiro: Forense; São Paulo: Método, 2017.

CASSAR, Vólia Bomfim; DALLEGRAVE NETO, José Affonso; MARTINS, Rafael Lara; PINHEIRO, Iuri. **Lei 14.020/2020 Comparada e Comentada.** Disponível em <https://storage.builderall.com/franquias/2/6077641/editor-html/5579091.pdf>. Acesso em 10 de julho de 2020.

DELGADO, Maurício Godinho. **Curso de Direito do Trabalho**. 7ª ed. São Paulo: LTr, 2007.

FERREIRA, Aurélio Buarque de Holanda. **Mini Aurélio: O Dicionário da Língua Portuguesa**. 7ª ed. Curitiba: Positivo, 2010.

FONSECA, Rodrigo Dias da; SALES, Cleber Martins. **Comentários à Medida Provisória 927, de 22 de março de 2020: Análise Artigo por Artigo.** São Paulo: Tirant lo Blanch , 2020. <https://editorial.tirant.com/free_ebooks/E000020005098.pdf >. Acesso em 30 de junho de 2020.

PRATA, Marcelo Rodrigues; PRAGMÁCIO FILHO, Eduardo. **Incidência do art. 62 da CLT em Tempos de Coronavírus**. In: BELMONTE, Alexandre Agra; MARTINEZ, Luciano; MARANHÃO, Ney. **Direito do Trabalho na Crise da Covid-19**. Salvador: Editora JusPodivm, 2020. Disponível em <https://especial.editorajuspodivm.com.br/ebook-direito-trabalho-covid19>. Acesso em 30 de junho de 2020.

PRITSCH, Cesar Zucatti. **Medida Provisória 944, Artigo por Artigo - Financiamento emergencial da folha de pagamento**. Disponível em <https://www.migalhas.com.br/depeso/324326/mp-944-artigo-por-artigo-financiamento-emergencial-da-folha-de-pagamento>. Acesso em 27 de maio de 2020.

SILVA, Fabrício Lima; LUCENA JUNIOR, Hamilton N.; PINHEIRO, Iuri. **Medida Provisória 936/2020 Esquematizada: Com Perguntas e Respostas**. Disponível em <https://dicastrabalhistas.com.br/wp-content/uploads/2020/04/MP-936-_-2020_Atualizada.pdf>. Acesso em 28 de junho de 2020.

SILVA, Homero Batista Mateus da. **Legislação Trabalhista em Tempos de Pandemia: Comentários às Medidas Provisórias 927 e 936**. São Paulo: Thomson Reuters, 2020.

SOUZA JUNIOR, Antonio Humberto de *et al.* **Medida Provisória 927/2020: Comentada Artigo por Artigo**. São Paulo: Revista dos Tribunais, 2020. Disponível em <http://escola.mpu.mp.br/publicacoes/obras-avulsas/acervo-compartilhado/covid-19-e-os-impactos-da-area-trabalhista/view/++widget++form.widgets.arquivo/@@download/E-book+-+MP+927+comentada+artigo+por+artigo+-+R+MIZIARA%2C+D+GASPAR%2C+A+UMBERTO%2C+F+COELHO.pdf.pdf>. Acesso em 29 de junho de 2020.

9. CORONAVÍRUS E MEIO AMBIENTE DE TRABALHO: DE PANDEMIAS, PANTOMIMAS E PANACEIAS

Guilherme Guimarães Feliciano[1]

Paulo Roberto Lemgruber Ebert[2]

INTRODUÇÃO. A PANDEMIA: ESCALADA DO DESALENTO

Nos primeiros dias de 2020, o mundo soube do surto endêmico de uma nova forma de coronavírus – o *SARS-CoV-2* –, à altura restrito à cidade de Wuhan, capital da província da China central, entrecortada pelos rios Yangtzé e Han. Ao contrário de seus análogos já conhecidos (a SARS e a MERS, p. ex.),[3] a doença provocada pelo *SARS-Cov-2* – conhecida como *COVID-19* – tinha por características sintomáticas a manifestação mais intensa e duradoura de coriza, febre, diarreia, vômito, falta de apetite,

1 Professor associado II do Departamento de Direito do Trabalho e da Seguridade Social da Faculdade de Direito da Universidade de São Paulo. Juiz titular da 1ª Vara do Trabalho de Taubaté – SP. Livre-docente em Direito do Trabalho e doutor em Direito Penal pela FDUSP. Doutor em Ciências Jurídicas pela Faculdade de Direito de Lisboa.

2 Advogado. Professor universitário. Doutor em Direito do Trabalho e da Seguridade Social pela Universidade de São Paulo (USP). Especialista em Direito Constitucional pela Universidade de Brasília (UnB). Especialista em Direito e Processo do Trabalho pelo Centro Universitário de Brasília (UniCEUB).

3 Identificaram-se, até este momento, sete variedades de coronavírus humanos (HCoVs), entre eles o SARS-COV (causador da SARS, ou Síndrome Respiratória Aguda Grave), o MERS-COV (causador da MERS, ou Síndrome Respiratória do Oriente Médio) e o SARS-CoV-2 (vírus causador da COVID-19). Cfr. "Folha informativa - COVID 19", 14.5.2020. Disponível em https://www.paho.org/bra/index.php?option=com_content&view=article&id=6101:covid19&Itemid=875. Acesso em: 14.5.2020.

perda do olfato e do paladar, aguda dificuldade respiratória e dores no corpo que poderiam evoluir para um quadro de pneumonia grave.

Desde a fase epidêmica, combater o avanço da síndrome se tornou a preocupação prioritária da Organização Mundial da Saúde, que logo a classificou como "emergência de saúde pública de importância internacional" (= *"public health emergency of international concern"*, ou PHEIC), no mais elevado nível de alerta do Regulamento Sanitário Internacional. Na dicção de Tedros Adhanom Ghebreyesus (diretor-geral da OMS) e de Roberto Azevêdo (diretor-geral da OMC),

> [o] objetivo do Regulamento Sanitário Internacional é prevenir, proteger contra, controlar e proporcionar uma resposta de saúde pública à disseminação internacional de doenças de modo proporcional aos riscos à saúde pública, com vista a minimizar a interferência no tráfego e no comércio internacionais. As regras da OMC fornecem aos governos as flexibilidades necessárias para enfrentar situações de escassez de suprimentos médicos essenciais e/ou desafios de saúde pública. No entanto, qualquer medida tomada para promover a saúde pública deve ser "direcionada, proporcional, transparente e temporária", em consonância com os recentes apelos dos líderes mundiais. Os governos devem evitar medidas que possam interromper as cadeias de fornecimento e impactar negativamente as pessoas mais pobres e vulneráveis, notadamentee em países em desenvolvimento e menos desenvolvidos que são tipicamente dependentes de importações de medicamentos e equipamentos médicos.[4]

A sigla COVID-19 combina a expressão anglófona *Coronavirus disease* com o ano de surgimento da moléstia (2019). Nas semanas e meses seguintes, o surto ganharia o *status* de epidemia, atingindo as demais metrópoles chinesas

---

4 AZEVÊDO, Roberto. GHEBREYESUS, Tedros Adhanom. *Joint statement*. 20.4.2020. Disponível em: https://www.who.int/news-room/detail/20-04-2020-joint-statement-by-wto-director-general-roberto-azevêdo-and-who-director-general-tedros-adhanom-ghebreyesus. Acesso em: 15.5.2020. Tradução livre. No original em inglês: "The purpose of the International Health Regulations is to prevent, protect against, control and provide a public health response to the international spread of disease in ways that are commensurate with public health risks, with a view to minimizing interference with international traffic and trade. WTO rules provide governments with the flexibilities they may need to address essential medical supply shortages and/or public health challenges. But any measure taken to promote public health that restricts trade should be "targeted, proportionate, transparent and temporary", consistent with recent calls from world leaders. Governments need to avoid measures that can disrupt supply chains and negatively impact the poorest and most vulnerable, notably in developing and least developed countries that are typically reliant on imports of medicines and medical equipment". A declaração conjunta foi publicada após o reconhecimento do estado de pandemia global.

e extrapolando as fronteiras daquele País em direção ao Japão e à Coreia do Sul para, então, se dispersar por todo o mundo, no embalo do frenético trânsito de pessoas e de bens a caracterizar a economia globalizada do século XXI. Em 11 de março de 2020, era reconhecida como uma *pandemia*: doença de alto poder de contágio, que se espalha velozmente ao longo das fronteiras nacionais, alcança vários Estados nacionais e tende à contaminação planetária.[5]

No final de fevereiro, após a COVID-19 se propagar em solo europeu, foram registrados os primeiros casos no Brasil. No decorrer do mês de março, os doentes já eram contados aos milhares e os mortos às centenas, restando ao Ministério da Saúde reconhecer – e anunciar – a ocorrência de transmissão comunitária em todo o território nacional. Em termos epidemiológicos, tal estágio é caracterizado pela dispersão autônoma da doença em uma determinada região geográfica e pela impossibilidade de identificação e de controle a respeito de sua cadeia de contágio.[6] No momento em que encerramos a redação deste artigo, o Brasil ultrapassa a marca dos catorze mil mortos pelo novo coronavírus (no mundo, somam-se mais de 302 mil óbitos).[7]

---

5 Cfr. GREENBERG, Raymond S.; DANIELS, Stephen R.; FLANDERS, W. Dana; ELEY, John William; BORING, III, John R. *Epidemiologia Clínica.* Trad. BURNIER, Jussara. 3. ed. Porto Alegre: Artmed, 2005, pp. 18 e ss. As pandemias – de que são (ou foram) exemplos a peste negra (século XIV, dizimando cerca de 200 milhões de pessoas em 10 anos), a gripe espanhola (que matou aproximadamente 50 milhões de pessoas entre 1918 e 1920) e a própria SIDA (modalidade de "pandemia duradoura", que já infectou 38 milhões de pessoas no mundo) – diferem conceitualmente das epidemias, das endemias e dos surtos. A *epidemia* espalha-se dentro dos limites de um mesmo país, superando os números ordinários de contágio esperados pelas organizações nacionais de saúde. A *endemia* atinge determinada região com frequência (a chamada "faixa endêmica"), afetando basicamente os habitantes daquela região, não raro em condições de sazonalidade (*e.g.*, a febre amarela em municípios da região Norte do Brasil); nos termos do art. 20, II, §1º, "d", da Lei 8.213/1991, descaracteriza a patologia como doença do trabalho, "salvo comprovação de que é resultante de exposição ou contato direto determinado pela natureza do trabalho" (= demonstração/presunção de nexo etiológico). O *surto,* enfim, extrapola os números ordinários de contágio, mas alcança espaços geograficamente restritos e tende a ter curta duração, sem sazonalidades (*e.g.*, um surto de sarampo em determinado grupo escolar).

6 Segundo o conceito epidemiológico definido pelo próprio Ministério da Saúde, a transmissão comunitária compreende "[a] incapacidade de relacionar casos confirmados através de cadeias de transmissão para um grande número de casos ou pelo aumento de testes positivos através de amostras sentinela (testes sistemáticos de rotina de amostras respiratórias de laboratórios estabelecidos.)" Disponível em: http://maismedicos.gov.br/images/PDF/2020_03_13_Boletim-Epidemiologico-05.pdf. Acesso em 28.3.2020.

7 Cfr., por todos, "Covid: Brasil ultrapassa 12 mil mortos e atinge marca de 881 mortes em 24h". Disponível em: https://noticias.uol.com.br/saude/ultimas-noticias/redacao/2020/05/12/coronavirus-covid19-casos-mortes-brasil-12-maio.htm. Acesso em 14.5.2020.

1. A PANDEMIA, A CONSTITUIÇÃO E O MEIO AMBIENTE DO TRABALHO. CORONAVÍRUS E POLUIÇÃO LABOR-AMBIENTAL. A PANTOMIMA: MP 927/2020

A partir do momento em que se reconhecia nacionalmente o fenômeno da transmissão comunitária, a dispersão do coronavírus adquiriu outro patamar, tornando-se uma questão efetivamente *ambiental*, na medida em que a circulação do micro-organismo nos espaços naturais e artificiais que abrigam a população em geral passou a consubstanciar *risco biológico sistêmico* e *agravado*.[8] No estágio de transmissão comunitária, qualquer indivíduo está sujeito, em maior ou menor grau, a adquirir a COVID-19 nos lugares em que frequenta; e, mais, a transportar o agente transmissor para outros espaços, de modo que o vírus passou a ser um vetor biológico de base antrópica (porque disseminado pelo ser humano) passível de interferir negativamente na qualidade de vida da coletividade e de seus integrantes.[9]

---

8 Sobre o caráter *sistêmico* (ou, mais, *gestáltico*) dos fenômenos de natureza ambiental, cfr., por todos, SOARES, Guido Fernando Silva. *As Responsabilidades no Direito Internacional do Meio Ambiente*. Campinas: Komedi Editores, 1995, *passim*. E, no campo labor-ambiental, v. FELICIANO, Guilherme G. "Meio Ambiente do Trabalho: aspectos gerais e propedêuticos". In: *Revista do Tribunal Regional do Trabalho da Décima Quinta Região*. São Paulo: LTr, 2002, , n. 20, pp.166-170; FELICIANO, Guilherme G. "Saúde e segurança no trabalho: o meio ambiente do trabalho e a responsabilidade civil patronal". In: THOME, Candy Florencio; SCHWARZ, Rodrigo Garcia (org.). *Direito Individual do Trabalho: Curso de revisão e atualização*. São Paulo: Elsevier, 2011, pp. 287-306.

9 Sobre a correlação entre meio ambiente e qualidade de vida, Michel Prieur assevera que "[hoje] estamos em vias de consolidar as reflexões formuladas há muito pelos naturalistas e ecologistas, no sentido de que o homem enquanto espécie viva faz parte de um sistema complexo de relações e de interações com seu meio natural. Disso resulta que toda ação humana tem o condão de acarretar efeitos diretos e indiretos. Sendo assim, o meio ambiente é o conjunto de fatores que exercem influência sobre o meio em que vive o homem. [...] Esse termo genérico carece, no entanto, de ser aperfeiçoado e complementado por uma série de outros vocábulos usualmente empregados em sentidos frequentemente próximos, a saber, *ecologia, natureza, qualidade de vida* e *lugar de vida*. [...] A expressão [*qualidade de vida*] tornou-se uma espécie de complemento necessário à própria definição de *meio ambiente*. Ela quer exprimir o desejo de se buscar os aspectos qualitativos da vida em detrimento dos aspectos quantitativos (nível de vida) e de exprimir, de modo claro, que o conceito de meio ambiente não diz respeito tão-somente à *natureza*, mas também ao homem no que concerne às suas relações sociais, de trabalho e de lazer" (PRIEUR. Michel. *Droit de l'environnement*. 5e Édition. Paris: Dalloz, 2004. pp. 1-4). No original: "Aujourd'hui éclate au grand jour ce qui résultait depuis fort longtemps des réflexions des naturalistes et écologues, à savoir que l'homme comme espèce vivante fait partie d'un système complexe de relations et d'interrelations avec son milieu naturel. Il en résulte que toute action humaine a des effets directs ou indirects insoupçonnés. De ce fait, l'environnement est l'ensemble des facteurs qui influent sur le milieu dans lequel l'homme vit. [...] Ce terme général

Nesse contexto, o *meio ambiente do trabalho*, a compreender o sistema formado pelas condições físicas, psíquicas e organizacionais que circundam os indivíduos no desempenho de suas atividades profissionais, passou a figurar como um possível espaço de entronização e circulação do novo coronavírus, de modo que aquele risco agravado, presente na generalidade dos espaços naturais e artificiais, também passou a integrá-los e a condicionar decisivamente a qualidade de vida dos trabalhadores ali inseridos.[10]

Pode-se afirmar, portanto, que a entronização e a circulação do novo coronavírus nos espaços laborais constitui, em um contexto de transmissão comunitária de base antrópica (i.e., por meio de seres humanos), um nítido suposto de *poluição labor-ambiental*, na medida em que tal possibilidade acaba por instituir naqueles espaços um estado de "*desequilíbrio sistêmico no arranjo das condições de trabalho* [e] *da organização do trabalho*", de modo a ocasionar aos indivíduos ali ativados "*riscos intoleráveis à segurança e à saúde física e mental* [...] *arrostando-lhes, assim, a sadia qualidade de vida*".[11] Ou, na esteira da Lei 6.938/1981 – como preferimos (de modo que se evitem polêmicas conceituais[12]) –, um estado de "*degradação da*

---

mérite cependant d'être précisé et complété par une série d'autres vocables couramment utilisés dans sens souvent voisins : écologie, nature, qualité de la vie, cadre de vie. [...] La formule [qualité de la vie] est devenue une sorte de complément nécessaire à l'environnement. Elle veut exprimer la volonté d'une recherche du qualitatif après les déceptions du quantitatif (niveau de vie) et bien marquer que l'environnement concerne non seulement la nature mais aussi l'homme dans ses rapports sociaux, de travail, de loisirs."

10 Segundo o conceito formulado por Norma Sueli Padilha, "[o] meio ambiente do trabalho compreende o habitat *laboral* onde o ser humano trabalhador passa a maior parte de sua vida produtiva provendo o necessário para a sua sobrevivência e desenvolvimento por meio do exercício de uma atividade laborativa [e] abrange a segurança e a saúde dos trabalhadores, protegendo-o contra todas as formas de degradação e/ou poluição geradas no ambiente de trabalho. [...] Na leitura principiológica dos valores protegidos pelo art. 225 do Texto Constitucional, não resta dúvida que entre 'todos', inclui-se o ser humano na sua qualidade de trabalhador, pois no exercício desta condição submete diariamente sua saúde e energia vitais a um ambiente que, embora artificialmente construído, deve também proporcionar-lhe sadia qualidade de vida, por meio de controle de agentes degradadores que possam afetar sua saúde em todos os seus múltiplos aspectos" (PADILHA. Norma Sueli. *Fundamentos constitucionais do direito ambiental brasileiro.* Rio de Janeiro: Elsevier, 2010, p. 373-375).

11 MARANHÃO. Ney. *Poluição labor-ambiental.* Rio de Janeiro: Lumen Juris, 2017, p. 234.

12 Em relação ao conceito de Ney Maranhão, p. ex., entendemos que a "intolerabilidade" dos riscos não pode ser um elemento do *conceito* de poluição labor-ambiental; antes, é uma *consequência* da configuração do estado labor-ambiental de degradação antrópica, na medida em que poderemos ter desequilíbrio labor-ambiental, com os efeitos do art. 14, par. único, da Lei 6.938/1981 – responsabilidade civil objetiva –, *mesmo nos casos em que o empregador observe*

qualidade ambiental resultante de atividades que direta ou indiretamente [...] *prejudiquem a saúde, a segurança e o bem-estar da população* [e] *criem condições adversas às atividades sociais e econômicas*" (art. 3º, III, "a" e "b").

No ordenamento jurídico brasileiro, com efeito, *o direito ao meio ambiente equilibrado,* como consagrado pelo artigo 225, *caput,* da Constituição, abrange todos os aspectos naturais, artificiais e culturais – logo, físicos e imateriais – que circundam os seres humanos e que interferem na sua sadia qualidade de vida, incluindo-se aí aqueles que integram e condicionam o trabalho por eles desempenhado. Nesse sentido, o próprio Supremo Tribunal Federal já teve a oportunidade de reconhecer expressamente que "*a existência digna* [...] *perpassa necessariamente pela defesa do meio ambiente (art. 170, VI, da CRFB/88), nele compreendido o meio ambiente do trabalho (art. 200, VIII, da CRFB/88)*".[13]

E como corolário do direito ao meio ambiente do trabalho equilibrado (*"ex vi"* do artigo 225, *caput,* c.c. artigos 193 e 200, VIII, da Constituição Federal), a *Lex legum* consagrou, no seu artigo 7º, XXII, o direito social jusfundamental à *"redução dos riscos inerentes ao trabalho"*, que (a) realiza no plano laboral o princípio jurídico-ambiental da melhoria contínua (ou, como prefere Sebastião Geraldo de Oliveira, princípio do "risco mínimo regressivo"),[14] (b) é titularizado por todos os trabalhadores em

---

rigorosamente os limites de tolerância da legislação relativa à saúde e à segurança no trabalho (CLT, decretos, NRs etc.), caso aos riscos artificialmente criados se somem, p. ex., riscos externos de origem natural (*e.g.*, na combinação deletéria entre as substâncias liberadas ou os materiais fornecidos, por um lado, e as condições atmosféricas do local, por outro). Cite-se, como exemplo, caso julgado pelo 1º Autor deste artigo, junto à 1ª Vara do Trabalho de Taubaté/SP, em que certo vigilante havia sido atingido por uma descarga elétrica atmosférica, durante ronda noturna externa, por conta – entre outros fatores – de botas com biqueiras de aço que lhe foram fornecidas pelo empregador. Nesse exemplo, não se pode afirmar que o fornecimento das botas tenha engendrado, por parte do empresário – o "sujeito poluidor" ao qual se imputa o resultado lesivo –, um risco "intolerável" para o empregado ou para o meio ambiente. Porque, todavia, houve a degradação das condições de segurança labor-ambiental com a *combinação* dos riscos internos e externos – e, logo, deu-se o estado de poluição –, é que se pode afirmar, *"a posteriori"* (e não *"a priori"*), que tais riscos *combinados* foram juridicamente intoleráveis. Essa objeção foi apresentada a Maranhão à altura da defesa de sua Tese de Doutorado (que originou o livro), em qualificada banca composta pela Universidade de São Paulo para esse fim.

13 BRASIL: SUPREMO TRIBUNAL FEDERAL. RECURSO EXTRAORDINÁRIO Nº 664.335/SC. RELATOR: Ministro Luiz Fux. Plenário. DJ: 12.2.2015.

14 OLIVEIRA, Sebastião Geraldo. *Proteção Jurídica à Saúde do Trabalhador.* 6ª ed. São Paulo: LTr, 2011, p. 148.

atividade no território nacional (ou, fora dele, se em conexão com o ordenamento jurídico brasileiro),[15] sejam ou não subordinados, e (c) traduz-se, para os empresários, nos deveres de antecipação, de planejamento e de prevenção dos riscos labor-ambientais. Tais deveres demandam, em síntese, a adoção de todas as medidas e instrumentos disponíveis no mercado, de acordo com o estado da técnica, que sejam economicamente viáveis e tecnologicamente aptos a promover a eliminação ou a mitigação das ameaças à vida, à integridade psicofísica e à saúde dos trabalhadores, de modo a *precaver* e *prevenir* a ocorrência de quaisquer vicissitudes.[16]

Em linha com tal diretriz constitucional, a Convenção nº 155 da OIT, ratificada pelo Brasil (Decreto n. 1.254/1994) – e, a nosso viso, internalizada com força de *supralegalidade* (mercê da intelecção do RE n. 466.343 e do RE n. 349.703, entre outros)[17] –, estabelece em seus artigos 16 a 18 que as empresas são obrigadas a garantir a segurança de seus processos operacionais com relação à integridade psicofísica de seus trabalhadores, bem como a implementar todas as medidas cabíveis, segundo a melhor técnica disponível, para elidir ou minimizar os riscos existentes

---

15 V., *e.g.*, Lei 7.064/1982, art. 3º, II. *In verbis*: "A empresa responsável pelo contrato de trabalho do empregado transferido [para o exterior] assegurar-lhe-á, independentemente da observância da legislação do local da execução dos serviços: [...] II – a aplicação da legislação brasileira de proteção ao trabalho, naquilo que não for incompatível com o disposto nesta Lei, quando mais favorável do que a legislação territorial, no conjunto de normas e em relação a cada matéria".

16 A *precaução*, como se sabe, diz com a tutela jurídica de proteção antecipada que atua nos contextos de *incerteza científica* (veja-se o Princípio 15 da Declaração do Rio de Janeiro de 1992), enquanto a *prevenção* diz com essa mesma tutela em contextos ordinários, de modo a evitar a consumação de danos ambientais. A nosso ver, o conceito de precaução é, por assim dizer, uma "especialização" do conceito de prevenção. Cfr., por todos, FELICIANO, Guilherme G. *Meio Ambiente do Trabalho*..., pp.175-177; WERNER, Sascha. *"Das Vorsorgeprinzip: Grundlagen, Maßstäbe und Begrenzungen". In: Umwelt- und Planungsrecht.* Heidelberg: Verlagsgruppe Hüthig Jehle Rehm, 2001, Band 21, n. 9, pp. 335-340; ROCHA. Júlio César de Sá. *Direito ambiental do trabalho. Mudanças de paradigma na tutela à saúde do trabalhador.* 2ª ed. São Paulo: Atlas, 2013, p. 238.

17 Ambos deram origem à Súmula Vinculante n. 25, pela qual "[é] ilícita a prisão civil de depositário infiel, qualquer que seja a modalidade de depósito". Tal como o art. 5º, LXVII, porém, o art. 7º, XXII, também se encontra no Título II da Constituição e encerra direito humano fundamental. No primeiro dos arestos citados (voto vencedor), lê-se o seguinte: "[...] diante do inequívoco caráter especial dos tratados internacionais que cuidam da proteção dos direitos humanos, não é difícil entender que a sua internalização no ordenamento jurídico, por meio do procedimento de ratificação previsto na CF/1988, tem o condão de paralisar a eficácia jurídica de toda e qualquer disciplina normativa infraconstitucional com ela conflitante. [...]" (RE 466.343, rel. Min. **Cezar Peluso**, voto do min. **Gilmar Mendes**, Plenário, j. 3-12-2008, *DJE* 104 de 5-6-2009, Tema 60).

em seus ambientes de trabalho, incluindo-se, aí, a elaboração de procedimentos destinados a lidar com situações de urgência.[18]

Logo, à luz do conceito de meio ambiente do trabalho contemplado pela Constituição Federal de 1988, bem como dos dispositivos constitucionais e convencionais que asseguram a sua higidez com vista ao resguardo da vida, da saúde e da segurança dos trabalhadores, convém repisar: *o ingresso do novo coronavírus nos locais de trabalho, em um contexto de transmissão comunitária, configura um efetivo risco a desestabilizar o equilíbrio das condições de trabalho e a qualidade de vida dos trabalhadores,* configurando típica hipótese de *poluição labor-ambiental* (CF, art. 200, VIII, c.c. Lei 6.983/1981, art. 3º, III, "a" e "b"), uma vez consumada a contaminação interna.

Note-se, ademais, que, de acordo com a mesma Lei nº 6.938/81, o *poluidor* é classificado em seu artigo 3º, IV, objetivamente, como "*a pessoa física ou jurídica, de direito público ou privado, responsável, direta ou indiretamente, por atividade causadora de degradação ambiental*". Daí por que, *oportunizando* a entronização e a circulação do novo coronavírus no meio ambiente artificialmente organizado, em condições de transmissão comunitária, há *risco proibido ou "intolerável"* – i.e., risco não inerente à atividade e desaprovado pela ordem jurídica – que convola o empregador em *poluidor*, para os fins do referido art. 3º, IV (ainda que *indiretamente*, à maneira das entidades financiadoras, licenciadoras ou "oportunizadoras" em geral),[19] haja ou não "culpa" no fato da contaminação interna. Daí por

18 "Art. 16 – 1. Deverá ser exigido dos empregadores que, na medida em que for razoável e possível, garantam que os locais de trabalho, o maquinário, os equipamentos e as operações e processos que estiverem sob seu controle são seguros e não envolvem risco algum para a segurança e a saúde dos trabalhadores.
Art. 17 – Sempre que duas ou mais empresas desenvolverem simultaneamente atividades num mesmo local de trabalho, as mesmas terão o dever de colaborar na aplicação das medidas previstas na presente Convenção.
Art. 18 — Os empregadores deverão prever, quando for necessário, medidas para lidar com situações de urgência e com acidentes, incluindo meios adequados para a administração de primeiros socorros."

19 Poluidor indireto é aquele que "não executa a atividade diretamente causadora do dano", mas contribui para a lesão, desde que se vincule por um necessário "dever de segurança"; e tal será o caso, se entendermos que o empregador não "causa" a contaminação (porque o vírus já está circulando externamente, em condições de contaminação comunitária), mas a *oportuniza,* já que o meio ambiente de trabalho se transforma em uma "caixa de ressonância" contaminatória. Cfr. BECHARA, Erika. **A responsabilidade civil do poluidor indireto e a obrigação *propter rem* dos**

que os tomadores de serviços em geral se encontram obrigados, por força dos artigos 7º, XXII e 225, *caput*, da Constituição Federal e dos artigos 16 a 18 da Convenção nº 155 da OIT, a *implementar programas e medidas concretas de prevenção destinadas a eliminar ou minimizar as ameaças derivadas do novo coronavírus.*

E, nessa precisa ordem de ideias, *entendíamos serem inconstitucionais, por malferimento ao art. 7º, XXII, da Constituição* (risco mínimo regressivo), *os artigos 15, 16, 17, 29 e 31 da Medida Provisória n. 927, de 22.3.2020.* O art. 29 da MP 927/2020, em particular, era a mais cintilante das pérolas que coroavam a *pantomima* ensaiada naquele diploma, quanto à finalidade de proteção do trabalhador (já que o objetivo de preservação do emprego, externado no *caput* do art. 1º, há de ser necessariamente o de preservar o emprego *decente*),[20] e de respeito à ordem constitucional (já que o art. 2º enuncia, como perímetro de validade para os acordos individuais escritos – e, supõe-se, para todas as possibilidades engendradas pela medida provisória – "os limites estabelecidos na Constituição").

Com efeito, se no início de março de 2020 o Ministério da Saúde reconhecia publicamente o estado de transmissão comunitária do SARS-Cov-II em todo o território nacional, como poderia ser razoável que o Poder Executivo federal editasse, no final do mesmo mês, um ato normativo apto a suspender *"a obrigatoriedade de realização dos exames médicos ocupacionais, clínicos e complementares, exceto dos exames demissionais"* (e esses, ademais, apenas se não houver exame demissional realizado há menos de cento e oitenta dias), consoante art. 15, *caput* e § 3º, da MP

---

proprietários de imóveis ambientalmente degradados. In: *Cadernos Jurídicos da Escola Paulista da Magistratura.* São Paulo: TJSP, março-abril/2019 (ano 20), n. 48, pp. 143 e ss. V. também BENJAMIN, Antônio Herman. **Responsabilidade pelo dano ambiental**. In: *Revista de Direito Ambiental.* São Paulo: Revista dos Tribunais, jan.-março/2019, n. 9, *passim.*

20 E "trabalho decente", segundo a Organização Internacional do Trabalho, é todo trabalho produtivo e de qualidade, igualitariamente acessível e adequadamente remunerado, exercido em condições de liberdade, equidade, *segurança* e dignidade humana, apto a contribuir, qual condição fundamental, para a superação da pobreza, a redução das desigualdades sociais, a garantia da governabilidade democrática e o desenvolvimento sustentável. O conceito foi formalizado, na ordem jurídica internacional, em 1999, e depois reafirmado em 2008, na 97ª Conferência Internacional do Trabalho, com a aprovação da "Declaração da OIT sobre a justiça social para uma globalização equitativa" (Disponível em: https://www.ilo.org/wcmsp5/groups/public/---americas/---ro-lima/---ilo-brasilia/documents/genericdocument/wcms_336918.pdf. Acesso em 15.5.2020).

927/2020? Como tal suspensão – que aumenta sensivelmente os riscos de internalização do novo coronavírus nos ambientes corporativos (quando o comando constitucional vai na direção da *redução* de riscos) – poderia colaborar para com o achatamento das curvas de contaminação, cada vez mais exponenciais em todo o país (caminhando-se, como dissemos alhures, para ser o epicentro global da pandemia)?[21] O que dizer, nesse contexto, da responsabilidade do empregador que, dispensando o exame médico admissional – como autoriza o art. 15 –, vier a inserir, em seus quadros de pessoal, trabalhador contaminado pelo SARS-Cov-2 que, ao tempo da admissão, apresentava boa parte dos sintomas da COVID-19? Poderá ulteriormente se eximir da responsabilidade civil derivada da contaminação dos demais empregados?

Entendemos que *não* (e, já por isso, a importância de que os coordenadores de PCMSO se valham largamente da hipótese do art. 15, §2º).[22] A MP 927/2020 não introduz nenhuma "imunidade" contra a responsabilidade civil, ao contrário da recente MP 966/2020;[23] e nem poderia fazê-lo, do

21 Cfr. FELICIANO, Guilherme G.; TRINDADE, Rodrigo. "COVID-19 e direitos humanos: sob as luzes de Filadélfia". *Migalhas,* 10.5.2020. Disponível em: https://www.migalhas.com.br/depeso/326480/covid-19-e-direitos-humanos-sob-as-luzes-de-filadelfia. Acesso em: 15.5.2020.

22 "Art. 15. [...] §2º. Na hipótese de o médico coordenador de programa de controle médico e saúde ocupacional considerar que a prorrogação representa risco para a saúde do empregado, o médico indicará ao empregador a necessidade de sua realização". A norma, com efeito, não deve ser entendida apenas na perspectiva individualista do empregado que será (ou não) submetido ao exame médico, mas também em perspectiva coletiva e epidêmica, no interesse de todos os trabalhadores que serão de algum modo expostos ao convívio com tal empregado.

23 Nos termos de seu art. 1º, agentes públicos só poderão ser responsabilizados civil ou administrativamente, por suas ações e omissões em condutas relacionadas à pandemia da COVID-19 (seja quanto ao "enfrentamento da emergência de saúde pública", seja ainda quanto ao "combate aos efeitos econômicos e sociais decorrentes da pandemia"), "se agirem ou se omitirem com dolo ou erro grosseiro". Por "erro grosseiro", ademais, a MP compreende "o erro manifesto, evidente e inescusável praticado com culpa grave, caracterizado por ação ou omissão com elevado grau de negligência, imprudência ou imperícia" (art. 2º), considerando-se os obstáculos e as dificuldades reais do agente público, a complexidade da matéria e das atribuições exercidas pelo agente público, a circunstância de incompletude de informações na situação de urgência ou emergência, as circunstâncias práticas que houverem imposto, limitado ou condicionado a ação ou a omissão do agente público e, por fim, o contexto de incerteza acerca das medidas mais adequadas para enfrentamento da pandemia da COVID-19 e das suas consequências, inclusive as econômicas (art. 3º). Em síntese, portanto, a Medida Provisória 966/2020 *afasta* qualquer possibilidade de responsabilidade objetiva, civil ou administrativa, dos agentes públicos de quaisquer poderes ou unidades federativas da República, desde que estejam no desempenho de atos relacionados à pandemia. Em relação à responsabilidade civil, não se trata propriamente de uma novidade, já que o próprio art. 37, §6º, da CRFB caminha

ponto de vista constitucional, mercê da norma do art. 7º, XXVIII, 2ª parte, da CRFB ("[...] *seguro contra acidentes de trabalho, a cargo do empregador, sem excluir a indenização a que este está obrigado* [...]"). Se, ademais, a responsabilidade civil se estabelece em razão da degradação das condições de higiene e de segurança biológica do meio ambiente do trabalho – pela introdução furtiva do novo coronavírus, oportunizada pela ausência de exames médicos admissionais ou mesmo periódicos[24] –, não caberá discutir a culpa do empregador, *"ex vi"* do art. 14, § 1º, da Lei 6.938/1981.[25] De nada lhe valerá afirmar, portanto, que apenas dispensou os exames médicos porque "a lei" – *rectius:* a MP 927/2020 – autorizava-o a fazê-lo (embora o autorize, de fato e de direito, para fins administrativos). Afinal, como bem pondera Leme Machado, *"pode haver poluição ainda que se observem os padrões ambientais"*, i.e., ainda que o sujeito se cinja estritamente aos limites da lei.[26] A ilicitude

em sentido semelhante (a responsabilidade civil objetiva, no caso, será do *Estado* – ou melhor, das pessoas jurídicas de direito público e as de direito privado prestadoras de serviços públicos –, não do agente público, que só responde em caso de dolo ou culpa). Nada obstante, e mesmo assim, há quem divise inconstitucionalidades na MP 966/2020 – a nosso ver, com razão –, por não tratar dos casos de improbidade administrativa e por limitar as possibilidades do direito de regresso, por parte do Estado, a casos específicos de "culpa grave" (= "erro grosseiro", na definição do seu art. 3º). Cfr. "Juristas afirmam que MP 966 é inconstitucional e pode beneficiar Bolsonaro". UOL Notícias, 14.5.2020. Disponível em: https://noticias.uol.com.br/politica/ultimas-noticias/2020/05/14/juristas-afirmam-que-mp-e-inconstitucional-e-pode-beneficiar-bolsonaro.htm. Acesso em: 15.5.2020.

24 Sustentávamos, ao revés, que as linhas de crédito abertos pela MP 944/2020 pudessem ser ampliadas para permitir que as empresas incorporassem, a seus programas de controle médico e saúde ocupacional (PCMSO), ao menos durante o estado de calamidade pública reconhecido pelo Decreto Legislativo n. 6/2020 (até 31.12.2020), *exames laboratoriais ou farmacêuticos de testagem* para identificação da COVID-19 e/ou do novo coronavírus. Com essa medida, o Governo contribuiria efetivamente para com o achatamento das curvas de contaminação. Não é, porém, o direito posto.

25 *In verbis:* "Sem obstar a aplicação das penalidades previstas neste artigo, é o poluidor obrigado, independentemente da existência de culpa, a indenizar ou reparar os danos causados ao meio ambiente e a terceiros, afetados por sua atividade. O Ministério Público da União e dos Estados terá legitimidade para propor ação de responsabilidade civil e criminal, por danos causados ao meio ambiente".

26 "[...] *Em último lugar considera-se como poluição o lançamento de materiais ou de energia com inobservância dos padrões ambientais estabelecidos* [Lei 6.938/1981, art. 3º, III, "e"]. *Essa colocação topográfica da alínea é importante: pode haver poluição ainda que se observem os padrões ambientais. A desobediência aos padrões ambientais constitui ato poluidor, mas pode ocorrer que, mesmo com a observância dos mesmos, ocorram os danos previstos nas quatro alíneas anteriores, o que, também, caracteriza a poluição com a implicação jurídica daí decorrente*" (MACHADO, Paulo Affonso Leme. *Direito Ambiental brasileiro.* 6ª ed. São Paulo: Malheiros, 1996, p. 358). O autor faz tais considerações ao desenvolver o *conceito de poluição*, reportando-se ao art. 3º, III, "a" a "d", da Lei 6.938/1981. E, como visto, a hipótese de responsabilidade civil objetiva da Lei 6.938/1981

da poluição – inclusive a labor-ambiental – deriva do *fato* da degradação (Lei 6.938/1981, art. 3º, II: *"alteração adversa das características do meio ambiente"*), não apenas do descumprimento de leis, de atos normativos e/ou de posturas regulamentares e administrativas. E, por *potencializar* os contextos de degradação do meio ambiente de trabalho – opondo-se diametralmente, insista-se, às diretrizes normativas dos artigos 7º, XXII, e 225, *caput*, da CRFB –, os precitados artigos da MP 927/2020 (15, 16, 17, 29, 31) padeceriam de inconstitucionalidade *tout court* (ou, ao menos, desafiariam interpretações conforme à Constituição).

Nada obstante, o Supremo Tribunal Federal – a quem compete a função máxima de guardar a integridade do texto constitucional –, provocado a se manifestar sobre todos aqueles dispositivos, divisou inconstitucionalidade tão somente nos textos dos *artigos 29* e *31*; não nos demais preceitos. Com efeito, no último dia 29.4.2020, ao julgar a ADI 6342-MC/DF (ajuizada pelo Partido Democrático Trabalhista),[27] o Plenário do STF deliberou suspender tão somente a eficácia dos artigos 29[28] e 31[29] da MP 927/2020; quanto aos demais, referendou o indeferimento

também se aplica aos casos de degradação do meio ambiente do trabalho com lesões, na esteira do próprio art. 927, §1º, 1ª parte, do Código Civil, como ainda da tese de repercussão geral fixada pelo Supremo Tribunal Federal, em 12.3.2020, para o RE n. 828.040 (rel. Min. Alexandre de Moraes). *In verbis*: "*O artigo 927, parágrafo único, do Código Civil é compatível com artigo 7º, inciso 28 da Constituição Federal, sendo constitucional a responsabilização objetiva do empregador por danos decorrentes de acidentes de trabalho nos casos especificados em lei ou quando a atividade normalmente desenvolvida por sua natureza apresentar exposição habitual a risco especial, com potencialidade lesiva e implicar ao trabalhador ônus maior do que aos demais membros da coletividade*" (*g.n.*).

27 E, com ela, outras ações com idêntico ou similar objeto, propostas pela Rede Sustentabilidade (ADI 6344), pela Confederação Nacional dos Trabalhadores Metalúrgicos (ADI 6346), pelo Partido Socialista Brasileiro (ADI 6348), pelo Partido Comunista do Brasil, pelo Partido Socialismo e Liberdade e pelo Partido dos Trabalhadores conjuntamente (ADI 6349), pelo Solidariedade (ADI 6352) e pela Confederação Nacional dos Trabalhadores da Indústria (ADI 6354).

28 "Art. 29. Os casos de contaminação pelo coronavírus (covid-19) não serão considerados ocupacionais, exceto mediante comprovação do nexo causal".

29 "Art. 31. Durante o período de cento e oitenta dias, contado da data de entrada em vigor desta Medida Provisória, os Auditores Fiscais do Trabalho do Ministério da Economia atuarão de maneira orientadora, exceto quanto às seguintes irregularidades: I – falta de registro de empregado, a partir de denúncias; II – situações de grave e iminente risco, somente para as irregularidades imediatamente relacionadas à configuração da situação; III – ocorrência de acidente de trabalho fatal apurado por meio de procedimento fiscal de análise de acidente, somente para as irregularidades imediatamente relacionadas às causas do acidente; e IV – trabalho em condições análogas às de escravo ou trabalho infantil".

da medida cautelar, como pronunciado pelo Min. Marco Aurélio Mello em 26.3.2020. Assim, ainda que não concordemos com a decisão plenária – no que diz respeito aos artigos 15, 16 e 17 –, "omnium earum *iudicium habemus*" (ao menos neste momento).

2. ABANDONANDO OS CLAUSTROS GRAMATICAIS E AS CAVERNAS SEMÂNTICAS: A PANACEIA JURÍDICA TRINÁRIA. HOLISMO, PREVENCIONISMO, SOLIDARISMO. DEVERES E RESPONSABILIDADES PATRONAIS

Como antecipamos – e ainda à luz da Convenção nº 155 da OIT –, as medidas a serem implementadas pelos empresários, no resguardo do meio ambiente laboral e da integridade psicofísica dos trabalhadores, não se limitam às determinações legais e regulamentares expedidas pelos governos federal, estadual, municipal e/ou distrital, abrangentes das medidas concretas esperadas para este momento crítico. Nem tampouco há plena exoneração de responsabilidades (especialmente as administrativas e civis) apenas porque tais determinações foram observadas. Noutras palavras, será equivocado qualquer apego ao legalismo formal estrito – ensejador, nesta espécie, de um censurável *reducionismo jurídico* –, como será equivocado, para mais, propalar que somente as condutas positivadas de forma expressa nos textos normativos seriam exigíveis, ou ainda advogar a carência de respaldo legal para que se imponham quaisquer outras condutas de prevenção/precaução, mais abrangentes que as descritas (aliás, *não* descritas) na MP 927/20202 e na legislação correlata, aos empregadores e tomadores de serviços. Semelhante entendimento, típico das "síndromes de avestruz" que sazonalmente acometem lideranças brasileiras, não faz nenhum sentido em um ordenamento jurídico que reconhece força normativa aos princípios.[30]

30 Conforme assinala Gustavo Zagrebelsky, "[l]os principios (...) no imponen una acción conforme con el supuesto normativo, como ocurre con las reglas, sino una <<toma de posición>> conforme con su *ethos* en todas las no precisadas ni predecibles eventualidades concretas de la vida en las que se puede plantear, precisamente, una <<cuestión de principio>>. Los principios, por ello, no agotan en absoluto su eficacia como apoyo de las reglas jurídicas, sino que poseen una autónoma razón de ser frente a la realidad. [...] La realidad, al ponerse en contacto con

Bem ao revés, o que os artigos 16 a 19 da Convenção nº 155 da OIT (que, aliás, também é "lei" em sentido material) impõem aos empresários – com respaldo, igualmente, nos artigos 7º, XXII e 225, *caput*, da Constituição Federal – é o *dever geral de proteção, de prevenção* (= prevenção/precaução) e/ou de *indenidade labor-ambiental*, pelo(s) qual(is) compete aos gestores dos riscos das atividades econômicas (i.e., aos empresários e afins) o planejamento, a antecipação e a implementação das medidas que se mostrem necessárias, diante dos casos concretos, para evitar ou minimizar as situações de potencial contágio dos trabalhadores pelo novo coronavírus.[31] Essas obrigações derivam, ademais, do princípio constitucional da *solidariedade*, gerador de responsabilidades recíprocas entre as pessoas (CF, art. 3º, I e IV, 1ª parte), de deveres universais de proteção em relação aos sujeitos vulneráveis (CF, art. 3º, III, 1ª parte) e do reconhecimento da diversidade e da pluralidade social (CF, art. 3º, III, 2ª parte, e IV);[32] tudo isso se projeta, no plano jurídico-ambiental, como compartilhamento dos deveres de defesa e de preservação do meio ambiente – inclusive o do trabalho – para as presentes e futuras gerações, nos

el principio, se vivifica, por así decirlo, y adquiere valor. En lugar de presentarse como materia inerte, objeto meramente pasivo de la aplicación de las reglas, caso concreto a encuadrar en el supuesto de hecho normativo previsto en la regla – como razona el positivismo jurídico - , la realidad iluminada por los principios aparece revestida de cualidades jurídicas propias. El valor se incorpora al hecho e impone la adopción de <<tomas de posición>> jurídica conformes con él (al legislador, a la jurisprudencia, a la administración, a los particulares y, en general, a los intérpretes del derecho. El <<ser>> iluminado por el principio aún no contiene en sí el <<deber ser>>, la regla, pero sí indica al menos la dirección en la que debería colocarse la regla para no contravenir el valor contenido en el principio" (ZAGREBELSKY. Gustavo. Trad. GASCÓN. Marina. *El derecho dúctil. Ley, derechos, justicia.* 6ª ed. Madrid: Trotta, 2005, p. 118).

31 Nas palavras de Carlos Hugo Preciado Domènech, "[n]o sólo la libertad de organización del empresario, sino que también la libertad de emprender actividades peligrosas y la libertad de especificación de la prestación laboral y el poder de dirección del empresario se ven fuertemente limitados por la normativa de prevención de riesgos laborales.
[...] La prevención de riesgos se integra de esta forma en la adopción de toda decisión empresarial (...), y a todos los niveles de decisión y gestión de la empresa (...), por lo que se integra – limitándola – en el núcleo mismo de la libertad organizativa de la empresa" (DOMÈNECH. Carlos Hugo Preciado. *Teoría general de los derechos fundamentales en el contrato de trabajo.* Pamplona: Aranzadi, 2018, p. 534).

32 Cfr., por todos, CASALI, Guilherme Machado. "O princípio da solidariedade e o artigo 3º da Constituição da República Federativa do Brasil". In: *Revista Eletrônica Direito e Política.* Itajaí: Univali, set.-dez./2006, vol. 1, n. 1, pp.236-237. Disponível em http://siaibib01.univali.br/pdf/guilherme%20%20machado%20casalli%20revista%20de%20direiro.pdf. Acesso em 16.5.2020.

quais são solidários o Poder Público e a *coletividade* (CF, art. 225, *caput*), incluindo empregados e empregadores.

Formuladas tais premissas, pode-se afirmar, em termos gerais, que a primeira obrigação dos empresários em face dos riscos de introdução e proliferação do novo coronavírus nos locais de trabalho consiste na elaboração de um plano abrangente, no âmbito do respectivo PCMSO, capaz de (i) antecipar e registrar as possibilidades de ingresso daquele micro -organismo em seus estabelecimentos; e (ii) prever as medidas coletivas e individuais de urgência a serem implementadas nas unidades produtivas com vista a debelar ou minimizar as possibilidades de contágio pelo SARS-Cov-2 por parte dos trabalhadores, na linha do que preleciona o artigo 18 da Convenção nº 155 da OIT.

Nessa alheta, a NR-1 do extinto Ministério do Trabalho (e, atualmente, "da" Secretaria Especial de Previdência e Trabalho do Ministério da Economia), já com a nova redação conferida pela Portaria nº 6.730, publicada no *Diário Oficial da União* de 9.3.2020, estabelece textualmente, em seu item 1.4.1, que os empresários estão obrigados a avaliar e antecipar de maneira adequada e realista os riscos ambientais presentes nos locais de trabalho, bem como a agir concretamente para elidir ou minimizar tais riscos, por intermédio (i) da reorganização dos fatores de produção; (ii) do estabelecimento de medidas de proteção coletiva e (iii) do fornecimento de equipamentos de proteção individual.[33]

Em segundo lugar, o dever geral de indenidade labor-ambiental subjacente aos sobreditos dispositivos constitucionais e convencionais impõe aos empresários a implementação "intramuros" das medidas comezinhas de planejamento emergencial nacionalmente preconizadas para toda a população, em observância às recomendações técnicas emanadas

33 "1.4.1 Cabe ao empregador: a) cumprir e fazer cumprir as disposições legais e regulamentares sobre segurança e saúde no trabalho; [...] e) determinar procedimentos que devem ser adotados em caso de acidente ou doença relacionada ao trabalho, incluindo a análise de suas causas; [...] g) implementar medidas de prevenção, ouvidos os trabalhadores, de acordo com a seguinte ordem de prioridade: I. eliminação dos fatores de risco; II. minimização e controle dos fatores de risco, com a adoção de medidas de proteção coletiva; III. minimização e controle dos fatores de risco, com a adoção de medidas administrativas ou de organização do trabalho; e IV. adoção de medidas de proteção individual."

das autoridades sanitárias para o combate à proliferação do novo coronavírus. Isso significa adaptar, às necessidades e às condições labor-ambientais concretas, as orientações voltadas para o público em geral, uma vez que os riscos gerais de contaminação (= risco geral da vida) *incrementam-se* nos espaços coletivos de trabalho, onde os indivíduos partilham da mesma geografia e se valem de equipamentos e de insumos coletivos durante longos períodos. Nesse sentido, são plenamente válidas para os locais de trabalho as seguintes diretrizes sanitárias de aplicação universal:

(a) o uso de equipamentos coletivos e individuais de segurança biológica, específicos para os riscos da pandemia, como são, notadamente, a instalação de recipientes fixos ou móveis de álcool gel (para uso coletivo) e o fornecimento de máscaras de proteção (não necessariamente de tipo cirúrgico) para o convívio em grupo;

(b) o distanciamento mínimo de, aproximadamente, dois metros entre os trabalhadores, a fim de evitar a aspiração das gotículas de saliva e de coriza exaradas em tosses, espirros ou mesmo na expiração do ar;[34]

(c) a instalação e a disponibilização massiva de equipamentos e insumos destinados à lavagem frequente das mãos (basicamente, pias, torneiras com água corrente, sabão e toalhas descartáveis);

(d) a ventilação dos ambientes e a otimização da circulação do ar, evitando-se o confinamento dos indivíduos em espaços enclausurados;

---

34 Veja-se, a propósito, que essas duas primeiras medidas configuram, para o Centro de Controle e de Prevenção de Doenças dos Estados Unidos da América (*Center for Disease Prevention and Control – CDC)*, a principal medida de combate ao novo coronavírus, conforme se lê no respectivo portal: "Não há, atualmente, vacina disponível para prevenir a doença ocasionada pelo Coronavirus (COVID-19). [...] A melhor maneira de prevenir tal doença é evitar a exposição ao vírus. [...] O vírus costuma se espalhar de indivíduo para indivíduo: – Entre pessoas que estão em contato próximo umas com as outras (dentro de uma distância de 6 pés – equivalente a 1,83 metros). – Por intermédio de gotículas aspiráveis produzidas quando uma pessoa infectada tosse ou espirra. Essas gotículas podem aterrissar na boca e no nariz das pessoas que estiverem próximas ou possivelmente inaladas em direção aos pulmões". No original:
"There is currently no vaccine to prevent coronavirus disease 2019 (COVID-19). [...] The best way to prevent illness is to avoid being exposed to this virus. [...] The virus is thought to spread mainly from person-to-person.
Between people who are in close contact with one another (within about 6 feet). Through respiratory droplets produced when an infected person coughs or sneezes. These droplets can land in the mouths or noses of people who are nearby or possibly be inhaled into the lungs." Disponível em: https://www.cdc.gov/coronavirus/2019-ncov/prepare/prevention.html. Acesso em 24.3.2020.

(e) a higienização constante das bancadas, dos equipamentos de uso coletivo e dos instrumentos individuais utilizados no desempenho das atividades regulares;[35]

(f) o afastamento imediato dos sujeitos integrantes dos chamados "grupos de risco" (portadores de comorbidades, pessoas com idade superior a sessenta anos, gestantes, diabéticos etc.);[36] e

(g) o afastamento imediato dos sujeitos portadores de sintomas que permitam razoavelmente supor a contaminação pelo SARS-Cov-2 (e por isso seriam tão relevantes os exames médicos admissionais, periódicos e complementares, como apontado *supra*).[37]

Ainda sobre essa gama de cuidados labor-ambientais indispensáveis (e, particularmente, quanto à necessária higienização habitual dos equipamentos coletivos e individuais de trabalho), a Organização Internacional da Saúde destaca, em sua publicação dedicada à adequação dos locais de trabalho aos riscos advindos do novo coronavírus ("*Getting your workplace ready for COVID-19*"), que as pessoas podem se infectar, no meio ambiente do trabalho, a partir das gotículas de saliva ou de corrimento nasal depositadas no maquinário e no mobiliário de uso comum ou simplesmente por sua aspiração ainda no ar, o que reforça a necessidade do distanciamento de segurança entre os trabalhadores.[38]

---

35 De acordo com as orientações preventivas da Fundação Oswaldo Cruz (FIOCRUZ) para o combate ao novo coronavírus (relativamente à população em geral), deve-se: " – Lavar as mãos principalmente antes de comer e após tossir ou espirrar; – Se não tiver água e sabão, usar desinfetante para as mãos a base de álcool; – Evitar tocar nos olhos, nariz e boca com as mãos não lavadas; – Usar lenço descartável para higiene nasal; – Cobrir nariz e boca ao espirrar ou tossir com um lenço de papel descartável ou com a parte interna do cotovelo (nunca as mãos); – Não compartilhar objetos de uso pessoal, como talheres, pratos, copos ou garrafas; – Manter os ambientes bem ventilados; – Limpar e desinfetar objetos e superfícies tocados com frequência, como celulares; – Evitar contato com pessoas que apresentem sinais da doença; – Evitar sair de casa; – Evitar locais de muita aglomeração; – Pessoas doentes devem permanecer em casa e, caso a doença se agrave, procurar a unidade básica de saúde; – Grupos vulneráveis, como idosos, crianças, gestantes, pessoas com doenças crônicas ou com imunodeficiência, devem ficar mais atentos às manifestações clínicas; – Profissionais de saúde devem utilizar medidas de precaução padrão, de contato e de gotículas (máscara cirúrgica, luvas, avental não estéril e óculos de proteção)". Disponível em: https://portal.fiocruz.br/pergunta/como-se-prevenir-contra-o-coronavirus. Acesso em 27.3.2020.

36 Vide nota n. 33, *supra*.

37 Vide nota n. 33, *supra*.

38 "*Como a COVID-19 se propaga*. Quando as pessoas infectadas com COVID-19 tossem ou exalam ar, eles soltam gotículas de fluido infectado. Muitas dessas gotículas caem em superfícies

Em respaldo às imposições acima descritas – que, insista-se, deixam de ser meras "recomendações" sanitárias e se convolam em genuínas *obrigações jurídicas* para o empregador,[39] mercê do risco profissional engendrado no interesse da atividade econômica (princípio da alteridade: CLT, art. 2º, *caput*) e do seu dever de garante do equilíbrio labor-ambiental (CRFB, arts. 7º, XXII, 225 e 200, VIII) –, a Organização Internacional do Trabalho editou, recentemente, o informe intitulado "*Las normas de la OIT y el COVID-19 (Coronavirus)*", em que reitera as obrigações emanadas da Convenção nº 155 no sentido de que os empresários devem (i) implementar todas as medidas possíveis, segundo a melhor técnica, para reduzir ao mínimo os riscos inerentes à exposição ocupacional ao novo coronavírus, inclusive por intermédio do fornecimento de equipamentos de proteção individual; (ii) proporcionar aos trabalhadores as informações adequadas sobre tais riscos; (iii) estabelecer procedimentos de urgência para a situação geral da pandemia (ou, acrescentamos, para casos especiais

próximas e em objetos – tais como escrivaninhas, mesas ou telefones. As pessoas podem adquirir a COVID-19 ao tocarem nas superfícies ou nos objetos contaminados e quando tocam, na sequência, os olhos, nariz ou a boca. Se elas estão situadas em distância no raio de um metro de alguém com COVID-19 elas podem ser contaminadas pela aspiração das gotículas exaradas com a tosse e a respiração do doente. Em outras palavras, a COVID-19 se propaga do mesmo modo que a gripe comum." No original: "*How COVID-19 spreads*. When someone who has COVID-19 coughs or exhales they release droplets of infected fluid. Most of these droplets fall on nearby surfaces and objects - such as desks, tables or telephones. People could catch COVID-19 by touching contaminated surfaces or objects – and then touching their eyes, nose or mouth. If they are standing within one meter of a person with COVID-19 they can catch it by breathing in droplets coughed out or exhaled by them. In other words, COVID-19 spreads in a similar way to flu." Disponível em: https://www.who.int/docs/default-source/coronaviruse/getting-workplace-ready-for-covid-19.pdf. Acesso em 24.3.2020.

39 Entenda-se bem essa afirmação: ainda que não haja dispositivo de lei que estabeleça textualmente que os locais de trabalho devem conter pias com água encanada e sabão ou equivalente para que os trabalhadores façam a higiene das mãos, ou tampouco impondo a obrigação patronal de fornecer máscaras de proteção contra gotículas de saliva, casos de contaminação pelo SARS-Cov-2 no meio ambiente de trabalho – que poderão ser inclusive *presumidos* (assim, p. ex., ante a existência de outros empregados já contaminados no mesmo ambiente), notadamente após a oportuna suspensão da eficácia do art. 29 da MP 927/2020 nos autos da ADI 6342-MC/DF – possivelmente levarão à *responsabilidade civil do empregador* pelos danos morais e materiais derivados daquela contaminação. Ao reconhecê-la, o que os juízes do trabalho estarão afirmando, nas entrelinhas de seus julgados – ou mesmo textualmente, como parece ser o caso – é que *o dever geral de proteção* incluía *tais obrigações*, conquanto não expressas na legislação específica, como deveres acessórios do contrato individual do trabalho (à maneira de outros tantos que a doutrina e a jurisprudência já conhecem bem, para empregado e/ou empregador, conquanto tampouco constem de cláusulas contratuais ou de dispositivos legais: o dever de informação, o dever de lealdade, o dever de não concorrência etc.).

concretamente identificados de contaminação comunitária intramuros); e (iv) notificar os casos de contaminação às autoridades sanitárias.[40]

Nesse mesmo sentido, a *Occupational Safety and Health Administration* (OSHA-US), agência responsável pelas políticas de saúde e segurança do trabalho nos Estados Unidos da América, publicou diretrizes destinadas a promover a organização dos locais de trabalho diante dos riscos ocupacionais representados pelo novo coronavírus. Relevante notar que a referida agência aponta, como etapas para a prevenção, exatamente (i) o "desenvolvimento de um plano de prontidão e resposta a doenças infecciosas" e (ii) "a implementação de medidas básicas de prevenção de infecções" com base nas orientações emanadas das autoridades sanitárias,[41]

40 "*Seguridad y salud en el trabajo.* ¿Qué deberían hacer los empleadores durante el brote? [...] Los empleadores tendrán la responsabilidad global de asegurarse de que se adopten todas las medidas de prevención y protección factibles para reducir al mínimo los riesgos profesionales (Convenio sobre seguridad y salud de los trabajadores, 1981 (núm. 155). Los empleadores tienen la responsabilidad de suministrar, cuando sea necesario y en la medida en que sea razonable y factible, ropas y equipos de protección apropiados sin costo alguno para el trabajador. Los empleadores tienen la responsabilidad de proporcionar información adecuada y una formación apropiada en el ámbito de la SST; de consultar a los trabajadores sobre aspectos de SST relacionados con su trabajo; de prever medidas para hacer frente a situaciones de urgencia; y de notificar los casos de enfermedad profesional a la inspección del trabajo" (ORGANIZACIÓN INTERNACIONAL DEL TRABAJO. *Las normas de la OIT y el COVID-19.* Genebra: OIT, 2020. Disponível em: https://www.ilo.org/wcmsp5/groups/public/---ed_norm/---normes/documents/publication/wcms_739939.pdf. Acesso em 28.3.2020).

41 Segundo as diretrizes da OSHA: "Se ainda não existir, [o empregador deve] desenvolver um plano de preparação e resposta a doenças infecciosas que possa ajudar a orientar ações de proteção contra o COVID-19. [...] Fique a par das orientações das agências de saúde federais, estaduais, locais, tribais e/ou territoriais e considere como incorporar essas recomendações e recursos nos planos específicos do local de trabalho. [...] Siga as recomendações federais e estaduais, locais, tribais e/ou territoriais (SLLT) relativas ao desenvolvimento de planos de contingência para situações que possam surgir como resultado de surtos como: Aumento da taxa de absenteísmo dos trabalhadores; A necessidade de distanciamento social, turnos de trabalho escalonados, operações de redução de tamanho, prestação de serviços remotamente e outras medidas de redução de exposição. Opções para a realização de operações essenciais com uma força de trabalho reduzida, incluindo treinamento cruzado de trabalhadores em diferentes tarefas, a fim de continuar as operações ou prestar serviços de pico. Cadeias de suprimentos interrompidas ou atrasos nas entregas. [...]
Para a maioria dos empregadores, a proteção dos trabalhadores dependerá da ênfase em medidas básicas de prevenção de infecções. Conforme apropriado, todos os empregadores deverão implementar boas práticas de higiene e controle de infecções, incluindo: Promover a lavagem frequente e completa das mãos, inclusive o fornecimento aos trabalhadores, clientes e visitantes do local de trabalho de um local para lavar as mãos. Caso o sabão e água corrente não estejam disponíveis imediatamente, fornecer esfregões para as mãos à base de álcool que contenham pelo menos 60% de álcool. Incentivar os trabalhadores a ficarem em casa se estiverem doentes. Incentivar a etiqueta respiratória, incluindo em relação a tosses e espirros. Fornecer aos clientes e ao público tecidos e recipientes para lixo.

na linha do que foi abordado acima, como decorrência – entre nós – dos artigos 7º, XXII e 225, *caput,* c.c. art. 200, VIII, da Constituição Federal, ou ainda da Convenção nº 155 da OIT.

Voltamos, pois, às considerações que vínhamos de apresentar no tópico anterior, à luz da gestão jurídica dos riscos e das consequentes responsabilidades. Caso tais obrigações essenciais não sejam observadas pelos empresários, ter-se-á a instalação de *risco proibido* nos ambientes de trabalho por eles administrados, com degradação ambiental de base antrópica que permite considerá-los *poluído* – inclusive para os efeitos da Lei n. 6.938/1981 –, comprometendo potencialmente a vida, a saúde, a integridade psicofísica e/ou o bem-estar não apenas dos trabalhadores (subordinados ou não), mas também de toda a comunidade de entorno, mormente no atual contexto de transmissão comunitária do novo coronavírus.[42] Os estabelecimentos de empresa não podem se transformar em

---

Os empregadores devem explorar se podem estabelecer políticas e práticas, como locais de trabalho flexíveis [...] e horários flexíveis de trabalho (por exemplo, turnos alternados), para aumentar a distância física entre funcionários e entre os funcionários e outras pessoas, se as autoridades de saúde estaduais e locais recomendarem o uso de estratégias de distanciamento social. [...] Manter práticas regulares de limpeza, incluindo a limpeza e desinfecção de rotina de superfícies, equipamentos e outros elementos do ambiente de trabalho. [...] Espera-se que os produtos [...] sejam eficazes contra o SARS-CoV-2 com base em dados para vírus mais difíceis de matar. Siga as instruções do fabricante para usar todos os produtos de limpeza e desinfecção (por exemplo, concentração, método de aplicação e tempo de contato, EPI). [...] Os empregadores deverão desenvolver políticas e procedimentos para que os funcionários relatem quando estão doentes ou apresentem sintomas do COVID-19. Onde apropriado, os empregadores deverão desenvolver políticas e procedimentos para isolar imediatamente as pessoas que apresentam sinais e/ou siontomas do COVID-19 e treinar os trabalhadores para implementá-los. [...] Tomar medidas para limitar a disseminação das secreções respiratórias de uma pessoa que pode que pode ter COVID-19. Forneça uma máscara facial, se possível e disponível, e peça à pessoa para que a use. [...] Proteger os trabalhadores em contato próximo (ou seja, a menos de um metro e oitenta) com uma pessoa doente ou que tenha contato prolongado/repetido com essas pessoas. [...] Instalação de filtros de ar de alta eficiência. Aumento das taxas de ventilação no ambiente de trabalho.
Instalação de barreiras físicas, como proteções de plástico transparente" (OCCUPATIONAL SAFETY AND HEALTH ADMINISTRATION. *Diretrizes para a preparação dos locais de Trabalho para o COVID-19.* Trad. SINAIT (Sindicato Nacional dos Auditores Fiscais do Trabalho). Brasília: SINAIT, 2020. p. 9-14. V. também *Coronavirus Resources.* Disponível em https://www.osha.gov/SLTC/covid-19/. Acesso em 15.5.2020.

42 Sobre o dever geral de proibição de exposição de terceiros aos riscos, Karl Larenz assim o conceitua: "A la transgreción de un derecho ajeno, particularmente a la lesión corporal o de la salud de otro (mediante acto positivo) se equipara la *no evitación de un daño* cuando se da o existe un deber jurídico de evitar su causación (...). El daño producido ha de imputarse objectivamente al obligado, como ´consecuencia´ de su inactividad, siempre que hubiese podido evitarse si él hubiese actuado conforme a su deber. No existe un deber general a preservar a otros ante daños posibles, ya que un deber tan amplio no podría prácticamente cumplirse; sería ilimitado. (...) En

"caixas de ressonância" infectológicas (v. nota n. 19, *supra*); ou tampouco em "criadouros de vírus", na expressão mais comum dos sanitaristas.[43] E a responsabilidade primeira por essa condição geral de assepsia, especialmente do ponto de vista jurídico, é precisamente do *empresário* (ou de quem a ele esteja equiparado: art. 2º, § 1º, da CLT).

Nessa esteira, como dizíamos, a omissão patronal no que concerne à antecipação, à prevenção e ao combate efetivo dos riscos representados pela entronização do novo coronavírus em seus estabelecimentos – e isso se aplica a *todas as atividades* que envolvam trabalhadores, sejam ou não empresariais[44] – sujeita-os, nos termos do artigo 14, § 1º, da Lei nº 6.938/81, à *responsabilização objetiva* (i.e., independentemente da existência ou comprovação da culpa subjetiva de prepostos do empregador) por todos os danos físicos e psíquicos que, por conta da COVID-19, vierem a acometer os trabalhadores contagiados com o SARS-Cov-2, inclusive em função da inobservância das diretrizes sanitárias amplamente divulgadas para a contenção dos contágios.

Um obstáculo relevante para a aferição dessa responsabilidade apresentou-se com teor do artigo 29 da MP 927/2020, ao estabelecer que "*os casos de contaminação pelo coronavírus (covid-19) não serão considerados ocupacionais, exceto mediante comprovação do nexo causal*". Criava-se uma inexplicável inversão do ônus da prova em desfavor do trabalhador, na contramão da tendência universal do Direito Previdenciário (cada vez mais permeável às presunções de causalidade, como se vê, p. ex., no art. 21-A da Lei 8.213/1991, que trata do nexo técnico epidemiológico). Mas, como esclarecido, a sua eficácia foi suspensa pelo Excelso Pretório, em sessão do

---

cambio, sí existe un deber de evitar un riesgo allí donde alguien está obligado por la ley (p. ej., al cuidado de ciertas personas) o por medio de contrato a la protección y vigilancia de otro (como, p. ej, el profesor de natación, el enfermero, la directora de un colegio de párvulos)" (LARENZ. Karl. Trad: BRIZ. Jaime Santos. *Derecho de obligaciones*. Madrid: Editorial Revista de Derecho Privado, 1959, t. II, p. 591-592).

43 Cfr., *e.g.*, https://www.em.com.br/app/noticia/bem-viver/2020/04/07/interna_bem_viver,1136140/em-tempos-de-pandemia-do-coronavirus-tapete-pode-ser-criadouro-do-mic.shtml. Acesso em 15.5.2020.

44 A Convenção OIT n. 155 aplica-se a todas as áreas de atividade econômica (art. 1.1); e, nos termos do seu art. 3.a, "a expressão 'áreas de atividade econômica' abrange todas as áreas em que existam trabalhadores empregados, inclusive a administração pública".

último dia 29 de abril, exatamente porque fugiria da finalidade maior da MP 927/2020 – na dicção do Min. Alexandre de Moraes, "compatibilizar o valor social do trabalho, perpetuando o vínculo trabalhista, com a livre iniciativa, mantendo, mesmo que abalada, a saúde financeira de milhares de empresas" – e engendraria injustificáveis dificuldades para trabalhadores dos mais diversos segmentos, inclusive os ativados em atividades essenciais (Decreto n. 10.282/2020), constantemente expostos a intensos riscos de contaminação. Em termos conceituais e práticos, todavia, o referido art. 29 em nada obstaria a aplicação do art. 14, §1º, da Lei n. 6.938/1981, já que esse último dispositivo diz com a inexigibilidade forense de se demonstrar o elemento subjetivo da ação ou omissão do imputado (= dolo ou culpa por negligência, imperícia ou imprudência), não com a questão do nexo de causalidade[45] (ou, mais largamente, com o nexo de imputação normativa).

Quanto ao nexo causal propriamente dito, uma vez suspensa a eficácia do precitado art. 29, remanesce o regime probatório anterior, que bem pode deitar raízes no art. 20, § 1º, "d", da Lei 8.213/1991, para efeitos previdenciários ou trabalhistas. Por esse derradeiro dispositivo, não se considera doença do trabalho, para os fins do art. 20, II, da Lei 8.213/1991, "*a doença endêmica adquirida por segurado habitante de região em que ela se desenvolva,* salvo comprovação de que é resultante de exposição ou contato direto determinado pela natureza do trabalho" (*g.n.*). A premissa tem plena aplicação ao caso de *pandemias,* que afinal não diferem ontologicamente das endemias, senão pelas dimensões geográfica e temporal (vide nota n. 5, *supra*): "*ubi eadem ratio ibi idem ius*". Daí que, havendo evidências de que o trabalhador infectado com o SARS-Cov-2 se expôs à contaminação em função do seu trabalho – pense-se, *e.g.*, na condição de médicos, enfermeiros e técnicos ou auxiliares de enfermagem, na linha de frente do combate ao coronavírus (Decreto n. 10.282/2020, art. 3º, § 1º, I), ou mesmo na situação de trabalhadores ativados em empresas nas quais já se detectou

45 Vide, nesse sentido, JOSSERAND. Louis. *De la responsabilité du fait des choses inanimés.* Paris: Arthur Rousseau Éditeur, 1897, pp. 7-53; SALEILLES. Raymond. *Les accidents de travail et la responsabilité civile. Essai d'une théorie objective de la responsabilité délictuelle.* Paris : Arthur Rousseau Éditeur, 1897, pp. 75-79.

a contaminação comunitária intramuros –, pode-se desde logo *presumir* o nexo de causalidade entre a afecção e a atividade laboral (CLT, art. 818, § 1º), cabendo ao empregador fazer a prova contrária.

De outra parte, a ausência de cuidados objetivos por parte dos empresários pode sujeitá-los, no plano pessoal, até mesmo à responsabilidade penal, por incursos, *e.g.*, nos tipos penais dos artigos 267 e 268 do Código Penal, que tratam respectivamente dos crimes de "causar epidemia, mediante a propagação de germes patogênicos" e de "infringir determinação do poder público, destinada a impedir introdução ou propagação de doença contagiosa", ou ainda na contravenção penal do art. 19, §2º, da Lei n. 8.213/1991 ("[...] deixar a empresa de cumprir as normas de segurança e higiene do trabalho").[46] Nessas hipóteses, por evidente, à condenação criminal antepõem-se algumas garantias típicas do Direito Penal e Processual Penal, como as da taxatividade penal (*nullum crimen, nulla poena sine lege certa*), da proibição de analogia *in malam partem* (*nullum crimen, nulla poena sine lege stricta*),[47] da personalidade da pena e do *favor rei* (*in dubio pro reo,* inclusive no campo probatório: CPP, art. 486, VII). Mas, ainda assim, a possibilidade jurídica da reprimenda penal é inegável, para os casos extremos em que os empresários intencionalmente se recusam a implementar medidas comezinhas destinadas a minimizar os riscos de propagação do novo coronavírus, ou a providenciar o fechamento compulsório de seus estabelecimentos em hipóteses de risco grave e iminente.

E, na mesma ordem de ideias, diante de quadros críticos de franca contaminação comunitária intramuros e/ou de risco grave e iminente para a vida, a saúde e/ou a integridade física dos trabalhadores, a *suspensão de atividades empresariais*, imposta administrativamente (CLT, art. 161, *caput*)[48] ou mesmo judicialmente (Enunciado n. 60 da I Jornada de Di-

---

46 Conquanto entendamos, em relação a esse último tipo penal (contravencional), haver inconstitucionalidade por violação à taxatividade penal. Cfr. FELICIANO, Guilherme Guimarães. "Refundando o Direito Penal do Trabalho: Primeiras Aproximações". In: *Revista da Faculdade de Direito da Universidade de São Paulo.* São Paulo: FDUSP, jan./dez. 2009, v. 104, pp. 339-375.

47 Cfr. TOLEDO, Francisco de Assis. *Princípios Básicos de Direito Penal.* 4ª ed. São Paulo: Saraiva, 1991, pp.171-171.

48 "Art. 161. O Delegado Regional do Trabalho, à vista do laudo técnico do serviço competente que demonstre grave e iminente risco para o trabalhador, poderá interditar estabelecimento, setor

reito Material e Processual do Trabalho)[49] é medida que se impõe, encontrando respaldo não apenas no precitado artigo 161 consolidado, como também no artigo 14, IV, da Lei nº 6.938/81 e, acima deles, no próprio artigo 170 da Constituição Federal, a estruturar a ordem econômica brasileira sobre os princípios do "valor social do trabalho", da "função social da propriedade" e da "defesa do meio ambiente", e a lhe atribuir, como finalidade precípua, não a mera obtenção de resultados financeiros à custa da vida e da segurança dos trabalhadores e da coletividade em geral, mas sim a *existência digna* de todos.[50]

Por fim, convém recordar que a Convenção 155 da OIT, em resguardo aos relevantíssimos bens jurídicos por ela protegidos (e igualmente tutelados pelos artigos 7º, XXII, e 225, *caput,* da Constituição Federal), legitima a *paralisação do trabalho* por parte dos próprios obreiros, *"ex vi"*

de serviço, máquina ou equipamento, ou embargar obra, indicando na decisão, tomada com a brevidade que a ocorrência exigir, as providências que deverão ser adotadas para prevenção de infortúnios de trabalho."

49 "60. INTERDIÇÃO DE ESTABELECIMENTO E AFINS. AÇÃO DIRETA NA JUSTIÇA DO TRABALHO. REPARTIÇÃO DINÂMICA DO ÔNUS DA PROVA. I – A interdição de estabelecimento, setor de serviço, máquina ou equipamento, assim como o embargo de obra (artigo 161 da CLT), podem ser requeridos na Justiça do Trabalho (artigo 114, I e VII, da CRFB), em sede principal ou cautelar, pelo Ministério Público do Trabalho, pelo sindicato profissional (artigo 8º, III, da CRFB) ou por qualquer legitimado específico para a tutela judicial coletiva em matéria labor-ambiental (artigos 1º, I, 5º, e 21 da Lei 7.347/85), independentemente da instância administrativa. II – Em tais hipóteses, a medida poderá ser deferida [a] "inaudita altera parte", em havendo laudo técnico preliminar ou prova prévia igualmente convincente; [b] após audiência de justificação prévia (artigo 12, *caput*, da Lei 7.347/85), caso não haja laudo técnico preliminar, mas seja verossímil a alegação, invertendo-se o ônus da prova, à luz da teoria da repartição dinâmica, para incumbir à empresa a demonstração das boas condições de segurança e do controle de riscos". A redação original do enunciado fora proposta, à altura, pelo 1º Autor do presente artigo.

50 Sobre o dispositivo constitucional em apreço, Ana Frazão observa que "[a] função social da empresa é um conceito que foi consolidado não apenas para impedir o exercício antissocial da atividade empresarial, mas para direcioná-lo ao atendimento das finalidades sociais, inclusive mediante a imposição de deveres à empresa. (...) A função social da empresa traz em si uma proposta de reumanização, a fim de que os indivíduos possam ser reconhecidos como valores supremos e não como meros instrumentos da atividade econômica. [...] A função social da empresa é o corolário de uma ordem econômica que, embora constituída por vários princípios, possui a finalidade comum de assegurar a todos uma existência digna, conforme os ditames da justiça social. Daí por que diz respeito à responsabilidade da empresa não apenas perante seus concorrentes e os consumidores, mas também perante a sociedade como um todo" (LOPES. Ana Frazão de Azevedo. *Empresa e Propriedade. Função Social e Abuso de Poder Econômico.* São Paulo: Quartier Latin, 2006, pp. 281-183).

de seus artigos 13[51] e 19, "f",[52] ante a constatação de um risco grave e iminente à sua vida ou à sua saúde. É também o que reza, no Estado de São Paulo, o art. 229, §2º, da Constituição estadual.[53] Será justamente esse o caso se os trabalhadores estiverem diante do risco iminente de transmissão comunitária do coronavírus no meio ambiente de trabalho, dada a inegável gravidade da COVID-19 (seja pelas altíssimas taxas de transmissibilidade, seja pela relativa letalidade – especialmente nos grupos de risco –, seja ainda pela inexistência de vacina conhecida).

Esse direito de resistência, se exercido coletivamente, configurará clara hipótese de *greve ambiental*, à qual não se aplica a regra do art. 7º, *caput*, *in fine*, da Lei 7.783/1989, uma vez que assegurada aos trabalhadores a integralidade dos direitos trabalhistas do período ("sem prejuízo de quaisquer direitos"), independentemente de negociação coletiva ou do exercício do poder normativo da Justiça do Trabalho. A greve ambiental é, nessa vereda, a manifestação coletiva de um direito constitucional de resistência que *"tem por finalidade resguardar a segurança, a saúde e a higiene do trabalhador em face da degradação ambiental"*.[54]

51 "Art. 13. Em conformidade com a prática e as condições nacionais deverá ser protegido, de consequências injustificadas, todo trabalhador que julgar necessário interromper uma situação de trabalho por considerar, por motivos razoáveis, que ela envolve um perigo iminente e grave para sua vida ou sua saúde."

52 "Art. 19. Deverão ser adotadas disposições, em nível de empresa, em virtude das quais: [...] f-) o trabalhador informará imediatamente o seu superior hierárquico direto sobre qualquer situação de trabalho que, a seu ver e por motivos razoáveis, envolva um perigo iminente e grave para sua vida ou sua saúde; enquanto o empregador não tiver tomado medidas corretivas, se forem necessárias, não poderá exigir dos trabalhadores a sua volta a uma situação de trabalho onde exista, em caráter contínuo, um perigo grave ou iminente para sua vida ou sua saúde."

53 "Art. 229. Compete à autoridade estadual, de ofício ou mediante denúncia de risco à saúde, proceder à avaliação das fontes de risco no ambiente de trabalho e determinar a adoção das devidas providências para que cessem os motivos que lhe deram causa. [...] §2º. Em condições de risco grave ou iminente no local de trabalho, será lícito ao empregado interromper suas atividades, sem prejuízo de quaisquer direitos, até a eliminação do risco."

54 Cfr. ARAÚJO. Fernando Silva de; YAMAMOTO. Paulo de Carvalho. "Greve ambiental e direito de resistência: a autotutela dos trabalhadores em defesa da sanidade no ambiente de trabalho". *In:* FELICIANO. Guilherme Guimarães *et alii*. *Direito ambiental do trabalho. Apontamentos para uma teoria geral.* São Paulo: LTr, 2017, v. 3, p. 296.

3. A PANDEMIA E AS DESONERAÇÕES PATRONAIS: PANACEIA, MAS NEM TANTO

Algumas palavras, enfim, sobre as possibilidades de desoneração jurídica que a pandemia pode criar para os próprios empregadores.

Uma vez que a pandemia do SARS-Cov-2 preordena um estado global de degradação das condições sanitárias – logo, um problema *ambiental*, como desde logo assumimos –, cujas origens ainda não estão sequer esclarecidas,[55] pode-se bem identificá-la como um fenômeno de *força maior*, inclusive para o empregador, uma vez presentes os requisitos objetivo (= inevitabilidade do evento) e subjetivo (= ausência de culpa na produção do acontecimento), além de se conhecer a *causa* do evento (geralmente, fatos da natureza; e, na espécie, o próprio SARS-Cov-2).[56]

Em vista disso, travou-se profícuo debate doutrinário sobre ser ou não, a pandemia, hipótese de força maior para os efeitos dos arts. 501 e 502 da CLT.[57] Adiante, à vista dos inúmeros atos emanados por autoridades públicas – administrativos, legislativos e, mais recentemente, judiciários[58] – determinando o fechamento de estabelecimentos ou

---

55 Cfr., *e.g.*, https://saude.abril.com.br/medicina/coronavirus-pandemia-zoonose/. Acesso em 16.5.2020.

56 Cfr. DINIZ, Maria Helena. *Curso de Direito Civil brasileiro.* 7ª ed. São Paulo: Saraiva, 1993, vol. 7, pp. 79-80. Na *força maior,* ao contrário, a causa do dano é *"ab initio"* desconhecida (*e.g.*, a explosão da aeronave em pleno voo) ou provém de fato de terceiro (*e.g.*, greves, motins, comoções políticas etc. Daí por que temos dito que na força maior predomina o elemento da *inevitabilidade* (vide o art. 501, *caput,* da CLT), enquanto que no caso fortuito predomina o elemento da *imprevisibilidade.*

57 Pelo art. 501, *caput,* "[e]ntende-se como força maior todo acontecimento inevitável, em relação à vontade do empregador, e para a realização do qual este não concorreu, direta ou indiretamente". Já o art. 502 dispõe que, "[o]correndo motivo de força maior que determine a extinção da empresa, ou de um dos estabelecimentos em que trabalhe o empregado, é assegurada a este, quando despedido, uma indenização na forma seguinte: I – sendo estável, nos termos dos arts. 477 e 478; II – não tendo direito à estabilidade, metade da que seria devida em caso de rescisão sem justa causa; III – havendo contrato por prazo determinado, aquela a que se refere o art. 479 desta Lei, reduzida igualmente à metade."

58 Veja-se, nesse sentido, a medida liminar deferida pela Vara de Interesses Difusos e Coletivos da Comarca da Ilha de São Luís do Maranhão, em 30.4.2020, nos autos do Processo n. **0813507-41.2020.8.10.0001,** a pedido do Ministério Público maranhense, determinando o bloqueio total (*"lockdown"*) de atividades naquela capital, em que 100% (cem por cento) dos leitos de unidades de terapia intensiva estavam já ocupados por pacientes portadores da COVID-19. Cfr. "Juiz ordena *lockdown* em São Luís, no Maranhão". *Conjur,* 30.4.2020. Disponível em: https://www.conjur.com.br/2020-abr-30/juiz-ordena-lockdown-todo-maranhao. Acesso em: 16.5.2020.

até mesmo o *lockdown*,[59] discutiu-se mais, se se poderia reconhecer, em tais contextos, o *factum principis*, para os efeitos do art. 486 da CLT.[60] E, nesse encalço, encontram-se à disposição do leitor entendimentos para todos os gostos, predominando os que reconhecem a força maior – afinal, a própria MP 927/2020 di-lo textualmente (art, 1º, par. único) [61] –, mas não o fato do príncipe.[62]

O debate é relevante, na medida em que a identificação de um ou outro instituto traduz relevantíssimos efeitos no Direito do Trabalho. Na dicção de Quevedo,

> Não existe incompatibilidade entre o evento força maior e a caracterização do fato do príncipe. Pelo contrário. Constantes são as referências ao art. 486, CLT, como força maior causada pelo agente da administração pública. A diferença entre a força maior e o fato do príncipe se dá na ausência de responsável imputável no primeiro, hipótese em que os prejuízos são divididos entre empregado e empregador, onde o empregador paga 50% da indenização rescisória e o empregado recebe apenas 50% do que teria direito. Na hipótese do fato do príncipe, o empregador fica isento do pagamento da indenização rescisória, enquanto o empregado deverá receber 100% da indenização, que passa a ser responsabilidade do ente responsável pelo ato. Neste sentido: TST-14900.59.2001.5.15.0050, 3ª Turma, publicado em 28/8/2009.

A nosso ver, todavia, a discussão está mal posta em muitos desses ensaios doutrinários. Vejamos brevemente por quê.

---

59 O "*lockdown*" é a forma mais rigorosa de distanciamento social impositivo, envolvendo a restrição de circulação de pessoas em espaços públicos e o fechamento generalizado de todos os estabelecimentos e locais de convívio coletivo, ressalvadas as atividades essenciais.

60 "Art. 486. No caso de paralisação temporária ou definitiva do trabalho, motivada por ato de autoridade municipal, estadual ou federal, ou pela promulgação de lei ou resolução que impossibilite a continuação da atividade, prevalecerá o pagamento da indenização, que ficará a cargo do governo responsável."

61 "Art. 1º. [...] Parágrafo único. O disposto nesta Medida Provisória se aplica durante o estado de calamidade pública reconhecido pelo Decreto Legislativo nº 6, de 2020, e, para fins trabalhistas, constitui hipótese de força maior, nos termos do disposto no art. 501 da Consolidação das Leis do Trabalho, aprovada pelo Decreto-Lei nº 5.452, de 1º de maio de 1943.

62 Cfr., por todos, QUEVEDO, Luiz Fernando. "A contenção ao coronavírus e o *factum principis* no direito do trabalho". *Consultor Jurídico,* 4.4.2020. Disponível em: https://www.conjur.com.br/2020-abr-04/contencao-coronavirus-ofactum-principisno-direito-trabalho. Acesso em: 16.5.2020.

Em primeiro lugar, o fato de o estado de calamidade pública reconhecido pelo Decreto Legislativo n. 6/2020 ter sido "equiparado" à hipótese de força maior, nos termos do art. 501 da CLT (*ut* art. 1º, único, da MP 927/2020), não significa necessariamente que a indenização rescisória – a saber, aquela do art. 18 da Lei 8.036/1990 (a que corresponde a hipótese do art. 502, II), correspondente a 40% sobre os depósitos do FGTS devidos durante o lapso contratual, ou então aquela do art. 479 da CLT (para contratos por prazo determinado) – será reduzida à metade. Para que o empregador tenha direito a tal redução, deve estar presente a hipótese do art. 502, *caput*, da CLT, a saber, o motivo de força maior (*"in casu"*, a pandemia) deve *determinar* a extinção da empresa ou de um de seus estabelecimentos (aquele em que trabalhe o empregado cujo contrato foi rescindido). O emprego do verbo "determinar", no *caput* do art. 501 consolidado, desafia aqui interpretação estrita: deve se estabelecer uma *relação de necessidade* entre a pandemia e o fechamento do estabelecimento ou a extinção da empresa (assim, *e.g.*, se se demonstrar que a queda abrupta, persistente e abrangente da demanda tornou a empresa ou o estabelecimento inviável economicamente, obrigando-a inclusive à recuperação judicial ou à autofalência, *ut* arts. 105 a 107 da Lei n. 11.101/2005). Afinal, trata-se de uma hipótese legal que *restringe* um direito social fundamental do trabalhador (art. 7º, I, da CRFB, c.c. art. 10, I, do ADCT); e, bem sabemos desde os clássicos, *odiosa restringenda, favorabilia amplianda* (restrinja-se o odioso, amplie-se o favorável).

Ao fim e ao cabo, será o juiz do trabalho a dizer, concretamente, se naquele específico caso litigioso se deu ou não a hipótese do art. 502, II ou III, da CLT, ainda que não haja dúvidas quanto à configuração da força maior, mercê do art. 501. De resto, vale lembrar que, em todo caso, (a) "[a] *imprevidência do empregador exclui a razão de força maior*" (art. 501, §1º), e, mais importante, (b) "[a] *ocorrência do motivo de força maior que não afetar substancialmente, nem for suscetível de afetar, em tais condições, a situação econômica e financeira da empresa não se aplicam as restrições desta Lei referentes ao disposto neste Capítulo*".

Em segundo lugar, quanto ao *factum principis* (CLT, art. 486), parece-nos equivocado afirmar que não se configura, em hipótese alguma, porque o ato de autoridade que determina o fechamento dos estabelecimentos não é discricionário, mas "vinculado" a uma hipótese de força maior. Esse argumento não impressiona, a uma, porque os conceitos de força maior e de fato do príncipe não se excluem reciprocamente, como visto há pouco (ao contrário, o fato do príncipe pode mesmo ser entendido como uma *espécie* do gênero "força maior";[63] ou, mais adequadamente, do gênero "caso fortuito"); a duas, porque o art. 486 da CLT não exige, em parte alguma, o caráter "discricionário" do ato, bastando que provenha de autoridade municipal, estadual ou federal; e, a três, porque os atos administrativos e legislativos que têm determinado o fechamento de estabelecimentos são decerto *discricionários,* na medida em que há irrecusável apreciação subjetiva das circunstâncias concretas da pandemia no âmbito da unidade federativa, sob o pálio da oportunidade e da conveniência; afinal, "discricionário" não é propriamente o ato, mas *"a apreciação a ser feita pela autoridade quanto aos aspectos tais ou quais"*.[64] Não por outra razão, aliás, há casos de municípios contíguos, sujeitos às mesmas condições de risco sanitário, que adotaram políticas diametralmente opostas quanto à suspensão do comércio em geral. Poder-se-ia falar em ato administrativo vinculado se, p. ex., os prefeitos e governadores baixassem decretos para simplesmente fazer cumprir um decreto presidencial de estado de sítio (CF, arts. 21, V, 49, IV, 137, I, e 139, III e IV). Não foi o caso.

Daí por que, tecnicamente, atos administrativos municipais ou estaduais que determinam o fechamento de estabelecimentos podem, em tese, configurar conceitualmente o *factum principis*. Mas isso tampouco significa que a pessoa jurídica de direito público de que promana o ato deva necessariamente responsabilizar-se pela totalidade dos valores rescisórios dos em-

---

63 Cfr., *e.g.*, BELFORT, Fernando. "*Factum principis* e cessação do contrato". 16.5.2020. Disponível em: http://www.oprogressonet.com/blogs/prof-doutor-fernando-belfort/factum-principis-e-cessacao-de-contrato/100436.html. Acesso em: 16.5.2020.

64 BANDEIRA DE MELLO, Celso Antônio. ***Curso de Direito Administrativo***. 22ª ed. São Paulo: Malheiros, 2007, pp. 947-948. Para Bandeira de Mello, o poder discricionário da autoridade pública corresponde à "margem de liberdade conferida pela lei ao administrador a fim de que este cumpra o dever de integrar com sua vontade ou juízo a norma jurídica, diante do caso concreto, segundo critérios subjetivos próprios, a fim de dar satisfação aos objetivos consagrados no sistema legal" (p.414).

pregados demitidos (v., *e.g.*, TST, RR 14900.59.2001.5.15.0050, 3ª Turma, publ. 28.8.2009). A questão, mais uma vez, diz com a *relação de necessidade* entre o ato do príncipe e as rescisões contratuais, até mesmo porque, sendo espécie do gênero "força maior/caso fortuito", o regramento da hipótese não pode se distanciar do próprio art. 502 da CLT. Assim, a responsabilidade da pessoa jurídica de direito público pressupõe, em todo caso, a *impossibilidade de continuação da atividade* (e, implícita a ela, a *impossibilidade de preservação dos vínculos empregatícios*). Se o empregador puder fazer frente às dificuldades econômicas oriundas da paralisação temporária do trabalho com as medidas trabalhistas complementares da Medida Provisória n. 936/2020,[65] por exemplo, *deverá* valer-se delas, antes de cogitar demitir. Se, ao revés, por capricho ou decisão gerencial – e não por *necessidade* –, preferir demitir, não poderá seguramente evocar a norma do art. 486, *caput, in fine,* da CLT, para se exonerar dos pagamentos rescisórios pertinentes.

Se, porém, o juiz do trabalho entender plausível o *factum principis* como tese de defesa, restar-lhe-á providenciar a intimação do representante legal da pessoa jurídica de direito público, nos termos do art. 486, § 1º, da CLT, para que, no prazo de trinta dias, alegue o que entender devido. Sob o novo Código de Processo Civil (2015), a hipótese não é de "chamamento à autoria", mas de *denunciação da lide* (CPC, art. 125, II). E alegando o Estado, em juízo, o que de direito, entendemos que o processo judicial segue na própria Justiça do Trabalho – sem "remessa ao Juiz Privativo da Fazenda" (CLT, art. 486, § 3º) –, ante os lindes de competência material instaurados pelo art. 114, I, da Constituição de 1988, na redação da EC n. 45/2004. Noutras palavras, o parágrafo 3º do art. 486 consolidado não foi recepcionado pela nova ordem constitucional.

4. CONSIDERAÇÕES FINAIS

Por tudo o que se viu, é certo que o contágio pelo SARS-Cov-2 e o consequente acometimento pela COVID-19 configuram, no atual contexto

65 A saber, o pagamento do Benefício Emergencial de Preservação do Emprego e da Renda, a redução proporcional de jornada de trabalho e de salários e/ou a suspensão temporária do contrato de trabalho (art. 3º, I a III).

de transmissão comunitária e de circulação irrestrita do vírus, um *novo risco biológico e social*, que interfere sistematicamente no equilíbrio do meio ambiente humano, tanto em sua dimensão natural como em sua dimensão artificial (e, portanto, também no meio ambiente do trabalho). Essa nova realidade demanda dos empregadores, gestores que são de seus próprios espaços produtivos, a implementação de todas as medidas antecipatórias destinadas a neutralizar ou minimizar os impactos do novo coronavírus. Eis o seu dever de indenidade labor-ambiental, inexo aos contratos individuais de trabalho.

Por outro lado, internalizado o SARS-Cov-2 no meio ambiente de trabalho, transformando o estabelecimento em uma caixa de ressonância infectológica, configura-se um estado de degradação labor-ambiental, originado pelo elemento humano (= base antrópica), que a legislação define como *poluição* (Lei 6.938/1981, art. 3º). Sob tais circunstâncias, o empregador passa a responder civilmente pelos danos experimentados por seus trabalhadores, caso desenvolvam a COVID 19, independentemente da existência ou da prova de culpa *lato sensu* (= responsabilidade civil objetiva, *ut* art. 14, § 1º, da Lei 6.938/1981); e, havendo dolo ou culpa, poderá responder pessoalmente até mesmo por ilícitos penais. Na esfera administrativa, ademais, abrem-se ensanchas para a interdição do estabelecimento (CLT, art. 161); e, na esfera coletiva, para a chamada greve ambiental (Convenção OIT n. 155, arts. 13 e 19, "f").

Para evitar tais consequências, empregadores em geral devem lançar mão de medidas de planejamento e de ação tão excepcionais e ingentes quanto a própria pandemia, transcendendo a lógica do custo-benefício (monetização) para colimar sobretudo o resguardo, na maior medida possível, da vida, da saúde e da integridade psicofísica dos seus trabalhadores.[66]

Resta encerrar com John F. Kennedy, que em certa ocasião atribuiu a Dante Alighieri – equivocadamente – a afirmação de que, na arquitetura

---

66 Há, a propósito, importante estudo capitaneado por especialistas do *Imperial College* do Reino Unido, sobre as estratégias de combate à propagação do novo coronavírus diante de seu possível impacto em diversos países (dentre eles o Brasil). Cfr. WALKER. Patrick *et alii*. *The Global Impact of COVID-19 and Strategies for Mitigation and Suppression.* Abdul Latif Jameel Institute for Disease and Emergency Analytics, Imperial College London (2020), *passim*.

do inferno, "os lugares mais quentes são reservados àqueles que escolheram a neutralidade em tempo de crise". Não há, n'*A Divina Comédia*, uma passagem com essas exatas características; há, sim, referência ao vestíbulo onde ficariam os que, no episódio da rebelião de Lúcifer, não se rebelaram, nem foram fiéis a Deus (*non furon ribelli né fur fedeli*). De todo modo, a frase passou à posteridade e merece a nossa reflexão.

Ante a laicidade do Estado, cidadãos devem ser sobretudo fiéis à Constituição; e, a partir dela, compreender as leis e organizar deontologicamente a realidade. As famílias do mundo choram, neste momento, mais de trezentos e sete mil mortos. Em alguns países – como o Brasil –, a pandemia sequer chegou ao seu "pico". Outras milhares de mortes virão. Neste momento, não cabem atalhos de neutralidade. A vontade primígena das constituições democráticas é a promoção da dignidade humana; e, portanto, a preservação da vida. Tempos de crise não são tempos para o arrefecimento de direitos fundamentais; antes, são tempos para a sua redobrada afirmação.[67] Juristas e tribunais devem compreender essa fatídica verdade, porque a utilidade última do Direito é mesmo a perpetuação da vida e do nosso modo de ser. E a alternativa aos resistentes será, o mais das vezes, o recolhimento prematuro aos vestíbulos da obsolescência.

67 "[...] Vale ressaltar que, embora se compreenda a insistência governamental e de certos setores econômicos em acelerar os acordos individuais, superestimando supostas consequências deletérias decorrentes da liminar concedida, em especial o "engessamento" das negociações, o fato é que constituiria precedente perigosíssimo afastar a vigência de normas constitucionais asseguradoras de direitos e garantias fundamentais, diante do momento de calamidade pública pelo qual passamos. Isso só poderia ocorrer – e mesmo assim em escala limitada e sob supervisão do Congresso Nacional – durante a decretação dos Estados de Defesa ou de Sítio, escrupulosamente delimitados nos art. 136e 137 da Lei Maior. [...] Ora, a experiência tem demonstrado que *justamente nos momentos de adversidade é que se deve conferir a máxima efetividade às normas constitucionais, sob pena de graves e, não raro, irrecuperáveis retrocessos.* De forma tristemente recorrente, a história da humanidade tem revelado que, precisamente nessas ocasiões, *surge a tentação de suprimir – antes mesmo de quaisquer outras providências – direitos arduamente conquistados ao longo de lutas multisseculares. Primeiro, direitos coletivos, depois sociais e, por fim, individuais.* Na sequência, mergulha-se no caos! [...] *A Constituição – é claro – não foi pensada para vigorar apenas em momentos de bonança. Ao contrário, o seu fiel cumprimento se faz ainda mais necessário em situações de crise,* nas quais, na feliz metáfora de Jon Elster, ela serve como o mastro a que se prendeu Ulisses para que não se perdesse em meio ao canto das sereias, pois representa a derradeira barreira de proteção dos valores básicos da sociedade contra paixões ou interesses de uma maioria ocasional (*Ulisses liberto: estudos sobre racionalidade, pré-compromisso e restrições.* São Paulo: UNESP, 2009)" (STF, ADI 6363 MC-ED/DF, rel. Min. Ricardo Lewandowski, j. 13.4.2020 – *g.n.*).

5. REFERÊNCIAS BIBLIOGRÁFICAS

ARAÚJO. Fernando Silva de; YAMAMOTO. Paulo de Carvalho. "Greve ambiental e direito de resistência: a autotutela dos trabalhadores em defesa da sanidade no ambiente de trabalho". In: FELICIANO. Guilherme Guimarães *et alii*. *Direito ambiental do trabalho. Apontamentos para uma teoria geral.* Volume 3. São Paulo: LTr, 2017.

AZEVÊDO, Roberto. GHEBREYESUS, Tedros Adhanom. *Joint statement.* 20.4.2020. Disponível em: https://www.who.int/news-room/detail/20-04-2020-joint-statement-by-wto-director-general-roberto-azevêdo-and-who-director-general-tedros-adhanom-ghebreyesus.

BANDEIRA DE MELLO, Celso Antônio. *Curso de Direito Administrativo.* 22ª ed. São Paulo: Malheiros, 2007.

BECHARA, Erika. "A responsabilidade civil do poluidor indireto e a obrigação *propter rem* dos proprietários de imóveis ambientalmente degradados". In: *Cadernos Jurídicos da Escola Paulista da Magistratura.* São Paulo: TJSP, março-abril/2019 (ano 20). n. 48.

BELFORT, Fernando. Factum principis *e cessação do contrato.* 16.5.2020. Disponível em: http://www.oprogressonet.com/blogs/prof-doutor-fernando-belfort/factum-principis-e-cessacao-de-contrato/100436.html. Acesso em: 16.5.2020.

BENJAMIN, Antônio Herman. "Responsabilidade pelo dano ambiental". In: *Revista de Direito Ambiental.* São Paulo: Revista dos Tribunais, jan.-março/2019, n. 9.

CASALI, Guilherme Machado. "O princípio da solidariedade e o artigo 3º da Constituição da República Federativa do Brasil". In: *Revista Eletrônica Direito e Política.* Itajaí: Univali, set.-dez./2006. vol. 1. n. 1. Disponível em http://siaibib01.univali.br/pdf/guilherme%20%20machado%20casalli%20revista%20de%20direiro.pdf. Acesso em 16.5.2020.

DINIZ, Maria Helena. *Curso de Direito Civil brasileiro.*7ª ed. São Paulo: Saraiva, 1993. vol. 7.

DOMÈNECH. Carlos Hugo Preciado. *Teoría general de los derechos fundamentales en el contrato de trabajo.* Pamplona: Aranzadi, 2018.

FELICIANO, Guilherme G. "Meio ambiente do trabalho: aspectos gerais e propedêuticos". In: *Revista do Tribunal Regional do Trabalho da Décima Quinta Região.* São Paulo: LTr, 2002. n. 20.

____________________. "Saúde e segurança no trabalho: o meio ambiente do trabalho e a responsabilidade civil patronal". In: THOME, Candy Florencio; SCHWARZ, Rodrigo Garcia (org.). *Direito Individual do Trabalho: Curso de revisão e atualização.* São Paulo: Elsevier, 2011.

____________________. "Refundando o Direito Penal do Trabalho: Primeiras Aproximações". In: *Revista da Faculdade de Direito da Universidade de São Paulo.* São Paulo: FDUSP, jan./dez. 2009, v. 104.

FELICIANO, Guilherme G.; TRINDADE, Rodrigo. "COVID-19 e direitos humanos: sob as luzes de Filadélfia". *Migalhas,* 10.5.2020. Disponível em: https://www.migalhas.com.br/depeso/326480/covid-19-e-direitos-humanos-sob-as-luzes-de-filadelfia. Acesso em: 15.5.2020.

GREENBERG, Raymond S.; DANIELS, Stephen R.; FLANDERS, W. Dana; ELEY, John William; BORING, III, John R. *Epidemiologia Clínica.* Trad. BURNIER, Jussara. 3. ed. Porto Alegre: Artmed, 2005.

JOSSERAND. Louis. *De la responsabilité du fait des choses inanimés.* Paris: Arthur Rousseau Éditeur, 1897.

LARENZ. Karl. Trad: BRIZ. Jaime Santos. *Derecho de obligaciones.* Tomo II. Madrid: Editorial Revista de Derecho Privado, 1959.

LOPES. Ana Frazão de Azevedo. *Empresa e Propriedade. Função Social e Abuso de Poder Econômico.* São Paulo: Quartier Latin, 2006.

MACHADO, Paulo Affonso Leme. *Direito Ambiental brasileiro.* 6ª ed. São Paulo: Malheiros, 1996.

MARANHÃO. Ney. *Poluição labor-ambiental.* Rio de Janeiro: Lumen Juris, 2017.

OCCUPATIONAL SAFETY AND HEALTH ADMINISTRATION. *Diretrizes para a preparação dos locais de Trabalho para o COVID-19.* Trad. SINAIT (Sindicato Nacional dos Auditores Fiscais do Trabalho). Brasília: SINAIT, 2020.

OLIVEIRA, Sebastião Geraldo. *Proteção Jurídica à Saúde do Trabalhador.* 6ª ed. São Paulo: LTr, 2011.

ORGANIZACIÓN INTERNACIONAL DEL TRABAJO. *Las normas de la OIT y el COVID-19.* Genebra: OIT, 2020.

PADILHA. Norma Sueli. *Fundamentos constitucionais do direito ambiental brasileiro.* Rio de Janeiro: Elsevier, 2010.

PRIEUR. Michel. *Droit de l'environnement.* 5e Édition. Paris: Dalloz, 2004.

QUEVEDO, Luiz Fernando. "A contenção ao coronavírus e o *factum principis* no direito do trabalho". *Consultor Jurídico,* 4.4.2020. Disponível em: https://www.conjur.com.br/2020-abr-04/contencao-coronavirus-ofactum-principisno-direito-trabalho. Acesso em: 16.5.2020.

ROCHA. Júlio César de Sá. *Direito ambiental do trabalho. Mudanças de paradigma na tutela à saúde do trabalhador.* 2ª ed. São Paulo: Atlas, 2013.

SALEILLES. Raymond. *Les accidents de travail et la responsabilité civile. Essai d'une théorie objective de la responsabilité délictuelle.* Paris: Arthur Rousseau Éditeur, 1897.

SOARES, Guido Fernando Silva. *As Responsabilidades no Direito Internacional do Meio Ambiente.* Campinas: Komedi Editores, 1995.

TOLEDO, Francisco de Assis. *Princípios Básicos de Direito Penal.* 4ª ed. São Paulo: Saraiva, 1991.

WALKER. Patrick *et alii. The Global Impact of COVID-19 and Strategies for Mitigation and Suppression.* Abdul Latif Jameel Institute for Disease and Emergency Analytics, Imperial College London (2020).

WERNER, Sascha. *Das Vorsorgeprinzip: Grundlagen, Maßstäbe und Begrenzungen. In: Umwelt- und Planungsrecht.* Heidelberg: Verlagsgruppe Hüthig Jehle Rehm, 2001. Band 21. n. 9.

ZAGREBELSKY. Gustavo. Trad: GASCÓN. Marina. *El derecho dúctil. Ley, derechos, justicia.* 6ª ed. Madrid: Trotta, 2005.

DIREITO PROCESSUAL DO TRABALHO

1. O ACESSO À JUSTIÇA DO TRABALHO EM TEMPOS DE PANDEMIA

Mauro Schiavi[1]

1. A PANDEMIA COMO ACONTECIMENTO EXTRAORDINÁRIO E A JUSTIÇA DO TRABALHO (FATO PRÍNCIPE OU FORÇA MAIOR)

O fato príncipe (*factum principis)*, segundo a doutrina trabalhista, é espécie do gênero *força maior*. Trata-se de acontecimento extraordinário, imprevisível ao empregador, independente da vontade deste, motivado por ato de autoridade municipal, estadual ou federal, ou promulgação de lei que impeça a continuidade do contrato de trabalho e inviabilize de forma total ou parcial a atividade empresarial.

Sob a ótica do direito administrativo, ensina Hely Lopes Meirelles,[2]

> fato do príncipe é toda determinação estatal positiva ou negativa, geral, imprevista e imprevisível, que onera substancialmente a execução do contrato administrativo. Essa oneração, constituindo uma álea administrativa extraordinária e extracontratual, desde que intolerável e impeditiva da execução do ajuste, obriga o Poder Público contratante a compensar integralmente os prejuízos suportados pela outra parte, a fim de possibili-

1 Mauro Schiavi é Juiz titular da 19ª Vara do Trabalho de São Paulo. Doutor e mestre em Direito pela PUC-SP. Professor universitário (graduação e pós-graduação) há 20 anos. Autor de 20 livros sobre Direito Processual do Trabalho.

2 *Direito Administrativo Brasileiro*, 24ª ed. São Paulo: Malheiros, 1999, p. 221.

tar o prosseguimento da execução, e, se esta fora impossível, rende ensejo à rescisão do contrato, com indenizações cabíveis.

Dispõe o art. 486 da CLT:

> No caso de paralisação temporária ou definitiva do trabalho, motivada por ato de autoridade municipal, estadual ou federal, ou pela promulgação de Iei ou resolução que impossibilite a continuação da atividade, prevalecerá o pagamento da indenização, que ficará a cargo do governo responsável. § 1º Sempre que o empregador invocar em sua defesa o preceito do presente artigo, o tribunal do trabalho competente notificará a pessoa de direito público apontada como responsável pela paralisação do trabalho, para que, no prazo de 30 dias, alegue o que entender devido, passando a figurar no processo como chamada à autoria. § 2º Sempre que a parte interessada, firmada em documento hábil, invocar defesa baseada na disposição deste artigo e indicar qual o juiz competente, será ouvida a parte contrária, para, dentro de três dias, falar sobre essa alegação. § 3º Verificada qual a autoridade responsável, a Junta de Conciliação ou Juiz dar-se-á por incompetente, remetendo os autos ao Juiz privativo da Fazenda, perante o qual correrá o feito, nos termos previstos no processo comum.

Diante do referido dispositivo legal, são requisitos para a ocorrência do fato príncipe: a) ato legislativo ou administrativo de autoridade municipal, estadual ou federal; b) imprevisibilidade do ato pelo empregador; c) impossibilidade de resistência aos efeitos do ato pelo empregador; d) impossibilidade total ou parcial de continuidade da atividade empresarial.

A indenização decorrente da extinção do contrato por fato príncipe (atual multa de 40% sobre o FGTS) ficará a cargo da autoridade que praticou o ato.

Quanto à força maior, dispõe o art. 393 do CC: "O devedor não responde pelos prejuízos resultantes de caso fortuito ou força maior, se expressamente não se houver por eles responsabilizado. Parágrafo único. O caso fortuito ou de força maior *verifica*-se no fato necessário, cujos efeitos não eram possíveis evitar ou impedir".

Todos os contratos bilaterais e onerosos como o contrato de trabalho têm implícita a chamada cláusula *rebus sic stantibus*, ou seja, a possibilidade de resolução do contrato em caso de onerosidade excessiva a uma das partes em razão de motivo de caso fortuito ou força maior.

Na doutrina, há distinção entre *caso fortuito* e *força maior*. Para alguns juristas, a exemplo de Clóvis Bevilaqua,[3] caso fortuito seria aquilo que se deve às forças da natureza, enquanto força maior envolveria a participação do homem. Para outros juristas, o caso fortuito acarreta impossibilidade relativa de cumprimento da obrigação, enquanto que a força maior, absoluta.

Não obstante, o Código Civil não faz distinção entre *caso fortuito* e *força maior* para os efeitos que tais eventos acarretam nos contratos. Como bem advertem Gustavo Tepedino, Heloisa Helena Barboza e Maria Celina Bodin de Moraes[4], "fato é que, se existe distinção, ela é inteiramente indiferente ao direito, já que as consequências coincidem. Tanto o caso fortuito como a força maior desincumbem o devedor de responder pelas perdas e danos a que a sua inexecução deu causa".

A Consolidação das Leis do Trabalho define força maior no art. 501:

> Entende-se como força maior todo acontecimento inevitável, em relação à vontade do empregador, e para a realização do qual este não concorreu, direta ou indiretamente. § 1º A imprevidência do empregador exclui a razão de força maior. § 2º À ocorrência do motivo de força maior que não afetar substancialmente, nem for suscetível de afetar, em tais condições, a situação econômica e financeira da empresa, não se aplicam as restrições desta lei referentes ao disposto neste Capítulo.

A imprevidência do empregador exclui a força maior. Como destaca Sérgio Pinto Martins,[5] "imprevidência é o desleixo, a negligência. Se o empregador é negligente na manutenção do seu negócio, não pode falar em força maior. Seria a hipótese do empregador que não cuida da instalação e vem a ocorrer o incêndio por esse motivo".

Conforme o referido dispositivo legal, há a definição de forma maior tomo todo acontecimento imprevisível e inevitável, o qual, não deu causa o empregador, direta, ou indiretamente, a cujos efeitos não

---

3 In: TEPEDINO, Gustavo; BARBOZA, Heloisa Helena; MORAES, Maria Celina Bodin de. *Código Civil Interpretado conforme a Constituição da República*, 2. ed. Rio de Janeiro: Renovar, 2011, p. 709.

4 Idem, p. 709.

5 *Comentários à CLT*, 17ª ed. São Paulo: Atlas, 2013, p. 585.

possa resistir. Pode ser em razão de um fato da natureza, como uma catástrofe da natureza, de evento que decorra do concurso do homem, como uma epidemia. Além disso, a ocorrência do motivo de força maior deve afetar substancialmente, a situação econômica e financeira da empresa, ou do empregador.

Nos termos do art. 502, da CLT,

> (...) ocorrendo motivo de força maior que determine a extinção da empresa, ou de um dos estabelecimentos em que trabalhe o empregado, é assegurado a este, quando despedido, uma indenização na forma seguinte: I – sendo estável, nos termos dos arts. 477 e 478; II – não tendo direito à estabilidade, metade da que seria devida em caso de rescisão sem justa causa; III – havendo contrato por prazo determinado, aquela a que se refere o art. 479, desta Lei, reduzida igualmente à metade.

O citado dispositivo legal autoriza o empregador, em caso de motivo de força maior devidamente comprovado, dispensar o empregado, com redução, pela metade, da indenização decorrente da dispensa.

Atualmente, diante do que dispõe o art. 7º, I, da Constituição Federal, a qual extinguiu a estabilidade decenal, a indenização devida será de 20% sobre os depósitos de FGTS.

Discute-se se, em caso de fechamento do comércio por ato governamental (Decreto de Estado de Calamidade Pública),[6] provocando a dispensa de muitos empregados em razão de epidemia de grande contágio, configura-se o fato príncipe. De nossa parte, embora a situação se assemelhe ao fato príncipe, dele não se trata, pois o fechamento do comércio em função da necessidade de se retirarem as pessoas da rua configura força maior, uma vez que o Estado não tem condições materiais de tratar de todos que fiquem doentes ao mesmo tempo. Desse modo, diante da gravidade da situação, não há discricionariedade na escolha da prática do ato administrativo pela autoridade pública, a justificar a aplicação do art. 486, da CLT. Portanto, a situação configura força maior, nos moldes dos arts. 501, da CLT e 393 do Código Civil.

---

6 Exemplo da Pandemia do Coronavírus.

O PLV 15/20 de Conversão da Medida Provisória 936/20 (aprovado pelo parlamento), dispõe em seu art. 30:

> Não se aplica o disposto no art. 486 da CLT, aprovada pelo Decreto-Lei nº 5.452, de 1º de maio de 1943, na hipótese de paralisação ou suspensão de atividades empresariais, determinada por ato de autoridade municipal, estadual ou federal, para o enfrentamento do estado de calamidade pública reconhecido pelo Decreto Legislativo nº 6, de 20 de março de 2020, e da emergência de saúde pública de importância internacional decorrente do coronavírus, de que trata a Lei nº 13.979, de 6 de fevereiro de 2020.

Não obstante, após passar a pandemia, pensamos ser possível discutir eventual responsabilidade civil do Estado (art. 196, da CF),[7] inclusive por verbas trabalhistas, se houver apuração de eventuais condutas omissivas do Estado na condução da pandemia, inclusive omissões em seu estágio inicial, a fim de reduzir os danos sociais, sanitários e econômicos gerados pela pandemia.

Como bem adverte André Ramos Tavares,[8]

> (...) o Estado deve promover políticas sociais e econômicas destinadas a possibilitar o acesso universal igualitário às ações e serviços para a promoção, proteção e recuperação da saúde. Ademais, deve preocupar-se igualmente com a prevenção de doenças e outros agravos, mediante redução de riscos (art. 166 e 198, II). Por fim, o tema relaciona-se diretamente com a dignidade da pessoa humana e o direito à igualdade, que pressupõem o Estado garantidor, cujo dever é assegurar o mínimo de condições básicas para o indivíduo vier e desenvolver-se.

Nestes tempos de pandemia, houve um inegável fortalecimento do Direito do Trabalho, como sendo indispensável ao equilíbrio do sistema capitalista, e também para manutenção de emprego e renda do trabalhador, o que, neste momento, significa subsistência. Além disso, os direitos sociais trabalhistas foram destacados como indispensáveis à proteção à dignidade da pessoa humana.

---

7 Art. 196 da CF: "A saúde é direito de todos e dever do Estado, garantido mediante políticas sociais e econômicas que visem à redução do risco de doença e de outros agravos e ao acesso universal e igualitário às ações e serviços para sua promoção, proteção e recuperação".

8 *Curso de Direito Constitucional*, 3ª ed. São Paulo: Saraiva, 728.

2. DO ACESSO À JUSTIÇA DO TRABALHO EM TEMPOS DE PANDEMIA

O art. 5º, XXXV, da CF, consagra o chamado princípio da inafastabilidade da jurisdição ou do acesso à justiça. Dispõe o referido dispositivo constitucional:

"A lei não excluirá da apreciação do Poder Judiciário lesão ou ameaça a direito."

Conforme Mauro Cappelletti e Bryant Garth:[9]

> O enfoque sobre o acesso – o modo pelo qual os direitos se tornam efetivos – também caracteriza crescentemente estudo do moderno processo civil. A discussão teórica, por exemplo, das várias regras do processo civil e de como elas podem ser manipuladas em várias situações hipotéticas pode ser instrutiva, mas, sob essas descrições neutras, costuma ocultar-se o modelo frequentemente irreal de duas (ou mais) partes em igualdade de condições perante a corte, limitadas apenas pelos argumentos jurídicos que os experientes advogados possam alinhar. O processo, no entanto, não deveria ser colocado no vácuo. Os juristas precisam, agora, reconhecer que as técnicas processuais servem a funções sociais; que as cortes não são a única forma de solução de conflitos a ser considerada e que qualquer regulamentação processual, inclusive a criação ou o encorajamento de alternativas ao sistema judiciário, tem um efeito importante sobre a forma como opera a lei substantiva – com que frequência ela é executada, em benefício de quem e com que impacto social. Uma tarefa básica dos processualistas modernos é expor o impacto substantivo dos vários mecanismos de processamento de litígios. Eles precisam, consequentemente, ampliar sua pesquisa para além dos tribunais e utilizar os métodos de análise da sociologia, da política, da psicologia e da economia, e ademais, aprender através de outras culturas. O "acesso" não é apenas um direito social fundamental, crescentemente reconhecido; ele é, também necessariamente, o ponto central da moderna processualística. Seu estudo pressupõe um alargamento e aprofundamento dos objetivos e métodos da moderna ciência jurídica.

Trata-se da garantia mais importante do cidadão, uma vez que, modernamente, a acessibilidade ao Judiciário é um direito fundamental de qualquer pessoa para efetivação de seus direitos. Sem a garantia de

9 CAPPELLETTI, Mauro; GARTH, Bryant. *Acesso à justiça*. Tradução de Ellen Gracie Northfleet. Porto Alegre: Sérgio Antonio Fabris, 2002, p. 12-13.

acessibilidade, não há garantida de direitos ao cidadão. Por isso, o acesso à justiça é o direito que garante os demais direitos ao cidadão.

Como enfatizam Mauro Cappelletti e Bryant Garth:[10]

> De fato, o direito ao acesso efetivo tem sido progressivamente reconhecido como sendo de importância capital entre os novos direitos individuais e sociais, uma vez que a titularidade de direitos é destituída de sentido, na ausência de mecanismos para sua efetiva reivindicação. *O acesso à justiça pode, portanto, ser encarado como o requisito fundamental – o mais básico dos direitos humanos – de um sistema jurídico moderno e igualitário que pretenda garantir, e não apenas proclamar os direitos de todos.* (Destaquei)

O acesso à justiça impulsiona o processo para que produza resultados justos, solução integral da lide e materialização das decisões.

Nesse sentido, dispõe o art. 4º, do Código de Processo Civil: "As partes têm direito de obter em prazo razoável a solução integral do mérito, incluída a atividade satisfativa."

Conforme o referido dispositivo, são direitos fundamentais das partes no processo:

a) *solução integral do mérito*: constitui direito fundamental da parte no processo, que todos os pedidos e requerimentos formulados sejam apreciados, tanto os do autor como os do réu, e que, sempre que possível, o magistrado julgue o mérito da causa, evitando ao máximo a extinção do processo sem resolução do mérito. A decisão prematura de extinção do processo sem resolução de mérito, quando possível a compreensão da controvérsia, é frustrante para quem busca seu direito no Judiciário, provoca gasto desnecessário de dinheiro público na tramitação do processo e não resolve o conflito;

b) *atividade satisfativa*: quanto à atividade satisfativa, como direito fundamental processual da parte, o código merece muitos elogios. A atividade satisfativa, que se manifesta pelo cumprimento das decisões que se dão, como regra geral, na fase executiva, é tão importante, ou mais, que as demais fases processuais, pois o direito reconhecido na decisão só se ma-

10 Idem. Ibidem, p. 11-12.

terializa quando o processo é capaz de entregar "o bem da vida" ao credor, que lhe pertence por direito.

Sob a ótica processual, o acesso à justiça não deve ser entendido e interpretado apenas como o direito a ter uma demanda apreciada por um juiz imparcial, mas sim como acesso à ordem *jurídica justa*,[11] composta por princípios e regras justas e razoáveis que possibilitem ao cidadão, tanto no polo ativo, como no passivo de uma demanda, ter acesso a um conjunto de regras processuais que sejam aptas a possibilitar o ingresso da demanda em juízo, bem como a possibilidade de influir na convicção do juízo de recorrer da decisão, bem como de materializar, em prazo razoável, o direito concedido na sentença.

Como esclarece Cândido Rangel Dinamarco,[12] "só tem acesso à ordem jurídica justa quem recebe justiça. E receber justiça significa ser admitido em juízo, poder participar, contar com a participação adequada do juiz e, ao fim, receber um provimento jurisdicional consentâneo com os valores da sociedade. Tais são os contornos do processo justo, ou processo équo, que é composto pela efetividade de um mínimo de garantias de meios e de resultados".

3. DOS ATOS PROCESSUAIS TELEPRESENCIAIS E DOS AJUSTES DO RITO PROCESSUAL TRABALHISTA

Nestes tempos de pandemia, a Justiça do Trabalho está trabalhando de forma remota, em praticamente 100% de sua atividade, por determinação do art. 3º da Resolução 313 do CNJ 19/3/2020, que assim dispõe:

> Fica suspenso o atendimento presencial de partes, advogados e interessados, que deverá ser realizado remotamente pelos meios tecnológicos disponíveis. § 1º Cada unidade judiciária deverá manter canal de atendimento remoto, a ser amplamente divulgado pelos tribunais. § 2º Não logrado atendimento na forma do parágrafo primeiro, os tribunais providenciarão meios para atender, presencialmente, advogados, públicos e privados, membros do Ministério Público e polícia judiciária, durante o expediente forense.

---

11 Esta expressão é utilizada pelo jurista Kazuo Watanabe.

12 *Instituições de Direito Processual Civil*. Volume I. São Paulo: Malheiros, 2001. p. 115.

Mesmo em trabalho de forma remota, o estado de pandemia demonstrou a importância do Judiciário Trabalhista para o cidadão brasileiro, na apreciação de demandas individuais e coletivas, destinadas à proteção e à saúde do trabalhador, como nas ações para imposição de medidas sanitárias às empresas, fornecimento de equipamentos de proteção individual, fixação de trabalho a distância etc. Além disso, houve milhares de liminares para levantamento de depósitos existentes em processos, liberação de FGTS, e liminares para pagamento de verbas rescisórias a trabalhadores recentemente dispensados. Além disso, milhares de empregadores, principalmente, os pequenos e médios, estão se valendo da Justiça do Trabalho para renegociação de acordos trabalhistas e para firmar novos acordos com seus empregados, com o objetivo de manutenção dos contratos de trabalho.

A Justiça do Trabalho tem dado respostas adequadas às demandas relacionadas à pandemia, e continua em funcionamento, adaptando-se às contingências da realidade.

Adaptações ao procedimento têm sido necessárias. Com a suspensão dos atos presenciais, houve a necessidade de se formularem ajustes ao procedimento, aplicando-se o chamado "rito processual emergencial trabalhista", no qual os atos postulatórios (inicial e contestação) são realizados antes da audiência, principalmente a defesa que está sendo enviada por meio do Processo Judicial Eletrônico, sem necessidade de audiência. Após o reclamante se manifestar sobre a contestação, o magistrado faz o saneamento do processo, e avalia a necessidade de audiência de instrução por videoconferência.

No aspecto, dispõe o art. 6º do Ato n. 11 da GCGJT, de 23 de abril de 2020:

> Preservada a possibilidade de as partes requererem a qualquer tempo, em conjunto (art. 190 do CPC), a realização de audiência conciliatória, fica facultado aos juízes de primeiro grau a utilização do rito processual estabelecido no artigo 335 do CPC quanto à apresentação de defesa, inclusive sob pena de revelia, respeitado o início da contagem do prazo em 4 de maio de 2020. §1º. Na hipótese do *caput*, deverá o(a) magistrado(a) possibilitar vista à parte autora dos documentos apresentados com a(s) defesa(s), e assinalar prazo para que as partes especifiquem as provas

> que pretendem produzir, sua pertinência e finalidade, para então proferir julgamento conforme o estado do processo ou decisão de saneamento e, se necessário, audiência de instrução. §2º Os prazos processuais para apresentação de contestação, impugnação a sentença de liquidação, embargos à execução, inclusive quando praticados em audiência, e outros que exijam a coleta prévia de elementos de prova somente serão suspensos se, durante a sua fluência, a parte informar ao juízo competente a impossibilidade de prática do ato, de modo que o prazo será considerado suspenso na data do protocolo da petição com essa informação.

A apresentação da contestação antes da audiência no processo do trabalho não se trata de novidade. No processo judicial eletrônico, a contestação deve ser encaminhada, como regra, antes da audiência (art. 10 da Lei n. 11.419/06), podendo ser protocolada no PJe até a relização da proposta conciliatória infrutífera. Nesse sentido, dispõe o art. 22, da Resolução n. 185/17, do CSJT:

> A contestação ou a reconvenção e seus respectivos documentos deverão ser protocolados no PJe até a realização da proposta de conciliação infrutífera, com a utilização de equipamento próprio, sendo automaticamente juntados, facultada a apresentação de defesa oral, na forma do art. 847, da CLT. (Artigo alterado pela Resolução CSJT nº 241/2019 – DeJT 6/6/2019) § 1º No expediente de notificação inicial ou de citação constará recomendação para que a contestação ou a reconvenção e os documentos que as acompanham sejam protocolados no PJe com pelo menos 48h de antecedência da audiência. § 2º O autor poderá atribuir segredo de justiça ao processo no momento da propositura da ação, cabendo ao magistrado, após a distribuição, decidir sobre a manutenção ou exclusão dessa situação, nos termos do art. 189 do CPC e art. 770, *caput*, da CLT. § 3º Com exceção da petição inicial, as partes poderão atribuir sigilo às petições e documentos, nos termos do parágrafo único do art. 773 do CPC. § 4º Com exceção da defesa, da reconvenção e dos documentos que os acompanham, o magistrado poderá determinar a exclusão de petições e documentos indevidamente protocolados sob sigilo, observado o art. 15 desta Resolução. § 5º O réu poderá atribuir sigilo à contestação e à reconvenção, bem como aos documentos que as acompanham, devendo o magistrado retirar o sigilo caso frustrada a tentativa conciliatória.

Nos termos do art. 847, parágrafo único, da CLT, com a redação dada pela Lei n. 13.467/17: "A parte poderá apresentar defesa escrita pelo sistema de processo judicial eletrônico até a audiência".

Diante da referida previsão legislativa, que está em compasso com o art. 22 da Resolução n. 185/17 do CSJT, a contestação pode ser apresentada até o momento da audiência, inclusive após a primeira proposta conciliatória, sendo uma regra processual protetiva em benefício do reclamado.

A tendência do procedimento trabalhista pós-pandemia será a apresentação da defesa antes da audiência, sem prejuízo do comparecimento do reclamado em audiência, com oportunidade para o reclamante de manifestação sobre ela em prazo razoável antes da audiência. Isso propicia a implementação do contraditório pleno ao procedimento trabalhista, com o efetivo conhecimento dos elementos da causa pelas partes e pelo juiz do trabalho, maior celeridade nos autos de audiência, redução das hipóteses de adiamento de audiência e potencialidade mais acentuada de obtenção da conciliação. Embora se possa argumentar que, tendo o reclamante acesso à defesa antes da audiência, poderá deixar arquivar o processo não comparecendo à audiência e, posteriormente, alterar sua tese inicial, pensamos que no atual estágio da teoria geral do processo e do direito constitucional processual, há mecanismos para se coibir tal conduta (tais como as sanções por falta de boa-fé processual), pois se for franqueado o acesso à contestação, caso o autor não compareça à audiência, o processo não será mais arquivado, aplicando-se, no aspecto, a Súmula n. 74, do TST (confissão ficta).

Estamos vivenciando um processo mais colaborativo e solidário, com ênfase na boa-fé de partes e advogados (arts. 5º e 6º, do CPC). Inclusive os próprios advogados tomam a iniciativa, em algumas situações, de praticar os chamados "negócios processuais".

A doutrina também inclui a categoria dos chamados *negócios jurídicos processuais*, nos quais os atos processuais são praticados de comum acordo pelas partes, submetidos à chancela judicial. Como exemplos, temos os acordos judiciais em que as partes transacionam direitos e também atos de negociação sobre os próprios atos processuais, como o requerimento conjunto de suspensão do processo, a desistência do processo por requerimento do reclamante com a concordância do reclamado etc.

O recente Código de Processo Civil amplia a possibilidade dos negócios jurídicos processuais, nos arts. 190 e 191, que dispõem:

> Art. 190, do CPC: Versando o processo sobre direitos que admitam autocomposição, é lícito às partes plenamente capazes estipular mudanças no procedimento para ajustá-lo às especificidades da causa e convencionar sobre os seus ônus, poderes, faculdades e deveres processuais, antes ou durante o processo.
>
> Parágrafo único. De ofício ou a requerimento, o juiz controlará a validade das convenções previstas neste artigo, recusando-lhes aplicação somente nos casos de nulidade ou de inserção abusiva em contrato de adesão ou em que alguma parte se encontre em manifesta situação de vulnerabilidade.
>
> Art. 191, do CPC: De comum acordo, o juiz e as partes podem fixar calendário para a prática dos atos processuais, quando for o caso. § 1º O calendário vincula as partes e o juiz, e os prazos nele previstos somente serão modificados em casos excepcionais, devidamente justificados. § 2º Dispensa-se a intimação das partes para a prática de ato processual ou a realização de audiência cujas datas tiverem sido designadas no calendário.

Diante dos referidos dispositivos, podem as partes, nos processos trabalhistas em que se discutem direitos patrimoniais disponíveis: a) estipular mudanças no procedimento para ajustá-los às características da causa; b) convencionar sobre o exercício de faculdades processuais, como as espécies de provas a produzir, ônus da prova, não interpor recursos etc.; c) fixar um calendário para a prática de atos processuais.

No processo trabalhista, diante do caráter publicista do processo mais acentuado e da desigualdade existente entre as partes (reclamante e reclamado), pode-se sustentar que os referidos dispositivos do CPC não são aplicáveis.

De nossa parte, os arts. 190 e 191 do CPC, nestes tempos de pandemia, se aplicam, com reservas ao Processo Trabalhista, devendo o juiz do trabalho avaliar, no caso concreto, se não há prejuízos ao litigante mais fraco (o autor), bem como se a concordância do reclamante com a negociação foi espontânea. Além disso, deve o juiz sopesar o resultado prático da negociação, bem como a duração razoável do procedimento. O calendário processual estabelecido pelas partes também deve ser submetido à apreciação do juiz do trabalho (art. 765 da CLT) e também à disponibilidade da pauta da Vara.

4. DAS AUDIÊNCIAS POR VIDECONFERÊNCIA COMO MEDIDA DE ACESSO À JUSTIÇA

A audiência trabalhista é um ato formal, solene, que conta com o comparecimento das partes, advogados, funcionários da Justiça e do juiz do trabalho, em que são realizadas as tentativas de conciliação. Nela reclamado pode apresentar sua resposta (contestação, exceção e reconvenção), ouvem-se as partes e testemunhas, e profere-se a decisão.

O Processo do Trabalho, na expressão popular, é um processo de audiência, pois os atos principais da fase de conhecimento se desenvolvem nesse ato. Além disso, a lei determina que todos os atores principais do processo estejam presentes na audiência. De outro lado, o juiz do trabalho, como regra geral, toma contato com a inicial pela primeira vez na audiência e também com a defesa, que é apresentada em audiência (escrita ou verbal), tenta a conciliação, instrui e julga a causa.

Na audiência, quase todos os atos da fase de conhecimento são praticados: a) o juiz toma contado com o processo (inicial, defesa e documentos); b) são realizadas as tentativas de conciliação; c) o processo é saneado, suprindo-se eventuais nulidades; d) a causa é discutida pelas partes, juízes e advogados; e) são fixados os pontos controvertidos e as provas a serem produzidas; f) posteriormente, haverá a instrução da causa com oitiva de partes e testemunhas; g) as partes, após a prova, poderão aduzir as razões finais; h) finalmente, o processo será sentenciado.

Apesar de algumas vicissitudes que o procedimento de audiência pode causar, como atrasos constantes, desgaste das partes e do magistrado, grande deslocamento de partes e advogados nos fóruns, os benefícios da audiência trabalhista são visíveis e contundentes: a) torna o processo do trabalho mais democrático e humanizado; b) economia dos atos processuais pela concentração deles na audiência una; c) maior potencialidade de obtenção da conciliação; d) maior publicidade do procedimento; e) participação mais ativa das partes e advogados, tornando o contraditório mais visível e efetivo; f) maior interação do juiz com as partes e advogados; g) melhor conhecimento da causa por todos que nela atuam; h) maior efetividade na colheita e valoração da prova.

Um rápido olhar para a sala de audiências logo revela uma mudança no ambiente: diversas telas de computador passam a fazer parte do cenário. Há uma tela para o juiz, uma tela para o servidor que redige a ata, uma tela para o advogado do autor e outra para o advogado do réu. Há também as telas particulares de cada um dos atores do processo, que com seus *smartphones* consultam as leis, as decisões dos tribunais e até mesmo as redes sociais das partes e testemunhas. O papel vem sendo substituído pelas telas, que se multiplicam no mundo do Direito, assim como nos demais âmbitos da vida. Passam a ser nossas companheiras constantes, praticamente uma extensão do nosso corpo, redefinindo – em conjunto com a internet –, nossa maneira de acessar informações, de nos relacionarmos, de nos movermos na cidade e organizarmos nossa tarefas diárias.[13]

A realização de audiência por videoconferência é possível segundo o Código de Processo Civil de 2015, que prevê em seu art. 236: "Os atos processuais serão cumpridos por ordem judicial. (...) § 3º Admite-se a prática de atos processuais por meio de videoconferência ou outro recurso tecnológico de transmissão de sons e imagens em tempo real".

O referido artigo não é incompatível com o Processo do Trabalho, ao contrário, com ele se compatibiliza, mas diante do que dispõem os arts. 843 e 844, que exigem, como regra, a presença pessoal das partes, deve ser utilizado somente em casos de impossibilidade de realização da audiência presencial, a exemplo de o reclamante estar preso ou em outro país, ou se determinada testemunha residir fora do país.

É importante destacar que a audiência por videoconferência deve ser realizada em tempo real, possibilitando ampla comunicação entre magistrado, advogados e depoentes.

Como nos advertem Márcio Túlio Viana e Raquel Portugal Nunes,[14]

> (...) a ideia da audiência sem corpos é a manifestação, no âmbito do Direito, do que já vem acorrendo em diversas instâncias da vida social:

13 VIANA, Márcio Túlio; NUNES, Raquel Portugal. *O Segundo Processo: fatores informais que penetram nos julgamentos.* São Paulo: LTr, 2019, p. 297-298.

14 VIANA, Márcio Túlio; NUNES, Raquel Portugal. *O Segundo Processo: fatores informais que penetram nos julgamentos.* São Paulo: LTr, 2019, p. 303.

o ensino, o trabalho, o namoro e até mesmo as sessões de psicanálise já são ofertadas na modalidade "à distância". Naturalmente, uma audiência virtual evita que as pessoas se locomovam até o fórum – o que é mais cômodo para todos, e pode ser importante para a população mais pobre. Argumenta-se, ainda, que a comunicação via *WhatsApp* tornou-se parte do nosso cotidiano, permitindo uma comunicação mais fluida e menos constrangida pelas formalidades da sala de audiência. No entanto, por outro lado, numa audiência sem corpos muita informação não aparece: não há cores, cheiros, gestos ou olhares. Tudo isso escapa aos juízes e à parte contrária. E, naturalmente, deixa de compor a sentença. E essa ausência do corpo é defendida em algumas frentes, é enfrentada em outras, em que se percebeu que a presença do corpo pode ser fator de empatia na sala de audiências e ajudar o juiz a compreender melhor a realidade das pessoas.

A audiência por videoconferência tem aspectos positivos, entre os quais, possibilita o acesso à justiça à justiça, menor tempo de duração do processo, desnecessidade de cartas precatórias. No entanto, indiscutivelmente, há redução dos princípios da oralidade e imediatidade, redução do controle do espaço onde se encontram partes e testemunhas, bem como redução da atividade fiscalizatória das partes, advogados e magistrado na produção da prova oral. Além disso, há redução no chamado sistema presidencialista que norteia a condução das audiências e produção da prova oral no processo trabalhista. Trata-se de procedimento que exige tecnologia adequada, cooperação processual e boa-fé dos envolvidos.

Diante da pandemia, houve necessidade de se implementar, de forma emergencial, as audiências por videoconferência no Judiciário brasileiro e, principalmente, na Justiça do Trabalho, cuja realização da audiência é fundamental.

No aspecto, dispõe o art. 6º, da Resolução n. 314 do CNJ:

> Sem prejuízo do disposto na Resolução CNJ nº 313/2020, os tribunais deverão disciplinar o trabalho remoto de magistrados, servidores e colaboradores, buscando soluções de forma colaborativa com os demais órgãos do sistema de justiça, para realização de todos os atos processuais, virtualmente, bem como para o traslado de autos físicos, quando necessário, para a realização de expedientes internos, vedado o reestabelecimento do expediente presencial. § 1º Eventuais impossibilidades técnicas ou de ordem prática para realização de determinados atos processuais admitirão sua suspensão mediante decisão fundamentada. § 2º Para realização de atos virtuais por meio de videoconferência está assegurada a utilização por todos

> os juízos e tribunais da ferramenta Cisco Webex, disponibilizada pelo Conselho Nacional de Justiça por meio de seu sítio eletrônico na internet (www.cnj.jus.br/plataformavideoconfencia-nacional/), nos termos do Termo de Cooperação Técnica nº 007/2020, ou outra ferramenta equivalente, e cujos arquivos deverão ser imediatamente disponibilizados no andamento processual, com acesso às partes e procuradores habilitados. § 3º As audiências em primeiro grau de jurisdição por meio de videoconferência devem considerar as dificuldades de intimação de partes e testemunhas, realizando-se esses atos somente quando for possível a participação, vedada a atribuição de responsabilidade aos advogados e procuradores em providenciarem o comparecimento de partes e testemunhas a qualquer localidade fora de prédios oficiais do Poder Judiciário para participação em atos virtuais. § 4º Os tribunais poderão, mediante digitalização integral ou outro meio técnico disponível, virtualizar seus processos físicos, que então passarão a tramitar na forma eletrônica. § 5º Durante o regime diferenciado de trabalho os servidores e magistrados em atividade devem observar o horário forense regular, sendo vedado ao tribunal, por ora, dispor de modo contrário, notadamente estabelecer regime de trabalho assemelhado a recesso forense.

No aspecto, também dispõem os arts. 4º e 5º do ato ATO n. 11 da GCGJT, de 23 de abril de 2020:

> Artigo 4º: "Os depoimentos de partes e testemunhas poderão ser realizados, tal como previsto nos artigos 385 e 453 do Código de Processo Civil, por meio de videoconferência, devendo os depoentes identificar-se".
>
> Artigo 5º: "Os atos processuais que eventualmente não puderem ser praticados pelo meio eletrônico ou virtual, por absoluta impossibilidade técnica ou prática a ser apontada por qualquer dos envolvidos no ato, devidamente justificada nos autos, deverão ser adiados após decisão fundamentada do magistrado."

As audiências telepresenciais para conciliação e iniciais para recebimento da contestação, saneamento do processo e tentativas de acordo, têm funcionado bem nestes tempos de pandemia, por não envolverem necessidade de deslocamento de pessoas e por estar presente um maior espírito de cooperação entre todos os envolvidos, com grande potencialidade de conciliação. No entanto, mesmo essas audiências devem considerar as dificuldades práticas e técnicas para o comparecimento, principalmente o acesso adequado à tecnologia e ao sinal de internet.

Quanto às audiências de instrução, algumas dificuldades se mostram visíveis e estão sendo enfrentadas, em razão da necessidade de observância de todos os princípios constitucionais e processuais que deve observar o procedimento da audiência, e que envolvem a produção da prova oral no processo do trabalho.

Dispõe o art. 5º, LIV, da CF: "Ninguém será privado da liberdade ou de seus bens sem o devido processo legal".

Conforme sustenta Nelson Nery Junior,[15]

> (...) o primeiro ordenamento que teria feito menção a esse princípio foi a *Magna Charta* de João Sem-Terra, do ano de 1215, quando se referiu à *law of the landa* (art. 39), sem, ainda, ter mencionado expressamente a locução *devido processo legal*. O termo hoje consagrado, *due process of law*, foi utilizado somente em lei inglesa de 1354, baixada no reinado de Eduardo III. [...] Embora a *Magna Charta* fosse instrumento de acentuado e deliberado reacionarismo, criado como uma espécie de garantia dos nobres contra os abusos da coroa inglesa, continha exemplos de institutos originais e eficazes do ponto de vista jurídico, que até hoje têm provocado a admiração dos estudiosos da história do direito e historiografia do direito constitucional.

O devido processo legal consiste no direito que tem o cidadão de ser processado por regras já existentes, previsíveis, justas, que propiciem igualdades de oportunidades às partes (princípio da paridade das armas), e que sejam devidamente observadas pelo Judiciário.

Pelo princípio do devido processo legal, ao cidadão deve ser concedido um conjunto prévio de regras processuais, previstas na lei, a fim de que ele possa postular sua pretensão em juízo e o réu possa apresentar seu direito de defesa, valendo-se dos instrumentos processuais previstos em lei, não podendo ser surpreendido pela arbitrariedade do julgador.

Diante da importância da prova para o processo, Carnelutti chegou a afirmar que as provas são *o coração do processo*, pois é por meio delas que se definirá o destino da relação jurídico-processual.

O direito à prova transcende o aspecto individual para adquirir feição publicista, pois não interessa somente às partes do processo, mas também a toda a sociedade que os fatos discutidos em juízo sejam escla-

---

15 NERY JUNIOR, Nelson. *Princípios de processo civil na Constituição Federal*, 8ª ed. São Paulo: RT, 2004, p. 61.

recidos. Além disso, na fase probatória do processo, devem ser observados, com muita nitidez, os princípios do contraditório, da ampla defesa e do acesso à justiça.

Portanto, o direito à prova constituiu garantia fundamental processual e também um direito fundamental da cidadania para efetividade do princípio do acesso à justiça e, acima de tudo, o acesso a uma ordem jurídica justa.

As audiências telepresenciais de instrução, para terem validade, devem observar o devido processo legal e o contraditório pleno na produção da prova. Por isso, há grande resistência dos advogados em aceitá-las, principalmente nestes tempos de pandemia, pois não há um procedimento prévio previsto na lei, previsível e confiável. Além disso, há grande dificuldade de deslocamento de pessoas, e comunicação dos atos processuais neste momento.

Mediante justificativa, magistrados, advogados e partes podem se recusar a realizar as audiências de instrução, caso se verifique a impossibilidade prática ou técnica de realização, bem como se esse ato processual não tiver condições de observar as garantias processuais constitucionais e infraconstitucionais.

Sem dúvida que nestes tempos de pandemia, realizar audiências telepresenciais significa acesso à justiça, principalmente para se impulsionar processos, até mesmo para oitiva de partes e testemunhas em situação de extrema urgência ou de enfermidade. Mas também, não realizar as audiências por vídeo também significa acesso à justiça nos casos em que sua realização possa violar os princípios constitucionais e infraconstitucionais que regem o procedimento trabalhista e a produção de provas.

2. AUDIÊNCIAS POR VIDEOCONFERÊNCIA: O PRESENTE E O FUTURO DO PROCEDIMENTO TRABALHISTA

Carlos Augusto Marcondes de Oliveira Monteiro[1]

Palavras-chave: Processo do trabalho – audiências por videoconferência – futuro do procedimento trabalhista – princípios constitucionais do processo do trabalho

Sumário: 1. Introdução; 2. Princípio do devido processo legal; 3. Princípio da efetividade; 4. Princípio da eficiência; 5. Princípio do contraditório e da ampla defesa; 6. Audiência por videoconferência e o novo processo do trabalho; 7. Conclusão; 8. Bibliografia

1. INTRODUÇÃO

O presente trabalho visa analisar as alterações nos procedimentos na Justiça do Trabalho em razão da pandemia, em especial em relação às audiências que, diante do fechamento imediato dos fóruns, passaram a ser realizadas por videoconferência, seja em primeiro grau, seja nos Tribunais.

Desde antes desse estado de calamidade já defendíamos a necessária alteração dos procedimentos das audiências unas, por entender não atenderem aos princípios constitucionais do processo. A falta de regulamentação do processo que muitas vezes foi vista como algo positivo, relacionado à informalidade, na verdade, tem relação com a precariedade. O fato de não ter normas processuais bem definidas em nada se confunde

---

1 É advogado, mestre e doutor em direito do trabalho pela PUC-SP, coordenador e professor do curso de pós-graduação em direito do trabalho da Escola Paulista de Direito-EPD, professor convidado dos cursos de pós-graduação da PUC-SP, Escola Superior da Advocacia (ESA) e da Faculdade de Direito de São Bernardo do Campo, professor de cursos preparatórios para concursos públicos e autor de livros e artigos.

com informalidade. Ou seja, não é incompatível a existência de normas processuais com a informalidade.

A informalidade diz respeito à instrumentalidade do processo, a primazia do julgamento do mérito e não à precariedade de normas processuais.

A defesa da celeridade pela informalidade é um argumento falso, porque não raras vezes deságua na violação do princípio do devido processo legal, dentre outros, conforme será tratado neste trabalho.

O processo precisa ser previsível e não precário.

Defendemos que audiência una, conforme concebida pela CLT, fere o princípio do contraditório, além de ser uma falácia, pois se contam nos dedos as sentenças que são proferidas na mesma audiência. Ou seja, é una só para as partes. E nem para elas deveria ser, pois o reclamante tem o direito constitucional de ter ciência dos termos da defesa *antes* da instrução. Isso se chama contraditório.

Além disso, o prazo de cinco dias entre a citação e a audiência não permite o exercício da ampla defesa. Justificava-se esse prazo em época que as ações trabalhistas eram simples e que as defesas eram orais em audiência.

Enfim, uma necessária alteração do procedimento ultrapassado e arcaico da Justiça do Trabalho é medida que se impõe, mas que nunca houve interesse ou movimentos nesse sentido. É necessário um estudo do processo do trabalho com base nos princípios constitucionais do processo e que, em razão de uma necessidade momentânea (estado de calamidade decretado no país), tem permitido a discussão sobre a questão.

As críticas às audiências por videoconferência são enormes e todas elas legítimas. Contudo, muitas são críticas pelo simples fato de ser algo novo (como ocorreu quando da implantação do PJe). Sempre que há mudança, a primeira reação é a crítica. Outras, são críticas fundadas na violação de direitos das partes, no efetivo prejuízo. Por esse motivo, neste trabalho ouso ponderar tais posicionamentos e propor uma solução, levando em consideração a teoria geral do processo, especialmente os princípios constitucionais.

Para isso é necessário fazer referência a alguns princípios que devem nortear a condução dessa nova realidade. São eles o devido processo legal, a efetividade, a eficiência, a ampla defesa e o contraditório.

2. PRINCÍPIO DO DEVIDO PROCESSO LEGAL

O devido processo legal, como expressão maior das garantias processuais fundamentais do cidadão, completa todas as demais garantias processuais, por ser o princípio base da observância do Estado Democrático de Direito em qualquer processo. Significa dizer que é em razão do devido processo legal que qualquer pessoa não será privada de seus bens ou de sua liberdade sem a observância de princípios como o contraditório e a ampla defesa.

Na lição de Nelson Nery Jr.:

> O princípio fundamental do processo civil, que entendemos como a base sobre a qual todos os outros se sustentam, é o devido processo legal, expressão oriunda da inglesa *due process of law*. A Constituição Federal brasileira de 1988 fala expressamente que "ninguém será privado da liberdade ou de seus bens sem o devido processo legal" (art. 5º, n. LIV).[2]

Nota-se ainda, conforme lembra Gerson Lacerda Pistori, que

> a cláusula do devido processo legal foi cristalizada pelo direito internacional na Declaração Universal dos Direitos do Homem, art. 10, em 1948, como um direito fundamental de cidadania. Entretanto tal cláusula já fazia parte da doutrina jurídica da maioria dos países civilizados desde o século XIX, pois está diretamente relacionada às conquistas de cidadania originárias da Revolução Francesa.[3]

Decorrem do devido processo legal todos os demais princípios processuais estabelecidos na Constituição Federal, sendo inclusive ressaltado por Nelson Nery Jr. que

> (...) bastaria a Constituição Federal de 1988 ter enunciado o princípio do devido processo legal, e o *caput* e os incisos do art. 5º, em sua grande maioria, seriam absolutamente despiciendos. De todo modo, a explicitação das garantias fundamentais derivadas do devido processo legal, como preceitos desdobrados nos incisos do art. 5º, CF, é uma forma de enfatizar a importância dessas garantias, norteando a administração pública, o Legislativo e o Judiciário para que possam aplicar a cláusula sem maiores indagações.[4]

---

2 NERY JR., Nelson. *Princípios do Processo Civil na Constituição Federal.* São Paulo: Revista dos Tribunais, 2010, p. 60.

3 PISTORI, Gerson Lacerda. Dos Princípios do Processo. São Paulo: LTr, 2001. p. 91.

4 NERY JR., Nelson. Princípios do Processo Civil na Constituição Federal. São Paulo: Revista dos Tribunais, 2010. p. 70.

Segundo Rui Portanova:

> O princípio é tão amplo e tão significativo que legitima a jurisdição e se confunde com o próprio Estado de Direito. Assim, aplica-se tanto na jurisdição civil e na penal como nos procedimentos administrativos. Ademais, engloba a reivindicação de direitos (inclusive de declarar a inconstitucionalidade de lei), a eficaz defesa e a produção de provas. No devido processo legal estão enfeixadas garantias representadas principalmente pelos princípios do contraditório, ampla defesa, duplo grau, publicidade, juiz natural, assistência judiciária gratuita.[5]

O princípio nasceu com a preocupação de garantir ao cidadão um processo ordenado. Hoje o objetivo maior, de acordo com Rui Portanova:

> Adaptação à instrumentalidade, o processo legal é devido quando se preocupa com a adequação substantiva do direito em debate, com a dignidade das partes, com preocupações não só individualistas e particulares, mas coletivas e difusas, com, enfim, a efetiva igualização das partes no debate judicial.[6]

Dessa forma, tem-se que o princípio do devido processo legal caracteriza-se pelo trinômio vida-liberdade-propriedade,[7] ou seja, tudo que se relaciona com tutela à vida, à liberdade ou à propriedade está protegido constitucionalmente pelo *due process of law*.

Para Cândido Rangel Dinamarco, Ada Pellegrini Grinover e Antônio Carlos de Araújo Cintra: "O devido processo legal pode ser definido como o conjunto de garantias constitucionais que, de um lado, asseguram às partes o exercício de suas faculdades e poderes processuais e, do outro, são indispensáveis ao correto exercício da jurisdição".[8]

Importante também destacar a definição de Mauro Schiavi:

> Pelo princípio do devido processo legal, ao cidadão deve ser concedido um conjunto prévio de regras processuais, previstas em lei, a fim de que ele possa postular sua pretensão em juízo e o réu possa apresentar

---

5 PORTANOVA, Rui. Princípios do Processo Civil. Porto Alegre: Livraria do Advogado, 2013. p. 146.

6 PORTANOVA, Rui. *Princípios do Processo Civil.* Porto Alegre: Livraria do Advogado, 2013, p. 147.

7 NERY JR., Nelson. *Princípios do Processo Civil na Constituição Federal.* São Paulo: Revista dos Tribunais, 2010, p. 63.

8 DINAMARCO, Cândido Rangel; GRINOVER, Ada Pellegrini; CINTRA, Antônio Carlos de Araújo. *Teoria Geral do Processo.* São Paulo: Malheiros, 1998, p. 118.

seu direito de defesa, valendo-se dos instrumentos processuais previstos em lei, não podendo ser surpreendido pela arbitrariedade do julgador.[9]

Em suma, é o devido processo legal o princípio "mãe" do qual podemos extrair todo e qualquer outro princípio ou garantia constitucional. A EC n. 45/04 incluiu expressamente no texto constitucional a necessidade da duração razoável do processo. Contudo, muito antes da inclusão expressa poder-se-ia concluir pela necessidade de uma duração razoável, pois como advertiu Rui Barbosa, na famosa *Oração aos Moços*, "Mas justiça atrasada não é justiça, senão injustiça qualificada e manifesta".[10]

Decorre, portanto, do devido processo legal, que o processo tenha duração razoável, que é muito mais do que ser célere, pois celeridade sem efetividade não cumpre o que determina o devido processo legal.

Mais do que isso, decorre do devido processo legal a necessária previsibilidade dos procedimentos, que não se verifica na Justiça do Trabalho como um todo.

3. PRINCÍPIO DA EFETIVIDADE

O princípio da efetividade do processo decorre do fato de que o processo deve caminhar, o mais rápido possível, para seu fim, para resolver, o quanto antes, o litígio que lhe foi posto.

Para a efetividade do processo é necessário, além de se tomar consciência dos escopos motivadores de todo o sistema (sociais, políticos e jurídicos), superar os óbices que ameaçam a qualidade do produto final, que se encontram em quatro "pontos sensíveis": ingresso em juízo; o modo-de-ser do processo; a justiça das decisões e; a efetividade das decisões.[11]

A atividade jurídica do Estado visa à pacificação social. E o processo é um instrumento a serviço da paz social. Trata-se da chamada "instrumentalidade do processo", em que:

---

9 SCHIAVI, Mauro. *Manual de Direito Processual do Trabalho*, 14ª edição, Ltr, p. 91

10 BARBOSA, Rui. *Oração aos Moços*. Rio de Janeiro: Ediouro, 1999. p. 74.

11 CINTRA, Antônio Carlos de Araújo, GRINOVER, Ada Pellegrini, DINAMARCO, Cândido Rangel. *Teoria Geral do Processo*. São Paulo: Malheiros, 1998, p. 40-41.

A instrumentalidade do processo, aqui considerada, é aquele aspecto positivo da relação que liga o sistema processual à ordem jurídico-material e ao mundo das pessoas e do Estado, com realce à necessidade de predispô-lo ao integral cumprimento de todos os seus escopos sociais, políticos e jurídicos. Falar da instrumentalidade nesse sentido positivo, pois, é alertar para a necessária efetividade do processo, ou seja, para a necessidade de ter-se um sistema processual capaz de servir de eficiente caminho à "ordem jurídica justa". Para tanto, não só é preciso ter a consciência dos objetivos a atingir, como também conhecer e saber superar os óbices econômicos e jurídicos que se antepõem ao livre acesso à justiça.

E mais adiante:

Fala-se da instrumentalidade do processo, ainda, pelo seu aspecto negativo. Tal é a tradicional postura (legítima também) consistente em alertar para o fato de que ele não é um fim em si mesmo e não deve, na prática cotidiana, ser guindado à condição de fonte geradora de direitos. Os sucessos do processo não devem ser tais que superem ou contrariem os desígnios do direito material, do qual ele é também um instrumento (à aplicação das regras processuais não deve ser dada tanta importância, a ponto de, para sua prevalência, ser condenado um inocente ou absolvido um culpado; ou a ponto de ser julgada procedente uma pretensão, no juízo cível, quando a razão estiver com o demandado). Uma projeção desse aspecto negativo da instrumentalidade do processo é o princípio da instrumentalidade das formas, segundo o qual as exigências formais do processo só merecem ser cumpridas à risca, sob pena de invalidade dos atos, na medida em que isso seja indispensável para a consecução dos objetivos (v.g., não se anula o processo por vício de citação, se o réu compareceu e se defendeu).[12]

O princípio da efetividade também deve ser visto como "a instrumentalização política do justo processo".[13]

A efetividade, portanto, é a relação de equilíbrio do processo.

Esta relação, equilíbrio feito pela Justiça, por seus pesos (efetividade) e balanças (devido processo legal), corresponde à funcionalidade aplicada entre os princípios do devido processo legal e da efetividade. Uma figura relacionada com a própria imagem do Direito. Ambos os princípios interagem, se interligam, funcionam juntos, sobrepõem-se no processo à procura do Justo.[14]

---

12 CINTRA, Antônio Carlos de Araújo, GRINOVER, Ada Pellegrini, DINAMARCO, Cândido Rangel. *Teoria Geral do Processo.* São Paulo: Malheiros, 1998, p. 47-48.

13 PISTORI, Gerson Lacerda. *Dos Princípios do Processo*. São Paulo: LTr, 2001, p. 102-103

14 Idem. Ibidem, p. 103-104.

Ou seja, a efetividade como princípio constitucional, decorrente do Estado Democrático de Direito, deve ser verificada em consonância com o devido processo legal e não aplicado isoladamente, como na prática tem sido o *modus operandi* de alguns magistrados, que no afã de impor efetividade em suas decisões, deixam de observar garantias elementares do devido processo legal.

É dessa forma que se deve fazer a leitura do artigo 765 da CLT, quando estabelece que os juízes "velarão pelo andamento rápido das causas".

4. PRINCÍPIO DA EFICIÊNCIA

Também decorrente do devido processo legal, resulta do artigo 37, *caput* da CF/88, e vem expressamente previsto no artigo 8º do CPC, que assim dispõe:

> Art. 8º Ao aplicar o ordenamento jurídico, o juiz atenderá aos fins sociais e às exigências do bem comum, resguardando e promovendo a dignidade da pessoa humana e observando a proporcionalidade, a razoabilidade, a legalidade, a publicidade e a eficiência.

Esse princípio deve ser observado sob o aspecto da gestão do processo e da administração judiciária.

O que nos interessa é o primeiro aspecto, o da gestão do processo.

Segundo Fredie Didier Jr., eficiente

> é a atuação que promove os fins do processo de modo satisfatório em termos quantitativos, qualitativos e probabilísticos. Ou seja, na escolha dos meios a serem empregados para a obtenção dos fins, o órgão jurisdicional deve escolher meios que os promovam de modo minimamente intenso (quantidade – não se pode escolher um meio que promova resultados insignificantes) e certo (probabilidade – não se pode escolher um meio de resultados duvidoso), não sendo lícita a escolha do pior dos meios para isso (qualidade – não se pode escolher um meio que produza muitos efeitos negativos paralelamente ao resultado buscado).[15]

O procedimento arcaico da CLT já há muito tempo se mostra ineficiente (ancilosamento normativo). Podemos citar diversos exemplos

15 DIDIER JR., Fredie. *Curso de Direito Processual Civil*, vol. 1, 19ª edição, Editora JusPodivm, p. 116.

dessa ineficiência, como ocorre em alguns grandes centros onde o réu é citado para audiência que será realizada meses depois da citação ou o contrário, é citado para uma audiência que será realizada em cinco dias. Em ambos os casos (demora e rapidez excessiva) não há eficiência.

É necessário que o processo do trabalho acompanhe a evolução do direito material, que traz questões complexas e exigem defesas técnicas e bem elaboradas. É preciso também resgatar a importância do processo do trabalho, que visa tutelar direitos que na sua maioria possuem natureza alimentar. Não é possível conceber que um trabalhador despedido sem receber verbas rescisórias tenha sua audiência marcada para meses após a distribuição da ação.

O ideal é que tivéssemos procedimentos diversos de acordo com a natureza dos pedidos e não com base em valor da causa, como estabelece a CLT.

Mas fato é que o procedimento existente é falho, precário e inconstitucional, sendo necessário se pensar em um procedimento de fato efetivo.

5. PRINCÍPIO DO CONTRADITÓRIO E DA AMPLA DEFESA

Por primeiro, cumpre fazer a distinção entre contraditório e a ampla defesa. O primeiro significa informação e reação. É mais abrangente que a ampla defesa. É o direito de ser informado de tudo e de poder reagir a tudo.

A ampla defesa é uma reação específica. Tem como base o contraditório.

O autor possui o direito de ação e o réu de ampla defesa, sendo que ambos estão alicerçados no contraditório.

> Nesse sentido, assim é a doutrina de Costa Machado:
>
> Acerca do princípio do contraditório – ou princípio da audiência bilateral (*audiatur et altera pars*), nome pelo qual também é conhecido –, o que se pode e deve dizer é que ele significa duas garantias processuais simultaneamente: direito à informação e direito à reação (ciência bilateral dos atos e termos do processo com a possibilidade de impugná-los – Canuto Mendes de Almeida). Note-se que o direito à informação se concretiza por meio dos institutos da citação, intimação (arts. 213 e 234 do CPC) e notificação (LMS e CLT), enquanto que a reação se expressa

por meio de todas as formas, sem exceção, pelas quais as partes podem manifestar seu inconformismo em relação aos atos e termos do processo. Quanto ao princípio da ampla defesa, cumpre ressaltar que ele significa uma particular manifestação do direito de reação desencadeada pelo ato citatório e intimatório. Particular, dizemos, porque a ampla defesa represente o direito constitucional de receber citação, o direito de, por meio de profissional habilitado, sustentar em restrições as suas razões em contestação, infirmar as razões do adversário, produzir provas e contraprovas amplamente, participar da colheita das provas em audiência (eis "os meios [...] a ela inerentes" de que fala o texto) e, finalmente, o direito de usar dos recursos para fazer valer as razões perante as instâncias superiores. Por último, registre-se que no processo civil basta a oportunidade para a prática desses atos para que se tenha por cumprida a garantia constitucional.[16]

Nesse sentido,

> (...) o princípio do contraditório, além de fundamentalmente constituir-se em manifestação do princípio do estado de direito, tem íntima ligação com o da igualdade das partes e do direito de ação, pois o texto constitucional, ao garantir aos litigantes o contraditório e a ampla defesa, quer significar que tanto o direito de ação quanto o direito de defesa são manifestações do princípio do contraditório.[17]

Assim, a plenitude de defesa decorre do contraditório e da ampla defesa.

Por este princípio, "aos litigantes, em processo judicial ou administrativo, e aos acusados em geral são assegurados o contraditório e a ampla defesa, com os meios e recursos a ela inerentes" (art. 5º, n. LV, da CF).

Por contraditório, nas lições de Nelson Nery Jr.,

> (...) deve entender-se, de um lado, a necessidade de dar conhecimento da existência da ação e de todos os atos do processo às partes, e, de outro, a possibilidade de as partes reagirem aos atos que lhes sejam desfavoráveis. Os contentores têm direito de deduzir suas pretensões e defesas, de realizar as provas que requereram para demonstrar a existência de seu direito, em suma, direito de serem ouvidos paritariamente no processo em todos os seus termos.[18]

---

16 MACHADO, Costa. *Código de Processo Civil interpretado e anotado*. Manole, 2013 p. 24.

17 NERY JR., Nelson. *Princípios do Processo Civil na Constituição Federal*. São Paulo: Revista dos Tribunais, 2010. p. 170.

18 Idem. Ibidem, p. 172.

E mais adiante, assevera o mesmo autor:

> (...) como decorrência do princípio da paridade das partes, o contraditório significa dar as mesmas oportunidades para as partes (*Chancengleichheit*) e os mesmos instrumentos processuais (*Waffengleichheit*) para que possam fazer valer os seus direitos e pretensões, ajuizando ação, deduzindo resposta, requerendo e realizando provas, recorrendo das decisões judiciais etc.[19]

Assim, como garantia aos litigantes em geral, o contraditório e a ampla defesa são princípios constitucionais e constituem-se em manifestação do princípio do Estado Democrático de Direito, devendo ser observado em todo e qualquer processo.

Daí por que sustentamos que a audiência una, ou seja, aquela em que o reclamante tomará ciência da defesa no mesmo momento que terá que produzir prova, é inconstitucional. Só se poderia participar de uma audiência de instrução após conhecimento prévio dos pontos controvertidos, o que só é possível com o conhecimento da defesa.

6. AUDIÊNCIA POR VIDEOCONFERÊNCIA E O NOVO PROCESSO DO TRABALHO

Diante de tudo já exposto, é importante que o processo do trabalho observe o devido processo legal, seja efetivo e eficiente, o que nos leva a crer que as audiências por videoconferência vieram para ficar.

Evidentemente que é necessário regulamentar com mais precisão tal ferramenta, implementada às pressas e por extrema necessidade, o que justifica os diversos problemas ocorridos.

Evidentemente que alguns atos só poderão ser praticados presencialmente, mas muitos podem ser praticados a distância, por videoconferência, como a tentativa de conciliação, o recebimento de defesa ou até a solução de processos que independem de prova oral.

Mais ainda, além de serem eficientes e efetivas, as audiências a distância permitem o acesso à Justiça. Aproximam a Justiça das pessoas. Em

19 NERY JR., Nelson. *Princípios do Processo Civil na Constituição Federal.* São Paulo: Revista dos Tribunais, 2010, p. 188.

Tribunais como o da 15ª ou da 3ª Região, por exemplo, de grande extensão territorial, evita o deslocamento de quilômetros de distância do advogado até o Tribunal, facilitando seu acesso a ele por meios tecnológicos.

A tecnologia aproxima o Tribunal e juízes dos advogados e jurisdicionados. Além, é claro, de permitir que seja repensado o processo do trabalho antigo e ultrapassado, de exigir a presença das partes e testemunhas, que muitas vezes sequer são ouvidas.

Evidentemente que problemas de conexão e acesso à internet aparecerão, mas como exceção e como já acontece nas mais variadas atividades. E como tal devem ser considerados e tratados. Não se pode punir quem não tem condições de ter acesso à internet.

Quando se instaurou o processo eletrônico, diversos problemas parecidos surgiram e foram devidamente tratados. As críticas eram inúmeras e hoje ninguém cogita de retroceder.

Evidentemente que são vários os desafios a serem enfrentados, como se verifica em qualquer processo de adaptação, mas é preciso que neste desafio resgatemos a boa-fé e o dever de cooperação (art. 6º, CPC, norma fundamental de processo).

Vários são os relatos de situações que militam contra o novo sistema, como a do juiz que extinguiu o feito sem resolução do mérito porque a conexão do advogado caiu, dentre outras. São "pontos fora da curva" inevitáveis, como ocorre presencialmente.

O Conselho Superior da Justiça do Trabalho editou o Ato Conjunto nº 5 e, posteriormente o Ato nº 6, de 5 de maio, permitindo a prestação jurisdicional por meio remoto, bem como a realização de atos processuais por meios eletrônicos e estabelecendo que a realização das audiências telepresenciais é atividade essencial à manutenção mínima da Justiça do Trabalho (art. 3º, III).

Além disso, reconhece a possibilidade de dificuldades de intimação de partes e testemunhas, razão pela qual estabelece sua realização somente quando possível, vedando atribuir responsabilidade aos advogados e procuradores em providenciarem o comparecimento de partes e testemunhas a qualquer localidade fora de prédios oficiais do Poder Judiciário para participação em atos virtuais (art. 15, § 2º).

Para se permitir que a audiência trabalhista seja de fato uma ferramenta da efetividade, é necessário abandonar a ideia de audiência una. É necessário levar em consideração não só a duração razoável do processo, mas também toda a movimentação, muitas vezes desnecessária, para uma audiência ser realizada. E, com a videoconferência, isso não ocorrerá mais.

As partes só comparecerão no fórum, no momento processual adequado para a instrução do feito, sem que isso tenha privado as partes de tentar conciliar-se e da presença do juiz, por meio de videoconferência.

É a oportunidade da transformação do processo do trabalho, de abandonar um procedimento pensado para uma realidade que não existe mais.

Evidentemente que em tempos de adaptação deve haver uma tolerância muito grande por parte do Judiciário. O papel do Judiciário não se limita a fornecer a ferramenta, mas também de atuar de forma ativa na apresentação da ferramenta aos jurisdicionados e advogados. Diante de qualquer dificuldade ou empecilho, não se pode penalizar ou presumir má-fé.

Por esses motivos, principalmente por ser uma ferramenta que surge não só como alternativa para o período de pandemia, mas também como solução para o processo do trabalho, permitindo o abandono completo do procedimento ultrapassado até então vigente, a prestação jurisdicional a distância deve ser incorporada na Justiça do Trabalho.

Por isso que defendemos que a simples recusa em participar não deve ser aceita. É preciso justificar a recusa e ser analisado caso a caso. O próprio CNJ esclareceu que não é válida a recusa sem justificativa para a participação de atos processuais eletrônicos.

A SDI-5 do Tribunal Regional do Trabalho da 2ª Região, em decisão liminar do desembargador Daniel de Paula Guimarães,[20] assim decidiu:

> A impetrante, por sua vez, e após realizadas as diligências periciais pertinentes, argumenta que a decisão ora impugnada – que indeferiu o adiamento da audiência de instrução marcada para dia 09/06/2020 – viola frontalmente seu direito líquido e certo ao contraditório e ampla defesa,

20 MS nº 1002099-46.2020.5.02.0000

na medida em que, considerando a atual situação decorrente da pandemia desencadeada pelo COVID-19, não tem como assegurar a presença de seus prepostos e testemunhas na referida audiência por vídeo conferência, conforme já manifestado às fls. 1028/1030.

Aduz que também o reclamante, ora litisconsorte, não manifestou interesse na realização da audiência instrutória pelo meio digital, conforme se verifica às fls. 1033/1034, sobretudo em vista das dificuldades tecnológicas e de logística enfrentadas pelas medidas preventivas de isolamento e distanciamento sociais, impostas pelas autoridades públicas.

Todavia, o juízo de origem indeferiu o adiamento da referida audiência, conforme decisão de fl. 1035 a qual, com efeito, a "data maxima venia", merece a reforma pretendia, tendo por base o quanto determinado pela Portaria CR nº 06/2020, deste Tribunal, com a nova redação dada pela Portaria CR nº 07/2020, publicada na data de hoje:

> "(...)
>
> *§1º O magistrado deverá realizar as audiências uns e de instrução por videoconferência e justificar devidamente sua decisão em caso de impossibilidade da prática do ato (Parágrafo alterado pela Portaria CR nº 07/2020 – DeJT 1/06/2020)*
>
> *§2º As audiências por meio telepresencial devem considerar as dificuldades de intimação de partes e testemunhas, realizando-se esses atos somente quando for possível a participação, vedada a atribuição de responsabilidade aos advogados e procuradores em providenciarem o comparecimento de partes e testemunhas a qualquer localidade fora de prédios do Poder Judiciário para a participação em atos virtuais.*
>
> *(...)*
>
> *§ 4º Os atos processuais que eventualmente não puderem ser praticados pelo meio eletrônico ou virtual, por absoluta impossibilidade técnica ou prática a ser apontada por qualquer dos envolvidos no ato, devidamente justificada nos autos, deverão ser adiados após decisão fundamentada do magistrado. Se a impossibilidade técnica for de qualquer uma das testemunhas, poderá o juiz prosseguir com o interrogatório das partes. (...)*"

Portanto, considerando as disposições acima transcritas, bem como a natureza fática dos pleitos envolvidos na presente demanda e que necessitam de provas de audiência, e ainda as expressas manifestações de ambos os litigantes, ACOLHO a liminar postulada para determinar o adiamento da audiência de instrução do processo de origem, devendo a vara do trabalho redesigná-la para após a reabertura das atividades presenciais no âmbito deste Regional.

Razoável adiar uma audiência de instrução onde uma a parte informa e comprova a existência de dificuldades para o exercício do contraditório e ampla defesa. Contudo, é preciso demonstrar a dificuldade da sua realização, conforme decidiu o desembargador Roberto Barros da Silva,[21] integrante da SDI-6 do Tribunal Regional do Trabalho da 2ª Região, ao indeferir a liminar para suspender a audiência:

> Importante destacar, por oportuno, a concessão de medida liminar nos autos do Pedido de Providência nº 1000532-34.2020.5.00.0000, da Corregedoria-Geral da Justiça do Trabalho, por meio da qual foi determinado a IMEDIATA SUSPENSÃO dos artigos 11, § 1º e 21 do Ato GP 008/2020 do Tribunal Regional do Trabalho da 2ª Região, que impunham restrições à realização de audiências UNAs e de instrução no âmbito das Varas do Trabalho, bem como o artigo 2º (já revogado) da Portaria CR 006/2020 do mesmo Regional, na parte em que condicionava a realização de audiências à consulta prévia às partes e advogados.
>
> Verifico, ainda, que, no caso específico dos autos, não se encontram presentes, ao menos por ora, circunstâncias que impliquem dificuldade ou absoluta impossibilidade técnica ou prática para a realização de atos processuais por meio eletrônico ou virtual, não havendo se falar, por conseguinte, em ofensa ao § 3º do artigo 3º e § 3º do artigo 6º da Resolução 314 do CNJ, assim como o § 2º do artigo 15 Ato Conjunto CSJT, VP e CGJT, Nº 006/2020.
>
> No mais, vale registrar que a insurgência do impetrante, insistindo na suspensão da realização de audiência em reclamatória trabalhista ajuizada em face de si, sem apontar motivo concreto que torne inviável a prática do ato judicial, revela comportamento incompatível com os deveres de cooperação, ética e lealdade, que informam os sujeitos do processo (CPC, artigos 5ª e 10). E ao contrário do que quer fazer crer, a pretendida suspensão da audiência telepresencial atua em desfavor da celeridade processual e em prejuízo dos jurisdicionados. Caberá, assim, ao Magistrado que presidirá a audiência adotar as medidas que entender pertinentes, para assegurar a observância, pelas partes, dos direitos e deveres previstos na legislação processual, oportunidade em que estas poderão se insurgir, caso se considerem prejudicadas.

O procedimento a ser adotado pela Justiça do Trabalho, com observância dos princípios do devido processo legal, contraditório, ampla

21 MSCiv 1002178-25.2020.5.02.0000

defesa, efetividade e eficácia reside na completa alteração do que posto na CLT, ou seja, abandonar as chamadas audiências unas.

Além de utilizar a videoconferência para exercer seu papel conciliador e praticar atos processuais com efetividade.

O réu poderia perfeitamente ser citado para apresentar defesa. E aqui é importante registrar que a defesa deve ser sempre apresentada em sigilo, pois o artigo 844 da CLT, que exige o comparecimento do reclamante em audiência sob pena de arquivamento, ainda está em vigor e é por isso que o primeiro ato deve ser a realização de audiência, que pode ser perfeitamente realizada por videoconferência.

Esta primeira audiência serviria para o juiz exercer seu papel conciliatório, momento do qual o reclamante teria acesso à defesa. O não comparecimento a essa audiência sem justificativa implicaria arquivamento (razão pela qual a defesa deve ser apresentada em sigilo). Mais ainda, durante a conciliação (e antes da apresentação da defesa), é possível se falar em emenda (art. 321 CPC) ou aditamento (art. 329 CPC) da inicial (mais um motivo para que defesa seja apresentada em sigilo), evidentemente que nesta hipótese com a devolução do prazo para defesa.

Após essa audiência e antes da instrução, muitos outros atos podem ser praticados, como novas tentativas de conciliação (após o conhecimento pelo autor dos termos da defesa), a designação de perícia, a instauração de incidentes de falsidade, exceção de suspeição ou impedimento etc.

E, se não for necessário praticar nenhum ato processual antes da instrução, a audiência por videoconferência já serviu para evitar a audiência una e conceder ao reclamante o exercício do contraditório, sem deslocamento desnecessário e grande espera de tempo.

A mudança de paradigma no processo do trabalho, por meio da tecnologia, permite à Justiça do Trabalho resgatar sua função de conciliação. Muito do que se faz nas sufocadas pautas das varas do trabalho está longe de ser processo conciliatório. Tentar fazer acordo é totalmente distinto de conciliação, conforme nos ensina o professor Wagner Giglio:

> A conciliação, no nosso entender, tem um conceito mais amplo do que acordo, significando entendimento, recomposição de relações desarmô-

> nicas, desarme de espírito, compreensão, ajustamento de interesses; acordo é apenas a conseqüência material, regra geral de ordem econômica, da conciliação das partes. O juiz deve se empenhar em esclarecer os litigantes, eliminando malentendidos e persuadindo-os a reconhecer as faltas próprias e os direitos da parte contrária. Tarefa difícil e delicada, que requer muito equilíbrio e cautela, pois ao intervir como mediador, nessa fase, não pode o juiz prejulgar, antecipando seu ponto de vista. E isso demanda vagares que a sobrecarga de processos, nos grandes centros, não concede ao Juiz do Trabalho: Por incompreensão ou assoberbamento, a grande maioria dos acordos realizados são inautênticos, pois não resultam de conciliações; representam, ao contrário, apenas soluções econômicas de problemas de comportamento, que sobrevivem latentes. Os litigantes mantêm suas posições desarmônicas, quando não extremam mais ainda seu antagonismo. Acordos dessa natureza dissociam as partes e fermentam as insatisfações sociais.[22]

Repita-se, o que se tem hoje na grande maioria das varas do trabalho é uma tentativa de acordo e não conciliação. Quando se designa uma audiência una para meses após a distribuição do processo, afasta as partes da conciliação.

A solução aparece não só para o tempo de pandemia, mas também para resgatar o processo do trabalho, para adaptá-lo aos princípios constitucionais do processo e é por isso que tal prática, no nosso entender, chegou para ficar.

Importante aqui mencionar que esse novo processo passa necessariamente pela figura do advogado, que é indispensável à administração da Justiça, conforme preceitua o artigo 133 da Constituição Federal.

Por isso e há muito tempo que defendemos a inconstitucionalidade do *jus postulandi*. O advogado é uma importante ferramenta no controle do exercício do poder. Onde há poder em um Estado Democrático de Direito deve haver instrumentos de controle. E no exercício do poder jurisdicional um desses instrumentos é a figura do advogado.

Ir à justiça sem advogado é ter acesso ao fórum e não à Justiça. Acesso à Justiça se dá pela observância dos princípios constitucionais do processo e não com pura celeridade, sem previsibilidade e garantias.

Isso não significa que não será possível realizar audiência de instrução por videoconferência, mas que antes de pensar na instrução, poderia

---

22 GIGLIO, Wagner D. *Direito Processual do Trabalho*, 15ª edição, Saraiva, p. 151.

ser utilizada tal ferramenta para a prática de outros atos processuais, adequando o processo do trabalho aos princípios constitucionais do processo.

O grande problema da instrução por videoconferência é a legalidade da prova. Em tese, a plataforma utilizada no TRT da 2ª Região, por exemplo, permite o isolamento da testemunha em sala reservada e fiscalizada. E, em havendo comunicação, a parte perderá a prova e suportará todas as consequências daí decorrentes. Mas, frise-se, havendo qualquer dificuldade comprovada, cabe ao magistrado adiar a audiência e remarcá-la presencialmente.

7. CONCLUSÕES

A audiência por videoconferência é uma nova realidade que chegou para ficar, como ocorreu com o processo eletrônico. É um caminho sem volta. E chega com a possibilidade de resolver não só o problema momentâneo de fechamento dos fóruns, mas também para resgatar o papel conciliador da Justiça do Trabalho e torná-la efetiva e de fato eficiente, considerando o devido processo legal, a ampla defesa e o contraditório.

A regulamentação pelos Tribunais, com orientação do Conselho Nacional de Justiça e do Conselho Superior da Justiça do Trabalho, visa observar a previsibilidade que decorre do devido processo legal.

O processo do trabalho deve ser estabelecido com base nos princípios constitucionais e na teoria geral do processo, como um verdadeiro instrumento de pacificação social e não como ferramenta de arbitrariedade e precariedade.

Infelizmente a oportunidade para sua transformação aparece em um momento de estado de necessidade, decorrente do COVID-19, mas que venha para ficar e que essa discussão nos permita uma nova visão do processo do trabalho.

8. BIBLIOGRAFIA

BARBOSA, Rui. *Oração aos Moços*. Rio de Janeiro: Ediouro, 1999.

DIDIER JR., Fredie. *Curso de Direito Processual Civil*, vol. 1, 19ª edição, Editora JusPodivm, 19ª edição, 2017.

DINAMARCO, Cândido Rangel; GRINOVER, Ada Pellegrini; CINTRA, Antônio Carlos de Araújo. *Teoria Geral do Processo*. São Paulo: Malheiros, 1998.

GIGLIO, Wagner D. *Direito Processual do Trabalho*,15ª edição, Saraiva.

MACHADO, Costa. *Código de Processo Civil interpretado e anotado*. Manole, 2013

NERY JR., Nelson. *Princípios do Processo Civil na Constituição Federal*. São Paulo: Revista dos Tribunais, 2010.

PISTORI, Gerson Lacerda. *Dos Princípios do Processo*. São Paulo: LTr, 2001.

PORTANOVA, Rui. *Princípios do Processo Civil*. Porto Alegre: Livraria do Advogado, 2013.

SCHIAVI, Mauro. *Manual de Direito Processual do Trabalho*, 14ª edição, Ltr. 2018.

3. OS TRIBUNAIS SUPERIORES E O REGRAMENTO DO PROCEDIMENTO TRABALHISTA EM TEMPOS DE ISOLAMENTO SOCIAL

Carolina Marzola Hirata[1]

INTRODUÇÃO

São tempos difíceis. As medidas de contenção do novo coronavírus por meio do distanciamento social impuseram uma mudança radical no estilo de vida. O medo de ser contaminado, a notícia constante do aumento do número de mortos, a impossibilidade de contato físico, as incertezas econômicas e financeiras, o acúmulo quase insustentável de afazeres acabam trazendo consideráveis riscos à saúde mental.

Para nós, operadores do Direito do Trabalho, soma-se a avalanche de legislação excepcional e monocrática, exigindo uma atualização constante e reposicionando a disciplina no epicentro da crise.

Na seara processual – é preciso que se reconheça – não nos preocupam as medidas provisórias, pois graças a uma vedação constitucional, não se permite a edição de legislação monocrática sobre o tema (art. 62, § 1º, inciso I, alínea "b" da Constituição da República).

Contudo, não significa dizer que a disciplina tenha passado incólume ao estado de calamidade pública. Foi preciso, sem dúvida, repensar procedimentos, implementar conceitos latentes e revisitar dogmas para as-

1 Procuradora do Trabalho na Procuradoria Regional do Trabalho da 15ª Região – Campinas. Ex-Procuradora do Estado de Goiás. Especialista em Direito Constitucional pela Unisul e em Direito Processual Civil pela PUC-Minas. Mestre em Direitos Fundamentais Coletivos e Difusos pela Unimep. Autora do livro *Processo do Trabalho Comentado*, de artigos jurídicos e coautora de livros. Professora em curso preparatório para carreiras jurídicas. Membro do Instituto Brasileiro de Direito Processual.

segurar o acesso à justiça e a continuidade da marcha processual, mormente diante de verbas alimentares, ainda mais necessárias em tempos de crise.

É nesse sentido que foram editadas diversas resoluções e recomendações pelos Tribunais de cúpula. Seria inviável comentá-las em sua totalidade, razão pela qual a opção foi fazer um recorte naquilo que transparece mais relevante: suspensão dos prazos processuais e audiências por videoconferência.

Nesse cenário, destacam-se dois atos normativos: o Ato Conjunto TST.GP.GVP.CGJT nº 173, de 30 de abril de 2020, e o Ato Conjunto CSJT.GP. VP e CGJT. nº 006, de 4 de maio de 2020, sendo o primeiro circunscrito ao Tribunal Superior do Trabalho e o segundo disciplinando o funcionamento dos órgãos da Justiça do Trabalho de 1º e 2º graus.

Ambos consolidam e uniformizam a regulamentação do trabalho remoto temporário, o funcionamento dos serviços judiciários não presenciais e a realização de sessões de julgamento telepresenciais, com o objetivo de prevenir o contágio pelo novo Coronavírus – Covid-19, bem como garantir o acesso à justiça.

É preciso desde logo que se diga: não houve propriamente inovação procedimental, mas implementação do que estava previsto, abstratamente, pelo legislador ordinário, conforme será examinado a seguir.

1. PRAZOS PROCESSUAIS

1.1 Conceito e classificação

O primeiro aspecto que será analisado, em virtude de sua inegável relevância prática, é a suspensão dos prazos processuais no âmbito da Justiça do Trabalho, em todas as instâncias.

Prazo processual corresponde ao lapso temporal, estabelecido pela lei ou pelo juiz, dentro do qual se faculta a prática de atos processuais. A observância pelo juízo dos prazos processuais constitui garantia das partes, ínsita ao devido processo legal, na medida em que os prazos fixam, de antemão, os lapsos de admissão de determinado ato a ser praticado no processo.

Conhecida classificação divisa os prazos processuais, sob a ótica da alterabilidade. Assim é que podem ser:

- Preclusivos, peremptórios ou fatais: são aqueles que não podem ser alterados pelas partes ou pelo juiz, salvo nas localidades em que for difícil o transporte, caso em que pode o juiz prorrogar os prazos por até dois meses (art. 222, *caput* do CPC). Em caso de calamidade pública, a prorrogação de até dois meses poderá ser estendida (art. 222, § 2º do CPC);
- Não preclusivos ou dilatórios: os prazos dilatórios admitem que as partes convencionem seu elastecimento, bem como que o juiz o altere de ofício. O pedido de alteração deve ser formalizado antes do vencimento do prazo ou até mesmo antes de iniciado seu curso, com o declínio de motivo legítimo.

O CPC/73 regulava os prazos dilatórios e peremptórios, respectivamente, nos arts. 181 e 182. O CPC/15 não contém dispositivos semelhantes, certamente em razão de autorizar que as partes modulem seus ônus, poderes, faculdades e deveres processuais, dentre eles os prazos para a prática de atos processuais. No entanto, a distinção ainda possui relevância caso as partes não pactuem a modulação do procedimento, sendo o caso de se aplicarem os prazos previstos em lei. Ademais, em se tratando de prazo peremptório, o juiz não poderá reduzi-lo sem anuência das partes.

A Lei n.º 13.467.2017, conhecida como Lei da Reforma Trabalhista, passou a contemplar a possibilidade de o juiz prorrogar os prazos processuais quando entender necessário ou em virtude de força maior, devidamente comprovada. Esse elastecimento poderá alcançar tanto os prazos peremptórios como os dilatórios, e constitui poder do juiz, como diretor do feito (art. 775, § 2º da Consolidação das Leis do Trabalho).

Embora a lei preveja que compete ao juiz prorrogar os prazos processuais quando entender necessário, não se pode vislumbrar no dispositivo um poder discricionário e potestativo do juiz. Haverá a necessidade de justificação da decisão judicial à luz de critérios racionais que sustentem a prorrogação do prazo. Além disso, deverá o juiz advertir previamente as partes de sua intenção de dilatar os prazos processuais, ouvindo previamente os interessados, sob pena de ofensa ao princípio do contraditório (decisão surpresa).

Medina (*op. cit.*, p.189-190) traz interessante advertência: "não se descarta que, diante de prazo considerado peremptório, as partes requeiram sua alteração e esta seja deferida pelo juiz. Caso isto ocorra, e as partes pratiquem o ato no prazo fixado judicialmente, ainda que se considere errônea a decisão que alterou o prazo peremptório, à luz do art. 182, não poderá ser considerado intempestivo o ato praticado pela parte. Incide no caso, a nosso ver, o princípio da proteção à legítima confiança".

Já a depender da origem, os prazos são catalogados em: legais, judiciais ou convencionais.

Os prazos legais são aqueles fixados pela lei, a exemplo dos prazos recursais (art. 895 da CLT) e para pagamento ou garantia da dívida em processo de execução.

Judiciais são os prazos estabelecidos pelo juiz, quando a lei for omissa. A supletividade dos prazos judiciais encontra-se prevista no art. 218, § 1º, do CPC, competindo ao juiz, na omissão da lei, fixar o prazo adequado à complexidade da causa. Embora a lei se refira à complexidade da causa, o que deve nortear a fixação do prazo é a complexidade do ato a ser praticado e não propriamente da questão material debatida. Quando lei e juiz forem omissos, o que se chama de dupla omissão, o ato deve ser praticado no prazo de cinco dias.

Convencionais são os prazos fixados pelas partes de comum acordo. Tradicionalmente, somente os prazos dilatórios poderiam ser convencionados, diretriz que sofreu alteração considerável com o art. 190 do CPC. A partir da alteração, as partes podem convencionar calendário para a prática de atos processuais, modulando, inclusive, os prazos peremptórios (ressalve-se, contudo, que na Justiça do Trabalho o TST não admite a prática de negócio processual, conforme comentários acima).

Por fim, quanto ao sujeito, os prazos classificam-se em próprios e impróprios.

Prazos próprios são os destinados às partes e informados pelo fenômeno da preclusão (art. 223 do CPC). Os prazos destinados ao Ministério Público, ainda quando atue como *custos iuris*, são próprios, isto é, devem observar o interstício previsto em lei ou fixado pelo juiz. Prazos impróprios, por seu turno, são dirigidos aos juízes e auxiliares. Os atos praticados por esses sujeitos, ainda que fora do prazo, são considerados válidos. Não acarretam consequência de ordem processual, mas podem gerar a imposição de sanções disciplinares.

1.2 Início e contagem

No processo do trabalho, mais simples e célere, o prazo tem início com a notificação da parte, com a publicação do edital no jornal oficial ou no que publicar o expediente da Justiça do Trabalho, ou, ainda, na data em que for afixado o edital na sede da Junta, Juízo ou Tribunal.

O mesmo não ocorre no processo civil, em que o início do prazo se dá com a juntada aos autos da documentação comprobatória da realização do ato de comunicação processual e, no caso de edital, finda a dilação assinada pelo juiz.

O prazo tem início (fluência) a partir do momento em que notificada a parte ou publicado o edital. Conta-se, quando começa a ser computado, nas palavras de Marinoni (*2015*, p. 203), "para fins de sua própria extinção".

De acordo com o art. 775 da Consolidação das Leis do Trabalho, os prazos contam-se com exclusão do dia do começo e inclusão do dia do vencimento, e, antes do advento da Lei n.º 13.467.2017, eram contínuos e irreleváveis, podendo, entretanto, ser prorrogados pelo tempo estritamente necessário pelo juiz ou tribunal.

Com o advento da Lei n.º 13.467.2017, conhecida como Lei da Reforma Trabalhista, os prazos passaram a ser contados somente em dias úteis, incorporando a diretriz prevista no Código de Processo Civil. Dia útil, para fins de contagem dos prazos processuais, é o dia em que haja expediente forense integral, durante todo o horário normal de funcionamento.

Nessa medida, dada a imediatidade de aplicação da lei processual nova, ganha relevância definir uma questão de direito intertemporal de inegável importância prática: a partir de qual momento os prazos processuais serão contados em dias úteis.

Somente prazos iniciados após a vigência da Lei n.º 13.467.2017 serão contados em dias úteis. Prazos que estejam em curso na data de início de vigência da nova lei permanecem sendo contados em dias corridos.

Assim, por exemplo, caso uma sentença tenha sido publicada antes do início de vigência da Lei n.º 13.467.2017, o início do prazo recursal ocorreria sob a égide da lei antiga e permaneceria com curso contínuo. Caso, ao contrário, fosse publicada depois, o prazo recursal seria contado em dias úteis.

Caso o início do prazo ocorra em dia não útil, o prazo se inicia do dia útil subsequente e a contagem no dia posterior ao início do prazo. Assim, de acordo com a Súmula n. 262 do TST, "intimada ou notificada a parte no sábado, o início do prazo se dará no primeiro dia útil imediato e a contagem, no subsequente".

Quando a intimação tiver lugar na sexta-feira, ou a publicação com efeito de intimação for feita nesse dia, o prazo judicial será contado da segunda-feira imediata, inclusive, salvo se não houver expediente, caso em que fluirá do dia útil que se seguir (Súmula n. 1 do TST). Cabe à parte comprovar, quando da interposição do recurso, a existência de feriado local ou de dia útil em que não haja expediente forense que justifique a prorrogação do prazo recursal. No caso de o recorrente alegar a existência de feriado local e não o comprovar no momento da interposição do recurso, cumpre ao relator conceder o prazo de cinco dias para que seja sanado o vício (art. 932, parágrafo único, do CPC de 2015), sob pena de não conhecimento se da comprovação depender a tempestividade recursal (Súmula n. 385 do TST).

1.3 Suspensão e interrupção

Os prazos podem ser suspensos ou interrompidos, nas hipóteses previstas em lei.

A suspensão implica a paralisação da contagem durante o fator suspensivo, com sua retomada pelo tempo que sobejar. Por exemplo, caso tenham transcorrido cinco dias úteis do prazo recursal para interposição de recurso ordinário e advenha o recesso da Justiça do Trabalho (hipótese de suspensão dos prazos, segundo entendimento do TST), uma vez terminado esse período, a contagem será retomada, tendo a parte o prazo de mais três dias úteis para a interposição do apelo.

Já a interrupção restitui o prazo em sua integralidade, desprezando-se o período já transcorrido anteriormente ao fator de interrupção. Na hipótese acima, caso se verificasse hipótese de interrupção do prazo recursal, como sói ocorrer com a apresentação de embargos de declaração, a parte teria o prazo integral de oito dias úteis para interpor o recurso ordinário, após ser intimada do julgamento dos embargos, sendo irrelevante o período anterior transcorrido.

1.3.1 Hipóteses de suspensão

De acordo com o art. 220 do CPC, suspende-se o curso do prazo processual entre os dias 20 de dezembro e 20 de janeiro, inclusive. O dispositivo é aplicável ao Processo do Trabalho, até mesmo porque, durante boa parte do período há o recesso forense na Justiça do Trabalho, o qual ocorre entre 20 de dezembro e 6 de janeiro.

Vale lembrar que a Lei n. 5.010/66, que estabelece o recesso forense na Justiça do Trabalho, atribuiu-lhe a natureza jurídica de feriado. Todavia, o TST entende que o recesso se trata de hipótese de suspensão dos prazos processuais (Súmula n. 262). O curso do prazo também se suspende:

- Nos casos de suspensão do processo, previstos no art. 313, do CPC: morte ou perda da capacidade processual de qualquer das partes, de seu representante legal ou de seu procurador; convenção das partes; arguição de impedimento ou de suspeição; pela admissão de incidente de resolução de demandas repetitivas; quando a sentença de mérito: a) depender do julgamento de outra causa ou da declaração de existência ou de inexistência de relação jurídica que constitua o objeto principal de outro processo pendente; b) tiver de ser proferida somente após a verificação de determinado fato ou a produção de certa prova, requisitada a outro juízo; quando se discutir em juízo questão decorrente de acidentes e fatos da navegação de competência do Tribunal Marítimo (de difícil aplicação na Justiça do Trabalho, em razão da limitação de competência); parto ou concessão de adoção, quando a advogada responsável pelo processo constituir a única patrona da causa; quando o advogado responsável pelo processo constituir o único patrono da causa e tornar-se pai;

- Em virtude de força maior, devidamente comprovada (art. 775 da CLT);
- Por obstáculo criado em detrimento da parte (art. 221 do CPC): a retirada indevida dos autos do cartório ou mesmo sua não localização na secretaria, constituem hipóteses em que fica suspenso o prazo, devendo a parte postular a devolução do prazo restante. O Tribunal Superior do Trabalho já prorrogou o prazo para recolhimento dos depósitos prévios e recursais e das custas processuais, para o terceiro dia útil subsequente ao término do movimento grevista em virtude de greve dos bancários (Ato 510/SEGJUD/GP).

1.3.2 Suspensão de prazos processuais em razão da pandemia

O Ato Conjunto CSJT.GP. VP e CGJT. nº 6, de 4 de maio de 2020, ao mesmo tempo em que dispôs, como regra, acerca de retomada do curso dos prazos processuais, estabeleceu também hipótese de sua suspensão quanto aos processos físicos:

> Art. 6º Os prazos processuais no âmbito da Justiça do Trabalho de 1º e 2º graus voltam a fluir normalmente a partir de 4 de maio de 2020.
>
> § 1º Os prazos processuais iniciados serão retomados no estado em que se encontravam no momento da suspensão, sendo restituídos por tempo igual ao que faltava para sua complementação (art. 221 do Código de Processo Civil).
>
> § 2º Permanecem suspensos, até determinação do Conselho Nacional Justiça, nos termos da Resolução CNJ nº 313, de 19 de março de 2020 e da Resolução CNJ nº 314, de 20 de abril de 2020, os prazos processuais relativos aos processos que tramitam em meio físico.
>
> § 3º O Juiz ou Desembargador Relator, de ofício ou atendendo a pedido das partes, poderá, fundamentadamente, suspender os prazos ou a prática dos atos processuais, no processo judicial, considerando o agravamento local ou regional da pandemia ou a precariedade de acesso de partes ou advogados aos meios virtuais de visualização dos autos.

> § 4º Os atos processuais que não puderem ser praticados pelo meio eletrônico ou virtual, por absoluta impossibilidade técnica ou prática a ser apontada por qualquer dos envolvidos no ato, devidamente justificada nos autos, deverão ser adiados e certificados pela serventia, após decisão fundamentada do magistrado.
>
> § 5º Os prazos processuais para apresentação de contestação, impugnação ao cumprimento de sentença, embargos à execução, defesas preliminares, inclusive quando praticados em audiência, e outros que exijam a coleta prévia de elementos de prova por parte dos advogados, defensores e procuradores juntamente às partes e assistidos, somente serão suspensos, se, durante a sua fluência, a parte informar ao juízo competente a impossibilidade de prática do ato, o prazo será considerado suspenso na data do protocolo da petição com essa informação.

Seguindo a mesma linha, o Ato Conjunto TST.GP.GVP.CGJT nº 173, de 30 de abril de 2020, com incidência restrita ao âmbito do Tribunal Superior do Trabalho:

> Art. 6º Os prazos processuais no âmbito do Tribunal Superior do Trabalho voltam a fluir normalmente a partir do dia 4 de maio de 2020.
>
> § 1º Os prazos processuais já iniciados serão retomados no estado em que se encontravam no momento da suspensão, sendo restituídos por tempo igual ao que faltava para sua complementação (art. 221 do Código de Processo Civil).
>
> § 2º Permanecem suspensos, até determinação da Presidência, os prazos processuais relativos aos processos que tramitam em meio físico.

Eis que ambos os normativos estabelecem a regra de retomada do curso dos prazos processuais, até então suspensos em decorrência da pandemia. Afirma-se ser essa a regra, em razão da tramitação massivamente eletrônica dos processos no âmbito da Justiça do Trabalho. Portanto, atualmente, os prazos processuais em processos eletrônicos retomaram o curso normal em todos os graus desta Justiça Especializada.

Já no que tange aos processos físicos, os prazos processuais continuam suspensos em todas as instâncias trabalhistas até ulterior deliberação dos órgãos de cúpula.

Há ainda a possibilidade de suspensão dos prazos por meio de decisão judicial, de ofício ou mediante requerimento das partes, dadas as circunstâncias do caso concreto: o agravamento local ou regional da pandemia ou a precariedade de acesso de partes ou advogados aos meios virtuais de visualização dos autos.

Atos processuais que exijam a coleta prévia de elementos de prova por parte dos advogados, defensores e procuradores juntamente às partes e assistidos, somente serão suspensos, se, durante a sua fluência, a parte informar ao juízo competente a impossibilidade de prática do ato, quando o prazo será considerado suspenso na data do protocolo da petição com essa informação.

Diversa é a previsão do art. 6º, § 4º, do Ato Conjunto CSJT.GP.VP e CGJT, que não contempla hipótese de suspensão e sim de adiamento de atos processuais que não possam ser praticados de modo virtual, por absoluta impossibilidade técnica ou prática. Essa inviabilidade deverá ser apontada por qualquer dos envolvidos no ato, devidamente justificada nos autos, e objeto de decisão fundamentada do magistrado. É o caso, por exemplo, do adiamento de produção de prova pericial, que demande a avaliação "in loco" do ambiente de trabalho, ou mesmo da audiência de instrução, o que será analisado em tópico apartado.

Note-se que, em quaisquer dessas hipóteses, impõe-se a oitiva prévia das partes a respeito da deliberação a ser tomada de ofício ou mediante requerimento, a fim de se assegurar o contraditório e se evitarem decisões surpresa.

Cumpre asseverar que, embora o ato normativo específico quanto ao Tribunal Superior do Trabalho não verse sobre as hipóteses de suspensão pelo relator dos prazos processuais nos casos de agravamento local ou regional da pandemia, precariedade de acesso de partes ou advogados aos meios virtuais de visualização dos autos, ou mesmo da prática de atos processuais que exijam a coleta prévia de elementos de prova por parte dos advogados, defensores e procuradores juntamente às partes e assistidos, entende-se que o mesmo regramento pode ser transposto ao Tribunal de Cúpula de modo analógico, pois forçoso reconhecer que tais circunstâncias podem constituir obstáculo prático à realização dos atos processuais e, por conseguinte, de cumprimento dos prazos.

É de bom alvitre salientar que os casos elencados pelos atos normativos amoldam-se à hipótese de força maior, conforme art. 775 da CLT, autorizando pela legislação ordinária a suspensão dos prazos processuais.

Outrossim, seja para os Juízos de 1ª e 2ª instâncias, ou mesmo para a Corte Suprema Trabalhista, as hipóteses listadas pelos atos normativos não traduzem previsões exaustivas, pois podem surgir outras situações, decorrentes da pandemia, que se enquadrem no conceito de força maior, autorizando igualmente a suspensão dos prazos processuais.

2. AUDIÊNCIA

2.1 Conceito

Cuida-se de um ato processual, realizado na sede do juízo (existe a possibilidade, muito pouco usada, de fazer a audiência em outro local, conforme o art. 813, § 1º da CLT), com função primordialmente conciliatória e instrutória; constitui uma oportunidade para as partes se fazerem ouvir diretamente pelo juiz da causa. No processo do trabalho, é também a ocasião em que frequentemente é prolatada a sentença. É presidida pelo juiz do trabalho, e conta com a participação das partes e de auxiliares da Justiça (advogados, testemunhas, peritos, servidores da Justiça envolvidos etc.).

O processo do trabalho confere grande ênfase à tentativa de conciliação, conforme o art. 764, § 1º da CLT. Essa tarefa é atribuída, pela letra consolidada, aos juízes do trabalho, que deverão empregar sempre seus bons ofícios para alcançar a solução conciliada. Esse aspecto poderia ser lido como desautorizador do emprego da figura do conciliador e do mediador na Justiça do Trabalho, tornando incompatíveis com o processo trabalhista os art.(s) 165 e seguintes do CPC. Nesse sentido, dispõe o art. 14, da IN n. 39/2016, do TST, excetuando os casos de conflitos coletivos de natureza econômica, *in verbis*: "Não se aplica ao Processo do Trabalho o art. 165 do CPC, salvo nos conflitos coletivos de natureza econômica (Constituição Federal, art. 114, §§ 1º e 2º)".

2.2 Publicidade

A audiência é ato público (art. 366 do CPC), e em princípio acessível a quem o quiser assistir, exceção feita aos casos em que seja decretado o sigilo do ato, o que reclama decisão fundamentada. A Constituição da República prevê o sigilo de atos processuais como exceção, em seu art. 93, IX, minudenciado, no particular, pelo art. 189 do CPC (hipóteses de segredo de justiça).

Das previsões do art. 189 do CPC, o quanto consta no inciso II não encontra aplicação no processo do trabalho (segredo de justiça nos casos que versam sobre direito de família: casamento, guarda de menores). Os demais incisos podem encontrar aplicação nas lides trabalhistas. O inciso I viabiliza a decretação do sigilo processual quando o exigir o interesse público ou social, cláusula de conteúdo mais aberto. O inciso III autoriza o sigilo quando constem do processo dados resguardados pelo direito à intimidade. É decisão que se impõe, por exemplo, em casos de assédio sexual e correlatos, ou na presença de dados sigilosos, como no caso de processos que investigam justa causa de empregados bancários acusados de improbidade, ou quando se acusa empregado de violação de segredo industrial. Alguns casos que envolvem domésticos podem igualmente ensejar decretação de sigilo, à vista do ambiente em que se dá a prestação de serviço.

2.3 Atividade conciliatória e audiência una

A audiência trabalhista, em princípio, é una. Entretanto, existem juízos que promovem a cisão, realizando inicialmente uma audiência de conciliação, e após outra, de instrução e julgamento.

Quando assim for, em princípio poderia ser o caso de aplicação subsidiária do art. 334 do CPC, que regula a audiência de conciliação. Ocorre que a Instrução Normativa 39/2016, do TST adotou o entendimento de que o art. 334 é incompatível com o processo do trabalho (art. 2º, IV).

Não parece ter sido a melhor orientação: o art. 334, parágrafo quarto, inciso I, prevê a possibilidade de não ser realizada a audiência de conciliação, se ambas as partes manifestarem, expressamente, desinteresse na composição consensual; essa providência poderia contribuir para a celeridade, desafogando a pauta de audiências, problema que assola as varas do trabalho. Caso o juízo adote a audiência una, existiria incompatibilidade, já que a conciliação seria apenas uma das atividades a serem desempenhadas em audiência.

Uma outra possibilidade de dispensa da audiência é quando o juiz, com base no já manifestado desinteresse das partes em conciliar-se, e verificando a presença dos requisitos próprios, aplica o julgamento antecipado do mérito (art. 355 do CPC), instituto compatível com o processo do trabalho, como vem reconhecendo o TST:

> AGRAVO DE INSTRUMENTO EM RECURSO DE REVISTA – NEGATIVA DE PRESTAÇÃO JURISDICIONAL – DESCARACTERIZAÇÃO. (...). JULGAMENTO ANTECIPADO DA LIDE – ART. 841 DA CLT – DESNECESSIDADE DE REALIZAÇÃO DE AUDIÊNCIA – DESNECESSIDADE DE PRODUÇÃO DE PROVAS – POSSIBILIDADE DE PROLAÇÃO DA SENTENÇA. Se configurada qualquer das hipóteses dos arts. 329 e 330 do CPC, pode o Juiz do trabalho julgar conforme o estado do processo, declarando, ainda que implicitamente, dispensável a realização de audiência e prolatando, de imediato, sentença. Tal faculdade se insere na direção processual pelo magistrado, também no âmbito da Justiça do Trabalho, sobretudo a partir da Emenda Constitucional n. 24/1999 que singularizou os Juízos de primeiro grau. Ademais, justifica-se ante os princípios arraigados no Processo do Trabalho, impedir a realização de audiência desnecessária, a coleta de provas inúteis e a produção de atos inócuos, em prol da desobstrução de pautas e da celeridade dos julgamentos, (isto sim de relevante aspecto jurídico-social), ao instante em que se revela às partes a efetiva e imediata solução da controvérsia, ainda que por aspecto jurídico ou baseado em reiterados precedentes jurisprudenciais, sobretudo a partir do efeito mais recente do art. 5º, LXXVIII, da Constituição da República, conforme redação dada pela Emenda Constitucional n. 45/2004. Agravo de instrumento desprovido" (AIRR – 232600-92.2009.5.20.0002, Relator Ministro: Luiz Philippe Vieira de Mello Filho, Data de Julgamento: 25.3.2014, 7ª Turma, Data de Publicação: DEJT 2.5.2014).

2.4 Aspectos procedimentais

Primeiramente, existe uma formalidade temporal importante a ser observada no que tange à audiência: entre a data designada para a realização da audiência e sua formal notificação às partes deve haver um lapso mínimo de cinco dias (art. 841 da CLT). A audiência deve ter lugar entre as 8h00min e 18h00min, sendo apenas excepcionalmente admitida sua duração por mais de cinco horas seguidas (art. 813 da CLT).

Por outro lado, sendo o que interesse de perto para este estudo, o art. 334, § 7º do CPC autoriza a realização da audiência de conciliação por meios eletrônicos (videoconferência). Existe lacuna na legislação trabalhista, e a disposição vem ao encontro da celeridade, viabilizando ainda a realização do ato com menos custos, em especial para o trabalhador.

A CLT, em seu art. 815, parágrafo único, faculta às partes retirarem-se do recinto, após quinze minutos do horário designado, caso o juiz ainda não tenha chegado. A previsão vale apenas para o atraso do juiz (e não de qualquer outro participante da audiência), sendo oportuna a transcrição da OJ n. 245 da SBDI-I:

> REVELIA. ATRASO. AUDIÊNCIA. Inexiste previsão legal tolerando atraso no horário de comparecimento da parte na audiência. A presença do advogado, sem o comparecimento justificado do preposto, não elide a revelia.

Existem julgados que admitem pequenos atrasos, desde que não impliquem prejuízo nem regresso a fases anteriores da audiência:

> AGRAVO DE INSTRUMENTO EM RECURSO DE REVISTA. ATRASO EM AUDIÊNCIA. AUSÊNCIA DE PREJUÍZO. NULIDADE PROCESSUAL NÃO CONFIGURADA. O Regional consignou que o atraso da reclamada à audiência de instrução não acarretou prejuízo às partes, tampouco interferiu na ordem de tomada dos depoimentos pessoais, porquanto o preposto adentrou na sala de audiência logo depois de tomado o depoimento pessoal do autor, a tempo, pois, de ser ouvido. A despeito do teor da OJ n. 245 da SDI-1 desta Corte, não se pode olvidar dos mandamentos decorrentes dos princípios da simplicidade, da informalidade e da razoabilidade, aplicáveis ao processo do trabalho. Ademais, a Corte de origem expressamente registrou a ausência do prejuízo de que trata o art. 794 da CLT, de modo que não se tem por configurada a nulidade processual. Arestos inespecíficos (Súmula n. 296 do TST). Agravo de instrumento conhecido e não provido" (AIRR – 281-83.2012.5.02.0444, Relatora Ministra: Dora Maria da Costa, Data de Julgamento: 12.11.2014, 8ª Turma, Data de Publicação: DEJT 14.11.2014).

> RECURSO DE REVISTA. ATRASO NO HORÁRIO DE COMPARECIMENTO NA AUDIÊNCIA. EFEITOS. I. Não obstante a redação da Orientação Jurisprudencial n. 245 da SBDI-1 desta Corte no sentido de que – inexiste previsão legal tolerando atraso no horário de comparecimento da parte na audiência –, este Tribunal tem decidido reiteradamente que atrasos diminutos que não impliquem prejuízo à ins-

trução processual não justificam a aplicação da confissão à parte atrasada. Precedentes. II. Recurso de revista de que não se conhece" (RR – 265500-36.2005.5.02.0046, Relator Ministro: Fernando Eizo Ono, Data de Julgamento: 20.8.2014, 4ª Turma, Data de Publicação: DEJT 29.8.2014).

O CPC, em seu art. 362, inciso III, prevê que a audiência poderá ser adiada (na verdade, redesignada) "por atraso injustificado de seu início em tempo superior a trinta minutos do horário marcado". Contudo, conforme o art. 2º, inciso VI, da IN n. 39/2016, do TST, este preceito não se aplica ao processo do trabalho.

Iniciada a audiência, compete ao juiz manter a ordem dos trabalhos (art. 816 da CLT), possuindo, pelo disposto no art. 765 da CLT, "ampla liberdade na direção do processo", regrada, claro, pelas disposições processuais. A CLT atribui "poder de polícia" ao magistrado, a fim de garantir o proveito do ato (arts. 445-6 da CLT), poder esse igualmente previsto nos arts. 139, VII e 360 do CPC. No exercício desse poder, o juiz pode mesmo expulsar da sala de audiência "os que se comportem inconvenientemente" (art. 360, inciso II do CPC), requisitando auxílio policial quando for necessário (inciso III do mesmo dispositivo).

Cabe asseverar os limites do poder de polícia do juiz do trabalho. Ele deve ser entendido como um poder funcional, que se justifica em razão de uma finalidade, qual seja, garantir que a audiência se desenvolva em bom termo. É uma prerrogativa a ser exercida de maneira serena e comedida (o art. 360, inciso IV do CPC é claro ao dispor que incumbe ao juiz "tratar com urbanidade" os participantes do processo), apenas na medida em que estritamente necessária.

Como ato processual, a audiência deve ser registrada (art. 817 da CLT) da forma mais fidedigna possível, por meio de termo, a ser firmado pelo juiz (a quem cabe registrar com exatidão os requerimentos das partes, art. 360, inciso V do CPC) e pelas partes. As intercorrências da audiência de instrução e julgamento constarão de ata.

Quando a ata não for juntada ao processo em até 48 horas da audiência de julgamento, o prazo para recursos será contado a partir da data em que a parte for intimada da sentença (Súmula n. 30 do TST).

É curial a leitura atenta da ata de audiência pelas partes e pelos profissionais que as assistem. O que lá ficou consignado, ainda que não reflita a realidade do ocorrido, ganhará foros de verdade incontestável após todos firmarem o documento. Ainda, as partes presumem-se cientes de tudo quanto lá foi lançado (como o início do prazo para interposição de recursos).

O art. 367, § 5º do CPC prevê a possibilidade de a audiência ser integralmente gravada em imagem e em áudio, em meio digital ou analógico, observada a legislação específica. A disposição é compatível com o processo do trabalho. O registro das audiências em meio audiovisual diminui o tempo demandado pelo registro das intercorrências em ata, sendo ainda meio eficaz de assegurar a fidedignidade dos registros (assegurada, ademais, pela previsão do § 6º, que permite às partes gravar a audiência, sem necessidade de autorização judicial).

2.5 Audiência por videoconferência

Conforme mencionado, o art. 334, § 7º do CPC autoriza a realização da audiência de conciliação por meios eletrônicos (videoconferência), preceito plenamente compatível com o processo do trabalho.

A pandemia, contudo, impôs que referida faculdade se tornasse a regra para a manutenção de atividades essenciais, no contexto de vedação às audiências e sessões presenciais, as quais deixam de ser recomendadas em virtude do risco de contágio. Nesse sentido, os arts. 3º, inciso III e 5º do Ato Conjunto CSJT.GP. VP E CGJT. nº 6, de 4 de maio de 2020:

> Art. 3º Para efeitos deste Ato, consideram-se atividades essenciais à manutenção mínima da Justiça do Trabalho de 1º e 2º graus.
>
> III – a realização das audiências e sessões telepresenciais de julgamento e os serviços de apoio correlatos, tais como os de tecnologia da informação, gravação e degravação de áudio e taquigrafia;
>
> Art. 5º Está temporariamente vedada a realização de audiências e sessões presenciais, podendo ser realizadas por meio virtual ou telepresencial, observando-se, no pertinente, o disposto nas Resoluções nºs 313 e 314 do E. Conselho Nacional de Justiça.

O Art. 6º, § 3º, da Resolução 314 do Conselho Nacional de Justiça (CNJ) dispõe que as audiências telepresenciais devem ocorrer somente quando possível a participação das partes e seus representantes, vedando-se a atribuição de responsabilidade aos advogados e procuradores em providenciarem o comparecimento de partes e testemunhas a qualquer localidade fora de prédios oficiais do Poder Judiciário para participação em atos virtuais:

> Art. 6º Sem prejuízo do disposto na Resolução CNJ no 313/2020, os tribunais deverão disciplinar o trabalho remoto de magistrados, servidores e colaboradores, buscando soluções de forma colaborativa com os demais órgãos do sistema de justiça, para realização de todos os atos processuais, virtualmente, bem como para o traslado de autos físicos, quando necessário, para a realização de expedientes internos, vedado o reestabelecimento do expediente presencial.
>
> § 3º As audiências em primeiro grau de jurisdição por meio de videoconferência devem considerar as dificuldades de intimação de partes e testemunhas, realizando-se esses atos somente quando for possível a participação, vedada a atribuição de responsabilidade aos advogados e procuradores em providenciarem o comparecimento de partes e testemunhas a qualquer localidade fora de prédios oficiais do Poder Judiciário para participação em atos virtuais.

Em primeiro lugar, é preciso observar que os atos normativos infralegais em momento algum restringem a realização de audiências por videoconferência à fase conciliatória. O art. 334, § 7º do CPC, contudo, alude às sessões telepresenciais para audiências de conciliação.

Com fulcro na normativa infralegal, diversos Tribunais Regionais do Trabalho editaram regulamentação autorizando a realização de audiências de instrução por videoconferência, com a possibilidade de colheita de prova oral de modo remoto.

Tirante o caso de acordo entre as partes e a concordância do Ministério Público, quando lhe couber intervir no feito, isto é, salvo na hipótese de celebração de negócio jurídico processual, não há que ser admitida a realização de audiência de instrução por videoconferência, pois não há como garantir a integridade da prova.

Em que pese a colheita de prova oral por videoconferência seja recorrente no processo penal e também em procedimentos cíveis federais, sempre houve a preocupação com a preservação da testemunha ou acusado, o qual comparece em repartição pública para depoimento, sendo acompanhado por agente público, o qual garantirá a higidez das declarações e a ausência de coação do depoente.

Em tempos de pandemia, em que haverá a impossibilidade de deslocamento até a sede do foro trabalhista e a recepção por um servidor, nada garante que a testemunha não será orientada ou mesmo coagida. Essas ocorrências podem não ser percebidas pelo magistrado, em razão das limitações de comunicação nas audiências por meios telemáticos, o que comprometerá a integridade da prova e, por conseguinte, a justiça da decisão.

Trata-se de uma necessária ponderação entre os interesses que se contrapõem episodicamente: de um lado, conferir andamento aos processos, buscando-se a celeridade e, de outro, buscar a verdade real como caminho necessário para a prolação de uma decisão justa. Ocorre que, postergar a colheita de prova oral, quando esta for imprescindível para o deslinde do feito, para o momento no qual se possa garantir seu escorreito conteúdo, parece não atentar contra a celeridade processual, no sentido de que a tramitação processual demanda sempre certo lapso temporal, devendo-se evitar os chamados "tempos mortos" que, para assim serem considerados, devem ser injustificados.

Forçoso reconhecer, entretanto, que a situação poderá conduzir a abusos e a uma conduta procrastinatória da parte, a qual poderá pretender a produção de prova oral somente para retardar a solução do processo. Nesse caso, caberá ao juiz, como diretor do feito, coibir tal conduta, indeferindo a produção da prova, dispensando cuidado redobrado, especialmente quando, diante da crise econômica causada pela pandemia, o recebimento de verbas alimentares se torna ainda mais premente.

De todo modo, sendo a audiência de conciliação em fase de conhecimento, recursal, acertamento ou de execução, aplica-se o disposto no art. 6º, § 4º do Ato Conjunto CSJT.GP. VP e CGJT. nº 6, isto é, a inviabilidade de realização do ato por motivos técnicos deve ensejar seu adiamento, uma vez justificada nos autos, mediante decisão fundamentada do magistrado.

Em arremate, aplica-se o art. 815 da CLT também para as audiências por videoconferência, podendo as partes deixarem o ambiente virtual, após quinze minutos do horário designado, caso o juiz ainda não tenha comparecido à audiência. Conforme já analisado, a previsão vale apenas para o atraso do juiz (e não de qualquer outro participante da audiência), embora existam julgados que admitem pequenos atrasos, desde que não impliquem prejuízo nem regresso a fases anteriores da audiência.

3. CONCLUSÃO

Nada está como era antes. Nosso modo de vida, inclusive de trabalho, sofreu profundo impacto. Resta saber se os impactos serão provisórios, isto é, restritos ao período da pandemia, ou se serão incorporados ao esperado futuro, com a volta da nossa saudosa normalidade.

Prazos processuais, sem dúvida, retomarão seu curso, mas, como sempre, haverá a possibilidade de suspensão em razão de força maior, de longa data incorporada ao ordenamento jurídico processual (art. 775 da CLT).

Audiências por videoconferência, ao menos as conciliatórias, também surgem como uma tendência, inclusive pós-pandemia, mormente porque, ao que parece, os resultados conciliatórios estão sendo alcançados a contento.

O devido processo legal (art. 5º, inciso LIV da CR) impõe que os procedimentos previstos em lei sejam adequados não somente aos direitos por ela tutelados, mas também aos sujeitos que dela vão se valer e aos fins colimados. A respeito da efetividade processual e adequação do procedimento, elucidativas as reflexões de Luiz Guilherme Marinoni (2004. p. 188/189):

> Será que o direito à tutela jurisdicional é apenas o direito ao procedimento legalmente instituído, não importando sua capacidade de atender de maneira idônea ao direito material? Ora, não tem cabimento entender que há direito fundamental à tutela jurisdicional, mas que esse direito pode ter sua efetividade comprometida se a técnica processual houver sido instituída de modo incapaz de atender ao direito material. Imaginar que o direito à tutela jurisdicional é o direito de ir a juízo por meio do procedimento legalmente fixado, pouco importando a sua idoneidade para a efetiva tutela dos direitos, seria inverter a lógica entre o direito material e o direito processual. Se o direito de ir a juízo restar na dependência da técnica processual expressamente presente na lei, o processo é que dará os contornos do direito material. Mas deve ocorrer exatamente o contrário, uma vez que o primeiro serve para cumprir os desígnios do segundo. Isso

significa que a ausência de técnica processual adequada para certo caso conflitivo concreto representa hipótese de omissão que atenta contra o direito fundamental à efetividade da tutela jurisdicional.

O Direito, como disciplina, deve incidir sobre a realidade, tendo a tarefa de regulá-la. As adaptações processuais necessárias e mais significativas no contexto da pandemia estavam previstas, aprioristicamente, no ordenamento jurídico.

Portanto, houve a necessidade de modernização, adaptação de rotinas e de modo de atuação processual, mas é relevante dizer que a legislação processual, ao menos nos temas analisados – audiências e prazos processuais – estava devidamente aparelhada e, por que não dizer, de prontidão!

4. REFERÊNCIAS BIBLIOGRÁFICAS

BEZERRA LEITE, Carlos Henrique. *Novo CPC: repercussões no processo do trabalho.* São Paulo: Saraiva: 2015.

MARINONI, Luiz Guilherme. *Técnica processual e tutela de direitos.* São Paulo: Revista dos Tribunais, 2004.

__________. *Teoria geral do processo.* Volume 1. São Paulo: RT, 2007.

__________. *Novas linhas de processo civil.* São Paulo: Malheiros, 1999.

__________; ARENHART, Sérgio Cruz; MITIDIERO, Daniel. *Novo curso de processo civil – Tutela dos direitos mediante procedimento comum.* Vol. 2. São Paulo: Revista dos Tribunais, RT, 2015.

__________; MITIDIERO, Daniel. *O projeto do CPC.* São Paulo: RT, 2010.

__________. *Teoria geral do processo,* 6ª ed. RT, 2012.

__________. *Tutela antecipatória, julgamento antecipado e execução imediata da sentença,* 2ª ed. São Paulo: RT, 1998.

__________. *Técnica processual e tutela de direitos.* São Paulo: Revista dos Tribunais, 2004.

MEDINA, José Miguel Garcia. *Código de Processo Civil comentado com remissões e notas comaparativas do projeto do novo CPC.* 3ª tiragem. Brasil: Revista dos Tribunais, 2011.

NEVES, Daniel Amorim Assumpção. *Manual de direito processual civil.* Volume Único. 8ª ed. Salvador: JusPodivm, 2016.

SCHIAVI, Mauro. *Manual de direito processual do trabalho. De acordo com o novo CPC.* 10ª ed. São Paulo: LTr, 2016.

4. IMPACTOS DA PANDEMIA DE COVID-19 NA EXECUÇÃO TRABALHISTA E COMO TORNÁ-LA MAIS EFETIVA

Ulisses de Miranda Taveira[1]

"O processo será tão mais importante e necessário quanto maior seja a sua efetividade"
(José Roberto dos Santos Bedaque)

1. INTRODUÇÃO

O presente artigo tem por objetivo analisar os impactos da pandemia de COVID-19 na execução trabalhista e apontar alguns caminhos para uma maior efetividade na fase de execução com a utilização de ferramentas eletrônicas, tanto as de acesso público, quanto as de acesso restrito a magistrados ou servidores da Justiça do Trabalho.

É fato notório que a pandemia de COVID-19 tem agravado a crise social e econômica no Brasil com forte impacto nas relações jurídicas e processuais, em razão da facilidade de propagação do vírus e de sua alta letalidade. Por isso, foi reconhecida como calamidade pública pela OMS em 11 de março de 2020[2] e pelo Congresso Nacional em 20 de março de 2020.[3]

---

1 Juiz titular da Vara do Trabalho de Mirassol D'oeste/MT, TRT da 23ª Região. Mestrando em Função Social do Direito e especialista em Direito do Trabalho.

2 ONU. *Organização Mundial da Saúde declara novo coronavírus uma pandemia.* Disponível em: https://news.un.org/pt/story/2020/03/1706881. Acesso em: 27/5/2020.

3 Decreto Legislativo 6/2020, cujo artigo 1º dispõe: "Art. 1º Fica reconhecida, exclusivamente para os fins do art. 65 da Lei Complementar nº 101, de 4 de maio de 2000, notadamente para

No âmbito das relações de trabalho, considerando-se a situação de calamidade no sistema público de saúde e a imposição de isolamento social como tentativa de reduzir o contágio, a Medida Provisória 927, de 22 de março de 2020, não mais em vigor, em seu artigo 1º, estabelecia que, enquanto durasse a pandemia de COVID-19, seria considerada como hipótese de força maior prevista no artigo 501 da CLT, reconhecendo a gravidade da situação com ampla repercussão nos contratos de trabalho em caso de ruptura contratual.[4]

Em síntese, a pandemia de COVID-19 afetou gravemente a economia brasileira e alterou drasticamente as relações jurídicas e sociais, inclusive e, principalmente, as de trabalho, gerando dificuldade de manutenção dos pagamentos de salários, assim como o adimplemento de acordos e execuções trabalhistas, até mesmo para as grandes empresas.

Nesse cenário, a situação dos trabalhadores é ainda pior, mormente os de baixa renda, que amargam suspensões de contrato de trabalho, redução de jornada de trabalho e, muitas vezes, desemprego involuntário sem expectativa de recolocação no mercado de trabalho.

Especificamente quanto ao Poder Judiciário, o Conselho Nacional de Justiça, por meio das Resoluções 313/2020, 318/2020 e 322/2020, estabeleceu regime de plantão extraordinário com suspensão dos prazos processuais até 30/4/2020 e suspensão do trabalho presencial de magistrados, servidores, estagiários e colaboradores nas unidades judiciárias, assegurada a manutenção dos serviços essenciais em cada Tribunal Re-

---

as dispensas do atingimento dos resultados fiscais previstos no art. 2º da Lei nº 13.898, de 11 de novembro de 2019, e da limitação de empenho de que trata o art. 9º da Lei Complementar nº 101, de 4 de maio de 2000, a ocorrência do estado de calamidade pública, com efeitos até 31 de dezembro de 2020, nos termos da solicitação do Presidente da República encaminhada por meio da Mensagem nº 93, de 18 de março de 2020."

4 Dados do CAGED (Cadastro Geral de Empregados e Desempregados) divulgados pelo Ministério da Economia em 27/5/2020 demonstram que, entre março e abril de 2020, foram fechados 1,1 milhão de empregos, deixando negativo o número de empregos criados desde o início do ano em 763.232, motivado pelo aumento de dispensa e, principalmente, pela queda de contratações. Comparando-se abril de 2020 com abril de 2019 as demissões aumentaram 17,2%, as admissões caíram 56,5% conforme o citado relatório. PDET. *Cadastro Geral de Empregados e Desempregados.* Disponível em: http://pdet.mte.gov.br/caged?view=default. Acesso em: 27/5/2020.

gional do Trabalho e a retomada gradual das atividades, conforme regulamentação específica de cada Tribunal.

Em razão disso, houve significativa redução da prática dos atos judiciais que demandem atividade presencial, como o cumprimento de mandados de penhora por oficiais de justiça, limitando-se apenas a situações de urgência, o que impactou sobremaneira o andamento das execuções, havendo até mesmo a paralisação de muitas execuções.

Esse cenário de paralisação dos atos de execução exige dos operadores do Direito e do Processo do Trabalho uma qualificação específica que permita a otimização do uso das ferramentas eletrônicas de busca patrimonial disponíveis, independentemente de serem de acesso restrito a servidores ou magistrados ou de acesso público, para dar efetividade à execução trabalhista.

Isso porque é na fase de execução judicial que os direitos reconhecidos na sentença se tornam realidade, sendo do interesse do Estado a sua concretização, o que ganha mais força em tempos de pandemia de COVID-19.

Dessa forma, a Justiça do Trabalho cumpre seu papel de desmercantilização da força de trabalho no contexto econômico e social,[5] de modo que a execução efetiva diz respeito a toda a sociedade e não apenas aos credores do processo.

Vale lembrar o caráter alimentar predominante nos processos trabalhistas, conforme artigo 100, §1º da Constituição Federal:

> Os débitos de natureza alimentícia compreendem aqueles decorrentes de salários, vencimentos, proventos, pensões e suas complementações, benefícios previdenciários e indenizações por morte ou por invalidez, fundadas em responsabilidade civil, em virtude de sentença judicial transitada em julgado, e serão pagos com preferência sobre todos os demais débitos, exceto sobre aqueles referidos no § 2º deste artigo.

5 DELGADO, Gabriela Neves; DELGADO, Maurício Godinho. *Constituição da República e Direitos Fundamentais: dignidade da pessoa humana, justiça social e direito do trabalho.* São Paulo: LTr, 2012, p. 150 a 161.

Ademais, é o caráter alimentar das verbas trabalhistas que fundamenta a criação de uma rede de proteção e de desmercantilização do trabalho, que no Brasil se dá principalmente com a estruturação de normas que regulam o vínculo de emprego (Direito Individual do Trabalho), a inspeção do trabalho como forma de dar maior efetividade a tais direitos e a criação da Justiça do Trabalho como ramo especializado para solucionar os conflitos e sedimentar as regras e princípios inerentes ao Direito do Trabalho.[6]

Nesse sentido, ensinam Maurício Godinho e Gabriela Delgado:

> (...) o Texto Constitucional também revigora a tese de compreensão da Justiça do Trabalho enquanto instrumento de justiça social; instrumento de desmercantilização do trabalho; e de democratização das relações trabalhistas no Brasil.
>
> Portanto, a Constituição também fortalece o sentido axiológico atribuído à Justiça do Trabalho, fundado e ancorado no valor social da justiça social, e que deve vincular a interpretação e aplicação do direito, no marco do Estado Democrático de Direito. Ou seja, a Justiça do Trabalho é considerada um dos mais sólidos e democráticos instrumentos jurídicos e institucionais para a concretização da dignidade do ser humano e dos direitos fundamentais nos conflitos de interesse.[7]

Não se pode esquecer, ainda, que o acesso à justiça, consagrado como garantia fundamental no artigo 5º, XXXV da Constituição Federal, abrange não apenas o acesso ao Judiciário, mas também e principalmente a um procedimento justo que conduza a resultado prático e efetivo.[8]

De acordo com a moderna Teoria Geral do Processo, o direito material deve influenciar a atuação dos que participam da relação jurídica processual:

> Na concepção do direito processual não se pode prescindir do direito material, sob pena de transformar aquela ciência num desinteressante sistema de formalidades e prazos. Sua razão de ser consiste no objetivo a ser alcançado, que é assegurar a integridade da ordem jurídica, possibilitando às pessoas meios adequados para a defesa de seus interesses.[9]

---

6 Idem. Ibidem, p. 154.

7 Idem. Ibidem, p. 160.

8 SCHIAVI, Mauro. *A Reforma Trabalhista e o Processo do Trabalho: Aspectos Processuais da Lei n. 13.467/17*, 1ª ed. São Paulo: LTr, 2017, p. 15.

9 BEDAQUE, José Roberto dos Santos. *Direito e Processo: Influência do Direito Material sobre o Processo*, 5ª ed. rev. e ampl. São Pulo: Malheiros Editores, 2009, pág. 14.

Para os professores Maurício Godinho e Gabriela Delgado, "processo judicial sem eficiência, celeridade e efetividade é veículo que não atende ao comando constitucional expresso da Constituição Federal",[10] referindo-se à importância de os processos trabalhistas serem céleres, como determina o artigo 5º, LXXVIII da Constituição Federal.

Ainda que se adote visão estritamente patrimonialista e privatista, a efetividade da execução trabalhista não interessa apenas ao credor, que, vale lembrar, pode ser o reclamante ou o reclamado, seus advogados que queiram receber honorários contratuais ou sucumbenciais, peritos que aguardam o pagamento dos honorários periciais[11] ou leiloeiros que eventualmente não receberam sua comissão. Interessa, também, aos corresponsáveis pela dívida, sejam de forma solidária ou subsidiária, tais como sócios e ex-sócios da reclamada, a tomadora de serviços ou empresas indicadas como integrantes do grupo econômico, que podem vir a serem responsabilizados pela execução.

Em tais casos, a efetividade da execução contra o devedor principal interessa não só ao credor, como também àqueles que não querem eventualmente ser abrangidos pela execução.

2. CENÁRIO ATUAL DA EXECUÇÃO TRABALHISTA

Historicamente, a execução é um gargalo no processo trabalhista,[12] realidade que permanece atual. Segundo o relatório Justiça em Números

10 DELGADO, Maurício Godinho; DELGADO, Gabriela Neves. *A reforma trabalhista no Brasil: com os comentários à Lei n. 13.467/2017*. São Paulo: LTr, 2017, pág. 355.

11 Com a edição da Lei 13.467, os peritos passaram a correr o risco da execução frustrada também nos processos em que o reclamante é sucumbente no objeto da perícia, mas obteve crédito decorrente da procedência de outros pedidos, casos em que, se o reclamante não receber seu crédito, o perito não receberá seus honorários, conforme artigo 790-B *caput* e § 4º da CLT:
"Art. 790-B. A responsabilidade pelo pagamento dos honorários periciais é da parte sucumbente na pretensão objeto da perícia, ainda que beneficiária da justiça gratuita."
"§ 4º Somente no caso em que o beneficiário da justiça gratuita não tenha obtido em juízo créditos capazes de suportar a despesa referida no *caput*, ainda que em outro processo, a União responderá pelo encargo."

12 Campos analisa mais de 9.000 processos findos das décadas de 1990 e 2000 e constata que processos com execução forçada duravam à época 1.082,1 dias, em média, enquanto os casos com pagamento voluntário duravam 307,9 dias. Vide CAMPOS, André Gambier. *Justiça do Trabalho*

do CNJ de 2019, a atual taxa de congestionamento é de 73% na fase de execução e de 38% na fase de conhecimento.[13]

Verifica-se, portanto, que apesar das alterações legislativas para acelerar a execução ou mesmo para impor a prescrição intercorrente, bem como a intensificação do uso das ferramentas eletrônicas, desde o começo dos anos 2000, quando o BACENJUD foi implantado, a taxa de congestionamento da fase de execução da Justiça do Trabalho tem aumentado gradativamente e o tempo médio de execução permaneceu sendo três vezes maior do que o tempo gasto na fase de conhecimento.

E isso se deve a inúmeros fatores, como a dificuldade econômica de devedores cumprirem as sentenças condenatórias, bem como a adoção de táticas processuais protelatórias ou de engenharia financeira e blindagem patrimonial para ocultação de bens por devedores solventes, em clara violação dos deveres de lealdade e boa-fé, aliados ao fato de que os operadores de direito de um modo geral, incluindo as Administrações dos Tribunais, dedicam a maior parte do tempo e da força material e humana à fase de conhecimento, deixando de lado a fase de execução.[14]

Outro fator relevante tem sido a dificuldade dos operadores do direito, militantes na Justiça do Trabalho de um modo geral, em envidar esforços para maior efetividade na execução trabalhista.

É bem verdade que a cúpula do Poder Judiciário como um todo e especialmente a trabalhista tem dedicado nas duas últimas décadas, cada

---

e Produtividade no Brasil: Checando hipóteses doas anos 1990 e 2000. Texto para discussão 2330. Brasília: IPEA, 2017.

13 CNJ. *Justiça em números 2019.* Disponível em: https://www.cnj.jus.br/wp-content/uploads/conteudo/arquivo/2019/08/justica_em_numeros20190919.pdf. Acesso em: 28/6/2020. Observando-se os dados desde 2004, quando começou a ser editado o relatório, observa-se uma tendência de evolução do congestionamento, inicialmente na casa dos 60% e, uma década depois, por volta dos 70% de taxa de congestionamento.

14 Nesse sentido, CHAVES, Luciano Athayde. "Os desafios da Execução Trabalhista". *Revista Complejus* . V. 1. N. 1. Amatra21: Rio Grande do Norte, 2010. O artigo reproduz o teor da brilhante palestra do referido autor no 9º Congresso Nacional de Direito do Trabalho e Processual do Trabalho, promovido pelo Tribunal Regional do Trabalho da 15ª Região, na cidade de Paulínia, São Paulo.
A reforçar esse argumento, verifica-se que na distribuição de funções comissionadas nas Secretarias de Vara do Trabalho determinada pela Resolução 63/2010 do CSJT, ainda hoje não há sequer uma função destinada exclusivamente ao desempenho de atividades vinculadas à execução, salvo a de calculista, que serve mais à liquidação do que propriamente à execução.

vez mais, especial atenção à fase de execução, como se verifica na implantação e aprimoramento de novas ferramentas de busca patrimonial, tais como BACENJUD/CCS, RENAJUD, CNIB, INJOJUD/DOI, SERASAJUD, SIMBA, CENSEC, SACI/ANAC, INFOSEG entre outras,[15] estimulando o uso e exigindo sua utilização pelos magistrados e servidores da Justiça do Trabalho.

Todavia, as estatísticas acima demostram que ainda há muito a ser melhorado para tornar a execução trabalhista mais efetiva, concretizando-se o direito reconhecido no título judicial, o que demanda uma intensificação da busca patrimonial na fase de execução.

3. PROSSEGUIMENTO DA EXECUÇÃO DURANTE A PANDEMIA DE COVID-19

Como acima dito, a pandemia de COVID-19 gerou a paralisação de diversos atos da execução trabalhista, especialmente os que dependem de diligências externas de oficial de justiça, o que não se confunde com a suspensão da execução, uma vez que diversos atos executórios podem ser praticados de forma virtual pelos próprios interessados ou pela Justiça do Trabalho.

No contexto de crise sanitária, surgiu entendimento no sentido de que ao menos as ordens de bloqueio *on line* via BACENJUD sejam suspensas enquanto permanecerem os efeitos do Decreto Legislativo 6/2020,[16] basicamente pelos seguintes fundamentos:

---

15 Para uma noção básica das ferramentas eletrônicas, vide BEGALLES, Carlos Alberto. *Curso de Execução Trabalhista.* São Paulo: LTr, 2020, págs. 52 a 59 e TST. "Pesquisa Patrimonial". Disponível em: http://www.tst.jus.br/web/corregedoria/pesquisa-patrimonial, acesso em 28/6/2020.

16 A título de exemplo, no âmbito do Tribunal Regional do Trabalho da 23ª Região, a Corregedoria editou a Recomendação 3/2020, de 20/3/2020 aos magistrados do Trabalho, de forma genérica e sem distinção de porte econômico ou ramo de atividade do devedor, para que, enquanto durar o período de suspensão das atividades presenciais nas Varas do Trabalho, abstenham-se de "proceder ao bloqueio de numerários por meio do sistema BacenJud, bem assim a restrição de veículos automotores via Renajud, tendo em vista a hodierna conjuntura social e econômica do país ante os efeitos do novo coronavírus (COVID-19)".
Referido ato foi revogado pela Recomendação 5/2020, de 14/5/2020, sob os seguintes argumentos "necessidade de atender as pretensões e demandas, a fim de garantir a efetiva prestação jurisdicional durante o período de isolamento social" e de que "o Ministro Aloysio Correa da Veiga, em reunião realizada com os Corregedores, solicitou atribuição de prioridade aos processos que estão na fase de execução", como se verifica de seus *consideranda.*

a) o COVID-19 foi reconhecida pela Organização Mundial de Saúde (OMS) como pandemia, da qual decorre grave crise econômica, o que gerou um estado de emergência, pondo em risco até mesmo a sobrevivência do devedor pessoa natural ou sócio de pessoas jurídicas;

b) durante o período de suspensão de prazos (até 30/4/2020), como não teria início a contagem do prazo para oposição de embargos previstos no artigo 884 da CLT e não ocorreria a intimação determinada pelo artigo 854, § 2º do CPC, não seria possível a liberação do valor bloqueado ao credor, de modo que o ato não teria utilidade à execução;

c) o BACENJUD não faz diferenciação da natureza eventualmente alimentar dos valores bloqueados, o que pode gerar a penhora não só de salários como também de quantias decorrentes do benefício emergencial criado pela Lei 13.982/2020, em violação ao artigo 833, IV do CPC e em contrariedade à Resolução 318/2020 do Conselho Nacional de Justiça.[17]

Apesar de louvável a preocupação de que o bloqueio via BACENJUD possa gerar graves prejuízos aos executados e potencializar a crise econômica, não há como concordar com a suspensão da execução, ainda que parcial, durante a pandemia de COVID-19.

Referido entendimento afronta as garantias fundamentais da razoável duração do processo e do acesso à ordem jurídica justa, previstas no artigo 5º LXXVIII da Constituição Federal, e viola regra do artigo 835, *caput* e § 1º do CPC, que estabelece a ordem de preferência da penhora de dinheiro, aplicações e ativos financeiros em relação aos demais bens.

Nesse sentido, o § 1º do artigo 835 do CPC determina ser "prioritária a penhora em dinheiro, podendo o juiz, nas demais hipóteses, alterar a ordem prevista no *caput* de acordo com as circunstâncias do caso concreto".

Todavia, a partir da edição da Recomendação da Corregedoria local houve diversas decisões judiciais determinando o sobrestamento total ou parcial das execuções.

17 O Artigo 5ª da Resolução 318/2020 do CNJ recomenta "que os magistrados zelem para que os valores recebidos a título de auxílio emergencial previsto na Lei no 13.982/2020 não sejam objeto de penhora, inclusive pelo sistema BacenJud, por se tratar de bem impenhorável nos termos do art. 833, IV e X, do CPC.
Parágrafo único. Em havendo bloqueio de valores posteriormente identificados como oriundos de auxílio emergencial, recomenda-se que seja promovido, no prazo de 24 (vinte e quatro) horas, seu desbloqueio, diante de seu caráter alimentar".
SCHIAVI, Mauro. *Manual de Direito Processual do Trabalho*,10ªed. São Paulo: LTr, 2016, p. 1.198.

Da leitura do referido artigo, depreende-se ser permitida a alteração da ordem de penhora, salvo quanto ao dinheiro, que tem absoluta prioridade na constrição, de modo que não é possível determinar a penhora de outros bens em detrimento de dinheiro do executado.

Igualmente, contraria o *caput* do artigo 854 do CPC, que regula a penhora de dinheiro em depósito ou em aplicação financeira e, ainda, faz letra morta do supracitado artigo 100, § 1º da Constituição Federal que atribui caráter alimentar de grande parte dos créditos reconhecidos na Justiça do Trabalho e fundamenta toda a rede de proteção social trabalhista para a desmercantilização da força de trabalho.

Ademais, referido entendimento de não fazer bloqueio via BACENJUD durante a pandemia de COVID-19 representa interpretação ampliativa do artigo 833 do CPC, que prevê as hipóteses taxativas de impenhorabilidade, contrariando o entendimento doutrinário predominante, no sentido de que as hipóteses de impenhorabilidade são restritivas:

> (...) o Juiz do Trabalho deve interpretar a cláusula de impenhorabilidade dos incisos do artigo 833 do CPC com reservas, utilizando-se do bom-senso e da razoabilidade, considerando-se o caráter alimentar do crédito trabalhista bem como as vicissitudes que enfrenta o exequente na execução trabalhista. [18]

Esse entendimento não exclui, obviamente, o dever de o magistrado do trabalho apreciar eventuais alegações de impenhorabilidade dos valores bloqueados com a necessária urgência e no prazo de 24 horas, conforme determinam os parágrafos do artigo 854 do CPC.

Outrossim, determinar a suspensão parcial ou total da execução, deixando de efetuar bloqueios via BACENJUD de ofício contraria a regra do artigo 878 da CLT, com redação dada pela Lei nº 13.467, de 2017, que determina que "a execução será promovida pelas partes, permitida a execução de ofício pelo juiz ou pelo Presidente do Tribunal apenas nos casos em que as partes não estiverem representadas por advogado".

---

18 SCHIAVI, Mauro. *Manual de Direito Processual do Trabalho*,10ªed. São Paulo: LTr, 2016, p. 1.198.

Isso porque, se o início ou o andamento da execução depende de requerimento expresso do exequente, é decorrência lógica que a suspensão de atos constritivos específicos ou da própria execução dependam de requerimento expresso e fundamentado por parte do devedor.

Não se quer com isso defender aplicação literal do artigo 878 da CLT, com vedação da atuação de ofício do juiz do trabalho, mas apenas jogar luz para uma atuação coerente no sentido de que, se não se pode atuar de ofício na execução fora das hipóteses legais, não se deve sequer cogitar de suspendê-la, sem prévio requerimento do executado.

Nesse ponto, compartilha-se do entendimento doutrinário de que a eliminação, como regra geral, do impulso oficial na fase de execução compromete o princípio constitucional da eficiência, celeridade e efetividade da prestação jurisdicional (art. 5º, LXXVIII, CF):

> (...) não restam dúvidas de que pode e deve o Magistrado assegurar eficiência e efetividade ao processo do trabalho, após decidido o título jurídico exequendo. Nesse quadro, concluída a decisão desse título jurídico, deve o Juiz tomar as medidas necessárias para concretizar aquilo que foi explicitado no título jurídico exequendo, na forma dos preceitos constitucionais e legais supra citados (art. 5º, LXXVIII, Constituição da República; art. 765, CLT; arts. 2º, 8º, 15 e 139, IV, CPC-2015). Deve o Magistrado, inclusive, manejar os modernos instrumentos de consulta, restrição, bloqueio, indisponibilidade e penhora de bens reconhecidos, oficialmente, por intermédio de convênios celebrados pelo Poder Judiciário com órgãos de entidades estatais e de entidades privadas (BACEN-JUD e outros veículos oficialmente consagrados).[19]
>
> (...) nessa norma do artigo 878 da CLT – que agora sofre uma alteração de 180 graus –, estivesse a essência do processo do trabalho. Juntamente com a norma correlata na fase de conhecimento, consubstanciada no artigo 765 da CLT, a diretriz que permitia ao juiz do trabalho atuar de ofício, praticamente sem restrições – por óbvio respeitando o devido processo legal e os princípios que lhe dão concretude, inclusive os princípios do contraditório e da ampla defesa, que apenas eram postergados para um momento seguinte à apreensão de bens suficientes à garantia da execução –, para a plena satisfação dos créditos trabalhistas reconhecidos em juízo,

19 DELGADO, Maurício Godinho; DELGADO, Gabriela Neves. *A reforma trabalhista no Brasil: com os comentários à Lei n. 13.467/2017*. São Paulo: LTr, 2017, p. 356.

é que se tornava a espinha dorsal da execução trabalhista. Por isso, maus empregadores e pessoas responsáveis pelas suas dívidas trabalhistas – empresas do grupo econômico, sócios, tomadores de serviços, adquirente sucessores – tinham tanto pavor quanto a essa norma.[20]

Dessa forma, eventual suspensão de ordens de bloqueio de valores e ativos via BACENJUD deve ser requerida pelo executado e, caso deferida, apenas de forma excepcional, considerando-se as hipóteses de impenhorabilidade dos valores, o porte e o ramo de atividade da empresa ou até mesmo o interesse público, como ocorre em executados que atuem na área de saúde, que podem, no caso concreto, comprovar que o andamento da execução com o bloqueio via BACENJUD colocaria em risco toda a sociedade, mormente em tempos de pandemia de COVID-19.

Em síntese, negar a urgência dos créditos trabalhistas reconhecidos por título judicial transitado em julgado deixando de empreender máximo esforço para concretizar o comando da sentença, *data venia*, é contribuir para a naturalização da prática de ilícitos trabalhistas, tolerando o voluntário e reiterado descumprimento dos direitos trabalhistas como forma de impulsionar a atividade empresarial,[21] o que reforça a propalada ideia neoliberal da desnecessidade da própria Justiça do Trabalho como ramo do Poder Judiciário.

E a utilização das ferramentas de pesquisa patrimonial é uma das formas de dar maior efetividade à execução trabalhista.

4. FERRAMENTAS ELETRÔNICAS DE PESQUISA PATRIMONIAL

Ferramenta eletrônica de pesquisa patrimonial é a nomenclatura consagrada para designar todo mecanismo utilizado para a busca por bens dos executados ou por pessoas que possam vir a ser responsabilizadas pe-

---

20 SILVA, José Antônio Ribeiro de Oliveira. In: DIAS, Carlos Eduardo Oliveira. *Comentários à Lei da Reforma trabalhista: dogmática, visão crítica e interpretação constitucional.* São Paulo: LTr, 2018, p. 229.

21 SOUTO MAIOR, Jorge Luiz. "Direito Social, Direito do Trabalho e Direitos Humanos". In: SILVA, Alessandro da; SOUTO MAIOR, Jorge Luiz; FELIPPE, Kenarik Boujikian; SEMER, Marcelo (Coord.). *Direitos Humanos: essência do Direito do Trabalho.* São Paulo: LTR, 2007, p. 37.

las dívidas e/ou fazer constrição do referido patrimônio.[22] Algumas delas são executadas integralmente de forma eletrônica, por meio de programas ou aplicativos próprios, enquanto outras são complementadas ou integralmente feitas por meio de comunicação via ofício, que se dá de forma eletrônica, na maioria das vezes por e-mail.

Ainda assim, optou-se pela nomenclatura de Ferramentas Eletrônicas de Pesquisa Patrimonial como forma de padronização e por ser a mais disseminada entre os profissionais que atuam na Justiça do Trabalho.

Além disso, importa esclarecer que as ferramentas eletrônicas de pesquisa patrimonial podem ser de acesso restrito ou de acesso público. As de acesso restrito dividem-se em ferramentas de pesquisa básica (artigo 835, I a V, do CPC), e avançada (grandes execuções) e geralmente decorrem de convênio firmado entre um órgão do Poder Judiciário e algum ente público ou privado. Já as ferramentas de acesso público são livremente acessadas pela rede mundial de computadores por qualquer interessado, com ou sem cadastro prévio.

4.1 Ferramentas eletrônicas de pesquisa patrimonial básica[23]

Os magistrados do trabalho em geral têm adotado como regra fazer a pesquisa patrimonial básica, que abrange ferramentas de acesso restrito a integrantes do Poder Judiciário, seguindo a ordem de penhora do artigo 835, incisos I a V, do CPC,[24] abrangendo a procura por numerário

---

22 Não se faz aqui a diferenciação entre pesquisa financeira como gênero e pesquisa patrimonial como espécie, como se classifica no âmbito das investigações criminais. Vide BRASIL. Ministério Público Federal. Câmara de Coordenação e Revisão, "Roteiro de Atuação: Persecução Patrimonial e Administração de Bens". Brasília: MPF, 2017, páginas 41 a 44.

23 Novamente se remete o leitor que queira ter uma noção básica das ferramentas eletrônicas à obra BEGALLES, Carlos Alberto. *Curso de Execução Trabalhista.* São Paulo: LTr, 2020, p. 52 a 59 e ao *site* eletrônico TST. *Pesquisa Patrimonial.* Disponível em: http://www.tst.jus.br/web/corregedoria/pesquisa-patrimonial, acesso em 28/6/2020.

24 Art. 835. "A penhora observará, preferencialmente, a seguinte ordem:
I – dinheiro, em espécie ou em depósito ou aplicação em instituição financeira;
II – títulos da dívida pública da União, dos Estados e do Distrito Federal com cotação em mercado;
III – títulos e valores mobiliários com cotação em mercado;
IV – veículos de via terrestre;
V – bens imóveis; (...)"

e ativos financeiros via BACENJUD/SISBAJUD, veículos terrestres via RENAJUD e imóveis via ARISP, ANOREG ou outro convênio local, além de indisponibilizar imóveis via CNIB, entre outras ferramentas, como analisaremos nos itens a seguir.

a) BACENJUD: Questões práticas

BACENJUD é ferramenta eletrônica de comunicação entre o Poder Judiciário e as instituições bancárias e financeiras, com a intermediação do Banco Central, para o cumprimento de ordens de bloqueio de dinheiro e ativos financeiros. É a denominada penhora *on line*.

Inicialmente, o BACENJUD permitia apenas o bloqueio judicial de contas bancárias de devedores e a requisição de informações das pessoas vinculadas ao sistema bancário (endereços, saldos e extratos bancários). Hoje abrange não apenas a hipótese do artigo 835, I, do CPC, mas também os ativos financeiros indicados nos incisos II e III do referido artigo.

Nesse sentido, os usuários do sistema BACENJUD, partes e advogados devem observar que as respostas com indicação de um centavo (R$ 0,01)[25] foi por certo período o meio padronizado para informar a existência de ações, ETF, FII, CRI, CRA, entre outros, além de cotas de fundos de investimento, por meio do sistema, de modo que a informação de que há R$ 0,01 na conta de investimento pode indicar, por exemplo, a existência de títulos que valem milhares de reais.

Portanto, desde 2018, não é mais necessário se oficiar à Bolsa de Valores, corretoras ou outras instituições a fim de inquirir acerca da existência de títulos em nome do executado, uma vez que as ordens de bloqueio atingirão também esses valores. Recomenda-se que, nesses casos, aguarde-se por até 30 dias para se saber se o bloqueio é de dinheiro ou de algum título, de modo que a expedição de ofício, além de ser desnecessária, retarda o andamento da execução.

25 O artigo 13, § 9º do Regulamento BACENJUD 2.0 estabelece: "As instituições participantes ficam dispensadas de efetivar o bloqueio quando o saldo consolidado do atingido for igual ou inferior a R$ 10,00 (dez reais)", o que gera o desbloqueio do valor.

E, paralelamente, poderá a Secretaria da Vara do Trabalho entrar em contato via e-mail com a instituição para obter informações sobre os ativos.

Há, ainda o SABB (Sistema Automatizado de Bloqueios Bancários), que facilita a emissão das ordens eletrônicas a serem enviadas via BACENJUD, tornando o bloqueio mais eficiente, uma vez que em caso de bloqueio parcial, faz-se a atualização do valor devido com emissão automática de nova ordem descontados os valores retidos, aumentando sobremaneira a eficácia da ordem de bloqueio.

Com essa funcionalidade, o BACENJUD cumpre o comando do artigo 789 do CPC, pelo qual "o devedor responde com todos os seus bens presentes e futuros para o cumprimento de suas obrigações, salvo as restrições estabelecidas em lei", atingindo bens futuros e não apenas os bens presentes, como ocorre nas pesquisas feitas sem utilização as ferramenta SABB.

Importa assinalar, ainda, que a inclusão do CNPJ deve ser feita digitando-se apenas os oito primeiros números, pois o próprio sistema localizará os CNPJs correspondentes à respectiva informada. Isso se justifica porque no passado a diferenciação entre matriz e filial era feita pelos últimos 6 dígitos do CNPJ, de modo que ainda há muitas empresas que adotam essa sistemática.

Outrossim, insta observar que o sistema BACENJUD está prestes a ser substituído pelo Sistema de Busca de Ativos do Poder Judiciário (SISBAJUD), conforme Comunicado n° 35.683, de 15/5/2020,[26] e Acordo de Cooperação Técnica 041/2019, firmado em 18/12/ 2019 entre o Conselho Nacional de Justiça, o Banco Central do Brasil e a Procuradoria-Geral da Fazenda Nacional,[27] que será integrado ao PJe, tornando mais célere o bloqueio e o desbloqueio de ativos, mas que em nada altera a análise acima, apenas reforça a sua conclusão, facilitando o cumprimento das ordens judiciais de bloqueio, desbloqueio e transferência de valores.

---

26 BANCO CENTRAL DO BRASIL. *Comunicado 35.683, de 15/05/2020.* Disponível em: https://www.bcb.gov.br/estabilidadefinanceira/exibenormativo?tipo=Comunicado&numero=35683. Acesso em: 30/5/2020.

27 CNJ. *Acordo de Cooperação Técnica 041/2019.* Disponível em: https://www.cnj.jus.br/wp-content/uploads/2019/12/TCOT-041_2019.pdf. Acesso em: 30/5/2020.

Há expectativa de que o SISBAJUD, além de ter sua interface alterada, venha a abranger as instituições de pagamento, abrangendo as denominadas *Fintechs*, bem como as corretoras de criptomoedas, além de abranger novas funcionalidades, como a requisição de extratos no modelo SIMBA, com indicação de origem e destino dos valores, faturas de cartões de crédito, informações relativas a contratos de câmbio e cópias de cheques, entre outras.

b) RENAJUD: Questões práticas

É convênio entre o Poder Judiciário e DENATRAN para envio de ordens *on line* e em tempo real de restrição judicial de veículos e penhora.

As restrições podem ser de transferência, que impedem o registro da mudança da propriedade do veículo no sistema RENAVAM; de licenciamento, que obstam o registro da mudança da propriedade, como também um novo licenciamento do veículo no sistema RENAVAM; ou de circulação (restrição total), que impossibilitam o registro da mudança da propriedade do veículo, um novo licenciamento no sistema RENAVAM, como também vedam a sua circulação e autoriza o seu recolhimento para o depósito; além do registro de penhora efetivada em processo judicial sobre o veículo e seus principais dados (valor da avaliação, data da penhora, valor da execução e data da atualização do valor da execução).[28]

Pelo RENAJUD é possível saber o endereço cadastrado do veículo, bem como obter as seguintes informações: referentes a roubo ou furto; a veículos baixados, arrendados; com reserva de domínio, alienação fiduciária, restrição judicial, restrição administrativa. Tais dados podem auxiliar na execução, tanto na localização do veículo quanto para evitar diligências inúteis.

Não há, todavia, informações relativas ao contrato de arrendamento, de alienação fiduciária ou sobre a reserva de domínio, o que demandam pesquisa via INFOSEG ou DETRAN NET (outras ferramentas eletrônicas de uso restrito) ou expedição de ofício ao DETRAN e à instituição financeira para saber mais informações.

---

28 CNJ. *RENAJUD. Restrições Judiciais de Veículos Automotores. Manual do usuário.* Disponível https://www.cnj.jus.br/wp-content/uploads/2011/02/manual-renajud.pdf. Acesso em: 29/6/2020.

Importa observar, ainda, que o sistema RENAJUD indica o cadastro constante no DENATRAN, que deveria corresponder ao real proprietário do veículo, conforme artigos 123 e 134 do Código de Trânsito Brasileiro,[29] mas nem sempre isso corresponde à realidade, ante a prática comum de devedores da Justiça do Trabalho adquirirem veículos e manterem em nome de terceiros como forma de burlar a execução.

De tão comum essa prática, o STJ pacificou o entendimento de que os artigos 123 e 134 do CTB, que determina a transferência da propriedade do veículo no DENATRAN em 30 dias, não é da essência do ato de transferência da propriedade do veículo, conforme súmula 585 da Corte.[30]

Assim, para dar maior efetividade a essa ferramenta, é importante que o credor apresente ao juízo a relação de veículos dos executados, seus sócios e familiares, indicando as respectivas placas, modelo e cor, como forma de subsidiar eventual reconhecimento de fraude à execução, o que pode ensejar o reconhecimento da propriedade decorrente da posse do bem móvel, nos termos dos artigos 1.196, 1.209 e 1.267 do Código Civil, que estabelecem:

> "Art. 1.196. Considera-se possuidor todo aquele que tem de fato o exercício, pleno ou não, de algum dos poderes inerentes à propriedade."
>
> "Art. 1.209. A posse do imóvel faz presumir, até prova contrária, a das coisas móveis que nele estiverem."
>
> "Art. 1.267. A propriedade das coisas não se transfere pelos negócios jurídicos antes da tradição."

E uma das formas de se comprovar a posse do veículo é oficiando-se à CNSeg (Confederação Nacional das Empresas de Seguros Gerais) para que informe a existência de contrato de seguro do automóvel em discussão, além dos CPFs e CNPJs dos executados, para saber quem são os segurados,

---

29 Art. 123: "Será obrigatória a expedição de novo Certificado de Registro de Veículo quando: I – for transferida a propriedade (...)" e art. 134: "No caso de transferência de propriedade, o proprietário antigo deverá encaminhar ao órgão executivo de trânsito do Estado dentro de um prazo de trinta dias, cópia autenticada do comprovante de transferência de propriedade, devidamente assinado e datado, sob pena de ter que se responsabilizar solidariamente pelas penalidades impostas e suas reincidências até a data da comunicação."

30 "A responsabilidade solidária do ex-proprietário, prevista no art. 134 do Código de Trânsito Brasileiro – CTB, não abrange o IPVA incidente sobre o veículo automotor, no que se refere ao período posterior à sua alienação." Em síntese, a transferência da propriedade não se dá com o registro no DETRAN, até por ser mera formalidade administrativa.

geralmente os reais proprietários dos bens. Essa mesma sistemática pode ser adotada com relação a outros bens móveis ou até mesmo imóveis.

Portanto, é essencial que o credor ou seu advogado participe ativamente das diligências dos oficiais de justiça, notadamente de penhora, ocasião em que poderá verificar a existência de outros veículos na posse do executado, além de aceitar o encargo de fiel depositário do bem, nas comarcas em que não houver depositário profissional, conforme artigo 840, II e § 2º CPC.[31]

A depender do caso concreto, será possível, ainda, a inclusão na execução do terceiro que "empresta o nome" para fraudar a execução, nos termos do artigo 942 do Código Civil, *caput*: "Os bens do responsável pela ofensa ou violação do direito de outrem ficam sujeitos à reparação do dano causado; e, se a ofensa tiver mais de um autor, todos responderão solidariamente pela reparação".

c) CNIB e ARISP/ANOREG: Dicas práticas

A Central Nacional de Indisponibilidade de Bens (CNIB) é um sistema que integra todas as indisponibilidades de bens imóveis decretadas por magistrados e por autoridades administrativas em território nacional.

Após a inclusão do CPF ou CNPJ no *site* de indisponibilidade, de consulta obrigatória pelos registradores de imóveis, inclusive antes de efetuar as transações imobiliárias, o magistrado passa a receber as informações sobre os imóveis que foram indisponibilizados.

Referida ferramenta não é utilizada propriamente para pesquisa de bens,[32] mas para a indisponibilização de imóveis, atendendo ao comando

---

31 "Art. 840. Serão preferencialmente depositados:
II – os móveis, os semoventes, os imóveis urbanos e os direitos aquisitivos sobre imóveis urbanos, em poder do depositário judicial;
§ 2º Os bens poderão ser depositados em poder do executado nos casos de difícil remoção ou quando anuir o exequente."

32 Mas pode ser usada indiretamente, na medida em que, além de incluir as ordens de indisponibilidade, é possível pesquisar se no CNPJ/CPF há outras ordens de indisponibilidade e, em caso positivo, aparecem o número da matrícula e o respectivo Cartório de Registro de Imóveis para o qual pode ser expedido ofício via e-mail ou ARISP ou ANOREG solicitando cópia das matrículas ou averbação da penhora.

do artigo 789 do CPC, pelo qual "o devedor responde com todos os seus bens presentes e futuros para o cumprimento de suas obrigações, salvo as restrições estabelecidas em lei".

Para se fazer a pesquisa de imóveis por CPF ou CNPJ, utilizam-se as ferramentas eletrônicas ARISP ou ANOREG, a depender da existência de convênio de cada Tribunal, geridas pelas associações de registradores.

Outra diligência quase nunca requerida pelos exequentes relativa a imóveis é a quebra de sigilo fiscal junto à Receita Estadual para acesso a dados relativos a ITCMD (imposto decorrente de transmissão *causa mortis* e doação), para saber se houve, por exemplo, alguma doação não declarada, informação a ser cruzada com eventuais dados obtidos no CENCEC (Central Notarial de Serviços Eletrônicos), relativos a escrituras de compra e venda, doação, partilha, testamentos, inventários, separações e divórcios.

d) Outras ferramentas de pesquisa básica

Muitos magistrados do trabalho fazem, nessa etapa da pesquisa patrimonial, a consulta ao sistema BACEN/CCS (Cadastro de Clientes do Sistema Financeiro Nacional), para obter os relacionamentos financeiros dos executados e possíveis responsáveis pela dívida (sócios de fato que efetivamente movimentam os ativos, mas mantêm a empresa ou o patrimônio em nome de terceiros, popularmente denominados "laranjas", "testas de ferro").

Determinam, ainda, a quebra do sigilo fiscal dos executados e pesquisam, via INFOJUD (Base de dados da Receita Federal do Brasil), para obter a declaração de imposto de renda como forma de complementar as pesquisas acima, e para colher subsídios para eventual pesquisa patrimonial avançada.

Um pouco menos comum, até porque quase nunca requerido pelos credores e seus advogados, é a solicitação do dossiê integrado à Receita Federal do Brasil para obter informações de forma compilada sobre Declaração do Imposto de Renda Retido na Fonte (DIRF); Declaração de Informações Econômico-Fiscais da Pessoa Jurídica (DIPJ); Declaração de Serviços Médicos" (DMED); Declaração de Informações sobre Movimentação Financeira (DIMOF); Declaração sobre a Opção de Tributação de Planos Previdenciários (DPREV), Declaração de Operações com Cartão de crédito (DECRED); Declaração de Informações sobre Atividades Imobiliárias (DIMOB); Declaração sobre Operações Imobiliárias (DOI).

A diferença entre as Declarações DOI e DIMOB é basicamente que a primeira abrange as informações prestadas pelos Tabelionatos de Notas e pelos Cartórios de Registro de Imóveis e de Títulos e Documentos, relativas a registro e averbações, enquanto a segunda abrange operações de compra, venda ou locação de imóveis, de modo que as declarações são complementares, uma é modalidade de autodeclaração e a outra feita por terceiro.

4.2 Ferramentas eletrônicas de pesquisa patrimonial avançada[33]

Encerrada a pesquisa patrimonial básica sem localização de dinheiro, ativos financeiros ou bens dos executados, grande parte dos juízes do trabalho remetem o processo ao arquivo, deixando para proceder à utilização de ferramentas de pesquisa avançada apenas para casos de grandes execuções, que são as de elevado valor ou grande número de credores em execuções individuais ou aglutinadas.

Isso porque a pesquisa patrimonial avançada, que abrange pesquisa pelo SIMBA (Sistema de Investigação de Movimentações Bancárias) e/ou COAF (Conselho de Controle de Atividades Financeiras), é muito invasiva, promovendo verdadeira devassa na vida financeira dos devedores e, especialmente, porque produzem um volume de dados muito grande e atualmente grande parte das secretarias de Varas do Trabalho não têm estrutura para manejar as informações colhidas.

Cumpre assinalar, por fim, que está em desenvolvimento um sistema de tratamento de massa de dados no âmbito do LAB-CSJT (Laboratório de Tecnologia para Recuperação de ativos, combate à corrupção e lavagem de dinheiro no âmbito da Justiça do Trabalho)[34] denominado Wallace, fun-

---

33 Novamente se remete o leitor que queira ter uma noção básica das ferramentas eletrônicas à obra BEGALLES, Carlos Alberto. *Curso de Execução Trabalhista*. São Paulo: LTr, 2020, p. 52 a 59 e ao *site* eletrônico TST. *Pesquisa Patrimonial*. Disponível em: http://www.tst.jus.br/web/corregedoria/pesquisa-patrimonial, acesso em 28/6/2020.

34 Regulamentado pela Resolução 179/2017 do Conselho Superior da Justiça do Trabalho.

cionalidade que deve ser implementada ainda em 2020 para emitir relatórios de inteligência financeira a partir dos dados obtidos no SIMBA.

Acredita-se que referida ferramenta deva popularizar a utilização do SIMBA entre os magistrados do trabalho, deixando de se limitar a pesquisa patrimonial de grandes devedores.

Todavia, ao menos enquanto o Wallace não for largamente utilizado, antes de se requerer a realização de pesquisa patrimonial avançada, há uma série de ferramentas de acesso público que podem ser utilizadas pelas partes e seus advogados para que a execução trabalhista seja satisfeita.

5. FERRAMENTAS ELETRÔNICAS DE ACESSO PÚBLICO[35]

As ferramentas eletrônicas de acesso público são muitas, desde meros buscadores ou metabuscadores de dados genéricos na internet, a bancos de dados mais específicos, de acesso com ou sem cadastro prévio. Tal pesquisa deve ser feita pela parte interessada, até mesmo para requerer penhoras e constrições específicas, evitando-se diligências sabidamente infrutíferas e, portanto, inúteis à satisfação da execução.

Para que as buscas sejam minimamente organizadas, é essencial que se faça um organograma com indicação de quem se quer investigar: quais pessoas jurídicas; se apenas as executadas ou outras empresas do grupo econômico já reconhecido ou cujo reconhecimento se pretende; seus sócios ou ex-sócios; quais pessoas naturais; se irá abranger filhos, pais, cônjuges e pessoas próximas que possam eventualmente ser utilizadas como "laranjas".[36]

35 Esse tópico foi escrito com base na obra elaborada pelas 2ª Câmara de Coordenação e Revisão, Criminal e 5ª Câmara de Coordenação e Revisão, Combate à corrupção do Ministério Público Federal BRASIL. Ministério Público Federal. Câmara de Coordenação e Revisão, *Roteiro de Atuação: Persecução Patrimonial e Administração de Bens*. Brasília: MPF, 2017, p. 52 a 77, bem como na experiência do autor do artigo como oficial de justiça com atuação no Núcleo de Pesquisa Patrimonial do TRT da 15ª Região, no fórum de Campinas, nos anos de 2015 e 2016 e como magistrado do trabalho substituto do TRT da 23ª Região desde setembro de 2016 e desde 2018 como titular de Vara do Trabalho, sempre adotando ainda que parcialmente algumas das medidas ora analisadas.

36 Além de buscar por "laranjas", a pesquisa envolvendo círculo de familiar ou amizade do executado pode indicar indícios de ocultação de patrimônio, por exemplo, quando um

Somente depois disso é que se devem iniciar as buscas, partindo-se do mais genérico ao mais específico, pelo mais fácil e menos oneroso ao mais difícil e mais custoso.

Primeiro pelos buscadores da internet (tais como Google, DuckDuckGo, Ask, About.com e outros) ou pelos metabuscadores, que são mais genéricos e contêm mais dados (tais como Metager, Dogpile, iZito).

Em seguida, pode-se fazer pesquisas nas redes sociais, uma a uma ou por buscadores específicos como Pipl e o Wikiworldbook, e buscadores de documentos, como Scribd, SlideShare, ISBNdb, Docero, dentre outros, para somente depois passar a outros bancos de dados específicos.

Para tanto, é importante que se saiba utilizar a ferramenta de buscas e suas funcionalidades. A título de exemplo, citam-se algumas funcionalidades do buscador Google por ser o de uso mais comum: o uso de aspas ("x y z") para a pesquisa de frases extadas; asterisco ("x * z") para parâmetros desconhecidos no meio da frase; til (~) para sinônimos; *e*, *ou* e *não* (ou hífen) para acrescentar, alternar ou excluir termos da pesquisa, o uso da expressão *site:* mais o endereço eletrônico em que se quer delimitar a pesquisa (digitando-se *site:www.tst.jus.br* mais outro termo, a pesquisa será limitada ao filtro do *site* do TST).

Além disso, é essencial saber utilizar os filtros e as abas de pesquisa do buscador para escolher o idioma, a região, o tipo de arquivo e para saber a data da última atualização da página da internet. Caso seja necessário saber a versão anterior ou para os casos de o site estar fora do ar, deve-se buscar pelo respectivo cache.

Feita a pesquisa no buscador ou metabuscador, recomenda-se tomar nota de todos os dados que possam ser relevantes para trilhar o caminho seguinte, preenchendo o formulário KYT (*Know Your Target*, conheça o seu alvo), adotada em investigações de crimes financeiros e lavagem de dinheiro, que incluem as informações colhidas desde a entrevista com o cliente,[37]

---

parente menciona estar na casa de praia ou ostenta veículo do executado, apesar de estarem em nome de terceiro.

37 Importante observar que após a Reforma Trabalhista, a entrevista com a parte ganhou importância na execução também quanto ao reclamado, pois em caso de improcedência total

no caso de advogados, os dados obtidos no processo nas pesquisas básica ou avançada determinadas pelo juízo, e as informações colhidas nos buscadores ou metabuscadores da internet, que vão nortear os próximos passos.

Com tais informações, passa-se à próxima etapa, que demanda análise dos dados obtidos e parte-se para a casuística. A empresa está em funcionamento? Em qual localidade a empresa funciona, funcionou, manteve ou mantém estabelecimentos? Em quais municípios residem ou residiram os sócios/ex-sócios da empresa? Quais os ramos de atuação dos executados? Eles têm algum *hobby* que indique aquisição de patrimônio específico?

Passa-se à análise de cada uma das indagações.

A empresa está em funcionamento?

Sugere-se como primeira consulta aos sites da Junta Comercial do Estado ou da Rede SIM[38] para saber sobre a situação jurídica e de fato da empresa e de seus sócios. Em algumas Juntas Comerciais são disponibilizados documentos constitutivos, atas de assembleias e alterações contratuais gratuitamente pela internet.

Se a empresa estiver em atividade, há a possibilidade de penhora livre de bens, penhora na boca do caixa, procedendo-se, entre outras medidas, à apreensão de máquinas de cartão de crédito para expedição de ofício para penhora, mas tudo isso é dificultado durante a pandemia.

Há, ainda, a possibilidade de se saber quem são os proprietários do domínio da internet, por exemplo, por meio da ferramenta *Who is* no *site* www.registro.br (https://registro.br/tecnologia/ferramentas/whois/), o que pode representar um indício de existência de "laranjas".

Ademais, buscando no *site* da empresa, em versões atuais e antigas de suas páginas, pode-se obter informações acerca de eventuais terceiros

---

da Reclamação é importante que o Advogado credor de honorários sucumbenciais tenha conhecimento da vida financeira do reclamante para fins do artigo.791-A, §4º da CLT.

38 http://www.redesim.gov.br/. No site é possível obter dados relativos ao quadro societário e administradores, buscando-se pelo CPNPJ, pela razão social ou nome fantasia.

com quem os executados mantêm relações jurídicas, o que pode gerar penhora de crédito.

Em qual localidade a empresa funciona, funcionou, manteve ou mantém estabelecimentos? Em quais municípios residem ou residiram os sócios/ex-sócios da empresa?

Com os endereços atuais e antigos dos executados é possível se diligenciar para saber se os executados são proprietários ou possuidores de imóveis sem registro no Cartório de Registro de Imóveis, oficiando-se às Fazendas Municipais para saber se há imóveis cadastrados na Secretaria da Fazenda.

Igualmente, pode ser solicitado às fornecedoras de serviços públicos (água, energia elétrica, telefonia, TV a cabo e gás) se há imóveis, unidades cadastradas em nome deles, uma vez que é comum em muitos municípios do interior do Brasil e nas periferias dos grandes centros haver negociações sem matrícula imobiliária, seja por problemas fundiários, seja para não se pagar ITBI ou até para burlar a execução trabalhista, além de casos de distribuição de herança ainda em vida sem testamento, em que se deixa para transferir a propriedade após o óbito do autor da herança.

Sabendo a localidade em que os executados mantêm ou mantinham relações jurídicas, recomenda-se a pesquisa nos *sites* dos Tribunais, bem como de órgãos da fiscalização (no âmbito da Receita Federal, o Comprot) para saber se há processos em curso e, em caso positivo, qual o andamento, pois pode ser que lá já esteja em curso execução ou arrolamento de bens em autos de infração em fase avançada, ou tenha algum precatório ou valor a receber, encurtando assim o caminho da execução trabalhista.

É importante pesquisar nos *sites* oficiais das prefeituras, pois alguns municípios mantêm cadastro de acesso público por meio de código cartográfico constante da matrícula imobiliária,[39] por meio do qual é pos-

---

39 Citem-se como o exemplo os Municípios de Campinas/SP, que mantém o *site* https://zoneamento.campinas.sp.gov.br/, em que é possível fazer busca por endereço, código cartográfico ou pelo CNAE (Cadastro Nacional de Atividades Econômicas) e de Sinop/MT, que mantém o

sível ter acesso a dados relativos a IPTU, zoneamento do imóvel, delimitação da propriedade, confrontações e existência de dívidas, informações que podem ajudar na escolha do imóvel a ser penhorado, quando há mais de um, bem como a evitar incidentes na execução.

Quais os ramos de atuação dos executados?

O ramo de atividade dos executados é essencial para saber que medidas tomar para uma maior efetividade da execução trabalhista. Por exemplo, se é ou foi candidato a algum cargo público, a declaração de bens fornecida ao TSE pode ser útil à execução. Se presta ou prestou algum serviço ao setor público, os *sites* de Tribunais de Contas e da Contadoria Geral da União (portal Transparência) podem trazer algum dado relevante sobre o patrimônio dos executados.

Se os executados estão ou estiveram envolvidos em atividades ilícitas, notadamente de tráfico de drogas, ainda é possível que o juiz do trabalho solicite acesso ao Sistema Nacional de Bens Apreendidos, mantido pelo CNJ.

Por seu turno, se a empresa faz vendas de mercadorias ou de serviços pela internet (*e-comerce*) é possível localizar eventual intermediador para a penhora de crédito ou mesmo para que indique em qual conta são debitados ou creditados valores (para se saber se está em nome de "laranjas"), como Booking, Trivago, Hotel Urbano, Kayak e outros para o setor hoteleiro, Peixe Urbano, Grupon e outros, para o ramo de entretenimento e serviços em geral, e Mercado Livre, Buscapé, Amazon e outros para vendas de mercadorias em geral, tudo feito de forma virtual.

Se, pelo ramo de atividade ou pelos hábitos sociais, houver indícios de que o executado mantém aeronave, é possível se fazer a consulta da CNPA (certidão negativa de propriedade de aeronaves) no site da ANAC (https://sistemas.anac.gov.br/CNPA/PesquisarCnpa), buscando-se pelo CPF/CNPJ, para se saber os nomes do proprietário e do operador operador, modelo, ano de fabricação e situação da aeronave, informações

site https://www.gp.srv.br/tributario_sinop/servlet/portal_serv_capa?6 em que é possível fazer a busca pelo CPF/ CNPJ do executado ou pelo código ou inscrição do imóvel.

úteis até mesmo para se estimar o valor do bem, antes de se requerer ao magistrado o seu eventual bloqueio ou penhora.

Se for o caso de embarcações, deve-se solicitar a expedição de ofício à Capitania dos Portos (SIGEM – Sistema de Gerenciamento de Embarcações) para embarcações de arqueação bruta de até 100 toneladas ou ao Tribunal Marítimo para os de mais de 100 toneladas, uma vez que o NAVEJUD, sistema informatizado de buscas ainda não foi implantado.

Igualmente, pelo ramo de atividade dos executados ou por eventual *hobby*, é possível descobrir se eles têm imóvel rural e, em caso positivo, requerer ao magistrado a pesquisa via Sistema Nacional de Cadastro Rural (SNCR), ferramenta eletrônica disponibilizada pelo INCRA a alguns TRTs, por meio da qual é possível pesquisar nomes de proprietários, posseiros, arrendatários e meeiros de imóveis rurais, bem como obter informações detalhadas sobre a propriedade, incluindo a área e as atividades exploradas na propriedade.

Aqui é importante observar que o SNCR mantém um portal de consulta pública por município, que permite a visualização da relação de propriedades cadastradas no INCRA, com indicação do nome da propriedade e do titular cadastrado no INCRA, área e outras informações (https://sncr.serpro.gov.br/sncr-web/consultaPublica.jsf;jsessionid=r2PJAQVfwaDHxxzId7LY4VyQ.sncr-web4?windowId=777).

E se o executado cria, compra ou vende gado é possível solicitar a expedição de ofício para o instituto estadual de agropecuária[40] proibindo a expedição da guia de transporte, ou expedição de ofício ao Ministério da Agricultura e Pecuária, especificamente o Sistema de Identificação e Certificação de Bovinos e Bubalinos (Sisbov), para saber sobre a existência de bovinos e búfalos destinados ao abate para exportação da carne para países que exigem certificação de procedência, além da quebra do sigilo fiscal para obtenção do Documento de Informação e Atualização Cadastral do ITR (DIAC).

40 No caso do Estado do Mato Grosso, é o INDEA/MT.

Enfim, as possibilidades são inúmeras e a internet facilita muito as buscas por patrimônio dos executados, de modo que o credor ou seu advogado podem fazer minuciosa pesquisa patrimonial com a utilização de ferramentas de acesso público e, com informações específicas, solicitar ao magistrado a constrição de bens de forma mais direcionada, reduzindo sobremaneira o tempo de duração da execução.

6. CONSIDERAÇÕES FINAIS

Como acima demonstrado, a pandemia de COVID-19 afetou gravemente a economia brasileira e alterou drasticamente as relações jurídicas e sociais, principalmente, as de trabalho.

Ademais, houve significativa redução da prática dos atos judiciais que demandem atividade presencial, como o cumprimento de mandados de penhora por oficiais de justiça, limitando-se apenas a situações de urgência, o que impactou sobremaneira o andamento das execuções, havendo até mesmo a paralisação de muitas execuções.

Historicamente, a execução é o principal gargalo da Justiça do Trabalho, a ponto de aproximadamente apenas 30% dos processos terem respostas positivas na execução, tornando a efetividade da sentença muito baixa.

Esse cenário é grave, uma vez que a efetividade da execução tem importância salutar como estímulo ao cumprimento voluntário da sentença e, mais ainda, do direito material como um todo, sendo essencial no combate à mercantilização do trabalho, uma das funções do Judiciário Trabalhista.

Por tudo isso, considerando-se o disposto nos artigos 5º, LXXVII e 100, § 1º da Constituição Federal e nos artigos 833, 835 e seu § 1º, 854 e 878 do CPC, defende-se não haver motivo juridicamente justificável para, de ofício e de forma genérica, sem analisar concretamente o porte e o ramo de atividade do devedor, suspender a prática de atos constritivos na execução trabalhista, mormente as ordens de bloqueio via BACENJUD.

E para alterar a realidade de baixa efetividade da execução, propõe-se que, enquanto durarem os efeitos da pandemia de COVID-19, a execução trabalhista seja otimizada, priorizando-se os atos que possam ser praticados sem a necessidade de diligências presenciais das partes, seus advogados ou de oficial de justiça, utilizando-se prioritariamente as ferramentas eletrônicas de pesquisa patrimonial disponíveis, sejam as de acesso restrito ou as de acesso público, de pesquisa básica ou avançada.

Tudo isso para que a Justiça do Trabalho cumpra sua missão dirigida à concretização do Direito do Trabalho e de desmercantilização da mão de obra, afirmando os direitos fundamentais.

Afinal, ao dar maior efetividade à execução trabalhista durante a pandemia de COVID-19, a Justiça do Trabalho mostrará sua missão institucional de desmercantilização do trabalho e afirmação dos direitos fundamentais da razoável duração do processo e do acesso à ordem jurídica justa.

7. REFERÊNCIA BIBLIOGRÁFICA

BANCO CENTRAL DO BRASIL. *Comunicado 35.683, de 15/05/2020*. Disponível em: https://www.bcb.gov.br/estabilidadefinanceira/exibenormativo?tipo=Comunicado&numero=35683. Acesso em: 30/5/2020.

BRASIL. Ministério Público Federal. Câmara de Coordenação e Revisão. *Roteiro de Atuação: Persecução Patrimonial e Administração de Bens*. Brasília : MPF, 2017.

BEGALLES, Carlos Alberto. *Curso de Execução Trabalhista*. São Paulo: LTr, 2020.

CHAVES, Luciano Athayde. "Os desafios da Execução Trabalhista". *Revista Complejus* . V. 1. N. 1.Rio Grande do Norte: Amatra21, 2010.

CNJ. *Acordo de Cooperação Técnica 041/2019*. Disponível em: https://www.cnj.jus.br/wp-content/uploads/2019/12/TCOT-041_2019.pdf. Acesso em: 30/5/2020.

CNJ. *RENAJUD. Restrições Judiciais de Veículos Automotores. Manual do usuário*. Disponível https://www.cnj.jus.br/wp-content/uploads/2011/02/manual-renajud.pdf. Acesso em: 29/6/2020.

CNJ. *Justiça em números 2019*. Disponível em: https://www.cnj.jus.br/wp-content/uploads/conteudo/arquivo/2019/08/justica_em_numeros20190919.pdf. Acesso em: 30/5/2020.

DELGADO, Gabriela Neves; DELGADO, Maurício. *Constituição da República e Direitos Fundamentais: dignidade da pessoa humana, justiça social e direito do trabalho*. São Paulo: LTr, 2012.

DELGADO, Maurício Godinho; DELGADO, Gabriela Neves. *A reforma trabalhista no Brasil: com os comentários à Lei n. 13.467/2017*. São Paulo: LTr, 2017.

ONU. *Organização Mundial da Saúde declara novo coronavírus uma pandemia.* Disponível em: https://news.un.org/pt/story/2020/03/1706881. Acesso em: 27/5/2020.

PDET. *Cadastro Geral de Empregados e Desempregados.* Disponível em: http://pdet.mte.gov.br/caged?view=default. Acesso em: 27/5/2020.

SCHIAVI, Mauro. *A Reforma Trabalhista e o Processo do Trabalho: Aspectos Processuais da Lei n. 13.467/17*,1ªed. São Paulo: LTr, 2017.

SCHIAVI, Mauro. *Manual de Direito Processual do Trabalho*, 10ª ed. São Paulo: LTr, 2016.

SILVA, José Antônio Ribeiro de Oliveira. In: DIAS, Carlos Eduardo Oliveira. *Comentários à Lei da Reforma trabalhista: dogmática, visão crítica e interpretação constitucional.* São Paulo: LTr, 2018.

SOUTO MAIOR, Jorge Luiz. "Direito Social, Direito do Trabalho e Direitos Humanos". In: SILVA, Alessandro da; SOUTO MAIOR, Jorge Luiz; FELIPPE, Kenarik Boujikian; SEMER, Marcelo (Coord.). *Direitos Humanos: essência do Direito do Trabalho.* São Paulo: LTR, 2007.

TST. *Pesquisa Patrimonial.* Disponível em: http://www.tst.jus.br/web/corregedoria/pesquisa-patrimonial. Acesso em 30/5/2020.

DIREITO COLETIVO DO TRABALHO

1. ATUAÇÃO SINDICAL EM DEFESA DOS DIREITOS DOS TRABALHADORES DURANTE A PANDEMIA DO NOVO CORONAVÍRUS

Raimundo Simão de Melo[1]

Palavras-chave: Direito do trabalho – Dignidade da pessoa humana – Valor social do trabalho – Negociação coletiva – Reforma trabalhista – Custeio sindical – Atuação sindical – Crise do coronavírus.

Resumo: neste trabalho farei breves considerações e reflexões sobre as alterações introduzidas no Direito do Trabalho brasileiro pela Lei da reforma trabalhista de 2017 (Lei n. 13.467/2017) e suas implicações sobre o papel dos sindicatos, analisando o aspecto da negociação coletiva prevalecente sobre a lei e o papel do Direito do Trabalho consubstanciado na Constituição Federal de 1988, no princípio da dignidade da pessoa humana e no valor social do trabalho. Analisarei o papel dos sindicatos na defesa do Direito do Trabalho e a redução da atividade sindical na reforma trabalhista de 2017 pela extinção e proibição de custeio das atividades sindicais, com repercussão

1 É doutor em Direito das Relações Sociais pela PUC-SP, professor titular do Centro Universitário UDF/Mestrado em Direito e Relações Sociais e Trabalhistas e na Faculdade de Direito de São Bernardo do Campo no curso de especialização em Direito e Relações do Trabalho, consultor jurídico, advogado, procurador regional do trabalho aposentado e membro da Academia Brasileira de Direito do Trabalho.

nas negociações coletivas de trabalho no geral e, em especial, no período da crise provocada pelo novo coronavírus. Analisarei a crise desse novo coronavírus e suas consequências no mundo do trabalho, que já estão sendo sentidas com a concessão e antecipação de férias, suspensões de contratos de trabalho, redução de salários, demissões etc. Registrarei que para enfrentar essa crise não basta a atuação governamental, sendo necessário que os sujeitos do capital e trabalho – sindicatos e empresas – se sentem à mesa de negociação, mesmo que de forma virtual, e busquem soluções menos traumáticas, dialogando de forma transparente, com bom senso, boa-fé e ética.

1. INTRODUÇÃO

Objetiva-se com este breve trabalho fazer algumas considerações e provocar reflexões sobre as importantes alterações implementadas no Direito do Trabalho brasileiro a partir da Lei n. 13.467/2017 (Lei da reforma trabalhista), com implicação no papel dos sindicatos, no Direito do Trabalho e nas negociações coletivas desde novembro de 2017, com destaque para o período da crise provocada pelo novo coronavírus, quando, de forma injustificada, se nega o papel dos sindicatos e a importância da sua atuação na busca de soluções para os graves problemas gerados por essa crise, não somente para os trabalhadores, mas também as empresas e, finalmente, para a sociedade.

2. O PAPEL DO DIREITO DO TRABALHO

O Direito do Trabalho nasceu por necessidade humanitária de se regulamentar as relações de trabalho entre empregadores e empregados, visando à proteção destes, em especial contra a sua exposição às indignas e desumanas condições de trabalho, a que eram submetidos, como jornadas excessivas, não existência de salário mínimo suficiente à manutenção das suas necessidades, seguridade social para os momentos de invalidez, velhice e outras necessidades fundamentais do ser humano.

Em razão dessas questões os trabalhadores se organizaram em sindicatos e buscaram a intervenção do Estado como forma de se estabelecer algum equilíbrio na relação entre capital e trabalho.

Para ajudar na implementação desse propósito, foi criada a Organização Internacional do Trabalho (OIT) em 1919, como parte do Tratado de Versalhes, que pôs fim à Primeira Guerra Mundial. Cabe lembrar que a OIT foi fundada sob a convicção primordial de que a paz universal e permanente somente pode estar baseada na justiça social.

As longas jornadas de trabalho sempre foram uma preocupação no mundo do trabalho em razão das consequências e dos prejuízos nefastos que delas decorrem para os trabalhadores e para a sociedade. Por isso, na primeira Conferência Internacional do Trabalho, realizada em 1919, a OIT adotou seis Convenções, sendo que a primeira delas respondia a uma das principais reivindicações do movimento sindical e operário do final do século XIX e começo do século XX, qual seja, a limitação da jornada de trabalho a 8 horas diárias e 48 semanais.

Nessa linha social e humanitária, com muitas lutas, os trabalhadores conquistaram direitos importantes, até atingirem o chamado piso vital mínimo necessário à dignificação do ser humano na maioria dos países globais.

No Brasil não foi diferente e os trabalhadores obtiveram importantes conquistas, culminando com as garantias sociais consagradas pela Constituição Federal de 1988, somadas a outros direitos obtidos nas negociações coletivas e normatizados pela Justiça do Trabalho, tudo isso com o apoio de importantes movimentos trabalhistas, embora nunca tenham atingido o chamado Estado de bem-estar social (ou Estado-providência, ou Estado social), que é um tipo de organização política, econômica e sociocultural que coloca o Estado como agente da promoção social e organizador da economia.

Os direitos sociais fundamentais trabalhistas marcaram grande e importante conquista na Constituição brasileira de 1988, ultrapassando-se aqueles meramente patrimoniais para se atingir direitos da personalidade voltados à proteção da dignidade da pessoa humana, entre eles o direito a condições de trabalho adequadas que preservem a saúde física e mental dos trabalhadores, a não discriminação e um salário mínimo capaz de satisfazer às suas necessidades e de sua família.

Todavia, setores patronais nunca se conformaram com essas conquistas sociais e trabalhistas e sempre que possível e oportuno empreendem campanhas na busca de mudanças, rebaixamento e até mesmo extinção de direitos conquistados ao longo dos tempos. Assim, a ânsia de flexibilização e desregulamentação dos direitos sociais trabalhistas sempre foi uma tônica no Brasil, principalmente depois de 1988.

Nessa linha, o neoliberalismo tem avançado nos últimos anos, cuja política se volta a flexibilizar ao máximo as relações de trabalho, para dar maior liberdade aos empregadores, sobrepor o negociado *in pejus* sobre o legislado, o que é perigoso para o próprio capitalismo, que deixa de crescer se o povo não tem dinheiro para comprar e consumir. Assim, os neoliberais defendem com rigor reformas trabalhistas, sempre com a justificativa de modernização da legislação e de criação de empregos, mas não querem discuti-las com a sociedade, aprovando-as muitas vezes em curtíssimo prazo, à custa dos mais pobres e necessitados, como aconteceu com a reforma trabalhista de 2017. Nessa senda e com extraordinária pressa foi feita grande reforma trabalhista no Brasil pela Lei n. 13.467 de 13/7/2017, que vem acarretando empecilhos na busca da inclusão social dos trabalhadores, como vinha sendo a tônica desde o início das mais basilares conquistas, como salário mínimo, jornada de 8 horas diárias e seguridade social. Hoje o que se tem é uma grande massa de desempregados e informais, sendo certo e induvidoso que a reforma trabalhista de 2017 não foi capaz de cumprir a promessa de criar mais emprego. Foram muitas as alterações trazidas pela nova lei, que, embora se diga que não haveria supressão de direitos, é inegável que os trabalhadores estão sofrendo prejuízos. São exemplos disso, como afirmam estudiosos do direito, a pejotização, a terceirização, o pagamento abaixo do salário mínimo, a flexibilização e aumento das jornadas de trabalho, a autorização generalizada do trabalho intermitente, a redução do intervalo intrajornada, o trabalho da gestante em local insalubre, a redução da responsabilidade do empregador, a negociação individual para quem ganha acima de R$ 11 mil por mês, o negociado sobre o legislado com sindicatos enfraquecidos pela proibição de custeio das suas atividades pelos trabalhadores, a eleição de representantes de trabalhadores nas empresas sem a participação dos sindicatos, a redução das horas de descanso, o tabelamento das indenizações por dano moral, a restrição de acesso do trabalhador à Justiça do Trabalho e a limitação de atuação dessa Justiça Especializada, entre outros.

3. O PRINCÍPIO CONSTITUCIONAL DA DIGNIDADE DA PESSOA HUMANA E O VALOR SOCIAL DO TRABALHO

A dignidade humana é um valor moral e espiritual inerente à pessoa humana, o qual se manifesta na autodeterminação consciente e responsável da própria vida. Consubstancia-se o princípio da dignidade da pessoa humana na pretensão ao respeito por parte dos demais indivíduos da coletividade aos direitos fundamentais da pessoa como integrante de uma coletividade, o qual se apresenta em dupla concepção: como direito individual em relação ao Estado e aos demais indivíduos, e como dever fundamental de tratamento igualitário dos homens entre si na sociedade em que vivem. Significa, na ordem jurídica brasileira, que cada um deve respeitar o seu semelhante da mesma forma como lhe assegura a Constituição Federal seja respeitado. Sua base provém do Direito Romano: *viver honestamente*, *não prejudicar ninguém* e *dar a cada um o que lhe pertence.*

Conforme Cleber Francisco Alves,[2] "o homem é uma pessoa e não somente uma porção de matéria, um elemento individual na natureza, como um átomo. Ele é, de algum modo, um todo, um universo, um ser moral autodeterminado, portador de valores únicos e supremos". Para esse autor, o tratamento da dignidade da pessoa humana como valor ou como princípio jurídico – e, em consequência, o seu caráter preferencialmente deontológico ou axiológico-teleológico – revela-se decisivo para definir o papel dos intérpretes e aplicadores da Constituição nas sociedades democráticas e contemporâneas.[3]

O princípio da dignidade da pessoa humana encontra assento na Constituição Federal brasileira que, em seu art. 1º, estabelece que são fundamentos da República e do Estado Democrático de Direito, entre outros, a dignidade da pessoa humana e os valores sociais do trabalho.[4]

---

2 ALVES, Cleber Francisco. *O princípio constitucional da dignidade da pessoa humana: o enfoque da doutrina social da igreja.* Rio de Janeiro: Renovar, 2001, p. 111/112.

3 Idem. Ibidem, p. 122/123.

4 A dignidade humana não se trata de qualquer valor, mas, de um valor inerente, específico. Como diz Giselda Maria Fernandes Novaes Hironaka, "a dignidade é 'um valor espiritual e moral inerente à pessoa, que se manifesta singularmente na autodeterminação consciente e responsável da própria vida e que traz consigo a pretensão ao respeito por parte das demais pessoas'"

Essas dicções são complementadas pelo artigo 170 da mesma Lei Maior, que, ao tratar da ordem econômica capitalista assegura a livre iniciativa, porém, fundada na defesa do meio ambiente e na valorização do trabalho humano, de modo a se assegurar a todos existência digna, conforme os ditames da justiça social. Observa-se que, embora capitalista, a ordem econômica brasileira dá prioridade aos valores do trabalho humano sobre todos os demais valores da economia de mercado.[5]

Verifica-se, no limiar do terceiro milênio, o advento da globalização. Somos atores ou personagens num palco de transformações históricas radicais no caráter da mão de obra, notadamente a industrial, decorrente da automação e da informatização. Conjuga-se a essa nova realidade crescente desemprego decorrente das políticas econômicas cada vez mais conservadoras, ao qual se alia um sentimento generalizado de impotência da sociedade civil – uma cidadania cansada – diante das possibilidades que, eventualmente, poderia a democracia política oferecer em termos de criação e apresentação de novas opções e novos modelos sociais.

O capitalismo globalizado dos séculos XX e XXI não prioriza soluções para as questões sociais e humanitárias. A sua primazia tem sido o aspecto econômico, que se sobrepõe a qualquer outro. Na concepção de Gilberto Dupas,[6] (...) apesar de ter sido um período de excepcionais conquistas da ciência, o século XX não terminou bem. O mundo capitalista viu-se novamente às voltas com problemas que parecia ter eliminado: desemprego, depressões cíclicas, população indigente em meio a um luxo abundante e o Estado em crise. É preciso possuir, de antemão, sabedoria em seu sentido ético para tirar o melhor proveito possível da técnica.

Nessa linha afirma Alfredo Bosi[7] que "as luzes não se irradiam pelo mundo dos homens de modo harmonioso e justo; ao contrário, a ciência

(Responsabilidade pressuposta, p. 164). Em sentido jurídico, a dignidade humana significa viver o cidadão responsavelmente e ser respeitado nos seus direitos assegurados pelo ordenamento jurídico vigente, sendo o respeito à vida o mais fundamental de todos os significados da expressão.

5 SILVA, José Afonso da. *Curso de Direito Constitucional positivo*, 5ª ed. São Paulo: Revista dos Tribunais, 1989, p. 660.

6 DUPAS, Gilberto. *Ética e poder na sociedade da informação*. São Paulo: UNESP, 2000, p. 9 e 82.

7 Prefácio à obra de Gilberto Dupas, *Ética e poder na sociedade da informação*.

e as tecnologias (e o poder de produzir, mercar e comandar a que dão acesso) foram submetidas às engrenagens de um *darwinismo* econômico que hoje se chama de globalização financeira".

Se o prognóstico do século XX foi ruim, o que se esperar do atual século até o seu final, quando se vê que o homem, que administra as políticas econômicas e sociais, cada vez mais dá ênfase ao capital em detrimento do social? Como, com políticas totalmente liberais e conservadoras, com o desmonte do Direito do Trabalho, como tem sido a tônica no mundo globalizado, incluir socialmente os trabalhadores e lhes assegurar trabalho decente?

Como disse Nelson Mannrich[8], "a busca do progresso deve estar em harmonia com a observância de princípios éticos e de justiça social, tidos como fundamentais".

Por isso é oportuno lembrar que a Constituição brasileira de 1988 destacou expressamente como princípio fundamental a dignidade humana, como fundamento e substrato principal dos demais direitos e garantias individuais e coletivas, garantindo a posição do homem na sociedade política na busca do verdadeiro Estado de bem-estar social (arts. 1º e 170 da Constituição), que não obstante assegure a livre iniciativa na ordem econômica capitalista, condiciona tal iniciativa ao respeito à dignidade da pessoa humana, aos valores sociais do trabalho e ao respeito e proteção do meio ambiente, o que requer a intervenção do Estado na defesa desses primados.

4. O PAPEL DOS SINDICATOS NA DEFESA DO DIREITO DO TRABALHO

Os sindicatos são associações de pessoas, cujo objetivo verdadeiro é buscar a melhoria das condições de trabalho e de vida dos seus integrantes. Os sindicatos nasceram da necessidade de agrupamentos solidários entre pessoas que trilham os mesmos objetivos. Os sindicatos de traba-

8 "Legislação trabalhista: garantia de patamares mínimos". *In*: ROMAR, Carla Tereza Martins; SOUSA, Otávio Augusto Reis de (Coords.). *Temas relevantes de direito material e processual do trabalho* - Estudos em homenagem ao Professor Pedro Paulo Teixeira Manus. São Paulo: LTr, 2000, p. 573.

lhadores, na essência e no nosso sistema jurídico, têm por fim defender os interesses de toda a categoria para assegurar o mínimo de dignidade a quem vende sua força de trabalho.

Nesse contexto, o papa Francisco elogiou os sindicatos e clamou por um novo pacto social, dizendo que "não há uma boa sociedade sem um bom sindicato e não há um sindicato bom que não esteja dentro das periferias". O papa Francisco voltou a criticar o modelo de capitalismo exploratório e especulador em voga no mundo todo. Para sua santidade é necessário estabelecer uma nova ordem mundial em que os interesses da sociedade se coloquem à frente do interesse do capital. Para o papa Francisco, a atuação das entidades sindicais será importante para a construção desse novo pacto social. Sua mensagem foi endereçada aos delegados da Confederação Italiana Sindical dos Trabalhadores (CISL), chamando a atenção, todavia, sobre o fato de que em nossas sociedades capitalistas avançadas há entidades sindicais perdendo essa natureza profética e tornando-se demasiadamente semelhantes às instituições e poderes que deveriam criticar (https://www.brasildefato.com.br/2017/06/28/papa-francisco-elogia-sindicatos-e-clama-por-novo-pacto-social/ - acesso em 28/6/2018).

Como qualquer instituição social os sindicatos incomodam com a sua presença e exercício de representação e defesa dos trabalhadores no mundo global, haja vista que a liberdade de associação representa, de fato, importante elemento civilizador universal. Por isso, os sindicatos não interessam ao capitalista, razão pela qual existe no mundo inteiro perseguição sistemática aos sindicatos e um trabalho frequente na mídia para influenciar a opinião pública sobre um olhar desencantado e desacreditado em relação a eles.

5. A REDUÇÃO DA ATIVIDADE SINDICAL NA REFORMA TRABALHISTA DE 2017

Nos discursos dos legisladores e apoiadores da reforma trabalhista de 2017 a tônica foi a "valorização" dos sindicatos, no caminho da negociação coletiva, buscando o negociado prevalecente sobre o legislado. Mas esses discursos não eram verdadeiros, cuja comprovação consta facilmente no texto da nova lei trabalhista. Se é certo que um dos principais pontos da reforma trabalhista de 2017 foi aprovar o negociado sobre o legislado, por outro, os sindicatos restaram ainda mais enfraquecidos, o que é uma contradição, porque para fazer valer o negociado sobre o legislado o mínimo necessário é ter sindicatos fortes e livres. Sindicatos que não se curvem ao poder patronal nem abram mão dos direitos fundamentais dos trabalhadores, uma vez que com a globalização da economia e avanço das políticas neoliberais cada vez mais se criam empecilhos ao trabalho decente.

A seguir exemplifico com alguns pontos da reforma trabalhista que enfraqueceram mais ainda os sindicatos e estão contribuindo para a precarização das condições de trabalho no Brasil.

5.1. Extinção da contribuição sindical sem alternativa de substituição do custeio das atividades sindicais

O primeiro meio de financiamento sindical no Brasil, depois da mensalidade dos trabalhadores associados dos sindicatos foi a contribuição sindical, criada em 1940 pelo Decreto-lei n. 2.377 e depois disciplinada na CLT nos arts. 578 a 610.

Sua destinação, para os sindicatos de empregados, era: a) assistência jurídica; b) assistência médica, dentária, hospitalar e farmacêutica; c) assistência à maternidade; d) agências de colocação; e) cooperativas; f) bibliotecas; g) creches; h) congressos e conferências; i) auxílio-funeral; j) colônias de férias e centros de recreação; k) prevenção de acidentes do trabalho; l) finalidades desportivas e sociais; m) educação e formação profissional; n) bolsas de estudo.

Nesse modelo de financiamento sindical as vantagens trabalhistas conquistadas pelos sindicatos se estendiam e se estendem até hoje a toda a categoria profissional, independentemente de os trabalhadores serem associados ou não do organismo de representação profissional. Assim, não precisa ser associado do sindicato, nem participar da vida sindical, para se beneficiar das conquistas e lutas sindicais.

A contribuição sindical sempre foi motivo de polêmica entre os estudiosos do direito sindical e dos próprios sindicalistas, uns a favor, outros contra, discutindo-se se essa contribuição deveria ser extinta, se de uma só vez ou gradativamente, ou se deveria permanecer inalterada.

No inc. IV do art. 8º da Constituição Federal de 1988 foi criada uma contribuição a ser aprovada em assembleia da categoria profissional, paga por todos os trabalhadores, para custeio do sistema confederativo da representação sindical respectiva, mantida a contribuição sindical. Como aquela não vingou, permaneceu contribuição sindical.

No Fórum Nacional do Trabalho (FNT) de 2004 foram discutidas e debatidas de forma ampla as questões relativas às reformas sindical e trabalhista, chegando-se ao consenso pela extinção da contribuição sindical gradualmente ao longo de cinco anos e, em substituição a ela foi criada a contribuição de negociação coletiva, como sendo o valor devido em favor das entidades sindicais, fundada na participação na negociação coletiva ou no efeito geral do seu resultado, ainda que por meio de sentença normativa proferida pela Justiça do Trabalho. A proposta dessa contribuição seria submetida à apreciação e deliberação de assembleia dos destinatários da negociação coletiva, filiados ou não à entidade sindical, não comportando a sua cobrança oposição individual, uma vez que aprovada em assembleia-geral da categoria, fórum próprio para o seu debate e discussão democrática.

Todavia, depois de muito esforço e gasto do governo federal para manter o referido fórum durante meses, o qual concluiu um projeto de alteração do art. 8º e seguintes da Constituição Federal, e outro de regulamentação por lei ordinária das alterações, o Congresso Nacional brasileiro não os aprovou. Esses projetos, sim, foram debatidos exaustivamente pelos interessados: empregados, empregadores e o próprio governo. Eram legítimos.

Ao contrário disso, de forma surpreendente e sem a devida e necessária discussão com os interessados, em 2017 a contribuição sindical (CLT, art. 578 e seguintes), como era, foi extinta pelo Congresso Nacional no bojo da Reforma Trabalhista (arts. 578, 579, 582, 583 e 587 da CLT), acabando com a sua obrigatoriedade, sem nenhuma transição. Ou seja, a partir de 11/11/2017 não existe mais contribuição sindical compulsória, pois, como consta do novo art. 578 da CLT, ela será devida se prévia e expressamente autorizada pelos trabalhadores, passando a ser uma contribuição espontânea. Na prática não existe mais contribuição sindical compulsória.

No dia 29/6/2018 o Supremo Tribunal Federal (STF) concluiu o julgamento da ADI n. 5794, na qual se questionava o fim da compulsoriedade da contribuição sindical, decidindo por 6 votos a 3 pelo fim da sua obrigatoriedade, afastando a alegada inconstitucionalidade da alteração legal.

Certamente não se pode ignorar que o sistema de unicidade sindical, combinado com a contribuição sindical compulsória, não é o mais adequado sistema de liberdade sindical, embora mantidos no art. 8º da CF, por não expressar o que prevê a Convenção n. 87 da OIT, que seria o ideal em termos de liberdade sindical.

Mas, a pretexto disso, não foi adequada a pura e abrupta extinção da contribuição sindical sem debate com os principais interessados, sem alteração do princípio da unicidade sindical e, principalmente, sem a criação de outro meio de sustento financeiro das atividades sindicais, que são necessárias num Estado Democrático de Direito.

Se o legislador da reforma trabalhista quisesse mesmo fortalecer os sindicatos, como falsamente apregoou, deveria ter promovido a reforma sindical desejada, adequando o ordenamento jurídico brasileiro à liberdade sindical pregada pela OIT, o que demandaria alteração constitucional e amplo debate na sociedade, como ocorreu no Fórum Nacional do Trabalho em 2004. Nesse debate se resolveria a questão da contribuição sindical, com a sua manutenção ou extinção e, se extinta, de forma transitiva e com a criação de outro meio democrático de custeio sindical, como ocorre nas sociedades democráticas.

A alteração da contribuição sindical como se deu na reforma trabalhista não se coaduna com o papel atribuído aos sindicatos pelo legislador constitucional de 1988, a quem foi atribuída a defesa dos direitos e interesses coletivos e individuais de toda a categoria, bem como a obrigatória participação deles nas negociações coletivas que vinculam a respectiva categoria profissional (CF, art. 8º, incs. III e VI, c/c CLT, art. 611). Essa é uma necessária reflexão que precisa ser feita. Ao contrário, teremos sindicatos cada vez mais fracos, sem condições de defender os direitos básicos dos trabalhadores.

Fica, então, a indagação: como os sindicatos, daqui para frente, vão custear suas atividades em prol de toda a categoria que representa (e não somente dos associados), uma vez que não existe custeio público para isso, como também não deve haver outra forma de sustento financeiro que não seja por parte dos trabalhadores?

A verdade é que se vivem dias difíceis de ameaça no Brasil em relação ao Direito do Trabalho, que sofreu a grande reforma de 2017, a qual, entre outros objetivos, quis mesmo enfraquecer as instituições que defendem e fazem cumprir as leis trabalhistas no País. Com essa reforma os sindicatos restaram enfraquecidos, como também a Justiça do Trabalho, que igualmente foi atacada com restrições de atuação dos seus juízes. Nessa linha também se visa ao enfraquecimento do Ministério Público do Trabalho. O Ministério do Trabalho, responsável pela fiscalização das normas de proteção ao trabalho, órgão do Poder Executivo, já acabou de forma proposital.

Foram consequências da drástica extinção da contribuição sindical compulsória, sem substituição de custeio das atividades sindicais, demissões em massa de trabalhadores das respectivas entidades, redução de salários, corte de benefícios a esses trabalhadores, fechamentos de sub-sedes, mudanças para imóveis menores, venda de ativos, extinção de importantes serviços destinados aos trabalhadores da categoria, entre outras providências para redução de custos, porque não existe dinheiro para tanto.

5.2. Negociação coletiva de trabalho

A reforma implementada pela Lei n. 13.467/2017 trouxe importantes alterações no mundo do trabalho, introduzindo como um dos mais importantes objetivos almejados pelos legisladores a prevalência do negociado sobre o legislado.

Dizer que o negociado possa prevalecer sobre o legislado não constitui novidade no Brasil, pois já foram muitas as negociações coletivas de trabalho que criaram direitos novos ou que superaram a lei, mas isso em benefício dos trabalhadores, com melhorias para a sua condição de vida e de trabalho, como assegura o *caput* do art. 7º da Constituição Federal.

Com finalidade contrária, exemplificativamente diz o art. 611-A da CLT que a convenção coletiva e o acordo coletivo de trabalho têm prevalência sobre a lei quando, entre outros, dispuserem sobre:

> I – pacto quanto à jornada de trabalho, observados os limites constitucionais;
>
> II – banco de horas anual;
>
> III – intervalo intrajornada, respeitado o limite mínimo de trinta minutos para jornadas superiores a seis horas;
>
> IV – adesão ao Programa Seguro-Emprego (PSE), de que trata a Lei nº 13.189, de 19 de novembro de 2015;
>
> V – plano de cargos, salários e funções compatíveis com a condição pessoal do empregado, bem como identificação dos cargos que se enquadram como funções de confiança;
>
> VI – regulamento empresarial;
>
> VII – representante dos trabalhadores no local de trabalho;
>
> VIII – teletrabalho, regime de sobreaviso, e trabalho intermitente;
>
> IX – remuneração por produtividade, incluídas as gorjetas percebidas pelo empregado, e remuneração por desempenho individual;
>
> X – modalidade de registro de jornada de trabalho;
>
> XI – troca do dia de feriado;
>
> XII – enquadramento do grau de insalubridade;
>
> XIII – prorrogação de jornada em ambientes insalubres, sem licença prévia das autoridades competentes do Ministério do Trabalho;
>
> XIV – prêmios de incentivo em bens ou serviços, eventualmente concedidos em programas de incentivo;
>
> XV – participação nos lucros ou resultados da empresa.

O § 2º do art. 611-A, controvertendo a índole da negociação coletiva, que é a transação, diz que "a inexistência de expressa indicação de contrapartidas recíprocas em convenção coletiva ou acordo coletivo de trabalho não ensejará sua nulidade, por não caracterizar um vício do negócio jurídico".

Prevendo a possibilidade de anulação de cláusulas negociadas em desfavor dos trabalhadores, o § 4º do art. 611-A assevera que "na hipótese de procedência de ação anulatória de cláusula de convenção coletiva ou de acordo coletivo de trabalho, quando houver a cláusula compensatória, esta deverá ser igualmente anulada, sem repetição do indébito".

E, ainda, o § 5º diz que "os sindicatos subscritores de convenção coletiva ou de acordo coletivo de trabalho deverão participar, como litisconsortes necessários, em ação individual ou coletiva, que tenha como objeto a anulação de cláusulas desses instrumentos".

Em primeiro lugar, mesmo diante do falso argumento utilizado, de que os sindicatos agora têm papel importante nas negociações coletivas, estes restaram fragilizados, porquanto a nova lei acabou de forma instantânea com o custeio sindical advindo da contribuição sindical e não criou alternativa para financiamento das atividades sindicais. Dessa forma, sem dinheiro, os sindicatos não terão condições de negociar com equilíbrio. Como os sindicatos vão arcar com o custeio para fazer face aos custos das campanhas salariais, negociações coletivas, dissídios coletivos e demais despesas que são necessárias para se chegar a um resultado favorável aos trabalhadores? Às vezes, para conseguirem alguma coisa, os trabalhadores terão que ir à greve, o que também representa custo para os sindicatos.

É interessante notar que em situação na qual a negociação coletiva é importante, a lei afastou os sindicatos do diálogo social, como se vê do art. 477-A da CLT em relação às dispensas coletivas. Na verdade, esse novo artigo que foi inserido na CLT retira a proteção que até então era destinada à dispensa coletiva, fruto de precedente judicial criado pelo TST, a partir da análise da significativa demissão em massa de 4.200 trabalhadores, praticada pela empresa EMBRAER em 2009. Isso colocou em dúvida os propósitos da reforma trabalhista de 2017 em relação ao tema da negociação coletiva, como vem sendo comprovado no dia a dia.

Em segundo lugar, reza o § 1° do art. 611-A que "no exame da convenção coletiva ou do acordo coletivo de trabalho a Justiça do Trabalho observará o disposto no § 3º do art. 8º desta Consolidação", o qual, por sua vez, diz que "no exame de convenção coletiva ou acordo coletivo de trabalho, a Justiça do Trabalho analisará exclusivamente a conformidade dos elementos essenciais do negócio jurídico, respeitado o disposto no art. 104 da Lei nº 10.406, de 10 de janeiro de 2002 (Código Civil), e balizará sua atuação pelo princípio da intervenção mínima na autonomia da vontade coletiva".

O que se observa da lei nova é que se quer a "livre" negociação coletiva sem nenhum embaraço, com sindicatos fracos e o afastamento da Justiça do Trabalho do seu controle. Ronda, como se vê, perigo de redução dos parâmetros protetivos mínimos em relação aos direitos trabalhistas, o que atinge até a questão voltada para a saúde e segurança dos trabalhadores. É certo que consta da nova lei que a negociação coletiva não poderá reduzir ou suprimir direitos relacionados à segurança e saúde dos trabalhadores, no art. 611-B e inc. XVII da CLT, mas o inc. XVII deste artigo registra que "Regras sobre duração do trabalho e intervalos não são consideradas como normas de saúde, higiene e segurança do trabalho para os fins do disposto neste artigo".

Quer dizer, normas sobre a duração do trabalho e intervalos para descanso, tema que a vida inteira motivou a busca de proteção legal para se evitar acidentes e adoecimentos dos trabalhadores, consideradas de saúde e segurança do trabalho, portanto, de ordem pública, num passe de mágica perderam seu caráter supremo, com o objetivo de se permitir maior liberdade ao setor patronal para atuar no mercado de trabalho.

Ainda admite a lei nova que o enquadramento da insalubridade e a prorrogação da jornada de trabalho em ambientes insalubres, decisões eminentemente técnicas, ocorram por meio de negociação coletiva e que o grau de insalubridade seja negociado livremente. Com isso, condições tecnicamente definidas como de grau máximo de insalubridade poderão se tornar de grau mínimo, com prejuízo para os trabalhadores e para as ações da fiscalização do trabalho, além dos aspectos previdenciários a elas relacionados, porque haverá diminuição da remuneração e do arrecadamento para a Previdência Social, com prejuízo futuro para a aposentadoria dos trabalhadores.

Ao invés de se preocuparem em acabar com os ambientes de trabalho insalubres, prejudiciais à saúde dos trabalhadores, na busca do trabalho decente, os legisladores abriram a possibilidade de diminuição do pagamento do adicional de insalubridade, sem nenhum benefício para quem trabalha e compromete a saúde nos ambientes inadequados.

Não se nega o valor da negociação coletiva entre patrões e empregados, para solução dos conflitos inerentes ao capital e ao trabalho. Todavia, não se pode esquecer de que existem limites para a autonomia privada coletiva, a qual esbarra nas normas cogentes, de ordem pública, como as de saúde e segurança do trabalho. É por isso que se fez constar na lei que regras sobre duração do trabalho e intervalos não são mais consideradas como normas de saúde, higiene e segurança do trabalho, como se isso fosse suficiente para descaracterizar a natureza jurídica do instituto.

É fácil ver que esses mandamentos não se conformam com comandos constitucionais, em especial o *caput* do art. 7º da Constituição Federal, que diz que são direitos dos trabalhadores urbanos e rurais, *além de outros que visem à melhoria de sua condição social.*

Portanto, o primeiro aspecto a ser verificado numa norma coletiva negociada sobre esses temas é se ela trouxe melhoria aos trabalhadores em relação à lei. Esse é o parâmetro e norte para a interpretação das novas regras trabalhistas e para a validação ou não do negociado sobre o legislado: a norma, inclusive a negociada, que vier para melhorar a condição social dos trabalhadores é válida, porque está de acordo com a Constituição Federal; a norma que vier para piorar a condição social dos trabalhadores, especialmente sobre higiene, saúde e segurança do trabalho, não é válida porque está em desacordo com a Constituição Federal: é inconstitucional materialmente.

6. ATUAÇÃO SINDICAL EM DEFESA DOS DIREITOS DOS TRABALHADORES DURANTE A PANDEMIA DO NOVO CORONAVÍRUS

6.1. A crise do novo coronavírus

Como é público e notório, por conta do chamado novo coronavírus, a humanidade está vivenciando grave crise sanitária, econômica e social, com consequências nas atividades econômicas e nos empregos, o que exige de todos grande exercício de solidariedade, cidadania e respeito aos direitos humanos. Para tanto, o melhor e mais efetivo remédio é o diálogo social maduro e responsável na busca de soluções conjuntas para o bem comum e, particularmente, para amenizar os males decorrentes dessa pandemia, que está atingindo a todos e castigando especialmente os mais pobres e vulneráveis, incluindo os trabalhadores informais e de baixa renda.

Nesse diálogo não se pode esquecer que a humanidade está à prova e a vida humana sob risco. As economias mundiais estão em queda e, em consequência disso o capital global vai ter que rever suas formas de ação, com outro olhar para as questões sociais e para os valores humanitários.

A pandemia do novo coronavírus vem se espalhando por todo o Brasil, exigindo isolamento social como medida mais importante no momento, único meio de desacelerar a transmissão do vírus e seu contágio galopante. Por conta do risco à saúde e à sobrevivência das pessoas é necessário esse isolamento temporário da maior parte das pessoas. Por isso, grande parte dos trabalhadores deve ficar em casa, mas outra parte, como os trabalhadores da saúde, da segurança, dos meios de transportes etc., precisa trabalhar para salvar a vida dos outros.

6.2. Impactos da crise do novo coronavírus no mundo do trabalho

Nas relações de trabalho os impactos da crise provocada pelo novo coronavírus estão sendo consideráveis. E essa crise está só começando, ainda vai demorar e quando acabar ou diminuir, outros desafios terão que ser enfrentados no mundo do trabalho.

Em razão disso, o papel das empresas e dos sindicatos está à prova como nunca antes. Se capital e trabalho não são inimigos, uma vez que um depende do outro para atingir seus objetivos, ambos devem se dar as mãos para se defenderem dos graves problemas criados pelo inimigo comum. Cabe aos sindicatos de trabalhadores buscar assegurar condições adequadas de trabalho para os heróis que estão arriscando a vida pelos outros, mostrando para os tomadores de serviços que esses trabalhadores precisam receber os devidos cuidados, porque os riscos a que estão expostos não são de qualquer natureza; são riscos graves e iminentes. Vejam, por exemplo, os trabalhadores da saúde, que no mundo inteiro estão adoecendo e muitos morrendo por falta de EPIs e de condições adequadas de trabalho. É certo que esses EPIs faltaram no início da pandemia, mas depois tudo se normalizou e as providências devem ser urgentes e criativas, passando necessariamente pelo diálogo franco entre empregados e empregadores, cabendo a estes, mais do que nunca, informar corretamente aos trabalhadores sobre os riscos a que estão expostos.

Já para aqueles trabalhadores que precisam ficar em isolamento é necessário redobrado diálogo entre patrões e empregados, estes através dos seus sindicatos, buscando preservar empregos, manter salários e formas de subsistência, tendo-se consciência de que a árdua tarefa de combate à pandemia é dever de todos, com sacrifícios de todos, considerando que a atual crise agravará mais ainda o quadro de exclusão social no Brasil e no mundo.

Não interessa a ninguém, nem às empresas, o agravamento do desemprego e da exclusão social, porque se os trabalhadores não recebem salários ou qualquer forma de renda eles não compram, e se não há compras ou estas diminuem, a atividade produtiva também diminui e o capital perderá. Vejam o que está acontecendo em relação aos combustíveis: porque as pessoas estão abastecendo menos seus veículos os preços estão baixando, o que vai acontecer com outros produtos cujas vendas diminuírem. Enquanto alguns produtos poderão faltar, outros sobrarão e aí entra a lei da oferta e da procura.

6.3. Papel dos sindicatos na crise do novo coronavírus

Neste grave momento de crise provocada pelo novo coronavírus, os sindicatos devem colocar à prova sua capacidade de negociar com as empresas, buscando soluções conjuntas para possíveis casos de redução de salários, suspensão dos contratos de trabalho e alternativas cabíveis, cumprindo seu papel legal e social, como estabelece a Constituição Federal no art. 8º, incisos III e VI, diante da sua obrigatória participação nas negociações coletivas de trabalho. É certo que parte do setor patronal e o governo não pensam assim. Querem mesmo é o afastamento da atividade sindical. É o que se vê das normativas que este último vem baixando. Alguns dizem que os sindicatos poderão atrapalhar a rapidez que os casos exigem e/ou aproveitar para fazer outras reivindicações. Todavia, não se mostra ser a melhor solução querer afastar os legítimos representantes dos trabalhadores do diálogo social, exatamente no momento em que esse diálogo se mostra mais necessário ainda.

É necessário lembrar que, apesar da crise e da calamidade pública que tomaram todos de surpresa, ainda existe um Estado Democrático de Direito no Brasil, pelo que não se pode simplesmente querer negar e anular o papel das instituições sociais, que representam a sociedade atingida pela crise. Ao contrário desse equivocado entendimento, os representantes da sociedade civil devem ser chamados para, juntamente com os setores patronais e governamentais, no caso das relações de trabalho, buscarem o diálogo tripartite. Se os sindicatos não agirem por inércia ou por qualquer outra razão, se criarem empecilhos descabidos, aí, sim, o problema será deles, diante da sociedade e das categorias que representam.

Lembremos mais uma vez que no art. 7º, inciso VI, a Constituição Federal estabelece que a redução de salário somente pode ocorrer em situações excepcionais, mas sempre por meio de negociação coletiva, portanto, com a participação sindical. A Constituição Federal não excepciona nenhuma outra hipótese, nem mesmo situação de força maior e do fato do príncipe, porque a representação sindical se trata de uma garantia constitucional fundamental para os trabalhadores.

Na forma da Constituição Federal do Brasil as garantias constitucionais somente poderão ser suspensas, de forma temporária e emergencial, em situações excepcionais e restritas de estado de sítio, constando do seu art. 138 que o decreto do estado de sítio indicará sua duração, as normas necessárias à sua execução e as garantias constitucionais que ficarão suspensas, o que, à evidência e em respeito ao Estado Democrático de Direito, não se aplica ao caso presente.

Usar o fundamento do direito à vida para afastar garantias constitucionais, por conta da calamidade pública decretada por conta do novo coronavírus, não parece ser o melhor caminho. É, sobretudo, perigoso, porque outras iniciativas poderão surgir e com isso se desmorona o Estado Democrático de Direito.

Vejam, a exemplo, recente iniciativa governamental, por meio da apresentação de um projeto de lei ao Congresso Nacional, no qual se propôs a criação de um "comitê especial", composto por órgãos de Justiça e controle, para solucionar de forma rápida casos relacionados ao coronavírus. O chamado Comitê Nacional de Órgãos de Justiça e Controle concentraria em único colegiado todos os questionamentos judiciais e extrajudiciais que envolvam a pandemia. O direito à vida tem posição destacada na ordem constitucional brasileira, mas com isso não se pode afastar garantias constitucionais da separação dos poderes e da independência de instituições como o Ministério Público e as Defensorias Públicas para permitir que um órgão excepcional julgue certos conflitos, como forma de ultrapassar obstáculos naturais das instâncias ordinárias. Isso representa, como têm sido as reações a esse projeto, "ameaça de devastação constitucional", que não pode ocorrer em nenhuma ramo do direito.

Mutatis mutandis é o que ocorre com o intento de negação da garantia constitucional da atuação sindical na crise do coronavírus, afastando os sindicatos do diálogo social por meio da negociação coletiva.

Não se pode negar, e isso é incontroverso, que o estado de calamidade pública reconhecido pelo Decreto Legislativo n. 6/2020 exige urgência de ações governamentais, das empresas e da atuação dos sindicatos, com procedimentos simplificados para se garantir a eficácia das medidas de interesse público. Na Medida Provisória n. 936 constam regras para facilitar os trâmites das negociações coletivas. Assim, constou no art. 17 que durante o estado de calamidade pública (II) poderão ser utilizados meios eletrônicos para atendimento dos requisitos formais previstos na CLT, inclusive para convocação, deliberação, decisão, formalização e publicidade de convenção ou de acordo coletivo de trabalho e que (III) os prazos previstos na CLT ficam reduzidos pela metade.

Portanto, a despeito das divergências motivadas pelas MPs 927 e 936, que restringiram o papel negocial e de representação dos sindicatos durante a crise do coronavírus, e da decisão do E. STF na ADI n. 6.363, validando o "acordo individual", parece que a melhor e mais segura forma de negociação na crise do coronavírus é com a participação sindical. Com isso se evitarão eventuais arguições de nulidade de ajustes individuais entre empregados e empregadores, pelo não chamamento dos sindicatos, e eventuais passivos trabalhistas.

É preciso pensar não somente no momento presente da crise do coronavírus, mas também nos seus desdobramentos. No futuro, certamente empresas vão se deparar com reclamações trabalhistas impugnando acordos individuais, inclusive sob alegação de que sequer houve negociação individual. Na prática e em regra não existe negociação individual entre empregado e empregador, mas, apenas comunicação sobre redução de salários, suspensão de contrato de trabalho e outras questões. Se isso restar comprovado, empresas estarão acumulando passivo trabalhista para o futuro, o que não é bom. Por isso, empresas responsáveis e precavidas estão procurando os sindicatos para ajustarem condições de trabalho, até porque, depois dessa crise, por conta do seu rescaldo, não será possível manter relações de trabalho saudáveis sem diálogo social com os sindicatos.

A maior crise decorrente do novo coronavírus no mundo do trabalho virá mais na frente, lamentavelmente, o que vai exigir uma grande concertação social tripartite e isso não será possível sem a necessária participação sindical.

Esse diálogo entre empregados e empregadores exigirá das empresas e dos sindicatos agilidade, bom senso, boa-fé, transparência e ética, afastando radicalismo e intransigência de todos os lados, porque o mais importante nessa travessia será manter empregos e renda, para não prejudicar mais ainda a economia. Deve-se compreender que o momento é diferente, é ímpar. Uma coisa é negociar com uma empresa funcionando em tempos normais, mesmo que em situação financeira ruim; outra coisa é negociar com empresa com atividades suspensas ou em lenta desenvoltura, na crise. Grandes empresas, que têm obtido importante lucratividade nas suas atividades, podem contribuir mais neste grave momento, porque têm suporte para isso. Outras empresas, por conta da sua atividade, estão em crescimento nessa crise. Outras, e muitas pequenas empresas não tiveram condição de bancar uma folha de pagamento quando começou a essa crise. Essas situações específicas devem ser levadas em conta com bom senso, boa-fé, transparência e ética por todos os interlocutores sociais.

Que as empresas não maculem situações, aproveitando-se do momento. Que os sindicatos compreendam a gravidade da situação, conversem com os trabalhadores e os orientem, porque se trata de uma questão momentânea, considerando o peculiar momento que se vive no mundo do trabalho. Passada essa fase, as tratativas negociais entre empregados e empregadores voltarão ao seu curso natural, talvez com novos ingredientes decorrentes do grande aprendizado deixado pela inesperada crise, que pegou todos despreparados. Talvez outros novos valores passem a fazer parte das mesas negociais entre empregados e empregadores, buscando-se maiores investimentos e garantias sociais.

6.4. Necessidade de novas políticas sociais depois da crise do novo coronavírus

Passada essa crise da pandemia do novo coronavírus o mundo não será mais o mesmo. Passada essa grave crise, com muitas mortes, aumento do desemprego, da pobreza e de exclusões sociais, espera-se que o mundo volte suas políticas para o ser humano. Como já estão dizendo líderes globais, o mundo deverá colocar no centro das atenções o "arrependimento" pelos desacertos sociais ao longo dos anos, uma vez que, se não tivessem demasiadamente desprezado as questões sociais e suporte à saúde das pessoas, as consequências de referia crise poderiam ser menores. Como está sendo visto mundo afora, quem tem melhores condições financeiras se protege mais do novo coronavírus e da covid-19.

O isolamento social tem sido a maior recomendação contra o novo coronavírus, como vêm recomendando a Organização Mundial da Saúde (OMS) e os cientistas. Depois de constatarem os grandes estragos humanos decorrentes da pandemia do coronavírus, governantes globais passaram a reconhecer, como que fazendo *mea culpa*, que o maior valor global não é apenas a economia.

Será preciso mesmo um novo olhar para o Estado de bem-estar social (ou Estado-providência), um Estado social como forma de organização política, econômica e sociocultural, colocando o Estado como agente da promoção social e organizador da economia. Será necessário pensar numa nova economia voltada para o bem-estar social de todos e não apenas para enriquecer uns poucos, como é o que ocorre na atualidade. Entre outros líderes mundiais, antecipou nesse sentido o presidente Macron, da França, chamando a atenção dos seus colegas, dizendo que é preciso aumentar a capacidade de consumo, como fator preventivo ao enfrentamento do coronavírus, porque ele ataca os mais fracos, desnutridos e velhos e que os olhos dos governantes devem se voltar para o social, em primeiro lugar (https://www.brasil247.com/blog/coronavirus-fortalece-o-socialismo - acesso em 6/4/2020).

Essas providências são urgentes. A crise do novo coronavírus está escancarando que grande parte do povo não tem como fazer quarentena, porque nem onde morar adequadamente tem. Não tem saneamento básico, não tem o que comer. É só ver a situação dos povos das comunidades nas grandes cidades, com famílias de grande número de pessoas morando em pequeníssimos casebres, sem a menor infraestrutura, sem água e sem sabão sequer para fazerem as recomendadas higienizações. "Durante a crise de covid-19, cuja *higienização* é uma das principais recomendações dos órgãos de saúde, um estudo do Instituto Trata Brasil aponta que *35 milhões de brasileiros não têm acesso à água tratada*, além de 100 milhões viverem sem a coleta de esgoto" (https://ideiasustentavel.com.br/marco-legal-saneamento-basico/ - acesso em 27/6/2020).

Nesse contexto cabe lembrar e ponderar a relação que existe entre pobreza e trabalho, principalmente os trabalhos precarizados e informais, como vêm avançando mundo a fora, que degradam as condições humanas. É preciso que todos reflitam sobre a noção de pobreza como elemento que se articula e reclama por política de assistência social dentro da noção de trabalho como elemento fundante da sociabilidade contemporânea e da dignificação da pessoa humana. É o que preconiza a Constituição Federal do Brasil no art. 170, quando, ao estruturar a ordem econômica, funda-a na valorização do trabalho humano, na livre iniciativa e no pleno emprego. É claro que isso somente será possível quando se entender que as riquezas mundiais devem ser mais bem redistribuídas entre os povos da terra.

Se todos aprenderem um pouco com essa crise e passarem a entender que o ser humano está acima de tudo e que políticas sociais são os melhores investimentos para os Estados, talvez o mundo possa melhorar e o capital global mude suas feições mais perversas, especialmente no tocante à grande acumulação de riquezas nas mãos de uns poucos.

7. CONCLUSÕES

A reforma trabalhista de 2017 foi anunciada e defendida sob pretexto, entre outros, de "valorização" dos sindicatos e da negociação coletiva, mas na lei e na prática não restaram verdadeiras essas afirmações.

Se é certo que um dos principais pontos dessa reforma foi aprovar o negociado sobre o legislado, por outro, os sindicatos restaram enfraquecidos, o que é uma contradição, pois para fazer valer o negociado sobre o legislado o mínimo que se exige são sindicatos livres e fortes, para não se curvarem ao poder patronal e abrirem mão dos direitos fundamentais dos trabalhadores, uma vez que com a globalização da economia e o avanço das políticas neoliberais cada vez mais se atenta contra o trabalho decente.

Depois de mais de dois anos das alterações introduzidas no Direito do Trabalho brasileiro pela reforma trabalhista de 2017, observam-se implicações negativas sobre o papel dos sindicatos, sua participação nas negociações coletivas, enfraquecimento do Direito do Trabalho, ofensas aos princípios da dignidade da pessoa humana e do valor social do trabalho, e redução da atividade sindical. O que se vê é o aumento da informalidade do trabalho e o retrocesso na busca do trabalho decente.

A maior prova do desprestígio da atuação sindical se faz sentir neste grave momento de crise provocada pelo novo coronavírus, quando se nega o diálogo social com os representantes dos trabalhadores. Isso é contraditório, porque é principalmente neste momento que os sindicatos devem colocar à prova sua capacidade de negociar com as empresas e buscar soluções conjuntas para adequação das condições de trabalho, redução de salários, suspensão dos contratos de trabalho e outras alternativas cabíveis, cumprindo seu papel legal e social, como estabelece a Constituição Federal (art. 8º, III e VI), diante da sua obrigatória participação nas negociações coletivas de trabalho. Não obstante isso, parte do setor patronal e o governo federal não pensam assim. Querem mesmo é o afastamento da atividade sindical. É o que se vê das normativas que este último vem baixando, aprovadas pelo

Congresso Nacional. Alguns dizem que os sindicatos poderão atrapalhar a rapidez que os casos exigem. Todavia, não parece ser a melhor solução afastar os legítimos representantes dos trabalhadores do diálogo social, exatamente no momento em que este é ainda mais necessário.

É preciso lembrar que, apesar dessa crise e da consequente calamidade pública, ainda existe um Estado Democrático de Direito no Brasil, pelo que, não se pode negar e anular o papel das instituições que representam a sociedade atingida pela crise. Ao contrário, os representantes da sociedade civil devem ser chamados para, com os setores patronais e governamentais, implementarem o necessário diálogo social nas relações de trabalho.

Anote-se ainda que no art. 7º, inc. VI, a Constituição Federal estabelece que a redução de salário somente pode ocorrer em situações excepcionais, mas sempre por meio de negociação coletiva, portanto, com a participação sindical. A Constituição não excepciona nenhuma outra hipótese, nem mesmo situação de força maior, porque se trata de uma garantia constitucional fundamental para os trabalhadores.

Depois, na forma da Lei Maior brasileira, as garantias constitucionais somente poderão ser suspensas, de forma temporária e emergencial, em situações excepcionais e restritas de estado de sítio. Consta do seu art. 138 da CF que o decreto do estado de sítio indicará sua duração, as normas necessárias à sua execução e as garantias constitucionais que ficarão suspensas, o que, em respeito ao Estado Democrático de Direito, não é o caso presente.

Portanto, a despeito das divergências motivadas pelas MPs 927 e 936, que restringiram o papel negocial dos sindicatos durante a crise do novo coronavírus, e da decisão do E. STF na ADI n. 6.363, validando o "acordo" individual entre empregado e empregador, parece que a melhor e mais segura forma de negociação na crise do novo coronavírus é com a participação sindical. Com a participação sindical se evitarão eventuais arguições de nulidade de ajustes individuais entre empregados e empregadores, pelo não chamamento dos sindicatos para os ajustes, bem como se evitarão eventuais passivos trabalhistas no futuro. Com isso, por fim, respeitar-se-á a Constituição Federal do Brasil, a qual exige e assegura a participação sindical nos ajustes entre empregados e empregadores.

8. BIBLIOGRAFIA

ALVES, Cleber Francisco. *O princípio constitucional da dignidade da pessoa humana: o enfoque da doutrina social da igreja*. Rio de Janeiro: Renovar, 2001, p. 111/112.

BENITES FILHO, Flávio Antonello. *Direito sindical espanhol*. São Paulo: LTr, 1997.

DUPAS, Gilberto. *Ética e poder na sociedade da informação*. São Paulo: UNESP, 2000, p. 9 e 82.

FRAGOSO, Christiano. *Repressão penal da greve. Uma experiência antidemocrática*. São Paulo: IBCCRIM, 2009.

FRANCO FILHO, Georgenor de Sousa. *Liberdade sindical e direito de greve no direito comparado*. São Paulo: LTr, 1992.

GERMIGON, Bernard; ODERO, Alberto; GUIDO, Horacio; URIARTE, Oscar Ermida. *A greve: o direito e a flexibilidade*. Brasília: OIT, 2002.

GIUGNI, Gino. *Direito sindical*.Tradução: Eiko Lúcia Itioka. São Paulo: LTr, 1991.

LEITE, Carlos Henrique Bezerra. *A greve como direito fundamental*. Curitiba: Juruá, 2000.

MAGANO, Octavio Bueno. *Direito coletivo do trabalho*, 2ª ed. São Paulo: LTr, 1990. v. III.

MANNRICH, Nelson. "Legislação trabalhista: garantia de patamares mínimos". *In*: ROMAR, Carla Tereza Martins; SOUSA, Otávio Augusto Reis de (Coords.). *Temas relevantes de direito material e processual do trabalho – Estudos em homenagem ao Professor Pedro Paulo Teixeira Manus*. São Paulo: LTr, 2000, p. 573.

MEIRELLES, Davi Furtado. "Poder normativo: momento de transição". *Revista LTr*, São Paulo, v. 69, n. 6, p. 694, jun. 2005.

MELO, Raimundo Simão de. "Formas de solução dos conflitos coletivos de trabalho no Brasil". *Revista LTr*, São Paulo, v. 55, n. 11, p. 1.305, nov. 1991.

______. *A greve no direito brasileiro*, 4ª ed. São Paulo: LTr, 2017.

NASCIMENTO, Amauri Mascaro. *Compêndio de direito sindical*, 2ª ed. São Paulo: LTr, 2000.

OLIVA, Aloizio Mercadante; RAINHA, Luis Flávio *et al.* (coords.). *Imagens da luta: 1905-1985*. São Bernardo do Campo: Sindicato dos Metalúrgicos de São Bernardo do Campo e Diadema.

SAMPAIO, Antônio Possidônio. *No ABC dos peões*. Santo André: Alpharrábio, 2005.

SILVA, José Afonso da. *Curso de direito constitucional positivo*, 5ª ed. São Paulo: Revista dos Tribunais, 1989.

SIQUEIRA NETO, José Francisco. *Direito do trabalho & democracia*. São Paulo: LTr, 1996.

SÜSSEKIND, Arnaldo. *Direito constitucional do trabalho*. Rio de Janeiro: Renovar, 1999.

2. PANDEMIA COVID-19. ACORDOS INDIVIDUAIS E COLETIVOS. LIMITES E POSSIBILIDADES

Ivani Contini Bramante[1]

Resumo Contexto: O Governo brasileiro, atendendo as recomendações da Organização Mundial da Saúde e da Organização internacional do Trabalho sobre a pandemia COVID 19 e seus efeitos, implantou as medidas de restrições de circulação e aglomeração de pessoas, bem como de suspensão das atividades empresarias e de prestação de serviços ("quarentena").

O presente artigo enfoca o campo de atuação da autonomia privada individual e coletiva, na seara do Direito do Trabalho Emergencial, revelado pelo contexto da crise socioeconômica e cultural, e na área da saúde pública, decorrente da pandemia Covid-19. Ainda, analisa o vetor "do princípio da realidade" nas medidas governamentais implantadas de flexibilização das regras, nas relações entre trabalho e capital, para evitar os respectivos impactos da pandemia.

Abstract: The Brazilian Government, according the Recommendations of the World Health Organization and the International Labor Organization, on the pandemic COVID 19 and its effects, implemented the measures to be adopted, determined the restrictions on movement and crowding of people, as well as the suspension business activities and service provision, called "quarantine".

This article analyses the action of individual and collective private autonomy, in relation to Emergency Labor Law, revealed by the context of the socio-economic-cultural crisis the public health system, resulting from the Covid-19 pandemic. Still, it analyzes the "principle of reality" vector in government measures implemented to make rules more flexible, in work and capital relations, to avoid the respective impacts of the pandemic.

---

1 Desembargadora do Tribunal Regional do Trabalho – 2ª Região. Mestre e doutora pela Pontifícia Universidade Católica de São Paulo. Especialista em Relações Coletivas de Trabalho pela Organização Internacional do Trabalho; Professora de Direito Coletivo do Trabalho e Direito Previdenciário do curso de graduação da Faculdade de Direito de São Bernardo do Campo. Membro do ABDSS – Academia Brasileira de Direito da Seguridade Social.

Palavras-chave: COVID-19. Pandemia. Recomendações da OMS e da OIT. Relações de trabalho e emprego. Flexibilização das Condições de Trabalho. Acordo Individual e Coletivo. Redução de Jornada e salários. Suspensão do Contrato de Trabalho. Direito Coletivo do Trabalho.

Keywords: COVID-19. Pandemic. WHO and ILO recommendations. Labor and employment relations. Flexibility of Working Conditions. Individual and Collective Agreement. Reduction of hours and wages. Suspension of the Employment Contract. Collective Labor Law.

1. PANDEMIA COVID-19. EFEITOS NA RELAÇÃO ENTRE TRABALHO E CAPITAL. RECOMENDAÇÕES DA OIT

A Covid-19 é uma doença respiratória aguda, causada pelo coronavírus (SARS-Cov-2), transmitido pelo ar e que se propaga de forma rápida, com alta taxa de letalidade e morte. A Organização das Nações Unidas noticiou que: a) até 21 de março de 2020, cerca de 266.073 pessoas foram contaminadas, resultando em morte de 11.184 seres humanos;[2] b) em 17 de abril de 2020, contabilizaram-se 2.078.605 casos, sendo 139.515 falecimentos;[3] c) em 17 de abril de 2020, os Estados Unidos da América[4] contava com 632.781 casos confirmados e 28 mil mortes; a Espanha com 182.816 casos e 19.130 mortes;[5] e o Brasil com 33.682 casos confirmados, com 2.141 óbitos; d) Até 18 de junho de 2020, foram contaminadas 8.242.999 pessoas, com morte de 445.535 seres humanos; nessa data, os EUA contavam com 2.126.027 casos confirmados, sendo 116.702 mortes, e o Brasil contava com 1.009.699 casos de pessoas infectadas e 48.422 mortes confirmadas.[6]

No Brasil, a exemplo de outros países, diante da facilidade de transmissão do coronavírus, as autoridades sanitárias recomendaram o isolamento

---

2 https://www.who.int/docs/default-source/coronaviruse/situation-reports/20200321-sitrep-61-covid-19.pdf?sfvrsn=6aa18912_2, acesso em 22/3/2020.

3 https://covid19.who.int

4 https://covid19.who.int/region/amro/country/us

5 https://covid19.who.int/region/euro/country/es

6 https://covid.saude.gov.br https://www.who.int/docs/default-source/coronaviruse/situation-reports/20200321-sitrep-61-covid-19.pdf?sfvrsn=6aa18912_2, acesso em 18/06/2020. https://covid19.who.int/region/amro/country/us.https://g1.globo.com/bemestar/coronavirus/noticia/2020/06/18/brasil-tem-46679-mortes-por-coronavirus-mostra-consorcio-de-veiculos-de-imprensa-atualizacao-das-8h.ghtml, acesso em 20/6/2020.

das pessoas (quarentena), de modo a postergar a contaminação das pessoas. Ainda, houve a advertência do possível colapso dos serviços de saúde e, por consequência, o aumento de mortes em massa da população.[7] Nos Estados Unidos da América, até o dia 16 de abril de 2020, mais de 15 milhões de pessoas pediram seguro-desemprego. Estima-se que mais de 22 milhões de pessoas ficarão desempregadas e o percentual poderá ultrapassar os 20%.[8]

A OIT, no dia 18 de março de 2020, publicou um estudo sobre a Covid-19 e o mundo do trabalho, seus impactos e diretrizes políticas.[9] Assim, fixou algumas premissas que devem ser observadas pelos estados e que podem ser assim resumidas:

- Melhorar as medidas de SST, incluindo distanciamento social, fornecimento de equipamentos de proteção (especialmente para trabalhadores da saúde e afins, voluntários e quem esteja em contato permanente com pessoas), procedimentos de higiene e formas de organização do trabalho (apoiados por campanhas de informação e conscientização) e através do diálogo social entre empregadores e trabalhadores e seus representantes, utilizando, por exemplo, comitês de SST;
- Incentivar acordos de trabalho flexíveis, como o teletrabalho;
- Prevenir a discriminação e exclusão relacionadas ao COVID-19;
- Melhorar o acesso universal a serviços de saúde financiados coletivamente para todos, inclusive trabalhadores sem seguro e suas famílias;
- Expandir o acesso a serviços médicos financiados coletivamente, benefícios de doença e licença e assistência para garantir segurança de renda para aqueles que estão doentes, em quarentena ou cuidando de crianças, idosos ou outros membros da família.
- Estimular a economia e a demanda de trabalho por meio de políticas econômicas e de emprego para estabilizar a atividade econômica.

---

7 https://g1.globo.com/sp/sao-paulo/noticia/2020/04/17/doria-prorroga-quarentena-no-estado-de-sp-ate-10-de-maio-devido-a-pandemia-de-coronavirus.ghtml

8 https://exame.abril.com.br/mercados/a-covid-19-e-a-economia-desemprego-nos-eua-pode-chegar-a-20-milhoes/
https://www.moneyreport.com.br/economia/eua-soma-22-milhoes-de-desempregados/

9 https://www.ilo.org/wcmsp5/groups/public/---dgreports/---dcomm/documents/briefingnote/wcms_738753.pdf

- Políticas fiscais ativas, particularmente medidas de proteção social, incluindo transferências direcionadas e estabilizadores automáticos, como benefícios de desemprego, além de investimentos públicos e benefícios fiscais para pessoas de baixa renda e micro, pequenas e médias empresas;
- Política monetária acomodatícia (redução da taxa de juros, relaxamento da taxa de reserva, provisões de liquidez direcionadas)
- Empréstimos e apoio financeiro direcionados a setores específicos para proteger empresas, especialmente micros e pequenas empresas. Investir em sistemas de saúde é crucial na construção de resiliência contra o COVID-19, mas também oferece uma oportunidade para criar empregos decentes.
- Proteger o emprego e a renda de empresas e trabalhadores impactados negativamente pelos efeitos indiretos (fechamento de fábricas, interrupção de cadeias de suprimentos, proibição de viagens, cancelamento de eventos públicos etc.).
- Proteção social por meio de ações existentes ou pagamentos para trabalhadores, incluindo informais, casuais, sazonais e migrantes e trabalhadores independentes (por exemplo, através do acesso a benefícios de desemprego, assistência social e programas públicos de emprego);
- Sistemas de aumento de trabalho incluindo acordos de trabalho de curta duração, benefícios parciais de desemprego e outros apoios a prazo para empresas, como subsídios salariais e cortes temporários no imposto sobre os salários. Isenções de contribuições para a segurança social, provisão de férias remuneradas e extensão dos benefícios existentes direitos a trabalhadores e licença de treinamento, subsídios e esquemas relacionados;
- Medidas de alívio financeiro e tributário e suavização de receita com prazo determinado para apoiar a continuidade dos negócios, especialmente micros e pequenas empresas e trabalhadores autônomos (por exemplo, subsídios, mediação de crédito, refinanciamento para superar restrições de liquidez)

2. PANDEMIA COVID 19. DECRETO DE CALAMIDADE PÚBLICA

O Brasil adotou várias medidas para enfrentar a pandemia Covid-19, principalmente a redução da jornada e salários e a suspensão do contrato de trabalho, e potencializou o acordo individual escrito, e também o ato unilateral do empregador, com a previsão de tutela sindical *a posteriori*.

O Decreto Legislativo 6/20 e a Lei 13.979/20 reconhecem que a pandemia decorrente do coronavírus é uma calamidade pública, uma emergência de saúde pública, de importância internacional e nacional. Para fins trabalhistas, a MP 927/20 (art. 1º, § único) reconhece, expressamente, que a pandemia COVID 19 constitui hipótese de força maior, nos termos do disposto no artigo 501, da CLT.

As Medidas Provisórias 927/20 e 936/20 (hoje Lei 14.020/20) implantaram um sistema de flexibilização das condições de trabalho, de modo a preservar emprego e renda, durante o estado de pandemia.

3. MP 927/20. PROGRAMA EMERGENCIAL DE MANUTENÇÃO DO EMPREGO E DA RENDA. PREVALÊNCIA DO ACORDO INDIVIDUAL SOBRE A NEGOCIAÇÃO COLETIVA

O art. 2º, da MP 927/20, durante o estado de calamidade pública, autorizou o empregado e o empregador a celebrar acordo individual escrito, a fim de garantir a permanência do vínculo empregatício, que terá preponderância sobre os demais instrumentos normativos, legais e negociais, respeitados os limites estabelecidos na Constituição.

Ainda, o art. 3º da MP 927/20 estabelece que, para enfrentamento dos efeitos econômicos decorrentes do estado de calamidade pública, e para preservação do emprego e da renda, poderão ser adotadas pelos empregadores, dentre outras, as seguintes medidas: *o teletrabalho; a antecipação de férias individuais; a concessão de férias coletivas; o aproveitamento e a antecipação de feriados; o banco de horas.*

Essas medidas podem ser adotadas pelo empregador, em formas combinadas e alternadas, mediante acordo individual escrito ou negociação coletiva de trabalho.

a) *Teletrabalho por acordo individual*: com relação ao teletrabalho e ou *home office* (trabalho a distância) trata-se de condição de trabalho que já estava prevista no artigo 62, III, da CLT, matéria de reserva negocial individual que sofreu incremento. O art. 4º da MP 927/20 exortou o poder patronal, pois autorizou, durante o estado de calamidade pública, independentemente da existência de acordos individuais ou coletivos, a dispensa do registro prévio da alteração no contrato individual de trabalho. Nesse passo, basta o empregador notificar o empregado em quarenta e oito horas, por escrito ou por meio eletrônico.

A lei atribui ao empregador o dever e a responsabilidade pela aquisição, pela manutenção ou pelo fornecimento dos equipamentos tecnológicos e da infraestrutura necessária e adequada à prestação do trabalho remoto. Fica permitida, também, a adoção do regime de teletrabalho, trabalho remoto ou trabalho a distância para estagiários e aprendizes.

b) *Antecipação de férias individuais e concessão simplificada de férias coletivas por acordo individual*: a lei estatui o direito às férias anuais do empregado, com obrigatoriedade de o empregado ter trabalhado ao menos um ano (período aquisitivo), e obrigação do empregador de conceder as férias no ano subsequente (período concessivo) com pré-aviso de 30 dias de antecedência. Na forma da CLT (art. 132 e seguintes), as férias coletivas sempre foram precedidas da comunicação aos Sindicatos e Ministério do Trabalho, além do pré-aviso aos empregados com ao menos 30 dias.

Diante da pandemia, a MP 927/20 (art. 6º *usque* 12) autorizou antecipação das férias dos empregados, mesmo sem o período aquisitivo completo, desde que a concessão seja precedida do aviso prévio direto ao empregado, com 48 horas de antecedência, por escrito individual ou por meio eletrônico, com a indicação do período a ser gozado pelo empregado.

Ainda estabelece as seguintes condições: a) as férias não poderão ser gozadas em períodos inferiores a cinco dias corridos; b) poderão ser concedidas por ato do empregador, ainda que o período aquisitivo a elas relativo não tenha transcorrido; c) poderão negociar a antecipação de períodos futuros de férias, mediante acordo individual escrito. d) os trabalhadores que pertençam ao grupo de risco do coronavírus serão priorizados para o gozo de férias, individuais ou coletivas. e) o empregador poderá suspender as férias ou licenças não remuneradas dos profissionais da área de saúde ou daqueles que desempenhem funções essenciais, mediante comunicação formal da decisão ao trabalhador, por escrito ou por meio eletrônico, preferencialmente com antecedência de quarenta e oito horas; f) o empregador poderá optar por efetuar o pagamento do adicional de um terço de férias após sua concessão, até a data em que é devida a gratificação natalina; g) o pagamento poderá ser efetuado até o quinto dia útil do mês subsequente ao início do gozo das férias; h) na hipótese de dispensa do empregado, o empregador pagará, com o pagamento dos haveres rescisórios, os valores ainda não adimplidos relativos às férias.

c) *Aproveitamento de feriados*: outra matéria que sempre foi objeto de reserva negocial coletiva, e que passou para o campo da autonomia individual, é a chamada "jornada ponte". O art. 13 da MP 927/20 estatuiu que, durante o estado de calamidade pública, os empregadores poderão antecipar o gozo de feriados não religiosos federais, estaduais, distritais e municipais. Para tanto, deverão notificar, por escrito ou por meio eletrônico, o conjunto de empregados beneficiados, com antecedência de no mínimo 48 horas, mediante indicação expressa dos feriados aproveitados. Basta a concordância do empregado, mediante manifestação em acordo individual escrito.

d) *Banco de horas por acordo individual*: o banco de horas, no período da pandemia, passa a ser diferenciado daquele previsto na lei. A Medida Provisória 927/2020, em seu art. 14, mostra que o banco de horas pode ser negociado por meio de acordo coletivo ou individual formal, para a compensação no prazo de até dezoito meses, contado da data de encerramento do estado de calamidade pública. Ainda, a compensação de jornada pode ser feita a critério e unilateral pelo empregador, independentemente de convenção coletiva ou acordo individual ou coletivo, mediante prorrogação em até duas horas, que não poderá exceder dez horas diárias.

e) *Prorrogação da vigência dos acordos e convenções coletivas por ato unilateral e mera liberalidade do empregador*: O art. 30 da MP 927/20 privilegiou a autonomia privada individual, bem como o poder potestativo empresarial, ao dispor que os acordos e as convenções coletivos, vencidos ou vincendos, no prazo de cento e oitenta dias, contado da data de entrada em vigor da Medida Provisória, poderão ser prorrogados, a critério do empregador, pelo prazo de noventa dias, após o termo final desse prazo._

A Lei 14.020/20, no inciso IV do art. 17, tentou exortar a negociação coletiva, ao dispor

> IV - as cláusulas das convenções coletivas ou dos acordos coletivos de trabalho vencidos ou vincendos, salvo as que dispuserem sobre reajuste salarial e sua repercussão nas demais cláusulas de natureza econômica, permanecerão integrando os contratos individuais de trabalho, no limite temporal do estado de calamidade pública, e somente poderão ser modificadas ou suprimidas mediante negociação coletiva.

Entretanto, referido dispositivo foi *vetado* pelo Chefe do Executivo, e as razões do veto vem assim justificadas:

> A propositura legislativa contraria o interesse público, tendo em vista que a vedação atualmente em vigor à ultratividade das normas coletivas, por força da reforma trabalhista (Lei nº 13.467, de 2017), visa incentivar a negociação, a valorização da autonomia das partes e a promoção do desenvolvimento das relações de trabalho.

Desse modo, vigora a seguinte regra durante a pandemia: cessada a vigência da norma coletiva, cessam-se os efeitos, salvo negociação coletiva entre as partes; ou ultratividade por mera liberalidade do empregador. Se não houver negociação coletiva nem ultratividade pela vontade do empregador, incide a vontade da lei, art. 8º § 2º da Lei 14.020/20: durante o período de suspensão temporária do contrato de trabalho, o empregado fará jus a todos os benefícios concedidos pelo empregador aos seus empregados.

4. MP 936/20 E LEI 14.020/20. PROGRAMA EMERGENCIAL DE MANUTENÇÃO DO EMPREGO E DA RENDA. REDUÇÃO DA JORNADA E SALÁRIO POR 90 DIAS. SUSPENSÃO DO CONTRATO DE TRABALHO POR 60 DIAS. ACORDOS INDIVIDUAIS E COLETIVOS

A Medida Provisória 936/20, convertida em Lei 14.020/20, objetivou a preservação do emprego e da renda, como forma de manutenção das relações entre trabalho e capital, diante dos impactos socioeconômicos decorrentes da pandemia da COVID-19.

A MP 936/20 (art. 7°) trouxe a possibilidade de pagamento de Benefício Emergencial de Manutenção do Emprego e da Renda (BEPER) nos casos de redução proporcional da jornada e do salário, por 90 dias. De outro lado, prevê o pagamento do Benefício Emergencial, bem como uma ajuda compensatória mensal indenizatória no caso de suspensão temporária do contrato de trabalho, por 60 dias. Ainda, contemplou uma garantia de emprego igual ao período das medidas adotadas pelo empregador.

a) *Redução de jornada e salários por convenção e acordo coletivos e acordo individual escrito*: Durante o período de calamidade pública, pode ser pactuada por convenção coletiva de trabalho, acordo coletivo de trabalho ou acordo individual escrito, entre empregador e empregado (arts. 11 e 12), a redução de jornada e salários do contrato de trabalho, por 90 dias, com encaminhamento da proposta ao empregado com anteceder de, no mínimo, dois dias corridos.

Pela MP 936/20 e Lei 14.020/20, a redução de jornada e salário deve respeitar o valor do salário-hora e pode ser feita, conforme o caso, por acordo individual ou coletivo: (i) nas faixas de salário de até R$ 3.135, será por acordo individual e comunicação com dois dias de antecedência e aviso ao sindicato. Há necessidade da concordância do empregado para que a redução seja efetivada; (ii) na faixa salarial entre R$ 3.135 e R$ 12.202, exige o acordo coletivo com participação do sindicato; (iii) no caso de empregado de faixa salarial acima de R$ 12.202 e com escolaridade de nível superior, o empregado denominado de hiperssuficiente, basta o acordo individual e aviso ao sindicato, pois a lei pressupõe livre consentimento no negócio jurídico.

A redução poderá ser feita nos percentuais de 25%, 50% e 75%, sendo que o valor do salário e a jornada voltarão ao normal quando: acabar o estado de calamidade; data prevista pelas partes; comunicação pelo empregador ao trabalhador, sobre a decisão em retornar à situação contratual normal.

E, conforme, art. 11, § 1º da Lei 14.020/20, por meio de negociação coletiva, inclusive poderão estabelecer redução de jornada de trabalho e de salário em percentuais diversos daqueles previstos no inciso III, do art. 7º.

Na hipótese de a negociação coletiva pactuar percentuais distintos (art. 11 § 2º), o valor do Benefício Emergencial será ajustado aos termos da lei, e será devido nos seguintes termos:

> I – sem percepção do Benefício Emergencial de Preservação do Emprego e da Renda para a redução de jornada e de salário inferior a 25% (vinte e cinco por cento);
>
> II – no valor de 25% (vinte e cinco por cento) sobre a base de cálculo prevista no art. 6º desta Lei para a redução de jornada e de salário igual ou superior a 25% (vinte e cinco por cento) e inferior a 50% (cinquenta por cento);
>
> III – no valor de 50% (cinquenta por cento) sobre a base de cálculo prevista no art. 6º desta Lei para a redução de jornada e de salário igual ou superior a 50% (cinquenta por cento) e inferior a 70% (setenta por cento); e
>
> IV – no valor de 70% (setenta por cento) sobre a base de cálculo prevista no art. 6º desta Lei para a redução de jornada e de salário igual ou superior a 70% (setenta por cento).
>
> Art. 12. As medidas de que trata o art. 3º desta Lei serão implementadas por meio de acordo individual escrito ou de negociação coletiva aos empregados:
>
> I – com salário igual ou inferior a R$ 2.090,00 (dois mil e noventa reais), na hipótese de o empregador ter auferido, no ano-calendário de 2019, receita bruta superior a R$ 4.800.000,00 (quatro milhões e oitocentos mil reais);
>
> II – com salário igual ou inferior a R$ 3.135,00 (três mil, cento e trinta e cinco reais), na hipótese de o empregador ter auferido, no ano-calendário de 2019, receita bruta igual ou inferior a R$ 4.800.000,00 (quatro milhões e oitocentos mil reais); ou
>
> III – portadores de diploma de nível superior e que percebam salário mensal igual ou superior a 2 (duas) vezes o limite máximo dos benefícios do Regime Geral de Previdência Social.

Assim, o empregador poderá acordar a redução proporcional de jornada de trabalho e de salário de seus empregados, de forma setorial, departamental, parcial ou na totalidade dos postos de trabalho, por até 90 dias, prorrogáveis por prazo determinado em ato do Poder Executivo. O Decreto

10.422/20 prorrogou a possibilidade de redução de jornada e salários por mais 30 dias, e a somatória das medidas não pode ultrapassar a 120 dias.

Na implementação das medidas devem ser observados os seguintes requisitos: preservação o valor do salário-hora de trabalho; pactuação por convenção coletiva de trabalho, acordo coletivo de trabalho ou acordo individual escrito entre empregador e empregado; e nos seguintes percentuais: 25%; 50%; 70%.

b) *Suspensão temporária do contrato de trabalho por 60 dias*: De outro lado, os arts. 8º *usque* 16 da MP 936/20 deixam claro que, durante o estado de calamidade pública, o empregador, por acordo individual, poderá fixar a suspensão temporária do contrato de trabalho de seus empregados, pelo prazo máximo de 60 dias, que poderá ser fracionado em dois períodos de 30 dias.

A Lei 14.020/20 (conversão da MP 936/20) estendeu a possibilidade de implementação das medidas, de forma setorial, departamental, parcial ou na totalidade dos postos de trabalho, pelo prazo máximo de 60 dias, fracionável em 2 períodos de até 30 dias, podendo ser prorrogado por prazo determinado em ato do Poder Executivo. O Decreto Executivo 10.422/20 prorrogou a possibilidade de suspensão do contrato de trabalho por mais 60 dias. De qualquer sorte as medidas não podem ultrapassar o período de 120 dias.

A suspensão do contrato de trabalho cessará no prazo de dois dias: do término do período de calamidade pública; da data prevista para o fim da suspensão do contrato; da comunicação do empregador de que antecipará o término da suspensão do contrato.

c) *Direitos do empregado no período da suspensão do contrato de trabalho*: Durante o período de suspensão temporária do contrato de trabalho, o empregado: (i) fará jus a todos os benefícios concedidos pelo empregador aos seus empregados, o que significa o dever de manutenção das condições de trabalho previstas nas normas coletivas; (ii) ficará autorizado a recolher contribuições sindicais complementares, na qualidade de segurado facultativo (art. 20), em quebra da vetusta vedação de contribuição concomitante, como segurado obrigatório e facultativo;

d) *Vedações e punições pelo descumprimento das regras de suspensão do contrato de trabalho*: A MP 936/20, convertida na Lei 14.020/20, estabelece que durante o período de suspensão temporária do contrato de trabalho, se o empregado mantiver as atividades de trabalho, ainda que parcialmente, por meio de teletrabalho, trabalho remoto ou trabalho a distância, ficará descaracterizada a suspensão temporária do contrato de trabalho.

Nesse caso, o empregador estará sujeito: (i) ao pagamento imediato da remuneração e dos encargos sociais e trabalhistas referentes a todo o período; (ii) às penalidades previstas na legislação em vigor; (iii) às sanções previstas em convenção coletiva ou acordo coletivo de trabalho.

5. REGIME JURÍDICO DO BENEFÍCIO EMERGENCIAL DE PRESERVAÇÃO DO EMPREGO E DA RENDA (BEPER) E DA AJUDA FINANCEIRA INDENIZATÓRIA

a) *Distinção entre o Benefício Emergencial de Preservação do Emprego e da Renda e a Ajuda Financeira Indenizatória*: O benefício emergencial será pago ao empregado, pelos cofres públicos, no caso de redução de jornada e salários e de suspensão de contrato de trabalho. Ainda, os valores são distintos, de acordo com os percentuais previstos em lei em cada modalidade de medida. A ajuda financeira indenizatória será paga pelo empregador, somente no caso da suspensão do contrato de trabalho, no percentual fixo de 30% dos salários do empregado.

b) *Alcance subjetivo da MP 936/20, conversão na Lei 14.020/20. Empregados e aprendizes.* Conforme art. 15 da Lei 14.020/20: poderão receber o Benefício Emergencial de Preservação do Emprego e da Renda (BEPER) os empregados, os aprendizes e os empregados contratados por tempo parcial.

b) *Empregado intermitente*: O intermitente não tem direito ao benefício emergencial, mas ficou protegido pelo benefício assistencial, de natureza jurídica distinta. Na forma do art. 18, §§ 1º, 2º, 3º e 4º da Lei 14.020/20, o empregado com contrato de trabalho intermitente (§ 3º, art. 443, CLT) faz jus ao benefício emergencial mensal, denominado *corona-voucher*, no valor de R$ 600,00, pelo período de três meses, prorrogável por mais 30 dias pelo Decreto nº 14.022/ 20.

A existência de mais de um contrato de trabalho intermitente não gera direito à concessão de mais de um benefício emergencial mensal e, ainda, não pode ser acumulado com o pagamento de outro auxílio emergencial, devendo ser garantido o direito ao melhor benefício. Durante o período de recebimento do benefício emergencial mensal o empregado intermitente fica autorizado a contribuir facultativamente para o Regime Geral de Previdência Social, na forma do art. 20 da Lei 14.020/20.

c) *Aposentado-Empregados*: em princípio, na MP 936/20, o aposentado ficou fora da proteção legal estatal, nos tempos de COVID 19. A Lei 14.020/20, no artigo 11, § 2º, regulou a situação do "limbo" do aposentado-empregado: é vedado cumular os benefícios da aposentadoria com a percepção do benefício emergencial (art. 6º, § 2º, II). Porém, resta facultado ao empregador reduzir jornada e salários e suspender o contrato de trabalho, desde que suporte o pagamento da totalidade dos valores correspondentes às medidas implementadas. Enfim, o aposentado não pode cumular sua aposentadoria com nenhum auxilio governamental, caso em que o empregador poderá pactuar e suportar os valores.

d) *Valor de Benefício Emergencial de Preservação do Emprego e da Renda (BEPER) na redução de jornada e salários*: Quanto ao valor, será calculado o benefício pela aplicação do percentual da redução de jornada e salários (25%, 50%, 75% MP 936/20) ou (25%, 50%, 70% Lei 14.040/20), sobre a base de cálculo do seguro-desemprego, limitado ao teto que o empregado receberia, se estivesse desempregado.

Para calcular o *valor* das parcelas do seguro-desemprego, é considerada a média de salários dos últimos três meses anteriores à demissão, e o benefício não pode ser inferior ao salário mínimo, de R$ 1.039 em 1º de janeiro de 2020. Com o reajuste, a parcela máxima a ser recebida passou para R$ 1.813,03. Por exemplo, o empregado com salário de R$ 4.000 mil, que teve sua jornada e salários reduzidos à razão de 50%, receberá do empregador R$ 2.000 de salário e terá o Benefício Emergencial (BEPER) à razão de 50% do valor de 1.813,03 (R$ 906,51), que receberia do seguro-desemprego no caso de despedida, conforme Portaria Ministério da Economia ME 914/2020.

e) *Valor de Benefício Emergencial de Preservação do Emprego e da Renda (BEPER) na suspensão do contrato de trabalho*: no caso de empresa com receita bruta em 2019 de R$ 4.800.000,00, que tenha optado pela suspensão do contrato, será pago ao empregado, à razão de 100% do valor do seguro-desemprego que o empregado receberia, se estivesse desempregado.

A empresa que tiver auferido, no ano-calendário de 2019, receita bruta superior a R$ 4.800.000,00, somente poderá suspender o contrato de trabalho de seus empregados mediante o pagamento, no valor de 30% do valor do salário do empregado, a título de ajuda compensatória indenizatória. Desse modo, será pago ao empregado o benefício emergencial à razão de 70% do valor do seguro-desemprego que o empregado receberia, se estivesse desempregado.

f) *Ajuda financeira compensatória indenizatória e seu regime jurídico*: deverá ter o valor definido em negociação coletiva ou no acordo individual escrito pactuado. Quanto à natureza jurídica e tributação da ajuda financeira compensatória: (i) terá natureza indenizatória; (ii) não integrará o salário devido pelo empregador; (iii) não servirá de base de cálculo do imposto sobre a renda; (iv) não incidirá contribuição previdenciária e dos demais tributos incidentes sobre a folha de salários; (v) não integrará a base de cálculo do valor dos depósitos do FGTS.

g) *Dedução da tributação da ajuda compensatória indenizatória*: Na forma da MP 936/20 e da Lei 14.020/20 (art. 9º, § 1º), a ajuda compensatória paga a partir do mês de abril de 2020 poderá ser considerada despesa operacional dedutível na determinação do lucro real e da base de cálculo da Contribuição Social sobre o Lucro Líquido (CSLL) das pessoas jurídicas tributadas pelo lucro real; pagas a partir do mês de abril de 2020.

h) *Veto na matéria dedução da tributação da ajuda compensatória indenizatória*: O empresariado esperava melhores condições de isenção tributária. Entretanto, por razões de interesse público, a Lei 14.020/20 foi *vetada quanto à matéria* a dedução da tributação da ajuda compensatória indenizatória sobre: os rendimentos do trabalho não assalariado da pessoa física (art. 6º, Lei 8.134/90); dos rendimentos tributáveis recebidos pelo empregador doméstico, sujeitos ao ajuste anual na declaração de rendimentos (art. 7º, Lei 9.250/95); do resultado da atividade rural, como despesa paga no ano-base (art. 4º, Lei 8.023/90).

h) *Cumulação da ajuda compensatória com o benefício emergencial*: o art. 9º da Lei 14.020/20, reafirmando a MP 936/20, estabelece que o benefício emergencial poderá ser acumulado com o pagamento, pelo empregador, de ajuda compensatória mensal, em decorrência da redução proporcional de jornada de trabalho e de salário, ou da suspensão temporária de contrato de trabalho.

i) *Saque emergencial do FGTS*: a Medida Provisória 946 de 7/4/2020 autorizou o saque emergencial do FGTS. Tem direito todo titular de conta do FGTS com saldo, incluindo contas ativas e inativas, no valor de até R$ 1.045,00 por trabalhador.

6. GARANTIA DE EMPREGO DECORRENTE DA MP 936/20 E LEI 14.020/20

Consoante a Lei 14.020/20, art. 10, I e II, fica reconhecida a garantia provisória no emprego ao empregado que receber o Benefício Emergencial de Preservação do Emprego e da Renda (BEPER) durante o período acordado de redução da jornada de trabalho e do salário, ou de suspensão temporária do contrato de trabalho; e por período equivalente ao acordado, após o restabelecimento da jornada de trabalho e do salário.

a) *Consequências jurídicas da despedida sem justa causa no período de garantia de emprego da MP 936/20 e Lei 14.020/20*: A dispensa sem justa causa que ocorrer durante o período de garantia provisória no emprego sujeitará o empregador ao pagamento: das parcelas rescisórias previstas na legislação em vigor e, ainda, uma indenização no valor de:

> I – 50% (cinquenta por cento) do salário a que o empregado teria direito no período de garantia provisória no emprego, na hipótese de redução de jornada de trabalho e de salário igual ou superior a 25% (vinte e cinco por cento) e inferior a 50% (cinquenta por cento);
>
> II – 75% (setenta e cinco por cento) do salário a que o empregado teria direito no período de garantia provisória no emprego, na hipótese de redução de jornada de trabalho e de salário igual ou superior a 50% (cinquenta por cento) e inferior a 70% (setenta por cento); ou

III – 100% (cem por cento) do salário a que o empregado teria direito no período de garantia provisória no emprego, nas hipóteses de redução de jornada de trabalho e de salário em percentual igual ou superior a 70% (setenta por cento) ou de suspensão temporária do contrato de trabalho.

Não se aplica às hipóteses de pedido de demissão ou dispensa por justa causa do empregado (art. 10, § 2º, Lei 14.020/20).

b) *Estabilidade estendida da gestante e adotante. Efeitos jurídicos*: A Lei 14.020/20 (art. 10, III), suprindo a omissão da MP 936, trouxe a novidade de previsão da estabilidade da gestante e adotante e o valor do salário maternidade. No caso da empregada gestante e ou adotante, a estabilidade será pelo período equivalente ao acordado, para a redução da jornada de trabalho e do salário, ou para a suspensão temporária do contrato de trabalho, a contar do término do período da garantia prevista na ADCT (art. 10, II, "b").

Assim, as duas estabilidades são somadas, a exemplo, a gestante que teve seu contrato suspenso por 60 dias, se sair em licença maternidade, terá cinco meses (150 dias) de estabilidade após o parto e, mais 60 dias equivalente à estabilidade equivalente ao acordado (MP 936/20 e Lei 14.020), totalizando sete meses (210 dias). Nos termos da Súmula 244 do TST, a despedida sem justa causa da gestante, no período de estabilidade, agora estendida, não enseja a reintegração, mas tão só os salários e vantagens correspondentes ao período estabilitário e reflexos.

c) *Salário maternidade da gestante, guardiã e adotante*: O art. 22, incisos I, II, III e §§ 1º e 2º, da Lei 14.020/20, esclarecem que a empregada, inclusive a doméstica, gestante, guardiã e adotante, inclusive, poderá participar do Programa Emergencial de Manutenção do Emprego e da Renda. Se ocorrer o evento maternidade: fica interrompido o curso da redução de jornada e salários e ou da suspensão do contrato de trabalho; o empregador comunicará o Ministério da Economia; inicia-se o benefício de salário-maternidade, nos termos dos arts. 71, 71-A, 72 e 73, I, da Lei 8.213/91, considerando-se como remuneração integral ou o último salário de contribuição ou os valores a que teria direito antes da implementação das medidas da redução de jornada e salários e ou suspensão do contrato de trabalho.

d) *Vedação da despedida, sem justa causa, do deficiente*: o artigo 17, V, da Lei 14.020/20 estabelece a vedação da dispensa, sem justa causa, da pessoa com deficiência, no período da pandemia. Desse modo, a dispensa deverá ter motivação técnica, econômica ou disciplinar. A despedida sem motivação poderá ser declarada nula, com o efeito jurídico da reintegração.

e) *Dispensa motivada por* factum principis *(art. 486, CLT)*: A CLT, em seu art. 486, estabelece que, no caso de paralisação temporária ou definitiva do trabalho, motivada por ato de autoridade municipal, estadual ou federal, ou pela promulgação de lei ou resolução que impossibilite a continuação da atividade, prevalecerá o pagamento da indenização, que ficará a cargo do governo responsável.

f) *Requisitos da dispensa motivada no fato do príncipe*: As condições para a configuração do fato do príncipe são: a efetiva paralisação do trabalho; ou a impossibilidade de continuação da atividade empresarial; um ato da autoridade pública, administrativo ou legislativo que impeça o total funcionamento do estabelecimento e que inviabilize qualquer prestação laboral.

A paralisação não pode ser parcial, tampouco a mera readaptação de rotinas e métodos, que se inserem na órbita dos riscos do empreendimento assumidos pelo empregador (art. 2º da CLT). Nestes tempos de COVID, na esfera federal, não existe nenhuma regulamentação proibitiva do exercício de atividades, ao revés, os Decretos 10.282/2020 e 10.288/2020 definem os serviços públicos e as atividades essenciais que não podem paralisar. Não se considera *factum principis*, por exemplo, o fechamento do estabelecimento por ato da autoridade administrativa sanitária, no exercício de sua atribuição fiscalizadora, porque entra em cena a imprevidência do empresário.

A Secretaria do Ministério da Economia emitiu a Nota Informativa n. 13448 (8318993) SEI 13041.109191/2020-91, para fins de fiscalização pelo auditor fiscal, acerca das rescisões contratuais em tempos de COVID 19, com base no fato do príncipe, nos seguintes termos:

a) verificar se houve paralisação (total) do trabalho e não continuidade das atividades empresariais, seja temporária, seja definitiva;

b) verificar se existe ato de autoridade municipal, estadual ou federal suspendendo totalmente a atividade – se há restrição parcial, não se admitirá o fato do príncipe;

c) verificar se foram quitadas as verbas rescisórias, na forma e prazo estabelecidos nos parágrafos do art. 477 da CLT, procedendo à lavratura dos autos de infração pertinentes, quando concluir pela violação de preceito legal;

d) abster-se de exigir o recolhimento, pelo empregador, da indenização compensatória do FGTS prevista no art. 18, §1º, da Lei 8.036/90.

Por fim, a Lei 14.020/20, para dar segurança jurídica, em razão dos inúmeros debates, traz expresso o afastamento da hipótese de aplicação do artigo 486, da CLT, que trata do fato do príncipe, para os casos de despedida motivada na pandemia COVID 19. Desse modo, o governo não suportará os efeitos financeiros indenizatórios das despedidas por conta da pandemia, pois se trata de força maior, que exclui também a responsabilidade estatal.

g) *Despedida motivada por força maior (art. 501* usque *504, CLT)*: A força maior vem regulada nos arts. 501 a 504 da CLT, como excludente de responsabilidade pelos riscos empresariais. A MP 927/20 estabelece que a pandemia COVID 19 é caso de força maior, nos termos do art. 501, da CLT, que estatui que:

> Art. 501 – Entende-se como força maior todo acontecimento inevitável, em relação à vontade do empregador, e para a realização do qual este não concorreu, direta ou indiretamente.
>
> Art. 502 – Ocorrendo motivo de força maior que determine a extinção da empresa, ou de um dos estabelecimentos em que trabalhe o empregado, é assegurada a este, quando despedido, uma indenização na forma seguinte: I – sendo estável, nos termos dos arts. 477 e 478; II – não tendo direito à estabilidade, metade da que seria devida em caso de rescisão sem justa causa; III – havendo contrato por prazo determinado, aquela a que se refere o art. 479 desta Lei, reduzida igualmente à metade.

h) *Requisitos da dispensa motivada na força maior*: A Secretaria do Ministério da Economia emitiu a Nota Informativa 13448 (8318993) SEI 13041.109191/2020-91, para fins de fiscalização pelo auditor fiscal, acerca das rescisões contratuais, em tempos de COVID 19, com base na força maior, nos seguintes termos:

> O Auditor-Fiscal do Trabalho, sempre que constatar "força maior" como motivo para rescisão de contratos de trabalho, deve:
>
> a) verificar se há indícios de extinção da empresa ou do estabelecimento em que trabalhe o empregado;
>
> b) notificar o empregador para que este apresente o registro do ato de dissolução da empresa na junta comercial ou órgão equivalente, para fins de comprovação do início do processo de extinção;
>
> c) verificar se foram quitadas as verbas rescisórias, na forma e prazo estabelecidos nos parágrafos do art. 477 da CLT, procedendo à lavratura dos autos de infração pertinentes, quando concluir pela violação de preceito legal;
>
> d) verificar se o empregador recolheu, pela metade, a indenização compensatória do FGTS, nos termos do disposto no art. 502, incisos II e III, da CLT, c/c o art. 18, § 2º, da Lei nº 8.036/90, se comprovada a extinção da empresa ou estabelecimento.
>
> e) caso não tenha ocorrido a extinção, verificar se o empregador recolheu integralmente a indenização compensatória do FGTS, nos termos do disposto no art. 18, §1º, da Lei nº 8.036/90.

Por fim, não cabe ao auditor fiscal do trabalho, no curso da ação fiscal, decidir pela incidência ou não da hipótese de força maior como motivo para a rescisão de contratos de trabalho, nos termos do art. 502 da CLT ou do fato do príncipe. Essa circunstância deverá ser declarada pela Justiça do Trabalho.

i) *Exclusão da razão da força maior e efeitos jurídicos. Imprevidência. Falsa causa*: Na forma do art. 501, § 1º, e art. 503, § 2º, e 504, da CLT), não se aplica a força maior nas seguintes situações: na imprevidência do empregador; a força maior que não afetar de forma substancial, nem for suscetível de afetar a situação econômica e financeira da empresa; a falsa causa.

Por corolário, não se admite a alegação de força maior quando não ocorre a extinção da empresa ou do estabelecimento em que trabalhe o empregado. A extinção de uma empresa ou estabelecimento exige comprovação da averbação da dissolução no registro onde a pessoa jurídica estiver inscrita, nos termos do art. 51, § 1º, do Código Civil.

Ainda, uma vez comprovada a falsa alegação do motivo de força maior, o ato de despedida é nulo, e serão garantidos aos empregados estáveis: a reintegração e o pagamento da remuneração atrasada, ou seja, salários vencidos e vincendos; quanto aos empregados não estáveis, será devido o complemento das indenizações cabíveis e previstas na lei (art. 504, CLT).

j) *Valores rescisórios na despedida motivada no fato do príncipe e na força maior*: As indenizações referidas no art. 486, CLT (fato do príncipe) e nos arts. 501, 502, 503, 504, CLT (força maior) correspondem à antiga estabilidade decenal regulada nos arts. 492, 497 e 498, CLT. Portanto, mister se faz interpretação progressiva e atual, e a análise do atual sistema indenizatório do FGTS, que passou a ser obrigatório com o advento da Constituição Federal de 1988 (art. 7º, I, CF/88).

Destarte, considerando a equivalência dos sistemas indenizatórios dos arts. 477 e 478 da CLT, e o sistema do FGTS, as indenizações a que se referem o art. 486 e 502, CLT, correspondem apenas à indenização compensatória do FGTS, prevista no art. 18, § 1º, da Lei 8.036/90: (i) depósito na conta vinculada do trabalhador no FGTS dos valores relativos ao mês da rescisão e ao imediatamente anterior, que ainda não houver sido recolhido, sem prejuízo das cominações legais; (ii) multa de 40% sobre todos os depósitos de FGTS devidos durante a vigência do contrato de trabalho, atualizados monetariamente e acrescidos dos respectivos juros, reduz pela metade e será de 20% o percentual.

l) *Vedações. Irregularidades. Fraudes. Consequências jurídicas. Restabelecimentos das condições anteriores*: As Medidas previstas na MP 936/20 e na Lei 14.020/20 ficam limitadas, no total, a 90 dias. A lei autorizou a prorrogação dos prazos.

O Decreto do Executivo 10.422/20 autorizou a prorrogação do prazo para 30 dias com relação à redução proporcional de jornada de trabalho e de salário, bem como por 60 dias a prorrogação do prazo da suspensão temporária do contrato de trabalho, respeitado o limite de 120 dias, considerado os prazos conjuntos da MP 936/20 e Lei 14.020/20.

O contrato de trabalho será restabelecido no prazo de dois dias corridos, contado da: cessação do estado de calamidade pública; data final estabelecida na pactuação; na data da comunicação do empregador da decisão de antecipar o fim do período de suspensão pactuado. A lei traz a garantia de emprego e a vedação de atividades no período da suspensão do contrato trabalho. Em caso de irregularidades ou fraudes, ficará descaracterizada a redução de jornada e salários, e possibilitará a nulidade e o retorno ao estado anterior com as consequências pecuniárias e indenizatórias. Ainda, durante o período de suspensão temporária do contrato de trabalho, o empregado não pode manter as atividades de trabalho, ainda que parcialmente, por meio de teletrabalho, trabalho remoto ou trabalho a distância.

Na forma do art. 8º, § 4º, da Lei 14.020/20, ficará descaracterizada a suspensão temporária do contrato de trabalho, e o empregador estará sujeito: (i) ao pagamento imediato da remuneração e dos encargos sociais e trabalhistas referentes a todo o período; (iii) às penalidades previstas na legislação em vigor; (iii) às sanções previstas em convenção coletiva ou acordo coletivo de trabalho.

7. ACORDOS INDIVIDUAIS E COLETIVOS. RESERVA NEGOCIAL. CONTEÚDO DE REDUÇÃO DE SALÁRIOS E JORNADA E SUSPENSÃO DO CONTRATO DE TRABALHO. POSSIBILIDADES E LIMITES

Na forma do art. 12, § 4º, da Lei 14.020/20, para enfrentamento da COVID 10, as medidas de redução de jornada de trabalho e de salário, ou de suspensão do contrato de trabalho, podem ser levadas a cabo, por convenção coletiva de trabalho, acordo coletivo de trabalho ou; acordo individual escrito entre empregador e empregado. O acordo individual: proposta deve ser encaminhada ao empregado, com antecedência mínima de dois dias corridos e deverão ser comunicados pelos empregadores ao respectivo sindicato da categoria profissional, no prazo de até dez dias corridos, contado da data de sua celebração.

a) *Reserva negocial individual e coletiva. Matérias concorrentes*: As matérias de reserva de acordo individual, sem prejuízo de negociação coletiva: redução proporcional de jornada de trabalho e de salário, e a suspensão temporária do contrato de trabalho serão implementadas por meio de acordo individual escrito ou de negociação coletiva aos empregados.

A Lei 14.020/20, artigo 12, trouxe novas faixas salariais para fins de reserva negocial individual e coletiva. Assim, as medidas preventivas da pandemia serão implementadas por meio de acordo individual escrito ou de negociação coletiva aos empregados:

> I – com salário igual ou inferior a R$ 2.090,00 (dois mil e noventa reais), na hipótese de o empregador ter auferido, no ano-calendário de 2019, receita bruta superior a R$ 4.800.000,00 (quatro milhões e oitocentos mil reais);
>
> II – com salário igual ou inferior a R$ 3.135,00 (três mil, cento e trinta e cinco reais), na hipótese de o empregador ter auferido, no ano-calendário de 2019, receita bruta igual ou inferior a R$ 4.800.000,00 (quatro milhões e oitocentos mil reais); ou
>
> III – portadores de diploma de nível superior e que percebam salário mensal igual ou superior a 2 (duas) vezes o limite máximo dos benefícios do Regime Geral de Previdência Social.

b) *Reserva negocial individual. Limites e possibilidades*: na forma da MP 936/20, secundada pela Lei 14.020/20, artigo 12, resta autorizado, por acordo individual: I – redução proporcional de jornada de trabalho e de salário de 25%; II – redução proporcional de jornada de trabalho e de salário ou suspensão temporária do contrato de trabalho quando do acordo não resultar diminuição do valor total recebido mensalmente pelo empregado, incluídos nesse valor o Benefício Emergencial de Preservação do Emprego e da Renda, a ajuda compensatória mensal e, em caso de redução da jornada, o salário pago pelo empregador em razão das horas de trabalho.

c) *Formalidades dos acordos individuais*: Na forma da MP 936/20 (art. 12, § 3º), secundado pela Lei 14.020/20 (art. 11, § 3º) os acordos individuais de redução de jornada de trabalho e de salário ou de suspensão temporária do contrato de trabalho do aposentado: poderão ser realizados por quaisquer meios físicos ou eletrônicos eficazes; deverão ser comunicados pelos empregadores ao respectivo sindicato da categoria profissional, no prazo de até dez dias corridos.

d) *Acordo individual do aposentado empregado:* o artigo 11, § 2º, da Lei 14.020/20 regulou a situação do "limbo" do aposentado empregado: é vedado cumular os benefícios da aposentadoria com a percepção do Benefício Emergencial (art. 6º, § 2º, II). Entretanto, será admitido acordo individual escrito para implantação das medidas, se houver: o pagamento, pelo empregador da ajuda compensatória mensal (art. 9º) de no mínimo, equivalente ao do benefício que o empregado receberia se não houvesse a vedação (inciso II, § 2º, art. 6º).

Ainda, na hipótese de empresa se enquadrar na receita bruta superior a R$ 4.800.000,00 (§ 5º do art. 8º) o total a ser pago deverá ser, no mínimo, igual à soma do valor que seria devida a título de benefício emergencial e mais a ajuda compensatória. Assim, somente é possível a redução proporcional de jornada de trabalho e de salário ou suspensão temporária do contrato de trabalho, do aposentado empregado, por acordo individual escrito, seguido do pagamento integral (100%), suportado pelo empregador, a título de ajuda compensatória mensal, equivalente ao do benefício que o empregado receberia se não houvesse a vedação desta Lei.

Nada impede, mas tudo recomenda, que a matéria seja objeto de negociação coletiva, para dar suporte ao empregado aposentado e segurança jurídica à empresa, inclusive quanto a natureza jurídica da verba. Seja por acordo individual ou coletivo, o empregador suportará o valor salarial e mais o valor de benefício emergencial que seria devido se o trabalhador tivesse direito, e nas condições e percentuais especificados na lei.

e) Reserva negocial coletiva: Limites e possibilidades. Empregados não enquadrados na situação legal. Percentuais distintos: O art. 11, e parágrafos 1º, 2º, 3º, 4º, da MP 936/20, ampliam a possibilidade de outras soluções negociadas para enfrentamento da pandemia. Com efeito, as medidas de redução de jornada de trabalho e de salário ou de suspensão temporária de contrato de trabalho poderão ser celebradas por meio de negociação coletiva e, em percentuais de redução de jornada de trabalho e de salário diversos. A Lei 14.020/20 (conversão da MP 936/20) mantém a via negocial coletiva com alternativa da implantação das medidas decorrentes da pandemia, e ainda aponta alguns conteúdos de reserva negocial coletiva.

As matérias de reserva estrita de negociação coletiva: Para os empregados não enquadrados nas faixas salariais descritas, somente poderão ser estabelecidas por convenção coletiva ou acordo coletivo de trabalho, salvo nas seguintes hipóteses, nas quais se admite a pactuação por acordo individual escrito:

> I – redução proporcional de jornada de trabalho e de salário de 25% (vinte e cinco por cento), prevista na alínea a do inciso III do *caput* do art. 7º desta Lei;
>
> II – redução proporcional de jornada de trabalho e de salário ou suspensão temporária do contrato de trabalho, quando do acordo não resultar diminuição do valor total recebido mensalmente pelo empregado, incluídos neste valor o Benefício Emergencial de Preservação do Emprego e da Renda, a ajuda compensatória mensal e, em caso de redução da jornada, o salário pago pelo empregador em razão das horas de trabalho.

f) *Empregados não enquadrados na situação legal*: Assim, excluídas as hipóteses de autorização de implantação das medidas por acordo individual, a redução de jornada e salário até 25%; ou quando não houver prejuízo de ganho (incluído no cômputo o benefício emergencial), para os demais empregados, não enquadrados no art. 12, da Lei 14.020/20, somente poderão ser estabelecidas medidas preventivas de pandemia, por convenção coletiva ou acordo coletivo de trabalho.

g) *Negociação de percentuais diversos e consequências jurídicas.* Ainda, na forma do artigo 11, §§ 1º, 2º, 3º, a convenção coletiva ou o acordo coletivo de trabalho poderão estabelecer redução de jornada de trabalho e de salário em percentuais diversos daqueles previstos na lei. A negociação coletiva em percentuais distintos traz impacto econômico para o trabalhador na percepção do benefício emergencial, que será devido nos seguintes termos: (i) redução de jornada e de salário inferior a 25%, não há direito ao benefício emergencial, e não poderá ser acumulado com o pagamento de outro auxílio emergencial; (ii) redução de jornada e salário entre 25% e 50%, o benefício emergencial será no valor de 25%; (iii) redução de jornada e salário entre 50% e 70%, o benefício será no valor de 50%; (iv) redução de jornada e salário de 70%, o benefício emergencial será no valor 70%.

h) *Renegociação e aditamentos das normas coletivas anteriores*: A MP 936/20, art. 11 § 3º, assegurou o direito de aditamentos às convenções coletivas ou acordos coletivos de trabalho, celebrados anteriormente, que poderão ser renegociados para adequação de seus termos, no prazo de dez dias corridos, contado da data da sua publicação.

De igual modo, o artigo 11, § 3º, da Lei 14.020/20, diz que as convenções coletivas ou os acordos coletivos de trabalho, celebrados anteriormente, poderão ser renegociados para adequação de seus termos, no prazo de dez dias corridos, contados da data da publicação da lei.

8. DIREITO INTERTEMPORAL. PRINCÍPIO DA SEGURANÇA JURÍDICA. PRINCÍPIO DA "LEI DO TEMPO REGE O ATO". NORMA COLETIVA SUPERVENIENTE AO ACORDO INDIVIDUAL. TÉCNICAS DE SOLUÇÃO DO CONFLITO ENTRE NORMAS. PRINCÍPIO DA NORMA MAIS FAVORÁVEL

O art. 24, § único, da Lei 14.020/20, estatui que os acordos firmados na vigência da Medida Provisória 936/20, e a regulação do pagamento do benefício emergencial, pela Portaria 10.486/20 e Portaria 13.699/20, são por elas regidos. Desse modo, quanto ao acordo individual ou coletivo, de redução proporcional de jornada de trabalho e de salário e, de suspensão temporária do contrato de trabalho, aplica-se o princípio da "lei do tempo rege o ato".

O artigo 12, §§ 5º e 6º, da Lei 14.020, traz como vetores principais os princípios da segurança jurídica e da irretroatividade da lei. Ainda, o legislador se preocupou com a superveniência de convenção coletiva de trabalho conflitante com o acordo individual. Assim, aponta as técnicas de solução do conflito entre normas coletivas e individuais, em clara opção da aplicação mitigada do princípio da norma recentemente pactuada, mas ressalvada a norma mais favorável.

Se, após a pactuação de acordo individual, houver a celebração de convenção coletiva ou acordo coletivo de trabalho com cláusulas conflitantes com as do acordo individual, deverão ser observadas as seguintes regras:

(i) a aplicação das condições estabelecidas no acordo individual em relação ao período anterior ao da negociação coletiva;

(ii) a partir da vigência da convenção coletiva ou do acordo coletivo de trabalho, a prevalência das condições estipuladas na negociação coletiva, naquilo em que conflitarem com as condições estipuladas no acordo individual.

(iii) quando as condições do acordo individual forem mais favoráveis ao trabalhador, prevalecerão sobre a negociação coletiva (artigo 12, § 6º, Lei 14.020/20)

Por se tratar de norma interpretativa institucional, aplicam-se, inclusive, aos acordos firmados na vigência da Medida Provisória 936/20, para imprimir segurança jurídica nas condições de trabalho pactuadas anteriormente, para enfrentamento a pandemia.

9. CONSTITUCIONALIDADE DA MP 936/20 SOBRE A PREVALÊNCIA DO ACORDO INDIVIDUAL EM DETRIMENTO DA NEGOCIAÇÃO COLETIVA

A Carta Federal dispõe, no art. 7º, que:

> São direitos dos trabalhadores urbanos e rurais, além de outros que visem à melhoria de sua condição social (...) VI – irredutibilidade do salário, salvo o disposto em convenção ou acordo coletivo; XIII – duração do trabalho normal não superior a oito horas diárias e quarenta e quatro semanais, facultada a compensação de horários e a redução da jornada, mediante acordo ou convenção coletiva de trabalho.

A MP 936/20, secundada pela Lei 14.020/20, art. 12, § 4º, autorizou a redução de jornada e salários por acordo individual, desde que cientificado o sindicato, "a posterior", no prazo de 10 dias. Destarte, *icto oculis* a MP 936/20 pareceu estar na contramão do texto constitucional, que preconiza a redução de jornada e salário exclusivamente por negociação coletiva. A norma inquinada de inconstitucional vem assim vazada:

> Art. 11. As medidas de redução de jornada de trabalho e de salário ou de suspensão temporária de contrato de trabalho de que trata esta Medida Provisória poderão ser celebradas por meio de negociação coletiva, observado o disposto no art. 7º, no art. 8º e no § 1º deste artigo. (...)
>
> § 4º Os acordos individuais de redução de jornada de trabalho e de salário ou de suspensão temporária do contrato de trabalho, pactuados nos termos desta Medida Provisória, deverão ser comunicados pelos empregadores ao respectivo sindicato laboral, no prazo de até dez dias corridos, contado da data de sua celebração.

O STF/ ADIN 6363, em 17 de abril de 2020, nos autos da Medida Cautelar na análise da conformação do art. 11, § 4º, da Medida Provisória 936/20 ao disposto no arts. 7º, VI, e 8º, VI, da Constituição, reconheceu a validade e os efeitos do acordo individual, para redução da jornada e salários, firmada entre empregado e empregador, sem intervenção prévia da entidade sindical. Manteve, porém, a intervenção *a posteriori* do sindicato como condição de validade do pactuado individual.

O voto condutor reconheceu a importância do papel dos sindicatos no contexto da relação entre trabalho e capital, ao mencionar que

> (...) o esvaziamento do poder dos sindicatos, ensejado por modificações legislativas recentes, não pode levar – particularmente nessa fase crítica pela qual passa o País – a um enfraquecimento ainda maior dessas agremiações. Não há, ao menos sob a égide da ordem legal vigente, nenhuma possibilidade de excluí-las das negociações trabalhistas, diante da cristalina redação do art. 8º III, da Constituição, segundo a qual, "ao sindicato cabe a defesa dos direitos e interesses coletivos ou individuais da categoria, inclusive em questões judiciais ou administrativas", sob pena de mergulharmos num ciclo vicioso de progressiva e acelerada retirada das salvaguardas da classe trabalhadora.

Segundo a visão jurisprudencial do STF/ADIN 6363, analisada à luz do "direito à procedimentalização", o texto da MP 936/2020 não acarretou nenhuma insegurança jurídica e ou alijamento do Sindicato do processo de negociação coletiva, na implantação das medidas de enfrentamento da pandemia COVI 19. Portanto, restou decidido que:

> (i) são válidos e legítimos os acordos individuais celebrados na forma da MP 936/2020, os quais produzem efeitos imediatos, inclusive no prazo de 10 dias previsto para a comunicação ao sindicato.

(ii) Ainda, os eventuais acordos individuais já celebrados e ou ainda por firmar, entre empregadores e empregados produzem efeitos imediatos, a partir de sua assinatura pelas partes, inclusive e especialmente para os fins de pagamento do benefício emergencial, salvo superveniência de negociação coletiva que venha a modificá-los, no todo ou em parte.

(iii) Ressalvou-se a possibilidade de adesão, por parte do empregado, à convenção ou acordo coletivo posteriormente firmados, os quais prevalecerão sobre os acordos individuais, naquilo que compatível, observando-se o princípio da norma mais favorável;

(iii) na inércia do sindicato, subsistirão integralmente os acordos individuais tal como pactuados originalmente pelas partes.

Quanto ao desiderato em determinar a comunicação dos acordos individuais pelo empregador ao respectivo sindicato, no prazo de 10 dias, o STF/ADIN 6363 concluiu que se trata de:

(i) prestigiar o diálogo entre todos os atores sociais envolvidos na crise econômica, resultante da pandemia, para superação de forma consensual, segundo o modelo tripartite recomendado pela Organização Internacional do Trabalho – OIT;

(ii) de ciência para que o sindicato cumpra o seu múnus constitucional de fiscalizar a estrita observância dos direitos dos trabalhadores por parte dos patrões, e querendo, questione eventual abuso ou excesso praticado pelo empregador;

(iii) que o cumprimento dos acordos individuais seja supervisionado pelos sindicatos, para que possam, caso vislumbrem algum prejuízo para os empregados, deflagrar a negociação coletiva, prevista nos arts. 7º, VI, e 8º, VI, da Carta da República;

(iv); nada impede que os acordos individuais, depois de celebrados, possam ser contestados em juízo, ao alvedrio dos sindicatos, por força do princípio da inafastabilidade da jurisdição, agasalhado no art. 5º, XXXV, do Texto Magno.

Quanto a possíveis consequências jurídicas da falta de comunicação do empregador à respectiva entidade sindical, no prazo de 10 dias, estabelecido pela MP, será a perda da validade do acordo individual por descumprimento de formalidade essencial.

Eis o conteúdo do julgado:

"Trata-se de embargos de declaração opostos pelo Advogado-Geral da União, que, em longa petição, sublinha possíveis problemas práticos advindos da liminar, além de apontar a ocorrência de contradições e omissões na decisão embargada, para ao final postular: "(i) o reconhecimento de sua legitimidade recursal para oposição de embargos declaratórios no processo de controle de constitucionalidade, com o consequente recebimento do recurso; (ii) [a] a reconsideração da decisão embargada, com o indeferimento do pedido de liminar ou, subsidiariamente, [b] a sua reforma, para que se afirme [b.1] a validade e legitimidade da produção imediata de efeitos para os acordos individuais celebrados na forma da MP nº 936/2020 (inclusive durante o período de 10 dias referido pelo seu artigo 11, § 4º), [b.2] ressalvada a possibilidade de adesão, por parte do empregado, a convenção/acordo coletivo posteriormente firmado; (iii) a atribuição de efeito suspensivo ao recurso, tendo em vista a aflitiva demora que pode advir para o acesso ao benefício emergencial pelos trabalhadores caso os acordos individuais dependam de homologação sindical para surtir efeitos; e (iv) sejam, ao final, acolhidos os presentes embargos de declaração, para esclarecer a legitimidade da produção imediata de efeitos para os acordos individuais celebrados na forma da MP nº 936/2020 – inclusive durante o período de 10 dias referido pelo seu artigo 11, § 4º – ressalvada a possibilidade de posterior adesão a convenção/acordo coletivo pelo empregado." É o breve relatório. Decido. Embora reconhecendo a legítima preocupação que move os subscritores destes embargos, entendo que devem ser rejeitados por ausência dos vícios especificados no art. 1.023 do Código de Processo Civil, ensejadores de seu acolhimento, motivo pelo qual, inclusive, dispenso a intimação da parte contrária. Primeiramente, cumpre assentar, para que não pairem quaisquer incertezas, que a Medida Provisória 936/2020, contestada na presente ação, continua integralmente em vigor, eis que nenhum de seus dispositivos foi suspenso pela liminar concedida nestes autos. Todos eles permanecem hígidos, em particular os que dispõem sobre a percepção do benefício emergencial pelo trabalhador (art. 5º), a possibilidade de redução da jornada de trabalho e do salário (art. 7º, VIII) e a suspensão temporária do contrato laboral (art. 8º), dentre outros. É que os atos do poder público, como se sabe, gozam de presunção de constitucionalidade e legalidade, enquanto não forem desconstituídos por decisão judicial. Por isso, a MP atacada, salvo naquele dispositivo que passou por uma interpretação conforme à Constituição – a rigor, uma suplementação necessária para que pudesse fazer um mínimo de sentido em face do Texto Magno – incide plenamente sobre as relações de trabalho em andamento, desde a data em que foi editada. Tendo em conta que a cautelar apenas se limitou a conformar o art. 11, § 4º, da Medida Provisória 936/2020 ao que estabelecem os arts. 7º, VI, e

8º, VI, da Constituição, outra conclusão não é possível se não aquela segundo a qual os eventuais acordos individuais já celebrados – e ainda por firmar – entre empregadores e empregados produzem efeitos imediatos, a partir de sua assinatura pelas partes, inclusive e especialmente para os fins de pagamento do benefício emergencial no prazo estipulado, ressalvada a superveniência de negociação coletiva que venha a modificá-los, no todo ou em parte. Seria impensável conceber que o Presidente da República – considerado o elevado discernimento que o exercício do cargo pressupõe – pretendesse, com a Medida Provisória, que os sindicatos, ao receberem a comunicação dos acordos individuais, simplesmente os arquivassem, pois isso contrariaria a própria razão de ser dessas entidades, as quais, por sua reconhecida relevância social, mereceram destacado tratamento constitucional. À toda a evidência, não seria imaginável que os constituintes de 1988 lhes tivessem reservado o modestíssimo papel de meros arquivistas de contratos de trabalho. Não fosse isso, adotando uma visão mais realista – ou quiçá mais pessimista –, nada impediria que os sindicatos guardassem a informação recebida dos empregadores para, num momento futuro, contestar os acordos individuais já celebrados perante a Justiça, dentro do prazo prescricional dos créditos trabalhistas (5 anos para os trabalhadores urbanos e rurais, até o limite de 2 anos após a extinção do contrato de trabalho, a teor do art. 7º, XXIX, da Constituição). Por essa exata razão é que a alternativa de manter intacto o art. 11, § 4º, da Medida Provisória 936/2020, como se encontra redigido, sem qualquer temperamento, mostrava-se – como ainda se mostra – extremamente problemática, tal a insegurança jurídica que levaria aos patrões e empregados. Qual seria, então, a real intenção do Chefe do Executivo ao determinar a comunicação dos acordos individuais pelo empregador ao respectivo sindicato, no prazo de 10 dias? Bem sopesadas as coisas, outra não poderia ser a conclusão a não ser a de que a comunicação exigida na MP foi cogitada para que o sindicato cumpra o seu múnus constitucional de fiscalizar a estrita observância dos direitos dos trabalhadores por parte dos patrões. Essa suposição se fortalece mais ainda porque os prazos estabelecidos no Título VI da Consolidação das Leis do Trabalho (Decreto-lei 5.452/1943), o qual regula as Convenções Coletivas, foram reduzidos pela metade pelo art. 17, III, da mencionada Medida Provisória, em uma eloquente demonstração de que o Governo antevia, ao menos implicitamente, uma possível deflagração de negociações coletivas, a partir da comunicação aos sindicatos. Bem por isso, a decisão cautelar ora embargada buscou colmatar a lacuna identificada no texto da MP, esclarecendo que a comunicação ao sindicato permitirá que este, querendo, questione eventual abuso ou excesso praticado pelo empregador, como, por exemplo, no caso de determinada atividade econômica não ter sido afetada pela pandemia. A comunicação ao sindicato, não há dúvida, prestigia o diálogo entre todos os atores sociais envolvidos na crise econômica resultante da pandemia para que seja superada de forma consensual, segundo o modelo tripartite recomendado pela Organização Internacional do Trabalho – OIT. E, como bônus adicional, permite-se que os acordos individuais sejam supervisionados pelos sindicatos, para que possam, caso vislumbrem algum prejuízo para os empregados, deflagrar a negociação coletiva, prevista nos já citados arts. 7º, VI, e 8º, VI, da Carta da República. A interpretação conforme à Constituição adotada na decisão embargada atende também à recentíssima Resolução 1/2020, da Comissão Interamericana de Direitos Humanos – CIDH, intitulada "Pandemia e Direitos Humanos nas Américas", que exorta os Estados-membros, em seu item 5, a assegurarem o respeito aos direitos econômicos, sociais, culturais e ambientais de sua população (Resolução 1/2020, de 10 de abril de 2020, da Comissão Interamericana de Direitos Humanos encontra-se disponível em: http://www.oas.org/es/cidh/decisiones/pdf/Resolucion-1-20-es.pdf. Acesso em: 11 de abr. de 2020). E mais: recomenda que os Estados-membros da CIDH garantam rendas e meios de subsistência a todos os trabalhadores, priorizando a proteção dos empregos, dos salários, da liberdade de associação e da negociação coletiva, bem como outros direitos, laborais e sindicais. Vale ressaltar que, embora se compreenda a insistência governamental e de certos setores econômicos em acelerar os acordos individuais, superestimando supostas consequências deletérias decorrentes da liminar concedida, em especial o "engessamento" das negociações, o fato é que constituiria precedente perigosíssimo afastar a vigência de normas constitucionais asseguradoras de direitos e garantias fundamentais, diante do momento de calamidade pública pelo qual passamos. Isso só poderia ocorrer – e mesmo assim em escala limitada e sob supervisão do Congresso Nacional – durante a decretação dos Estados de Defesa ou de Sítio, escrupulosamente delimitados nos art. 136 e 137 da Lei Maior. Ora, a experiência tem demonstrado que justamente nos momentos de adversidade é que se deve conferir a máxima efetividade às normas constitucionais, sob pena de graves e, não raro, irrecuperáveis retrocessos. De forma tristemente recorrente, a história da humanidade tem revelado que, precisamente nessas ocasiões, surge a tentação de suprimir – antes mesmo de quaisquer outras providências – direitos arduamente conquistados ao longo de lutas multisseculares. Primeiro, direitos coletivos, depois sociais e, por fim, individuais. Na sequência, mergulha-se no caos! A Constituição – é claro – não foi pensada para vigorar apenas em momentos de bonança. Ao contrário, o seu fiel cumprimento se faz ainda mais necessário em situações de crise, nas quais, na feliz metáfora de Jon Elster, ela serve como o mastro a que se prendeu Ulisses para que não se perdesse em meio ao canto das sereias, pois representa a derradeira barreira de proteção dos valores básicos da sociedade contra paixões ou interesses de uma maioria ocasional (Ulisses liberto: estudos sobre racionalidade, pré-compromisso e restrições. São Paulo: UNESP, 2009). De resto, a redução de salários, que é vista como panaceia para resolver as dificuldades econômicas pelas quais passamos atualmente, já se encontra prevista na vigente Constituição, sendo naturalmente vocacionada para os momentos de crise, até porque, em situações normais, a perda de remuneração não é esperada nem desejada. Para que isso aconteça – a bem da segurança de todos os envolvidos – o Texto Magno previu a participação dos sindicatos nas negociações para a proteção daqueles – invariavelmente os mais débeis na relação de trabalho – que sofrerão uma diminuição de rendimentos. Nesse passo, vale registrar que não colhe o argumento, amplamente difundido na mídia, de que a MP vergastada estaria mantendo intacto o valor da hora trabalhada, motivo pelo qual inexistiria verdadeira redução de salário. Trata-se de mais uma falácia sem qualquer consistência, porque a própria Constituição garante, em seu art. 6º, IV, um salário mínimo para o trabalhador, "capaz de atender às suas necessidades vitais básicas e às de sua família com moradia, educação, saúde, lazer, vestuário, higiene, transporte e previdência social", as quais só são satisfeitas – se de fato o podem ser – considerada a remuneração como um todo. Contratempos que possam eventualmente advir da participação dos sindicatos nas negociações não têm o condão de sensibilizar o intérprete do Texto Constitucional, voltado, por dever de ofício, a preservar os valores superiores de convivência social nele abrigados. Não é demais insistir que a própria Medida Provisória aqui contestada é que instituiu a obrigação de comunicar os acordos individuais ao sindicato. E dessa comunicação – que não pode ser tida como simples figura retórica – há de extrair-se algum efeito! Eventuais dificuldades em identificar ou contatar os sindicatos para comunicá-los – como muitos displicentemente vêm alegando – não justifica o descumprimento da expressa determinação contida no ato presidencial impugnado. Cabe ao empregador adotar todas as providências ao seu alcance para localizar o sindicato, a federação ou a confederação apta a receber a comunicação. E aqui, vale sublinhar que uma das possíveis consequências jurídicas da falta de comunicação do empregador à respectiva entidade sindical, no prazo de 10 dias, estabelecido pela MP, será a perda da validade do acordo individual por descumprimento de formalidade essencial. É de se notar, ademais, que o esvaziamento do poder dos sindicatos, ensejado por modificações legislativas recentes, não pode levar – particularmente nessa fase crítica pela qual passa o País – a um enfraquecimento ainda maior dessas agremiações. Não há, ao menos sob a égide da ordem legal vigente, nenhuma possibilidade de excluí-las das negociações trabalhistas, diante da cristalina redação do art. 8º III, da Constituição, segundo a qual, "ao sindicato cabe a defesa dos direitos e interesses coletivos ou individuais da categoria, inclusive em questões judiciais ou administrativas", sob pena de mergulharmos num ciclo vicioso de progressiva e acelerada retirada das salvaguardas da classe trabalhadora. A decisão embargada, à toda a evidência, não acarretou qualquer insegurança jurídica. Pelo contrário, buscou emprestar confiabilidade aos acordos individuais, sobretudo porque apenas fez valer o disposto na Constituição quanto ao modo de emprestar validade às pretendidas reduções de salários e jornadas de trabalho. Insista-se mais uma vez: nada impediria, a prevalecer a fórmula da MP 936/2020, tal como originalmente redigida, que os acordos individuais, depois de celebrados, fossem contestados em juízo, ao alvedrio dos sindicatos, por força do princípio da inafastabilidade da jurisdição, agasalhado no art. 5º, XXXV, do Texto Magno. Diante de todo o exposto, esclareço, para afastar quaisquer dúvidas, e sem que tal implique em modificação da decisão embargada, que são válidos e legítimos os acordos individuais celebrados na forma da MP 936/2020, os quais produzem efeitos imediatos, valendo não só no prazo de 10 dias previsto para a comunicação ao sindicato, como também nos prazos estabelecidos no Título VI da Consolidação das Leis do Trabalho, agora reduzidos pela metade pelo art. 17, III, daquele ato presidencial. Ressalvo, contudo, a possibilidade de adesão, por parte do empregado, à convenção ou acordo coletivo posteriormente firmados, os quais prevalecerão sobre os acordos individuais, naquilo que com eles conflitarem, observando-se o princípio da norma mais favorável. Na inércia do sindicato, subsistirão integralmente os acordos individuais tal como pactuados originalmente pelas partes. Em conclusão, conheço do recurso, nos termos do art. 1.024, § 2º, do CPC, admitindo a legitimidade do Advogado-Geral da União para opor os embargos declaratórios, porém os rejeito, por entender que não se encontram presentes os vícios apontados, sem prejuízo dos esclarecimentos supra explicitados. Publique-se. Brasília, 13 de abril de 2020. Ministro Ricardo Lewandowski Relator"

Com efeito, Konrad Hesse discorre sobre a diferença entre a Constituição "jurídica" e a "real", e demonstra que a realidade não conhece o "princípio jurídico". Ao revés, a eficácia da Constituição é expressão do ser e de "dever ser", em constante e mútuas coordenação e implicação. Significa não só o reflexo das condições fáticas de sua vigência, mas também das forças políticas, sociais, econômicas e culturais, numa dada sociedade e num dado momento histórico.

A realidade social é ao mesmo tempo determinante e determinada pela Constituição. A força condicionante da realidade é que imprime a normatividade-eficácia ao texto constitucional. A Constituição adquire força normativa na medida em que produz a eficácia e, esta, por sua vez, imbrica as possibilidades e os limites de sua realização no contexto político, social, econômico e cultural em que está inserida.

O mundo não muda graças à edição de atos normativos formais. Ao revés, os atos normativos é que mudam de acordo com a realidade, em interação constante tensa, dinâmica, complexa. Vem a calhar o ditado famoso de Georges Ripert: "Quando o Direito ignora a realidade, a realidade se vinga ignorando o Direito".

7. CONCLUSÃO

1. A crise decorrente da pandemia de COVID-19 mostrou ao mundo várias lições, destacadamente, a importância do "homem contextualizado" e dos bens jurídicos nobres: a saúde e o trabalho, sem os quais não há crescimento no campo político, social, econômico, cultural e tecnológico.

2. O Brasil tem seguido algumas das recomendações da OIT, necessárias para a manutenção não apenas do emprego e renda, mas também da economia, pela desoneração parcial do empregador. A pandemia COVID 19 foi categorizada como calamidade pública e força maior, pelo Decreto Legislativo 6/20, Lei 13.979/20 e art. 501, CLT c/c art. 1º, § único, que exigiu medidas governamentais imediatas e urgentes, relacionadas à saúde pública.

3. Nesse contexto é que foram editadas as Medidas Provisórias 927/20, que autorizam o teletrabalho, banco de horas, antecipação das férias e feriados, bem como a Medida Provisória 936/20 convertida em Lei 14.020/20 e regulada no Decreto 10.422/20, que tratam da suspensão do contrato de trabalho, e redução de jornada e salários, por acordo individual, com intervenção sindical fiscalizatória *a posteriori* e ou por negociação coletiva.

4. Detecta-se, na legislação emergencial para enfrentamento da pandemia COVID 19, a aplicação do "princípio da realidade", da Lei de Introdução às Normas do Direito Brasileiro, que no art. 5º comanda: *na interpretação da lei, o juiz deve interpretar a lei com base em seus fins sociais e nas exigências do bem comum.* Isso explica a releitura proeminente do acordo individual, diante da força maior (art. 501, CLT), para remover o perigo iminente de contaminação do COVID 19.

5. Sabe-se, que em regra, a intervenção sindical se dá *a priori*, na redução de jornada e salários (art. 7º, IV e 8º, III, CF/88). O legislador, na MP 936/20 e na Lei 14.020/20, optou pela aplicação do "princípio da realidade" na implantação das medidas flexibilizatórias das condições de trabalho. Por isso, exortou o acordo individual, e determinou uma notificação ao sindicato, no prazo de 10 dias, para propiciar uma intervenção sindical posterior.

6. A jurisprudência-mor, na análise da constitucionalidade do art. 12, § 4º, MP 936/20, ADI/STF 6363, optou pela aplicação do "princípio da realidade", no sentido de que não houve alijamento do sindicato do processo de negociação. Houve, sim, flexibilização temporária do "processo de negociação", com intervenção *a posteriori*.

7. A par da autorização de medidas flexibilizantes das relações de trabalho, não foi vedada a negociação coletiva para melhoria da condição social do trabalhador. Ao revés, foi mantido o princípio da norma mais favorável. O artigo art. 11, § 5º e § 6º, da Lei 14.020/20, estabelecem que a em caso de celebração de convenção coletiva ou acordo coletivo de trabalho com cláusulas conflitantes com as do acordo individual deverão ser observadas as seguintes regras: (i) a aplicação das condições estabelecidas no acordo individual em relação ao período anterior ao da negociação coletiva; (ii) a partir da entrada em vigor da convenção coletiva ou do acordo coletivo de trabalho, a prevalência das condições estipuladas na negociação coletiva, naquilo em que conflitarem com as condições estipuladas no acordo individual; (iii) quando as condições do acordo individual forem mais favoráveis ao trabalhador, prevalecerão sobre a negociação coletiva.

8. Mas uma certeza fica: A teoria antropocêntrica, que coloca o "homem no centro de todas as coisas" (grego *anthropos* - humano e *kentron* centro) mostra que a sociedade é constituída por seres humanos e deve para eles ser desenvolvida, à vista de um dado contexto. A segurança jurídica, econômica e social é fator indispensável para a manutenção da paz social. Capital e trabalho mantêm estreita simbiose. Desenha-se para o futuro uma revaloração do princípio do valor social do trabalho perante a livre iniciativa econômica. O Direito do Trabalho é um dos ramos do

Direito mais dúcteis no papel de adequação às contingências econômicas, sociais, culturais e tecnológicas.

9. Ainda, não se olvide que as outras medidas governamentais serão necessárias para assegurar o pronto restabelecimento das atividades econômicas, quando ao fim e ao cabo, tiver passado o período de calamidade que aflige não apenas o Brasil, mas todo o planeta.

10. O debate ainda não acabou, ou seja, mal começou.